프랑스어 알파벳

대문자	소문자	필기체	명칭	발음
A	a	*a*	[a]	[아]
B	b	*b*	[be]	[베]
C	c	*c*	[se]	[쎄]
D	d	*d*	[de]	[데]
E	e	*e*	[ə]	[으]
F	f	*f*	[ɛf]	[애 ㅍ]
G	g	*g*	[ʒe]	[제]
H	h	*h*	[aʃ]	[아쉬]
I	i	*i*	[i]	[이]
J	j	*j*	[ʒi]	[지]
K	k	*k*	[ka]	[까]
L	l	*l*	[ɛl]	[엘]
M	m	*m*	[ɛm]	[엠]

대문자	소문자	필기체	명칭	발음
N	n	*n*	[ɛn]	[앤]
O	o	*o*	[o]	[오]
P	p	*p*	[pe]	[뻬]
Q	q	*q*	[ky]	[뀌]
R	r	*r*	[ɛ:ʀ]	[에-ㄹ]
S	s	*s*	[ɛs]	[에ㅆ]
T	t	*t*	[te]	[떼]
U	u	*u*	[y]	[위]
V	v	*v*	[ve]	[베]
W	w	*w*	[dubləve]	[두블르베]
X	x	*x*	[iks]	[익ㅆ]
Y	y	*y*	[igʀɛk]	[이그랙]
Z	z	*z*	[zɛd]	[제ㄷ]

초보자를 위한
컴팩트
프랑스
단어

김이슬 엮음 · 이상빈 감수

머리말

영어에 버금가는 영향력을 행사하는 프랑스어 사용국을 보면 프랑스 인접국을 비롯하여 아프리카의 북부, 동남아의 인도차이나 지역, 미주의 캐나다와 카리브해, 남태평양 등 고루 분포되어 있습니다. 그리고 프랑스어 사용자 인구는 약 3억 명에 달합니다. 프랑스어는 영어의 조상 격인 언어이며, 독일어나 스페인어와 마찬가지로 영어와 철자가 유사한 것이 많아 매우 친숙합니다.

프랑스는 영국과 더불어 민주주의, 과학, 문학, 철학 등 다양한 분야에서 인류 역사를 이끌어 온 국가입니다. 정치권에서 말하는 좌파, 우파라는 말도 프랑스에서 유래되었고 훈장도 나폴레옹이 고안해냈고, 통조림도 나폴레옹 전쟁 때 발명된 것입니다.

이 책은 프랑스어 기본 5천 단어를 익히기 쉽고 찾아보기 쉽게 편집하였습니다. 외국어 공부를 해보면 역시 사전을 뒤적이는 시간과 비례하여 실력이 올라가는 것을 느낄 수 있습니다. 초보 학습자에겐 단순한 뜻풀이에, 적당한 분량의 단어수가 부담이 적습니다. 또한 프랑스어-한국어와 한국어-프랑스어로 편집하여 놓았으므로, 프랑스어로 간단한 작문 연습을 할 때 우리말로 찾아볼 수 있습니다.

다양한 교재로 학습을 하면서 모르는 단어가 나오면 언제든지 찾아보세요. 아무 때나 뒤적이다 보면 책이 손에 익어 좀 더 빨리 단어를 찾을 수 있게 됩니다. 그리고 발음에 자신 없는 완전 초보를 위해 한글 토를 달아놓았습니다. 처음엔 누구나 어색한 발음으로 출발할 수밖에 없습니다. 겁 없이 끈질기게 매달리다 보면 어떤 분야든 능숙해집니다.

어학을 공략하려면 단기간엔 불가능하므로 엄청난 인내심과 끈기가 필요합니다. 금방 지루해지기 때문에 교재도 다양한 것이 필요합니다. 그래서 권해드리는 것이 샹송입니다. 음악은 여러 번 반복 청취해도 그다지 지루하지 않습니다. 감동도 있고 많은 단어를 익힐 수도 있지요. 아무쪼록 포기하지 말고 꾸준히 노력하시길 바랍니다.

프랑스는 전 세계 관광객 1위를 자랑하는 사랑과 낭만의 나라입니다. 프랑스어라는 무기를 갖추고 파리에 가서 사랑과 낭만을 만끽해 보세요.

김이슬

목차

프랑스어 + 한국어 단어

한국어 + 프랑스어 단어

부록 | 기본용어

프랑스어 문자와 발음

1) 프랑스어 알파벳

프랑스어 알파벳은 영어와 모양과 개수가 같습니다. 프랑스나 퀘벡 주 같은 프랑스어권에서는 수업시간 중 선생님의 판서나 학생의 노트, 편지 글, 메모 등을 적을 때 대부분 필기체를 사용합니다.

대문자	소문자	필기체	명칭	발음	
A	**a**	*a*	[a]	[아]	[a]는 [아]입니다.
B	**b**	*b*	[be]	[베]	[e]는 [에]입니다.
C	**c**	*c*	[se]	[쎄]	
D	**d**	*d*	[de]	[데]	
E	**e**	*e*	[ə]	[으]	[ə]는 [으]입니다.
F	**f**	*f*	[ɛf]	[애ㅍ]	[ɛ]는 [e]와 비슷하나 [애]에 가까워요.
G	**g**	*g*	[ʒe]	[제]	
H	**h**	*h*	[aʃ]	[아쉬]	
I	**i**	*i*	[i]	[이]	[i]는 [이]입니다.
J	**j**	*j*	[ʒi]	[지]	
K	**k**	*k*	[ka]	[까]	[k]는 [ㅋ]보다는 [ㄲ]에 가까워요.
L	**l**	*l*	[ɛl]	[엘]	
M	**m**	*m*	[ɛm]	[엠]	

N	**n**	*n*	[ɛn]	[엔]	
O	**o**	*o*	[o]	[오]	
P	**p**	*p*	[pe]	[뻬]	[p]는 [ㅍ]보다는 [ㅃ]에 가까워요.
Q	**q**	*q*	[ky]	[뀌]	[y]는 [위]입니다.
R	**r**	*r*	[ɛ:ʀ]	[에-ㄹ]	
S	**s**	*s*	[ɛs]	[에]	
T	**t**	*t*	[te]	[떼]	[t]는 [ㅌ]보다는 [ㄸ]에 가까워요.
U	**u**	*u*	[y]	[위]	
V	**v**	*v*	[ve]	[베]	
W	**w**	*w*	[dubləve]	[두블르베]	[dublə]는 '더블'이라는 뜻이지요.
X	**x**	*x*	[iks]	[익ㅆ]	
Y	**y**	*y*	[igʀɛk]	[이그랙]	[gʀɛk]은 '그리스'를 의미합니다. 즉 그리스語의 'i'라는 뜻입니다.
Z	**z**	*z*	[zɛd]	[제ㄷ]	

2) 특수 문자

위의 철자 이외에도 프랑스어에는 특수한 글자들이 있습니다. 철자에 여러 가지 기호를 붙인 것인데요, 이 글자가 들어가면 단어가 달라집니다. 예를 들어 ou와 où 그리고 la와 là는 서로 다른 단어입니다. 따라서 단어를 공부할 때는 반드시 철자 기호까지 함께 알아두어야 합니다.

ç	le**ç**on	[르쏭]	항상 [ㅆ]로 발음합니다.
à â	voil**à** / **â**ge	[브왈라]/[아ㅈ]	a와 같이 [아]로 발음합니다. ' ` '는 a,e,u 위에 나타납니다.
é **è ê**	**é**t**é** p**è**re / **ê**tes	[에떼] [빼ㄹ]/[앳ㄸ]	é는 [에]로 ' ´ '는 모음 e위에만 나타납니다. è와 ê는 [애]로 발음합니다.
ô	all**ô**	[알로]	o와 같이 [오]로 발음합니다.' ^ ', ' ` '는 단어의 의미를 구분하게 하는 기능을 합니다.
ù û	o**ù** / s**û**r	[우]/[쒸ㄹ]	ù, û는 u와 발음이 같습니다. 그러므로 où는 [우]로 합니다.

ï ë	haïr noël	[아이ㄹ] [노엘]	ai는 [애]로 소리납니다. 그런데 두 글자를 a와 i로 분리하여 [아이]로 읽어야 할 경우 뒤 글자 위에 기호를 찍어 ï로 씁니다. œ는 [왜]나 [외] 한 소리로 발음합니다. 뒤 글자에 ë를 찍으면 o와 e로 분리하여 [오에]로 읽습니다. 즉 ' ¨ '가 놓인 모음은 앞에 있는 모음과 따로 발음하게 됩니다.

3) 모음

a	[아]
e	[에, 으, 애, –]
i	[이]
y	[이]
o	[오]
u	[위]

4) 복모음

ai ei	[애]
au eau	[오]
eu	[왜, 외]
oi	[와]
ui oui	[위]

5) 비모음

am, an, en, em	[ã, 엉]
om, on	[ɔ̃, 옹]
en im, in ym, yn aim, ain eim, ein um, un	[ɛ̃, 앵]
oin	[wɛ̃, 으웽]

6) 자음

b	[ㅂ]
c	[ㅆ, ㄲ]
d	[ㄷ]
f	[ㅍ]
g	[ㄱ, ㅈ]
h	[-]
j	[ㅈ]
k	[ㄲ]
l	[ㄹ, ㄹㄹ]
m	[ㅁ]
n	[ㄴ]
p	[ㅃ]
q	[ㄲ]
r	[ㄹ]
s	[ㅆ, ㅈ]
t	[ㄸ]
v	[ㅂ]

w	[ㅂ, ㅇ]
x	[ㅆ, ㄱㅈ, ㅋㅆ]
z	[ㅈ]

7) 복자음

ch	[슈]
ph	[ㅍ]
th	[ㄸ]
sc	[ㅆ]
gn	[ㄴ]
cr	[ㅋㄹ]
fr	[ㅎㄹ][ㅍㄹ]
pr	[ㅍㄹ]
tr	[ㅌㄹ]

명사의 성과 수

■ 명사의 성

프랑스어의 명사는 남성명사와 여성명사로 나뉜다.

1) 명사의 성 구별하기

- e로 끝나는 명사는 대부분 여성이다.

  une table 책상　une chaise 의자　une carte 카드

  *예외 un livre 책　un père 아버지

- ance, ette, sion, tion, té, ure로 끝나는 명사는 대부분 여성이다.

  les vacances 방학　une question 질문

  la decision 결정　une université 대학교

- age, eau, ment, phone, teur로 끝나는 명사는 대부분 남성이다.

  un voyage 여행　un bateau 배　le document 문서

  un téléphone 전화기　un ordinateur 컴퓨터

2) 명사의 여성형 만들기

- 자연의 성을 따라 남성명사와 여성명사가 구분된다.

  un homme 남자 / une femme 여자

  un grand-père 할아버지 / une grand-mère 할머니

  un fils 아들 / une fille 딸

- 남성명사에 e를 붙인다.

  un étudiant 남학생 → une étudiante 여학생

- 남성명사가 an, en로 끝나는 경우 ne를 붙인다.

  un Coréen 한국 남자 → une Coréenne 한국 여자

• 남성명사가 er로 끝나는 경우 er가 ére로 변한다.

un étranger 외국인(남) → une étrangère 외국인(여)

• 별도의 여성형 없이 앞에 femme 붙이기도 한다.

un professeur 남자 교수

→ une femme professeur 여교수

■ 명사의 수

복수형 만들기

• 일반적으로 단수명사에 s를 붙인다. 이때 s는 발음하지 않는다.

une fille → des filles 소녀, 딸

une femme → des femmes 여자

• 단수가 s, x, z로 끝나는 명사는 s를 붙이지 않는다. 단수와 복수가 동일하다.

un riz → des riz 쌀, 밥

une voix → des voix 목소리

• 단수가 eau, eu로 끝나는 명사는 x를 붙인다.

un gâteau → des gâteaux 케이크

un cheveu → des cheveux 머리카락

• 단수가 al, ail로 끝나는 명사는 aux로 고친다.

un journal → des journaux 신문

un tuyau → des tuyaux 파이프

• 별도의 복수형을 나타내기도 한다.

un œil → des yeux 눈

| SECTION 01 |

프랑스어 + 한국어 단어

| 프랑스어 필수 단어 |

A

à côté	[akote]	아꼬떼	(~의) 옆에, (~의) 가까이에
à point	[a pwɛ̃]	아뿌엥	(스테이크를) 중간 정도로 익힌, 미디엄
	À point, s'il vous plaît. 미디엄으로 해 주세요. (스테이크 주문)		
abaisser	[abɛ[e]se]	아베쎄	낮추다, 줄이다
abandon	[abɑ̃dɔ̃]	아방동	m 포기, 방치, 양도
abandonner	[abɑ̃dɔne]	아방도네	버리다, 포기하다, 양도하다
abattement	[abatmɑ̃]	아바뜨망	m 쇠약, 낙담; (세금) 공제
abattre	[abatʀ]	아바트르	쓰러뜨리다, 해치우다
abattu(e)	[abaty]	아바뛰	쇠약해진, 의기 소침한
abc	[abese]	아베쎄	m 알파벳, 기초
abeille	[abɛj]	아베이으	f 벌(蜂)
abîmer	[abime]	아비메	아프게 하다, 상처 주다, 비난하다
abondance	[abɔ̃dɑ̃:s]	아봉당스	f 많음, 다량, 풍부
abondant(e)	[abɔ̃dɑ̃] [abɔ̃dɑ̃:t]	아봉당(뜨)	많은, 풍부한
abonné(e)	[abɔne]	아보네	가입된, 예약된
abonnement	[abɔnmɑ̃]	아본느망	m 가입 계약, 사용 요금

abonner	[abɔne]	아보네		가입 신청을 하[해주]다
abord	[abɔːʀ]	아보흐	m	접근, 말걸기, 응대
aborder	[abɔʀde]	아보흐데		접근하다, 도달하다
aboutir	[abutiːʀ]	아부띠흐		~로 연결되다, ~에 도착하다; 성공하다
aboutissement	[abutismɑ̃]	아부띠스망	m	결과, 도달점
aboyer	[abwaje]	아부와예		짖다, 목 쉰소리를 내다
abri	[abʀi]	아브히	m	피난처
abricot	[abʀiko]	아브히꼬	m	살구
abriter	[abʀite]	아브히떼		보호하다, 막다
absence	[apsɑ̃ːs]	압쌍스	f	부재, 결석, 부족
absent(e)	[apsɑ̃] [apsɑ̃ːt]	압쌍(뜨)		결석한, 부재의
absolu(e)	[apsɔly]	압쏠뤼		완전한, 절대적인
absolument	[apsɔlymɑ̃]	압쏠뤼망		반드시, 완전히
absorber	[apsɔʀbe]	압쏘흐베		흡수하다, 먹다, 소비하다
abstrait(e)	[apstʀɛ] [apstʀɛt]	압스트레(트)		추상적인, 난해한
absurde	[apsyʀd]	압쒸흐드		이치에 맞지 않는, 비상식적인
abus	[aby]	아뷔	m	악용, 폐해
abuser	[abyze]	아뷔제		악용하다, 남용하다
accabler	[akɑble]	아꺄블레		압도하다, 걱정시키다

A B C D E F G H I J K L M

A

accélérer	[akseleʀe]	악쎌레헤	가속하다, 촉진하다
accent	[aksɑ̃]	악쌍	m 악센트, 강세
accepter	[aksɛpte]	악쎕떼	받아들이다, 응하다
accès	[aksɛ]	악쎄	m 들어감, 접근, 도달
accident	[aksidɑ̃]	악씨당	m (교통)사고, 재난

Il semble qu'il y a un accident au carrefour.
사거리에서 교통사고가 일어난 것 같아.

accompagner	[akɔ̃paɲe]	아꽁빠녜	동반하다, 배웅하다
accomplir	[akɔ̃pliːʀ]	아꽁쁠리흐	이루다, 실현하다
accord	[akɔːʀ]	아꼬흐	m 동의, 일치
accorder	[akɔʀde]	아꼬흐데	인정하다, 허락하다
accoucher	[akuʃe]	아꾸셰	낳다, 출산하다
accourir	[akuʀiːʀ]	아꾸히흐	달려오다, 급히 오다
accroc	[akʀo]	아크로	m 흠집, 찢어진 곳, 오점
accrocher	[akʀɔʃe]	아크로셰	걸다, 매달다
accroître	[akʀwa[ɑː]tʀ]	아크롸트르	증가시키다; 증가하다
accueil	[akœj]	아꿰이으	m 안내, 대접
accueillir	[akœjiːʀ]	아꿰이이흐	맞이하다, 대접하다
accuser	[akyze]	아뀌제	비난하다, 고소하다
achat	[aʃa]	아샤	쇼핑, 구매

acheter	[aʃte]	아슈떼	사다, 사주다
	Il y a peu de temps que je l'ai acheté. 새로 산 지 얼마 안 된 거 같은데.		
acheteur(teuse)	[aʃtœːʀ] [aʃtøːz]	아슈뙤흐 (뙤즈)	구매자, 바이어
achever	[aʃve]	아슈베	끝내다, 완성시키다
acide	[asid]	아씨드	신맛나는, 신랄한
acier	[asje]	아씨에	*m* 강철, 철강업
acquérir	[akeʀiːʀ]	악께히흐	얻다, 손에 넣다
acte	[akt]	악뜨	*m* 행위; 문서, 증서
acteur	[aktœːʀ]	악뙤흐	*m* 남자 배우
actif(ve)	[aktif] [aktiːv]	악띠프(브)	활발한, 부지런한
action	[aksjɔ̃]	악씨옹	*f* 행동, 영향
activité	[aktivite]	악띠비떼	*f* 활동, 일, 활력
actrice	[aktʀis]	악트히스	*f* 여배우
actualité	[aktɥalite]	악뛰알리떼	*f* 현실, 실상
actuel(le)	[aktɥɛl]	악뛰엘	현대의, 현대적인
actuellement	[aktɥɛlmɑ̃]	악뛰엘르망	현재로서는
adapter	[adapte]	아답떼	맞추어 붙이다, 적응시키다
addition	[adisjɔ̃]	아디씨옹	*f* 덧셈; 계산서
additionner	[adisjɔne]	아디씨오네	첨가하다

A

adhérent(e)	[adeʀɑ̃] [adeʀɑ̃:t]	아데항(뜨)	접착된, 접착성의
adhésion	[adezjɔ̃]	아데지옹	ⓕ 동의, 가입
adieu	[adjø]	아디외	안녕히!; 작별
adjectif(ve)	[adʒɛktif] [adʒɛkti:v]	아젝띠프(브)	ⓜ 형용사(의)
admettre	[admɛtʀ]	아드메뜨흐	맞아들이다, 시인하다
administration	[administʀɑsjɔ̃]	아드미니스트라씨옹	ⓕ 경영, 관리, 행정
administrateur(trice)	[administʀatœ:ʀ] [administʀatʀis]	아드미니스트라뙤흐(트히스)	ⓝ 전무
admirable	[admiʀabl]	아드미하블	감탄할 만한, 훌륭한
admiration	[admiʀɑsjɔ̃]	아드미하씨옹	ⓕ 감탄, 찬미
admirer	[admiʀe]	아드미헤	놀라서 보다, 감탄하다
admission	[admisjɔ̃]	아드미씨옹	ⓕ (출입의) 허가, 승인
adolescence	[adɔlesɑ̃:s]	아돌레쌍스	ⓕ 청춘기
adolescent(e)	[adɔlesɑ̃] [adɔlesɑ̃:t]	아돌레쌍(뜨)	청소년, 십 대
adopter	[adɔpte]	아돕떼	양자로 삼다, 받아들이다
adorable	[adɔʀabl]	아도하블	숭배할 만한, 멋진
adoration	[adɔʀɑsjɔ̃]	아도하씨옹	ⓕ 숭배, 열애
adorer	[adɔʀe]	아도헤	숭배하다, 열애하다
adresse	[adʀɛs]	아드헤스	ⓕ 주소
adresser	[adʀɛ[e]se]	아드헤쎄	보내다, 발송하다

adroit(e)	[adʀwa] [adʀwat]	아드후아(뜨)	정교한, 적절한
adulte	[adylt]	아뒬뜨	(n) 성인
adverbe	[advɛʀb]	아드베흐브	(m) 부사
adversaire	[advɛʀsɛːʀ]	아드베흐쎄흐	상대방, 반대자
aérer	[aeʀe]	아에헤	환기하다, 바람을 통하다
aérien(e)	[aeʀjɛ̃]	아에히엥	공기의, 공중의
aérobic	[aeʀɔbik]	아에호빅	(f) 에어로빅
aérogare	[aeʀɔgaːʀ]	아에호갸흐	(f) (공항의) 여객터미널
aéroport	[aeʀɔpɔːʀ]	아에호뽀흐	(m) 공항
	salle d'attente d'aéroport 공항 대합실		
affaiblir	[afɛbliːʀ]	아페블리흐	약하게 하다, 저하시키다
affaire	[afɛːʀ]	아페흐	(f) 일, 용무, 문제
affection	[afɛksjɔ̃]	아펙씨옹	(f) 애정, 질병
affectueusement	[afɛktɥøzmɑ̃]	아펙뛰외즈망	다정스럽게
affectueux(se)	[afɛktɥø] [afɛktɥøːz]	아펙뛰외(즈)	다정다감한, 부드러운
affiche	[afiʃ]	아피슈	(f) 포스터
afficher	[afiʃe]	아피셰	(포스터를) 붙이다, 과시하다
affirmation	[afiʀmɑsjɔ̃]	아피흐마씨옹	(f) 단언, 긍정
affirmer	[afiʀme]	아피흐메	단언하다, 긍정하다

affoler	[afɔle]	아폴레		동요 시키다, 공포에 빠뜨리다
affreux(se)	[a[ɑ]fʀø] [a[ɑ]fʀø:z]	아프회(즈)		무서운, 끔찍한
afin, afin de	[afɛ̃],[afɛ̃d]	아팽/ 아팽 드		~하기 위해
africain(e)	[afʀikɛ̃] [afʀikɛn]	아프히켕(켄느)		아프리카의
Afrique	[afʀik]	아프히끄	f	아프리카
agacer	[agase]	아갸쎄		초조하게 하다, 도발하다
âge	[ɑ[a]:ʒ]	아쥬	m	연령, 노년, 시대
âgé(e)	[ɑ[a]ʒe]	아제		나이를 먹은, 고령의
agence	[aʒɑ̃:s]	아장스	f	대리점, 지점
agenda	[aʒɛ̃da]	아장다	m	다이어리, 수첩
	Je n'utilise pas souvent l'agenda. 나는 수첩을 잘 쓰지 않는다.			
agent	[aʒɑ̃]	아장	m	대리인, 경찰
agir	[aʒi:ʀ]	아지흐		행동하다, 작용하다
agitation	[aʒitɑsjɔ̃]	아지따씨옹	f	격렬한 움직임, 동요
agité(e)	[aʒite]	아지떼		불안한, 동요하는
agiter	[aʒite]	아지떼		흔들다, 불안하게 하다
agneau	[aɲo]	아뇨	m	새끼 양, 온순한 사람
agrafeuse	[agʀafø:z]	아그하푀즈	f	스테이플러
agréable	[agʀeabl]	아그헤아블		유쾌한, 즐거운

agréer	[agʀee]	아그헤에	수락하다, 승인하다
agressif(ve)	[agʀɛ[e]sif] [agʀɛ[e]siːv]	아그헤시프(브)	공격적인, 유해한
agression	[agʀɛsjɔ̃]	아그헤씨옹	ⓕ 공격, 침략
agricole	[agʀikɔl]	아그히꼴	농업의
agriculteur(trice)	[agʀikyltœːʀ] [agʀikyltʀis]	아그히뀔뙤흐 (트히스)	농부, 농민
agriculture	[agʀikylty:ʀ]	아그히뀔뛰흐	ⓕ 농업
ah	[a]	아	(기쁨, 감탄, 불만) 아!
aide	[ɛd]	에드	ⓕ 원조, 협조
aider	[ɛ[e]de] Je vais t'aider. 내가 도와줄게.	에데	돕다, 거들다
aigle	[ɛgl]	에글르	ⓜ 독수리
aigre	[ɛgʀ]	에그흐	신, 가시 돋힌, 날카로운
aigu(ë)	[e[ɛ]gy]	에귀	예리한
aiguille	[egɥij]	에귀으	ⓕ 바늘
aiguillon	[egɥijɔ̃]	에귀이용	ⓜ (곤충의) 침, 가시
ail	[aj]	아이으	ⓜ 마늘
aile	[ɛl]	엘르	ⓕ (새, 곤충의) 날개
ailleurs	[ajœːʀ]	아이외흐	다른 곳에서
aimable	[ɛmabl]	에마블	친절한, 붙임성 있는

aimer	[ɛ[e]me]	에메	좋아하다
	J'aime l'art. 나는 미술 과목을 좋아한다.		
aîné(e)	[ɛ[e]ne]	에네	손위의, 장남, 장녀
ainsi	[ɛ̃si]	엥씨	그렇게, 이렇게
air	[ɛːʀ]	에흐	*m* 공기, 분위기
aire	[ɛːʀ]	에흐	*f* 구역, 영역
aise	[ɛːz]	에즈	*f* 편함, 안락함, 자유
ajouter	[aʒute]	아주떼	더하다, 추가하다
alarme	[alaʀm]	알라흠므	*f* 경보(警報), 불안, 걱정
album	[albɔm]	알봄	*m* 앨범, 그림책
alcool	[alkɔl]	알꼴	*m* 알코올, 술
alcoolisé(e)	[alkɔlize]	알꼴리제	알코올을 함유한
alcotest	[alkɔtɛst]	알꼬떼스뜨	*m* 음주 측정기
algèbre	[alʒɛbʀ]	알제브흐	*f* 대수(代數), 어려운 것
Algérie	[alʒeʀi]	알제히	*f* 알제리
alibi	[alibi]	알리비	*m* 알리바이
aliment	[alimɑ̃]	알리망	*m* 식품, 양식
alimentation	[alimɑ̃tɑsjɔ̃]	알리망따씨옹	*f* 음식, 영양섭취
alimenter	[alimɑ̃te]	알리망떼	음식(영양)을 주다, 공급하다

allée	[ale]	알레	f 오솔길, 오고 가기
	heures d'allée et venue 출퇴근 시간		
Allemagne	[almaɲ]	알르마뉴	f 독일
allemand(e)	[almɑ̃] [almɑ̃:d]	알르망(드)	독일(인)의
aller	[ale]	알레	가다, 다니다, 진행하다
allergie	[alɛʀʒi]	알레흐지	f 알레르기 반응
alliance	[aljɑ̃:s]	알리앙스	f 동맹, 연합
allô	[alo]	알로	(전화) 여보세요.
	Allô? C'est la réception? 여보세요? 거기 프런트죠?		
allonger	[alɔ̃ʒe]	알롱제	길게 하다, 쭉 펴다
allumer	[alyme]	알뤼메	켜다, 밝게 하다
allumette	[alymɛt]	알뤼메뜨	f 성냥
allure	[aly:ʀ]	알뤼흐	f 속도, 보조
alors	[alɔ:ʀ]	알로흐	그때, 그래서
alouette	[alwɛt]	알루에뜨	f 종달새
alphabet	[alfabɛ]	알파베	m 알파벳, 초보(교재)
alpiniste	[alpinist]	알삐니스뜨	등산가
altitude	[altityd]	알띠뛰드	f 고도, 해발
amande	[amɑ̃:d]	아망드	f 아몬드

amateur	[amatœːʀ]	아마뙤흐	*m* 애호가, 아마추어, 초보자
ambassade	[ɑ̃basad]	앙바싸드	*f* 대사관
ambassadeur	[ɑ̃basadœːʀ]	앙바싸되흐	*m* 대사, 사절
ambiance	[ɑ̃bjɑ̃ːs]	앙비앙스	*f* (밝은) 분위기, 활기
ambition	[ɑ̃bisjɔ̃]	앙비씨옹	*f* 야심, 야망
ambre	[ɑ̃ːbʀ]	앙브흐	*m* 호박
ambulance	[ɑ̃bylɑ̃ːs]	앙뷜랑스	*f* 구급차
âme	[aːm]	암므	*f* 영혼, 정신, 마음
amélioration	[ameljɔʀɑsjɔ̃]	아멜리오하씨옹	*f* 개선, 회복
améliorer	[ameljɔʀe]	아멜리오헤	개선하다, 향상시키다
aménagé(e)	[amenaʒe]	아메나제	설비가 갖춰진, 정비된
aménager	[amenaʒe]	아메나제	정비하다, 개조하다
amende	[amɑ̃ːd]	아망드	*f* 벌금
amener	[amne]	아므네	데리고 가다, 갖고 가다
amer	[amɛːʀ]	아메흐	*m* 쓰라린; 항해 목표
américain(e)	[ameʀikɛ̃] [ameʀikɛn]	아메히켕(켄느)	미국의
Amérique	[ameʀik]	아메히끄	*f* 아메리카
ami(e)	[ami]	아미	*n* 친구, 애인
amical(ale)	[amikal]	아미꺌(르)	우호적인

단어	발음	한글 발음	품사	뜻
amicalement	[amikalmɑ̃]	아미꺌르망		친절하게, 우호적으로
amitié	[amitje]	아미띠에	f	우정, 호의, 우호 관계
amour	[amu:ʀ]	아무르	m	사랑, 애정, 연애
	Leur amour est beau.	그들의 사랑은 아름답다.		
amoureux(se)	[amuʀø] [amuʀø:z]	아무회(즈)		연애의, 사랑하는, 관능적인
ampoule	[ɑ̃pul]	앙뿔르	f	전구, 물집
amusant(e)	[amyzɑ̃] [amyzɑ̃:t]	아뮈장(트)		재미있는
amuser	[amyze]	아뮈제		재미있게 하다, 즐겁게 만들다
an	[ɑ̃]	앙	m	나이, 연령, 해
analyser	[analize]	아날리제		분석하다, 요약하다
ananas	[anana(s)]	아나나(스)	m	파인애플
ancêtre	[ɑ̃sɛtʀ]	앙쎄트르	n	조상, 선구자
ancre	[ɑ̃:kʀ]	앙크흐	f	닻
anchois	[ɑ̃ʃwa]	앙슈와	m	멸치류
ancien(ne)	[ɑ̃sjɛ̃] [ɑ̃sjɛn]	앙씨엥(엔느)		오래된, 옛날의
âne	[ɑ:n]	안느	m	바보
anémie	[anemi]	아네미	f	빈혈
	Ça va, votre anémie?	당신 빈혈은 좀 어때요?		
ange	[ɑ̃:ʒ]	앙쥬	m	천사

anglais	[ɑ̃glɛ]	앙글레	m	영어
angle	[ɑ̃:gl]	앙글르	m	각도, 모퉁이
Angleterre	[ɑ̃glətɛ:ʀ]	앙글르떼흐		영국
angoisse	[ɑ̃gwas]	앙구아스	f	공포, 극도의 불안
anguille	[ɑ̃gij]	앙기으	f	장어
animal	[animal]	아니말	m	동물, 짐승
animé(e)	[anime]	아니메		활발한, 생기 있는
animer	[anime]	아니메		생기를 주다, 활력을 주다
anneau	[ano]	아노	m	고리, 반지
année	[ane]	아네	f	해, 연도
anniversaire	[anivɛʀsɛ:ʀ]	아니베흐쎄흐	m	생일
annonce	[anɔ̃:s]	아농스	f	알림, 통지
annoncer	[anɔ̃se]	아농쎄		알리다, 예고하다
annulaire	[a(n)nylɛ:ʀ]	아뉠레흐	m	약지
antenne	[ɑ̃tɛn]	앙뗀느	f	더듬이
antérieur(e)	[ɑ̃teʀjœ:ʀ]	앙떼히외흐		이전의, 앞의
antigel	[ɑ̃tiʒɛl]	앙띠젤		동결 방지제
antillais(e)	[ɑ̃tijɛ] [ɑ̃tijɛz]	앙띠예(즈)		앤틸레스제도의
Antilles	[ɑ̃tij]	앙띠이으		앤틸레스제도

antipathique	[ɑ̃tipatik]	앙띠빠띠끄	불쾌한, 상반되는
antivol	[ɑ̃tivɔl]	앙띠볼	(m) 도난방지 장치
antonyme	[ɑ̃tɔnim]	앙또님므	반대말
anxieux(se)	[ɑ̃ksjø] [ɑ̃ksjø:z]	앙끄씨외(즈)	불안한, 걱정하는
août	[u(t)]	우뜨	(m) 팔월
apaiser	[apɛ[e]ze]	아뻬제	진정시키다, 침착하게 하다
apercevoir	[apɛʀsəvwa:ʀ]	아뻬흐스부아흐	보다, 알아보다, 깨닫다
aperçu	[apɛʀsy]	아뻬흐쒸	(m) 얼핏 보기, 통찰; 개요
à-peu-prés	[apøpʀɛ]	아뾔프레	(m) 대략 그 정도, 부정확한 것
aplatir	[aplati:ʀ]	아쁠라띠흐	평평하게 하다
apparaître	[apaʀɛtʀ]	아빠헤트르	나타나다, 분명해지다
appareil	[apaʀɛj]	아빠헤이으	(m) 장치, 기계
apparence	[apaʀɑ̃:s]	아빠항스	(f) 외모, 풍채
apparition	[apaʀisjɔ̃]	아빠히씨옹	(f) 출현; 유령
appartement	[apaʀtəmɑ̃]	아빠흐뜨망	(m) 아파트
appartenir	[apaʀtəni:ʀ]	아빠흐뜨니흐	~의 것이다, ~에 소속하다
appel	[apɛl]	아뻴	(m) 부르는 소리, 호출, 신호
appeler	[aple]	아쁠레	불러내다, 소환하다

L'infirmière appelle mon nom.
간호사가 내 이름을 부른다.

appendicite	[a(p)pɛ̃disit]	아빵디시뜨	ⓕ 충수염
appétissant(e)	[apetisɑ̃] [apetisɑ̃:t]	아뻬티쌍(뜨)	육감적인, 먹음직한
appétit	[apeti]	아뻬띠	ⓜ 식욕
applaudir	[aplodi:ʀ]	아쁠로디흐	갈채를 보내다, 칭찬하다
applaudissement	[aplodismɑ̃]	아쁠로디스망	ⓜ 박수갈채, 찬성
application	[aplikɑsjɔ̃]	아쁠리꺄씨옹	ⓕ 칠하기; 적용, 응용
appliquer	[aplike]	아쁠리께	칠하다, 적용하다
apporter	[apɔʀte]	아뽀흐떼	가져오다[가다]
	Je vais l'apporter. 내가 그걸 가져갈께.		
apprécier	[apʀesje]	아쁘헤씨에	평가하다, 측정하다
apprendre	[apʀɑ̃:dʀ]	아프항드흐	배우다, 터득하다, 알다
apprentissage	[apʀɑ̃tisa:ʒ]	아프항띠사쥬	ⓜ 견습 (기간)
approcher	[apʀɔʃe]	아프호셰	다가가다, 접근하다
approuver	[apʀuve]	아프후베	찬성하다, 동의하다
approximativement	[apʀɔksimativmɑ̃]	아프혹시마띠브망	대략, 거의
appui	[apɥi]	아쀠이	ⓜ 지지, 후원
appuyer	[apɥije]	아쀠이예	받치다, 기대다, 지원하다
après	[apʀɛ]	아프헤	나중에, 이후
après-demain	[apʀɛdmɛ̃]	아프헤드맹	모레

Après-demain, c'est le jour du mariage de ma sœur.
모레는 언니가 결혼하는 날이다.

après-midi	[apʀɛmidi]	아프헤미디	*m* 오후
aptitude	[aptityd]	압띠뛰드	*f* 적성, 소질, 천부적 재능
arabe	[arab]	아하브	아랍(인)의
arachide	[aʀaʃid]	아하쉬드	*f* 땅콩
araignée	[aʀɛ[e]ɲe]	아헤녜	*f* 거미
arbitre	[aʀbitʀ]	아흐비트르	*m* 중재인, 심판
arbre	[aʀbʀ]	아흐브흐	*m* 나무, 수목
arbre d'alignement	[aʀbʀdaliɲmɑ̃]	아흐브흐 달리뉴망	*m* 가로수
arc	[aʀk]	아흐끄	*m* 활
arc-en-ciel	[aʀkɑ̃sjɛl]	아흐깡씨엘	*m* 무지개
arche	[aʀʃ]	아흐슈	*f* 아치
architecte	[aʀʃitɛkt]	아흐쉬떽뜨	*m* 건축가
ardoise	[aʀdwa:z]	아흐두아즈	*f* 슬레이트, 돌판
arête	[aʀɛt]	아헤뜨	*f* 생선뼈, 모서리, 능선
argent	[aʀʒɑ̃]	아흐장	*m* 은(銀), 돈

Mon oncle m'a donné de l'argent de poche.
삼촌이 내게 용돈을 주셨다.

Argot	[aʀgo]	아흐고	*m* 은어, 속어

argument	[aʀgymɑ̃]	아흐귀망	ⓜ 논거, 이유; 줄거리
arme	[aʀm]	아흠므	ⓕ 무기, 수단
armée	[aʀme]	아흐메	군대, 무리
armer	[aʀme]	아흐메	무장시키다, 장비를 갖추게 하다
armoire	[aʀmwa:ʀ]	아흐무와흐	ⓕ 옷장
arracher	[aʀaʃe]	아하셰	뽑아내다, 빼앗다, 따다
arranger	[aʀɑ̃ʒe]	아항제	배열하다, 정리하다, 준비하다
arrestation	[aʀɛstɑsjɔ̃]	아헤스따씨옹	ⓕ 체포
arrêt	[aʀɛ]	아헤	ⓜ 정지, 중지
arrêter	[aʀɛ[e]te]	아헤떼	멈추다, 끝내다
	Le kidnappeur a été arrêté en un jour. 그 유괴범은 하루만에 체포되었다.		
arrhes	[a:ʀ]	아흐	ⓕ 선금, 예약금
arrière	[aʀjɛ:ʀ]	아히에흐	뒤에
arrivée	[aʀive]	아히베	ⓕ 도착, (스포츠) 골
arriver	[aʀive]	아히베	도착하다, 찾아오다
arrondir	[aʀɔ̃di:ʀ]	아홍디흐	둥글게 하다, 확장하다
arrondissement	[aʀɔ̃dismɑ̃]	아홍디스망	ⓜ 구(區), 군(郡)
arroser	[aʀoze]	아호제	물을 주다[뿌리다], 적시다
arrosoir	[aʀozwa:ʀ]	아호주아흐	ⓜ 물뿌리개

art	[aːʀ]	아흐	ⓜ 미술
artichaut	[aʀtiʃo]	아흐띠쇼	ⓜ 아티초크(식물)
article	[aʀtikl]	아흐띠끌	ⓜ 상품, 품목, 조항
artificiel(le)	[aʀtifisjɛl]	아흐띠피시엘	인공의, 부자연스러운
	Autrefois, le rubis artificiel était plus cher. 한때는 인조 루비가 더 비싼 적이 있었다.		
artisan(e)	[aʀtizɑ̃] [aʀtizan]	아흐띠장(잔느)	장인(匠人)
artisanal(ale)	[aʀtizanal]	아흐띠자날	장인의, 수공업의, 손수 만든
artisanat	[aʀtizana]	아흐띠자나	장인 신분, 가내 수공업
artiste	[aʀtist]	아흐띠스뜨	ⓝ 연예인
as	[ɑːs]	아스	ⓜ 에이스(A)
ascenseur	[asɑ̃sœːʀ]	아쌍쐬흐	ⓜ 엘리베이터
ascension	[asɑ̃sjɔ̃]	아쌍씨옹	ⓕ 등산, 오르기, 상승
asiatique	[azjatik]	아지아띠끄	아시아의
Asie	[azi]	아지	ⓕ 아시아
aspect	[aspɛ]	아스뻬	ⓜ 외모, 모습, 양상
asperge	[aspɛʀʒ]	아스뻬흐쥬	ⓕ 아스파라거스
asphyxier	[asfiksje]	아스픽씨에	질식시키다, 마비시키다
aspirateur	[aspiʀatœːʀ]	아스삐하뙤흐	ⓜ 흡입기, 진공청소기
assassin	[asasɛ̃]	아싸쌩	ⓜ 암살자, 자객

assassinat	[asasina]	아싸씨나	m	살인, 암살
assassiner	[asasine]	아싸씨네		암살하다, 살해하다
assemblée	[asɑ̃ble]	아쌍블레	f	집회, 모임
asseoir	[aswaːʀ]	아쓰와흐		착석시키다, 확립하다
assez	[ase]	아쎄		충분히, 상당히
assiette	[asjɛt]	아씨에뜨	f	접시
assis(e)	[asi] [asiːz]	아씨(즈)		안정된, 앉은
assister	[asiste]	아씨스떼		출석하다, 목격하다
association	[asɔsjɑsjɔ̃]	아쏘씨아씨옹	f	모임, 협회, 참가
associer	[asɔsje]	아쏘시에		연결시키다, 참가시키다
assorti(e)	[asɔʀti]	아쏘흐띠		어울리는, 조화가 된
assurance	[asyʀɑ̃ːs]	아쒸항스	f	보험, 보증, 확신
assuré(e)	[asyʀe]	아쒸헤		확실한, 자신 있는
assurer	[asyʀe]	아쒸헤		단언하다, 확신시키다
astrologue	[astʀɔlɔg]	아스트홀로그	m	점성술사
astronaute	[astʀɔnoːt]	아스트호노뜨	n	우주비행사
astuce	[astys]	아스뛰스	f	교활함, 빈틈 없음
astucieux(se)	[astysjø] [astysjøːz]	아스뛰시외(즈)		교묘한, 빈틈 없는
atelier	[atəlje]	아뜰리에	m	작업장, 공장

Tu dois aller à l'atelier de réparation.
네가 수리센터에 가 봐야겠구나.

athlète	[atlɛt]	아뜰레뜨	육상 선수, 건장한 사람
athlétisme	[atletism]	아뜰레티슴므	*m* 육상 경기
atmosphère	[atmɔsfɛ:ʀ]	아뜨모스페흐	*f* 대기(大氣)
atomique	[atɔmik]	아또미끄	원자(력)의
atout	[atu]	아뚜	*m* 으뜸패, 성공의 수단
attacher	[ataʃe]	아따셰	매달다, 묶다
attaque	[atak]	아따끄	*f* 공격, 비난, 습격
attaquer	[atake]	아따께	공격하다, 비난하다
atteindre	[atɛ̃:dʀ]	아뗑드흐	도착하다, 도달하다
attendant	[atɑ̃dɑ̃]	아땅당	우선, 그동안
attendre	[atɑ̃:dʀ]	아땅드흐	기다리다, 잠복하다

Je t'attends dans le couloir.
나 지금 로비에서 기다리고 있어.

attentat	[atɑ̃ta]	아땅따	*m* 테러 행위, 폭행
attente	[atɑ̃:t]	아땅뜨	*f* 기다림, 기다리는 시간
attentif(ve)	[atɑ̃tif] [atɑ̃ti:v]	아땅띠프(브)	주의 깊은, 열심인
attention	[atɑ̃sjɔ̃]	아땅씨옹	*f* 주의, 관심, 배려
attentivement	[atɑ̃tivmɑ̃]	아땅띠브망	조심스럽게
atterrir	[atɛʀi:ʀ]	아떼히흐	착륙하다

단어	발음	한글 발음	성	뜻
atterrissage	[atɛʀisa:ʒ]	아떼히싸쥬	m	착륙, 상륙
attirer	[atiʀe]	아띠헤		끌어당기다, 유혹하다
attitude	[atityd]	아띠뛰드	f	태도
attraction	[atʀaksjɔ̃]	아트학씨옹	f	구경거리
attraper	[atʀape]	아뜨하뻬		붙잡다, 습득하다
attribuer	[atʀibɥe]	아뜨히뷔에		주다, 할당하다
au	[o]	오		**à**+le
aube	[o:b]	오브	f	새벽
auberge	[obɛʀʒ]	오베흐쥬	f	(시골) 여관
aubergine	[obɛʀʒin]	오베흐진느	f	가지
aucun(e)	[okœ̃] [okyn]	오꾕(뀐느)		아무도 (부정)
audace	[odas]	오다스	f	대담, 뻔뻔함
audacieux(se)	[odasjø] [odasjø:z]	오다씨외(즈)		대담한 (사람), 뻔뻔한 (사람)
au-dessous	[odsu]	오드쑤		그 아래에, 그 이하에
au-dessus	[odsy]	오드쒸		위에, 그 이상으로
auditeur(trice)	[oditœ:ʀ] [oditʀis]]	오디뙤흐(뜨히스)		청취자, 듣는 사람
augmentation	[ɔ[o]gmɑ̃tasjɔ̃]	오그망따씨옹	f	증가, 인상
augmenter	[ɔ[o]gmɑ̃te]	오그망떼		(가격을) 올리다, 증가시키다
aujourd'hui	[oʒuʀdɥi]	오쥬흐뒤		오늘

	Aujourd'hui, il y a un examen oral de demande d'emploi. 오늘 취업 면접이 있다.		
auparavant	[opaʀavɑ̃]	오빠하방	그 전에, 미리
auprès	[opʀɛ]	오프헤	곁에, 옆에
auquel	[okɛl]	오껠	**à**+lequel
auriculaire	[ɔ[o]ʀikylɛːʀ]	오히뀔레흐	m 새끼손가락
aussi	[osi]	오씨	~와 비슷하게, 마찬가지로
aussitôt	[osito]	오씨또	즉시, 곧바로
Australie	[ostʀali]	오스트할리	호주
australien(ne)	[ɔstʀaljɛ̃]	오스트할리엥(엔느)	호주의, 호주인
autant	[otɑ̃]	오땅	그만큼, 그 정도
auteur	[otœːʀ]	오뙤흐	m 작가, 작사가
auto	[ɔ[o]to]	오또	f 자동차
autobus	[ɔ[o]tɔbys]	오또뷔스	m (시내)버스
	En général, mon père va à son bureau en autobus. 아버지는 보통 버스로 출근하신다.		
autocar	[ɔ[o]tɔkaːʀ]	오또까흐	m 관광버스, 장거리 버스
autocollant(e)	[ɔ[o]tɔkɔlɑ̃] [ɔ[o]tɔkɔlɑ̃ːt]	오또꼴랑(뜨)	(봉투, 스티커를) 풀 없이 붙일 수 있는
auto-école	[ɔ[o]tɔekɔl]	오또에꼴	f 운전학원
automatique	[ɔ[o]tɔmatik]	오또마띠끄	자동의, 무의식의

automne	[ɔ[o]tɔn]	오똔느	*m* 가을
	J'aime l'automne. 나는 가을을 좋아한다.		
automobile	[ɔ[o]tɔmɔbil]	오또모빌	자동(차)의
automobiliste	[ɔ[o]tɔmɔbilist]	오또모빌리스뜨	자동차 운전자
autorisation	[ɔ[o]tɔʀizɑsjɔ̃]	오또히자씨옹	*f* 허가, 승낙
autoriser	[ɔ[o]tɔʀize]	오또히제	인정하다, 허가하다
autoritaire	[ɔ[o]tɔʀitɛːʀ]	오또히떼흐	독재적인, 권위적인
autorité	[ɔ[o]tɔʀite]	오또히떼	*f* 권위, 권력
autoroute	[ɔ[o]tɔʀut]	오또후뜨	*f* 고속도로
autostop	[ɔ[o]tɔstɔp]	오또스똡	*m* 히치하이크, 무료 편승
autour	[otuːʀ]	오뚜흐	주변에, 가까이에
autre	[oːtʀ]	오트흐	다른, 별개의
autre côté	[oːtʀ kote]	오트흐 꼬떼	*m* 건너편
autrefois	[otʀəfwa]	오트흐푸아	옛날, 이전에
autrement	[otʀəmɑ̃]	오트흐망	다른 방식으로, 아니면
Autriche	[otʀiʃ]	오트히슈	*f* 오스트리아
autrichien(ne)	[otʀiʃjɛ̃] [otʀiʃjɛn]	오뜨히시엥 (시엔느)	오스트리아의 [사람]
autruche	[otʀyʃ]	오트휘슈	*f* 타조
autrui	[otʀɥi]	오트휘	타인

aux	[o]	오	**à**+les
auxquel(le)s	[okɛl]	오껠	**à**+lesquel(le)s
avaler	[avale]	아발레	삼키다, 먹어 치우다
avance	[avɑ̃:s]	아방스	(f) 전진, 앞서 있음, 선불
avancer	[avɑ̃se]	아방쎄	내밀다, 전진하다
avant	[avɑ̃]	아방	앞에
avantage	[avɑ̃ta:ʒ]	아방따쥬	(m) 유리한 점, 이익
avant-hier	[avɑ̃tjɛ:ʀ]	아방띠에흐	그저께
avare	[ava:ʀ]	아바흐	욕심 부리는, 인색한
avec	[avɛk]	아베끄	~와 함께, ~에 따라
avenir	[avni:ʀ]	아브니흐	(m) 미래, 장래
	Quel est l'avenir de la terre? 지구의 미래는 어떻게 될까?		
aventure	[avɑ̃ty:ʀ]	아방뛰흐	(f) 뜻밖의 일, 모험
aventurier(ère)	[avɑ̃tyʀje] [avɑ̃tyʀjɛ:ʀ]	아방뛰히에(흐)	모험가, 책략가
avenue	[avny]	아브뉘	(f) 큰길
averse	[avɛʀs]	아베흐스	(f) 소나기
avertir	[avɛʀti:ʀ]	아베흐띠흐	알리다, 경고하다
aveugle	[avœgl]	아뵈글르	맹목적인, 완전한
avion	[avjɔ̃]	아비옹	(m) 비행기

A

aviron	[aviʀɔ̃]	아비홍	*m* (배의) 노
avis	[avi]	아비	*m* 의견
avocat	[avɔka]	아보꺄	*n* 변호사
avoir	[avwaːʀ]	아부아흐	가지다, 소유하다, (상품이) 있다 Vous avez quel bon goût! 좋은 취미를 가지셨네요!
avouer	[avwe]	아부에	고백하다
avril	[avʀil]	아브힐	*m* 4월
ayant	[ɛjɑ̃]	에이양	avoir의 현재분사
azalée	[azale]	아잘레	*f* 진달래

B

baby	[ba[e]bi]	바비	m 아기
bac	[bak]	바끄	m 큰 그릇, 나룻배
bâche	[bɑːʃ]	바슈	f (상품을 덮는) 시트
bagage	[bagaːʒ]	바갸쥬	m 짐, 지식
bague	[bag]	바그	f 반지
baguette	[bagɛt]	바게뜨	f 바게트, 지휘봉
baguettes	[bagɛt]	바게뜨	fpl 젓가락
baigner	[bɛ[e]ɲe]	베녜	담그다, 적시다
baignoire	[bɛɲwaːʀ]	베뉴와흐	f 욕조
bâillement	[bɑjmɑ̃]	바이으망	m 하품
bain	[bɛ̃]	벵	m 목욕, 욕조
baiser	[bɛ[e]ze]	베제	m 키스, 입맞춤
baisse	[bɛs]	베쓰	f 저하, 하락
baisser	[bɛ[e]se]	베쎄	낮추다, 내리다 Je veux baisser un peu le ventilateur. 선풍기 바람을 조금 약하게 하면 좋겠네.
bal	[bal]	발	m 무도회, 댄스파티

B

욕실

- □ serviette [sɛʀvjɛt] 쎄흐비에뜨 Ⓕ **수건, 타월**
- □ miroir [miʀwaːʀ] 미후와흐 Ⓜ **거울**
- □ sèche-cheveux [sɛʃʃəvø] 쎄슈 슈뵈 Ⓜ **헤어드라이어**
- □ brosse à dents [bʀɔs a dɑ̃] 브로스 아 당 Ⓕ **칫솔**
- □ dentifrice [dɑ̃tifʀis] 당띠프히스 Ⓜ **치약**
- □ shampo(o)ing [ʃɑ̃p wɛ̃] 샹푸앵 Ⓜ **샴푸**
- □ après-shampo(o)ing [apʀɛʃɑ̃p wɛ̃] 아프헤 샹푸앵 Ⓜ **린스**
- □ savon [savɔ̃] 싸봉 Ⓜ **비누**
- □ papier hygiénique [papje iʒjenik] 빠삐에 이지에니크 Ⓜ **화장지**
- □ cuvette des toilettes [kyvɛt de twalɛt] 퀴베트 데 뚜왈렛 Ⓕ **변기**
- □ baignoire [bɛɲwaːʀ] 베뉴와흐 Ⓕ **욕조**
- □ machine à laver [maʃin a lave] 마쉰 알 라베 Ⓕ **세탁기**

balai	[balɛ]	발레	ⓜ 빗자루
balance	[balɑ̃:s]	발랑스	ⓕ 저울, 균형
balançoire	[balɑ̃swa:ʀ]	발랑수와흐	ⓕ 그네
balayage	[balɛja:ʒ]	발레이야쥬	ⓜ 청소
balayer	[balɛ[e]je]	발레이예	청소하다, 쓸다
balcon	[balkɔ̃]	발꽁	ⓜ 발코니
baleine	[balɛn]	발렌느	ⓕ 고래
balle	[bal]	발	ⓕ 공, 탄환
ballet	[balɛ]	발레	ⓜ 발레, 무용
ballon	[balɔ̃]	발롱	ⓜ (스포츠의) 공
bambou	[bɑ̃bu]	방부	ⓜ 대나무
banal(e)	[banal]	바날	평범한, 흔한
banane	[banan]	바난느	ⓕ 바나나
banc	[bɑ̃]	방	ⓜ 벤치, 의자, 좌석
bande	[bɑ̃:d]	방드	ⓕ 붕대
bandit	[bɑ̃di]	방디	ⓜ 강도, 산적, 악당
banlieue	[bɑ̃ljø]	방리외	ⓕ 교외, 시외
banque	[bɑ̃:k]	방끄	은행

Est-ce qu'il y a une banque près d'ici?
이 근처에 은행이 있습니까?

B

banquier(ère)	[bɑ̃kje] [bɑ̃kjɛːʀ]	방끼에(흐)	*n* 은행 직원
bar	[baːʀ]	바흐	술집
barbe	[baʀb]	바흐브	*f* (뺨, 턱의) 수염
barbecue	[baʀbəkju[ky]]	바흐브뀌	*m* 바비큐
barman	[baʀman]	바흐만	*m* 바텐더
barque	[baʀk]	바흐끄	*f* 작은 배, 보트
barrage	[ba[ɑ]ʀaːʒ]	바하쥬	*m* (통행·수로를) 막기, 장애물
barre	[ba[ɑ]ːʀ]	바흐	*f* 막대기, 빗장, 목책
barrer	[ba[ɑ]ʀe]	바헤	차단하다, 저지하다
barrette	[ba[ɑ]ʀɛt]	바헤뜨	*f* 머리핀
barrière	[ba[ɑ]ʀjɛːʀ]	바히에흐	*f* 목책, 울타리, 장애물
bas	[bɑ]	바	*m* 스타킹
bas(se)	[bɑ] [bɑːs]	바(스)	낮은
base	[bɑːz]	바즈	*f* 토대, 기반, 기초
baseball	[bɛzboːl]	베즈볼	*m* 야구
basket	[baskɛt]	바스께뜨	*f* (끈매는) 운동화
basket(ball)	[baskɛt(boːl)]	바스께뜨(볼)	*m* 농구
bassin	[basɛ̃]	바쌩	*m* 분지
bataille	[batɑːj]	바따이으	*f* 싸움, 전투, 논쟁

bateau	[bato]	바또	m 배, 보트
	C'est le bateau pour Marseille. 이 배는 마르세유로 갑니다.		
bâtiment	[batimɑ̃]	바띠망	m 건물, 건축물
bâtir	[bati:ʀ]	바띠흐	세우다, 건축하다
bâton	[batɔ̃]	바똥	m 몽둥이, 막대, 권위
batterie	[batʀi]	바뜨히	m 배터리
battre	[batʀ]	바트흐	때리다, 치다
bavard(e)	[bava:ʀ]	바바흐(드)	수다스러운
	C'est vraiment bavard si les commères se réunissent. 아줌마들이 모이면 정말 수다스럽다.		
bavarder	[bavaʀde]	바바흐데	수다 떨다, 비밀을 누설하다
beau(belle)	[bo] [bɛl]	보(벨르)	잘생긴, 아름다운
beaucoup	[boku]	보꾸	m 다수, 대량; 많이, 대단히
	Mon bébé aime beaucoup son nounours. 우리 아기는 곰인형을 아주 좋아한다.		
beau-fils	[bofis]	보피스	m 의붓아들, 사위
beau-frère	[bofʀɛ:ʀ]	보프헤흐	m 시동생, 처남
beau-père	[bopɛ:ʀ]	보뻬흐	m 시아버지, 장인
beauté	[bote]	보떼	f 아름다움, 미인
beaux-arts	[boza:ʀ]	보자흐	m 예술, 미술

beaux-enfants	[bozɑ̃fɑ̃]	보장팡	*mpl* 의붓자식
beaux-parents	[bopaʀɑ̃]	보빠항	*m* 시부모, 처의 부모
bébé	[bebe]	베베	*m* 아기
bec	[bɛk]	베크	*m* (새의) 부리
beige	[bɛːʒ]	베쥬	*m* 베이지색
beignet	[bɛɲɛ]	베녜	*m* 도넛
Belgique	[bɛlʒik]	벨지끄	*f* 벨기에
belle	[bɛl]	벨르	*f* 미인, 애인, 결승전
	La Belle et la Bête 미녀와 야수		
belle-fille	[bɛlfij]	벨르피으	*f* 며느리
belle-mère	[bɛlmɛːʀ]	벨르메흐	*f* 시어머니, 장모
belle-sœur	[bɛlsœːʀ]	벨르쐬흐	*f* 시누이, 올케
bien	[bjɛ̃]	비엥	괜찮다
bénéfice	[benefis]	베네피스	*m* 벌이, 이익
bénéficier	[benefisje]	베네피씨에	은혜를 입다, 이익을 얻다
béquille	[bekij]	베끼으	*f* 목발
bercer	[bɛʀse]	베흐쎄	가만히 흔들다, 진정시키다
beret	[beʀɛ]	베헤	*m* 베레모
Berlin	[bɛʀlɛ̃]	베흘랭	베를린

bermuda	[bɛʀmyda]	베흐뮈다	m 반바지
besoin	[bəzwɛ̃]	브주앵	m 필요, 욕구, 부족
bétail	[betaj]	베따이으	m (집합적) 가축
bête	[bɛt]	베뜨	f 동물, 짐승
bêtise	[bɛ[e]tiːz]	베띠즈	f 어리석음, 경솔함
beurre	[bœːʀ]	뵈흐	m 버터
Bible	[bibl]	비블르	f 성경
bibliothèque	[biblijɔtɛk]	비블리오떼끄	f 도서관

Ce jeune homme va à la bibliothèque.
이 청년은 도서관에 가는 중이다.

bicross	[bikʀɔs]	비크호스	m 산악용 자전거
bicyclette	[bisiklɛt]	비씨끌레뜨	f 자전거
bien	[bjɛ̃]	비엥	잘, 멋지게; 훌륭한
bien cuit	[bjɛ̃ kɥi]	비엥 뀌	잘 익은, 웰던
bientôt	[bjɛ̃to]	비엥또	이윽고, 곧
bière	[bjɛːʀ]	비에흐	f 맥주
bifteck	[biftɛk]	비프떼끄	m 스테이크
bijou	[biʒu]	비쥬	m 보석, 귀금속

La perle est le bijou qui vient des coquillages.
진주는 조개가 만들어 내는 보석이다.

billard	[bijaːʀ]	비야흐	m 당구

billet	[bijɛ]	비에	(m) 지폐, 쪽지
biologie	[bjɔlɔʒi]	비올로지	(f) 생물
biscuit	[biskɥi]	비스뀌이	(m) 과자
bizarre	[biza:ʀ]	비자흐	이상한, (언행이) 어색한
blâme	[blɑ:m]	블람	(m) 비난, 질책
blâmer	[blɑme]	블라메	비난하다, 꾸짖다
blanc(che)	[blɑ̃] [blɑ̃:ʃ]	블랑(슈)	(m) 흰색
blanchir	[blɑ̃ʃi:ʀ]	블랑쉬흐	하얗게 하다, 세탁하다
blé	[ble]	블레	(m) 밀, 곡물
blessé(e)	[blɛ[e]se]	블레쎄	다친, 상처 입은
blesser	[blɛ[e]se]	블레쎄	다치게 하다, 모욕하다
blessure	[blɛ[e]sy:ʀ]	블레쒸흐	(f) 상처
	Si la blessure s'était refermée… 상처가 깨끗하게 아물었다면…		
bleu	[blø]	블뢰	(m) 파랑
bloc	[blɔk]	블록	(m) 덩어리, 집단
blog	[blɔg]	블로그	(m) 블로그
blond(e)	[blɔ̃] [blɔ̃:d]	블롱(드)	금발의, 황금색의
bloquer	[blɔke]	블로께	움직이지 않게 하다, 봉쇄하다
blouse	[blu:z]	블루즈	(f) 작업복, 블라우스

blouson	[bluzɔ̃]	블루종	m 점퍼, 재킷
bœuf	[bœf]	뵈프	m 소
boire	[bwa:ʀ]	부아흐	마시다, 수분을 취하다
bois	[bwa[ɑ]]	부아	숲, 나무
boisson	[bwasɔ̃]	부와쏭	f 음료, 술
boîte	[bwat]	부아뜨	f 상자, 통조림
bol	[bɔl]	볼	m 사발, 찻잔
bombe	[bɔ̃:b]	봉브	f 폭탄
bon(ne)	[bɔ̃] [bɔn]	봉(본느)	좋은, 친절한, 양호한
bonbon	[bɔ̃bɔ̃]	봉봉	m 사탕 Il y avait un film ⟨bonbon à la menthe⟩. ⟨박하사탕⟩이라는 영화가 있었지.
bond	[bɔ̃]	봉	m 점프, 뛰어오름, 약진
bondir	[bɔ̃di:ʀ]	봉디흐	뛰어[튀어]오르다
bonheur	[bɔnœ:ʀ]	보뇌흐	m 행복, 행운
bonhomme	[bonɔm]	보놈므	m 착한(순진한) 사람
bonjour	[bɔ̃ʒu:ʀ]	봉주흐	m 안녕하세요! (아침 인사)
bon marché	[bɔ̃maʀʃe]	봉마흐셰	싸게, 저렴하게
bonnet	[bɔnɛ]	보네	m 챙 없는 모자
bonsoir	[bɔ̃swa:ʀ]	봉수아흐	m 안녕하세요! (저녁 인사)

B

bonté	[bɔ̃te]	봉떼	*f* 친절, 호의
bonze	[bɔ̃:z]	봉즈	*m* 승려, 거물
bord	[bɔ:ʀ]	보흐	*m* 가장자리, 길가, 연안
border	[bɔʀde]	보흐데	가장자리를 이루다 [두르다]
bordure	[bɔʀdy:ʀ]	보흐뒤흐	*f* 가장자리 (장식)
borne	[bɔʀn]	보흔느	*f* 한계, 경계석
borner	[bɔʀne]	보흐네	경계를 정하다, 억제하다
bottes	[bɔt]	보뜨	*fpl* 부츠
bouche	[buʃ]	부슈	*f* 입, 입술
boucher	[buʃe]	부셰	마개를 닫다, 가로막다
boucherie	[buʃʀi]	부슈히	*f* 정육점, 도살
bouchon	[buʃɔ̃]	부숑	*m* 마개, 막힘, 교통체증
boucle	[bukl]	부끌르	*f* 버클, 고리쇠
boucler	[bukle]	부끌레	버클을 채우다, 감금하다
bouddha	[buda]	부다	*m* 부처
bouddhisme	[budism]	부디슴므	*m* 불교
bouddhiste	[budist]	부디스뜨	*n* 불교 신자
bouder	[bude]	부데	삐치다, 불만을 나타내다

boue	[bu]	부	*f*	진창, 오욕
bouger	[buʒe]	부제		움직이다, 이동하다
bougie	[buʒi]	부지	*f*	양초
bouillir	[bujiːʀ]	부이이흐		끓다, 삶아지다
bouilloire	[bujwaːʀ]	부이유와흐	*f*	주전자
boulanger	[bulɑ̃ʒe]	불랑제		빵 장수
boulangerie	[bulɑ̃ʒʀi]	불랑주히	*f*	빵 제조, 빵 판매
boule	[bul]	불르	*f*	공, 구슬
boulevard	[bulvaːʀ]	불르바흐	*m*	(가로수가 있는) 큰길
bouleverser	[bulvɛʀse]	불르베흐쎄		뒤엎다, 엉망으로 만들다
bouquet	[bukɛ]	부께	*m*	꽃다발, 작은 숲
bouquin	[bukɛ̃]	부깽	*m*	책
bourgeois(e)	[buʀʒwa] [buʀʒwaːz]	부흐주아(즈)		중산층, 자유민, 속물
bourse	[buʀs]	부흐스	*f*	돈주머니, 장학금
bousculer	[buskyle]	부스뀔레		난폭하게 떠밀다, 뒤집다
bout	[bu]	부	*m*	끝, 마지막, 말단
bouteille	[butɛj]	부떼이으	*f*	병, 술
boutique	[butik]	부띠끄	*f*	가게, 매점

bouton	[butɔ̃]	부똥	m 싹, 봉오리, 단추, 여드름
bowling	[bɔliŋ]	볼링그	m 볼링
boxe	[bɔks]	복스	f 권투
bracelet	[bʀaslɛ]	브하슬레	m 팔찌
branche	[bʀɑ̃:ʃ]	브항슈	f 나뭇가지
branchie	[bʀɑ̃ʃi]	브항쉬	f 아가미
braquer	[bʀake]	브하께	(방향을) 향하다, 돌리다
bras	[bʀa]	브하	m 팔
brave	[bʀɑ:v]	브하브	용감한, 정직한
bravo	[bʀavo]	브하보	좋아!, 축하해!, 갈채
brebis	[bʀəbi]	브흐비	f 암양, 온순한 사람
bref, brève	[bʀɛf] [bʀɛ:v]	브헤프 브헤브	짧은, 간단한
brillant(e)	[bʀijɑ̃] [bʀijɑ̃:t]	브히양(뜨)	빛나는, 탁월한
briller	[bʀije]	브히예	빛나다, 뛰어나다
brique	[bʀik]	브히끄	f 벽돌
briquette	[bʀikɛ]	브히께	m 라이터
briser	[bʀize]	브히제	부수다, 깨다
broche	[bʀɔʃ]	브호슈	f 브로치

brocoli	[bʀɔkɔli]	브호꼴리	m 브로콜리
broderie	[bʀɔdʀi]	브호드히	f 자수(刺繡)
brosse	[bʀɔs]	브호쓰	f 브러시, 화필
brouillard	[bʀuja:ʀ]	브후이야흐	m 안개
brouiller	[bʀuje]	브후이예	뒤섞다, 흐리게 하다
bruit	[bʀɥi]	브휘이	m 소리, 소음
	Le moteur produit des bruits bizarres. 엔진에서 이상한 소리가 납니다.		
brûlant(e)	[bʀylɑ̃] [bʀylɑ̃:t]	브휠랑(뜨)	불타는, 열렬한, 위험한
brûlé(e)	[bʀyle]	브휠레	불탄, 구운
brûler	[bʀyle]	브휠레	타다, 태우다, 낭비하다
brumer	[bʀyme]	브휘메	안개가 끼다
brun(e)	[brœ̃]	브행	m 갈색
brusque	[bʀysk]	브휘스끄	난폭한, 퉁명스러운
brusquement	[bʀyskəmɑ̃]	브휘스끄망	갑자기, 뜻밖에
brutal(ale)	[bʀytal]	브휘딸(르)	난폭한, 가차 없는
bruyant(e)	[bʀɥijɑ̃] [bʀɥijɑ̃:t]	브휘이양(뜨)	소란스러운, 떠들썩한
budget	[bydʒɛ]	뷔제	m 예산(안), 가계
buffet	[byfɛ]	뷔페	m 찬장

bulletin	[byltɛ̃]	뷜르땡	ⓜ **보고서, 공보(公報)**
bureau	[byʀo]	뷔호	ⓜ **책상, 사무실**
	Quel produit est bon pour le bureau? 사무용 용품은 어떤 제품이 좋습니까?		
bureau de poste	[byʀo də pɔst]	뷔호 드 뽀스뜨	ⓜ **우체국**
bus	[bys]	뷔스	ⓜ **버스**
but	[by]	뷔	**목표, 목적, 표적**

C

ça	[sa]	싸		이것, 저것, 그것
cabane	[kaban]	꺄반느	f	오두막, 대피소
cabas	[kabɑ]	꺄바	m	쇼핑 바구니
cabillaud	[kabijo]	꺄비요	m	생대구
cabine	[kabin]	꺄빈느	f	선실
cabinet	[kabinɛ]	꺄비네	m	작은 방, 사무실
câblé(e)	[kɑble]	꺄블레		꼰, 밧줄 모양의
cabosser	[kabɔse]	꺄보쎄		(때려서) 혹을 만들다, 타박상을 입히다
cacahouète	[kakawɛt]	꺄꺄우에뜨	f	땅콩
cacao	[kakao]	꺄꺄오	m	카카오 열매
cache	[kaʃ]	꺄슈	f	숨는 곳, 숨기는 곳
caché	[kaʃe]	꺄셰		감춰진
cache-cache	[kaʃkaʃ]	꺄슈꺄슈	m	숨바꼭질
cachemire	[kaʃmiːʀ]	꺄슈미흐	m	캐시미어(숄)
cache-nez	[kaʃne]	꺄슈네	m	머플러
cache-pot	[kaʃpo]	꺄슈뽀	m	장식용 화분

cacher	[kaʃe]	까셰	감추다, 숨기다
cachet	[kaʃɛ]	까셰	ⓜ 소인
cachette	[kaʃɛt]	까셰뜨	ⓕ 숨는 곳
cachot	[kaʃo]	까쇼	ⓜ 독방, 감옥
cactus	[kaktys]	깍뛰스	ⓜ 선인장
cadavre	[kadɑːvʀ]	까다브흐	ⓜ 시체
caddie	[kadi]	까디	ⓜ 캐디
cadeau	[kado]	까도	ⓜ 선물 Je doit acheter le cadeau pour maman. 엄마 선물을 사야 해.
cadenas	[kadna]	까드나	ⓜ 자물쇠
cadence	[kadɑ̃ːs]	까당스	ⓕ 박자, 리듬
cadet(te)	[kadɛ] [kadɛt]	까데(뜨)	연하의, 막내의; 동생
cadran	[kadʀɑ̃]	까드항	ⓜ (시계, 전화의) 문자판
cadre	[kɑːdʀ]	까드흐	ⓜ 액자
cafard	[kafaːʀ]	까파흐	ⓜ 바퀴벌레
café	[kafe]	까페	ⓜ 커피(원두), 찻집 Prenons du pain par le grille-pain avec un café. 토스터에 빵을 구워 커피와 함께 먹자.
caféine	[kafein]	까페인느	ⓕ 카페인

단어	발음	한글 발음	성	뜻
caféteria	[kafeteʀja]	꺄페떼히아	f	카페테리아, 구내식당
cafetière	[kaftjɛːʀ]	꺄프띠에흐	f	커피포트
cage	[kaːʒ]	꺄쥬	f	새장
cageot	[kaʒo]	꺄죠	m	고리 바구니, 추녀
cagnotte	[kaɲɔt]	꺄뇨뜨	f	저금통, 비상금
cagoule	[kagul]	꺄굴르	f	소매 없는 외투, 복면
cahier	[kaje]	꺄이예	m	공책, 장부
caille	[kɑːj]	꺄이으	f	메추리, 귀여운 아이
cailler	[kɑje]	꺄이예		응고시키다, 응결하다
caillou	[kaju]	꺄이유	m	자갈, 조약돌, 바위
caisse	[kɛs]	께쓰	f	계산대
caissier(ère)	[kɛ[e]sje] [kɛ[e]sjɛːʀ]	께씨에(흐)	n	계산원
cajou	[kaʒu]	꺄주	m	캐슈 (식물)
cake	[kɛk]	께끄	m	(과일이 든) 케이크
calamar	[kalamaːʀ]	꺌라마흐	m	오징어
calamité	[kalamite]	꺌라미떼	f	큰 재난, 참화
calcaire	[kalkɛːʀ]	꺌께흐		석회질의
calcul	[kalkyl]	꺌뀔	m	계산
calculatrice	[kalkylatʀis]	꺌뀔라트히스	f	계산기

calculer	[kalkyle]	꺌뀔레	계산하다
caleçon	[kalsɔ̃]	꺌르송	m 사각팬티
calembour	[kalɑ̃buːʀ]	꺌랑부흐	m 말 맞히기 놀이, 말장난
calendrier	[kalɑ̃dʀije]	꺌랑드히에	m 달력
	Je dois encore tourner une page du calendrier. 또 달력 한 장 넘겨야겠네.		
calepin	[kalpɛ̃]	꺌르뺑	m 수첩
caler	[kale]	꺌레	고정하다, 움직이지 못하게 되다
calibre	[kalibʀ]	꺌리브흐	m 구경(口徑), 크기, 규모
câlin(e)	[kɑlɛ̃] [kɑlin]	꺌랭(린느)	애교 있는, 아양 떠는
câliner	[kɑline]	꺌리네	애무하다
calmant	[kalmɑ̃]	꺌망	m 진통제
calme	[kalm]	꺌므	고요한, 평온한
calmement	[kalməmɑ̃]	꺌므망	침착하게, 평온히
calmer	[kalme]	꺌메	진정시키다, 가라앉히다
calorie	[kalɔʀi]	꺌로히	f 칼로리, 열량
calque	[kalk]	꺌끄	m 투사(透寫), 모사
camarade	[kamaʀad]	꺄마하드	동료, 동지
cambrioler	[kɑ̃bʀijɔle]	깡브히올레	불법 침입하다
cambrioleur(se)	[kɑ̃bʀijɔlœːʀ] [kɑ̃bʀijɔløːz]	깡브히올뢰흐(즈)	n 강도, 도둑

Ce cambrioleur est attrapé?
그 강도는 잡혔대?

caméra	[kameʀa]	꺄메하	f 카메라
caméscope	[kameskɔp]	꺄메스꼬프	m 동영상 카메라
camion	[kamjɔ̃]	꺄미옹	m 트럭
camion-citerne	[kamjɔ̃sitɛʀn]	꺄미옹시떼흐느	m 액체 운반차
camionnette	[kamjɔnɛt]	꺄미오네뜨	f 소형 트럭
camp	[kɑ̃]	깡	m 야영지, 기지, 수용소
campagnard	[kɑ̃paɲa:ʀ]	깡빠냐흐	농촌 (사람)의
campagne	[kɑ̃paɲ]	깡빠뉴	f 시골, 전원
camper	[kɑ̃pe]	깡뻬	야영하다, 캠핑하다
campeur	[kɑ̃pœ:ʀ]	깡뾔흐	캠핑하는 사람
camping	[kɑ̃piŋ]	깡삥그	m 캠프 생활
Canada	[kanada]	꺄나다	m 캐나다
canadien	[kanadjɛ̃]	꺄나디엥	캐나다의, 캐나다인
canal	[kanal]	꺄날	m 운하, 수로, 해협
canapé	[kanape]	꺄나뻬	m 소파
canapé-lit	[kanapeli]	꺄나뻬리	m 침대 겸용 소파
canard	[kana:ʀ]	꺄나흐	m 오리
canari	[kanaʀi]	꺄나히	m 카나리아

cancer	[kɑ̃sɛːʀ]	꺙쎄흐	m 암
candidat(e)	[kɑ̃dida] [kɑ̃didat]	깡디다(뜨)	후보자, 지원자
	candidats à l'embauche		취업 희망자
candidature	[kɑ̃didatyːʀ]	깡디다뛰흐	f 후보(자격), 지원(志願)
cane	[kan]	꺄느	f 암컷오리
caneton	[kantɔ̃]	꺄느똥	m 새끼 오리
canette	[kanɛt]	꺄네뜨	f 병, 캔
canevas	[kanva]	꺄느바	m 바탕천, 구상, 초안
caniche	[kaniʃ]	꺄니슈	푸들(동물)
canicule	[kanikyl]	꺄니뀔르	f 한여름, 몹시 심한 더위
canif	[kanif]	꺄니프	m (접이식) 소형 나이프
caniveau	[kanivo]	꺄니보	m 배수구, 도랑
canne	[kan]	꺈느	지팡이, (식물) 줄기
cannelle	[kanɛl]	꺄넬르	f 계피 껍질, 계피 향
canoë	[kanɔe]	꺄노에	m 카누(경기)
canon	[kanɔ̃]	꺄농	m 대포, 포신, 원통; 표준
canot	[kano]	꺄노	m 보트
cantatrice	[kɑ̃tatʀis]	깡타트히스	f 여류 성악가
cantine	[kɑ̃tin]	깡띤느	f 구내식당

caoutchouc	[kautʃu]	꺄우츄	*m* 고무(제품)
cap	[kap]	꺄쁘	*m* 갑(岬), 뱃머리
capable	[kapabl]	꺄빠블르	할 수 있는, ~할지도 모르는
capacité	[kapasite]	꺄빠시떼	능력, 재능, 용량
cape	[kap]	꺄쁘	*f* 소매 없는 망토
capitaine	[kapitɛn]	꺄삐뗀느	대위, 선장, 주장
capital	[kapital]	꺄삐딸	가장 중요한, 치명적인
capitale	[kapital]	꺄삐딸르	*f* 수도
capot	[kapo]	꺄뽀	*m* (자동차) 보닛
câpre	[kɑːpʀ]	꺄프흐	*f* 서양 풍접초과의 꽃봉오리
caprice	[kapʀis]	꺄프히스	*m* 변덕, 급변, 일시적인 사랑
capricorne	[kapʀikɔʀn]	꺄프히꼬흔느	*m* 영양(羚羊)
capsule	[kapsyl]	꺕쉴르	*f* 캡슐
capter	[kapte]	꺕떼	매수하다, 착복하다
captif(ve)	[kaptif] [kaptiːv]	꺕띠프(브)	포로, 잡힌 사람
captivant(e)	[kaptivɑ̃] [kaptivɑ̃ːt]	꺕띠방(뜨)	매혹적인, 마음을 빼앗는
captivité	[kaptivite]	꺕띠비떼	*f* 사로잡힌 상태, 자유가 없는 상태
capturer	[kaptyʀe]	꺕뛰헤	생포하다, 체포하다
capuche	[kapyʃ]	꺄쀠슈	(여성용) 두건

capuchon	[kapyʃɔ̃]	꺄쀠숑	*m* 외투에 달린 후드
car	[kaːʀ]	꺄흐	왜냐하면 ~이므로
carabine	[kaʀabin]	꺄하빈느	*f* 기병총, 소총
caractère	[kaʀaktɛːʀ]	꺄학떼흐	*m* 성격, 기질, 특징
	Ces caractères ne sont pas jolis. 이 글꼴은 별로 예쁘지 않아.		
caractéristique	[kaʀakteʀistik]	꺄학떼히스띠끄	특유의
carafe	[kaʀaf]	꺄하프	*f* 물병, 음료수병
caramel	[kaʀamɛl]	꺄하멜	*m* 캐러멜
caravane	[kaʀavan]	꺄하반느	*f* 카라반, 대상(隊商)
carbone	[kaʀbɔn]	꺄흐본느	*m* 탄소
carbonisé(e)	[kaʀbɔnize]	꺄흐보니제	탄화된, 검게 탄
cardigan	[kaʀdigɑ̃]	꺄흐디강	*m* 가디건
carême	[kaʀɛm]	꺄헴므	*m* (가톨릭) 사순절
caresser	[kaʀɛ[e]se]	꺄헤쎄	애무하다, 부드럽게 문지르다
cargaison	[kaʀgɛzɔ̃]	꺄흐게종	*f* 선박 화물
cargo	[kaʀgo]	꺄흐고	*m* 화물선
caricature	[kaʀikatyːʀ]	꺄히꺄뛰흐	*f* 풍자 만화
carie	[kaʀi]	꺄히	*f* 충치
	Zut! J'ai eu une dent cariée de plus. 아이쿠! 충치가 하나 더 늘었네.		

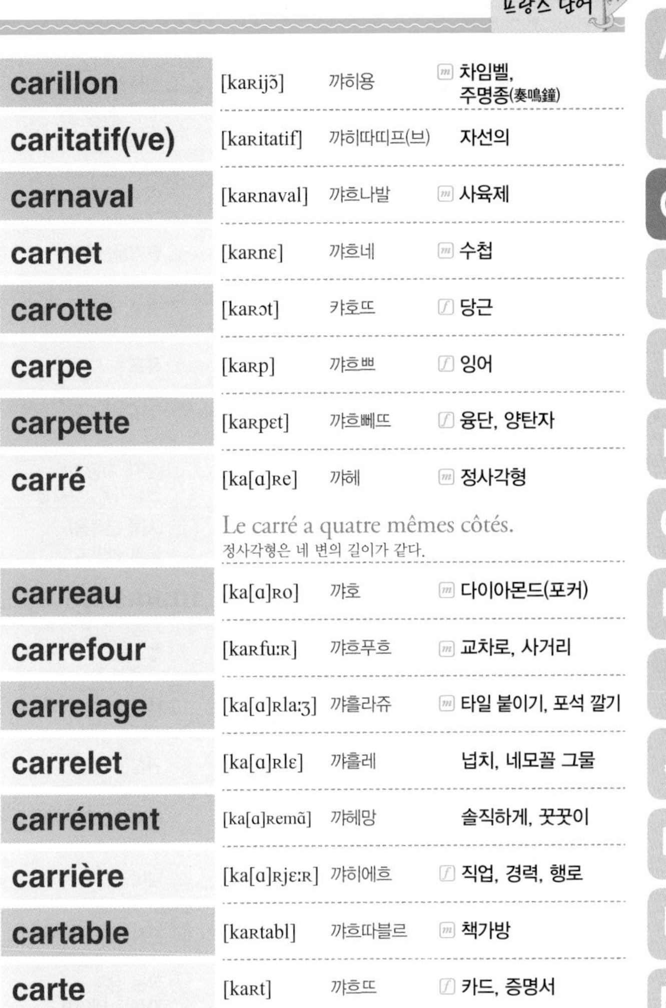

carillon	[kaʀijɔ̃]	꺄히용	m	차임벨, 주명종(奏鳴鐘)
caritatif(ve)	[kaʀitatif]	꺄히따띠프(브)		자선의
carnaval	[kaʀnaval]	꺄흐나발	m	사육제
carnet	[kaʀnɛ]	꺄흐네	m	수첩
carotte	[kaʀɔt]	캬호뜨	f	당근
carpe	[kaʀp]	꺄흐쁘	f	잉어
carpette	[kaʀpɛt]	꺄흐뻬뜨	f	융단, 양탄자
carré	[ka[ɑ]ʀe]	꺄헤	m	정사각형
	Le carré a quatre mêmes côtés. 정사각형은 네 변의 길이가 같다.			
carreau	[ka[ɑ]ʀo]	꺄호	m	다이아몬드(포커)
carrefour	[kaʀfuːʀ]	꺄흐푸흐	m	교차로, 사거리
carrelage	[ka[ɑ]ʀlaːʒ]	꺄흘라쥬	m	타일 붙이기, 포석 깔기
carrelet	[ka[ɑ]ʀlɛ]	꺄흘레		넙치, 네모꼴 그물
carrément	[ka[ɑ]ʀemɑ̃]	꺄헤망		솔직하게, 꿋꿋이
carrière	[ka[ɑ]ʀjɛːʀ]	꺄히에흐	f	직업, 경력, 행로
cartable	[kaʀtabl]	꺄흐따블르	m	책가방
carte	[kaʀt]	꺄흐뜨	f	카드, 증명서
carte bleue	[kaʀt blø]	꺄흐뜨 블뢰	f	신용카드
	J'ai perdu ma carte bleue. 신용카드를 잃어버렸어요.			

carte de débit	[kaʀt də debi]	꺄흐뜨 드 데비	ⓕ	직불카드
cartes	[kaʀt]	꺄흐뜨	ⓕⓟⓛ	트럼프
carton	[kaʀtɔ̃]	꺄흐똥	ⓜ	판지, 종이상자
cartouche	[kaʀtuʃ]	꺄흐뚜슈	ⓕ	탄약통, 약포
cas	[kɑ]	꺄	ⓜ	경우, 사정
cascade	[kaskad]	꺄스꺄드	ⓕ	폭포
cascadeur(se)	[kaskadœːʀ] [kaskadøːz]	꺄스꺄되흐(즈)		스턴트맨
case	[kɑːz]	꺄즈	ⓕ	(열대 지방의) 전통가옥, 사각형
casier	[kɑzje]	꺄지에	ⓜ	(서류 분류용) 정리 선반
casque	[kask]	꺄스끄	ⓜ	헬멧
casquette	[kaskɛt]	꺄스께뜨	ⓕ	챙 달린 모자, 제모
casse-croûte	[kɑskʀut]	꺄스-크후뜨	ⓜ	분식
casse-pieds	[kɑspje]	꺄스삐에	ⓜ	귀찮은 사람
casser	[kɑse]	꺄세		망가뜨리다, 부수다
casserole	[kasʀɔl]	꺄스홀르	ⓕ	냄비
casse-tête	[kɑstɛt]	꺄스떼뜨	ⓜ	곤봉, 소음, 어려운 일
cassette	[kasɛt]	꺄세뜨	ⓕ	작은 상자, 카세트 테이프
cassis	[kasis]	꺄시스	ⓜ	까막 까치 밥술, 배수구
cassoulet	[kasulɛ]	꺄술레	ⓜ	스튜

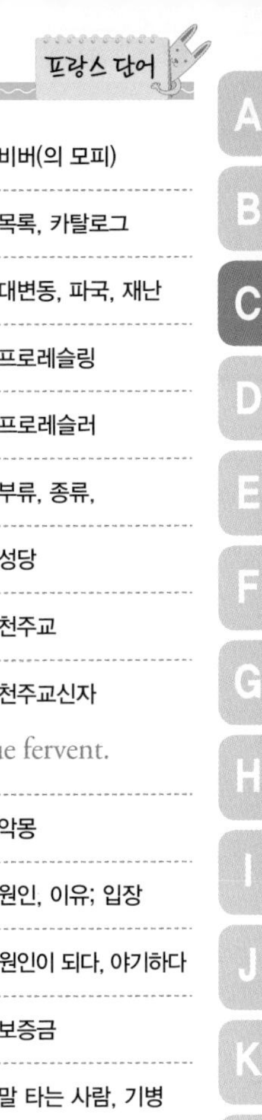

castor	[kastɔːʀ]	꺄스또흐	(m) 비버(의 모피)
catalogue	[katalɔg]	꺄딸로그	(m) 목록, 카탈로그
catastrophe	[katastʀɔf]	꺄따스뜨호프	(f) 대변동, 파국, 재난
catch	[katʃ]	꺄취	(m) 프로레슬링
catcheur(se)	[katʃœːʀ]	꺄최흐	프로레슬러
catégorie	[kategɔʀi]	꺄떼고히	(f) 부류, 종류,
cathédrale	[katedʀal]	꺄떼드할르	(f) 성당
catholicisme	[katɔlisism]	꺄똘리시슴므	(m) 천주교
catholique	[katɔlik]	꺄똘리끄	(n) 천주교신자 Cet homme est catholique fervent. 그는 아주 독실한 천주교 신자야.
cauchemar	[kɔʃmaːʀ]	꼬슈마흐	(m) 악몽
cause	[koːz]	꼬즈	(f) 원인, 이유; 입장
causer	[koze]	꼬제	원인이 되다, 야기하다
caution	[kosjɔ̃]	꼬씨옹	(f) 보증금
cavalier	[kavalje]	꺄발리에	말 타는 사람, 기병
cave	[kaːv]	꺄브	지하실, 지하 창고
caverne	[kavɛʀn]	꺄베흔느	(f) 동굴, 소굴
ce	[s(ə)]	스	그것은, 저것은
céder	[sede]	쎄데	팔아넘기다, 양도하다

C

cédille	[sedij]	쎄디이으	Ⓕ 세디유, a, o, u 앞의 c를 [s]로 발음하기 위해 c 밑에 붙이는 기호(ç)
cèdre	[sɛdʀ]	쎄드흐	Ⓜ 서양 삼나무
ceinture	[sɛ̃ty:ʀ]	쎙뛰흐	Ⓕ 벨트, 허리띠
cela	[s(ə)la]	슬라	그것, 저것
	Euh, cela me plaît. 음, 그거 괜찮겠네요.		
célébration	[selebʀɑsjɔ̃]	쎌레브하씨옹	Ⓕ 거행, 축하
célèbre	[selɛbʀ]	쎌레브흐	유명한
céleri	[sɛlʀi]	쎌르히	Ⓜ 셀러리
célibataire	[selibatɛ:ʀ]	쎌리바떼흐	미혼의
celle	[sɛl]	쎌르	celui의 여성형 단수
cellule	[selyl]	쎌륄르	Ⓕ 세포
celui	[səlɥi]	슬뤼이	그것, 그 사람
celui-ci	[səlɥisi]	슬뤼이씨	이쪽 사람[것]
celui-la	[səlɥila]	슬뤼이라	저쪽 사람[것]
cendre	[sɑ̃:dʀ]	쌍드흐	Ⓕ 재, 유해
cendrier	[sɑ̃dʀije]	쌍드히에	Ⓜ 재떨이
Cendrillon	[sɑ̃dʀijɔ̃]	쌍드히용	Ⓕ 신데렐라, 궂은 일을 하는 여자
censé(e)	[sɑ̃se]	쌍세	~하기로 된, ~라고 간주되는

단어	발음기호	발음	성	뜻
cent	[sɑ̃]	쌍		100
centaine	[sɑ̃tɛn]	쌍텐느	f	100, 백세
centenaire	[sɑ̃tnɛːʀ]	쌍트네흐		100년의
centième	[sɑ̃tjɛm]	쌍티엠므		백 번째의, 백 분의 1의
centime	[sɑ̃tim]	쌍팀므		백 분의 1 프랑
centimètre	[sɑ̃timɛtʀ]	쌍티메트흐	m	센티미터(cm)
cent mille	[sɑ̃mil]	쌍밀르		십만
central(ale)	[sɑ̃tʀal]	쌍트할(르)		중앙의, 주요한
centre	[sɑ̃ːtʀ]	쌍트흐	m	중심(인물, 시설), 번화가
	centre d'information et d'orientation 직업 소개소			
centre-ville	[sɑ̃ːtʀ vil]	쌍트흐빌르	m	중심가
cependant	[s(ə)pɑ̃dɑ̃]	스빵당		그렇지만, 그럼에도 불구하고
cercle	[sɛʀkl]	쎄흐끌르	m	원, 원형, 고리
cercueil	[sɛʀkœj]	쎄흐뀌에이으	m	관
céréale	[seʀeal]	쎄헤알르	f	곡물, 씨리얼
cérémonie	[seʀemɔni]	쎄헤모니	f	의식, 행사
cerf	[sɛːʀ]	쎄흐	m	사슴
cerf-volant	[sɛʀvɔlɑ̃]	쎄흐볼랑	m	사슴벌레, 연
cerise	[s(ə)ʀiːz]	스히즈	f	버찌

cerne	[sɛʀn]	쎄흔느	m	나이테
certain	[sɛʀtɛ̃]	쎄흐뗑		확실한, 확신하여
certainement	[sɛʀtɛnmɑ̃]	쎄흐뗀느망		확실히, 명확히
certes	[sɛʀt]	쎄흐뜨		확실히, 물론
certificat	[sɛʀtifika]	쎄흐띠피꺄	m	증명서, 자격증
certifier	[sɛʀtifje]	쎄흐띠피에		증명하다, 보증하다
cerveau	[sɛʀvo]	쎄흐보	m	뇌, 뇌수, 지능
CES	[se ə ɛs]	쎄으에스		중학교
ces	[se]	쎄		이~, 그~, 저~
cesse	[sɛs]	쎄스	f	중지, 중단
cesser	[sese]	쎄세		중지하다, 그만두다
cessez-le-feu	[sesel(ə)fø]	쎄세르푀	m	휴전(명령)
c'est-à-dire	[sɛtadiʀ]	쎄따디흐		말하자면, 즉
cet	[sɛt]	쎄(뜨)		이~, 저~, 그~
cette	[sɛt]	쎄뜨		이~, 저~, 그~
ceux	[sø]	쐬		~하는 사람, ~것
chacun(e)	[ʃakœ̃]	샤꽹		각자, 누구나
chagrin	[ʃagʀɛ̃]	샤그랭	m	슬픔, 비통
chaîne	[ʃɛn]	쉐느	f	체인

chair	[ʃɛ:ʀ]	쉐흐	*f* 살
chaise	[ʃɛ:z]	쉐즈	*f* 의자
châle	[ʃɑ:l]	샬르	*m* 숄, 어깨걸이
chalet	[ʃalɛ]	샬레	산장, 별장
chaleur	[ʃalœ:ʀ]	샬뢰흐	*f* 열, 더위
chaleureux	[ʃalœʀø]	샬뢰회	열렬한, 진심이 담긴
chambre	[ʃɑ̃:bʀ]	샹브흐	*f* 방, 침실, 법정 Puis-je avoir deux chambres à deux? 트윈룸 두 개 예약할 수 있나요?
chameau	[ʃamo]	샤모	*m* 낙타
champ	[ʃɑ̃]	샹	*m* 밭, 전원, 분야
champagne	[ʃɑ̃paɲ]	샹빠뉴	*f* 샴페인
champignon	[ʃɑ̃piɲɔ̃]	샹삐뇽	*m* 버섯, 균류
champion	[ʃɑ̃pjɔ̃]	샹삐옹	챔피언, 선수권 보유자, 1인자
championnat	[ʃɑ̃pjɔna]	샹삐오나	*m* 선수권 시합
chance	[ʃɑ̃:s]	샹스	*f* 운, 우연, 행운, 기회
chancelier	[ʃɑ̃səlje]	샹슬리에	*m* 사무국장, 재무장관
chandelier	[ʃɑ̃dəlje]	샹들리에	*m* 샹들리에
change	[ʃɑ̃:ʒ]	샹쥬	*m* 환전, 교환(물)
changeant(e)	[ʃɑ̃ʒɑ̃]	샹장	변하기 쉬운, 불안한

C

방

- lit [li] 리 ⓜ 침대
- oreiller [ɔʀɛ[e]je] 오헤이에 ⓜ 베개
- drap de lit [dʀa də li] 드하 들 리 ⓜ 침대보
- couverture [kuvɛʀty:ʀ] 꾸베흐뛰흐 ⓕ 담요, 모포
- lampe de bureau [lɑ̃:p də byʀo] 랑뻐 드 뷔호 ⓕ 스탠드
- bureau [byʀo] 뷔호 ⓜ 책상
- chaise [ʃɛ:z] 쉐즈 ⓕ 의자
- commode [kɔmɔd] 꼬모드 ⓕ 서랍장, 수납장
- lit simple [li sɛ̃: pl] 리 쌩쁠르 ⓜ 싱글베드, 1인용 침대
- lit double [li dubl] 리 두블르 ⓜ 더블베드, 2인용 침대
- lit superposé [li sypɛʀpoze] 리 쒸페흐뽀제 ⓜ 2단 침대

changement	[ʃɑ̃ʒmɑ̃]	샹쥬망	*m* 변경, 변화
changer	[ʃɑ̃ʒe]	샹제	바꾸다, 변화하다
chanson	[ʃɑ̃sɔ̃]	샹송	*f* 노래, 가요
chant	[ʃɑ̃]	샹	*m* 노래, 우는 소리
chantage	[ʃɑ̃taːʒ]	샹따쥬	*m* 공갈, 협박
chanter	[ʃɑ̃te]	샹떼	노래하다, (새가) 울다
chanteur(se)	[ʃɑ̃tœːʀ] [ʃɑ̃tøːz]	샹뙤흐(즈)	*n* 가수
chantier	[ʃɑ̃tje]	샹띠에	*m* 건축 현장, 작업장
chantonner	[ʃɑ̃tɔne]	샹또네	(노래를) 읊조리다
chaos	[kao]	까오스	*m* 혼돈, 무질서
chapeau	[ʃapo]	샤뽀	*m* 모자
chapelle	[ʃapɛl]	샤뻴르	*f* 예배당, 교회
chapelure	[ʃaplyːʀ]	샤쁠뤼흐	*f* 빵가루
chapiteau	[ʃapito]	샤삐또	*m* 기둥머리, 뚜껑
chapitre	[ʃapitʀ]	샤삐트흐	*m* 장(章), 항목
chaque	[ʃak]	샤끄	각각의, 매~
char	[ʃaːʀ]	샤흐	*m* 짐수레, 이륜마차, 전차
charabia	[ʃaʀabja]	샤하비아	*m* 횡설수설
charade	[ʃaʀad]	샤하드	*f* 글자 수수께끼, 제스처 게임

C

charbon	[ʃaʀbɔ̃]	샤흐봉	*m* 석탄
charcuterie	[ʃaʀkytʀi]	샤흐뀌뜨리	*f* 돼지고기(제품)
chardon	[ʃaʀdɔ̃]	샤흐동	*m* 엉겅퀴
charge	[ʃaʀʒ]	샤흐쥬	*f* 하중, 부담, 책임
charger	[ʃaʀʒe]	샤흐제	짐을 싣다
chariot	[ʃaʀjo]	샤히오	*m* 카트
	Maman, je pousse le chariot. 엄마, 쇼핑카트는 내가 밀고 갈게.		
charité	[ʃaʀite]	샤히떼	이웃 사랑, 자선
charmant(e)	[ʃaʀmɑ̃] [ʃaʀmɑ̃:t]	샤흐망(트)	매력적인
charme	[ʃaʀm]	샤흠므	*f* 매력
charmer	[ʃaʀme]	샤흐메	즐겁게 하다, 매료시키다
charnière	[ʃaʀnjɛ:ʀ]	샤흐니에흐	*f* 경첩, 접점
charpentier	[ʃaʀpɑ̃tje]	샤흐빵띠에	*m* 목수
charrette	[ʃaʀɛt]	샤헤뜨	*f* (두 바퀴 달린) 짐수레
charrue	[ʃaʀy]	샤휘	*f* 쟁기, 농업
charte	[ʃaʀt]	샤흐뜨	*f* 헌장
chasse	[ʃas]	샤쓰	*f* 수렵, 사냥에서 잡은 것
chasser	[ʃase]	샤쎄	사냥하다, 추격하다
chasseur(se)	[ʃasœ:ʀ] [ʃasø:z]	샤쐬흐(즈)	사냥꾼, ~을 추구하는 사람

chat	[ʃa]	샤	*m* 고양이
châtaignier	[ʃɑtɛ[e]ɲje]	샤테녜	*m* 밤나무
châtain	[ʃatɛ̃]	샤뗑	밤색의
château	[ʃɑto]	샤또	*m* 성(城), 대저택
chatouiller	[ʃatuje]	샤뚜이예	쾌감을 주는, 간질이는
chatte	[ʃat]	샤뜨	*f* 암코양이
chaud(e)	[ʃo] [ʃo:d]	쇼(드)	더운
	Je ne veux pas sortir car il fait chaud. 더워서 밖에 나가기 싫어.		
chaudière	[ʃodjɛ:ʀ]	쇼디에흐	*f* 보일러
chauffage	[ʃofa:ʒ]	쇼파쥬	*m* 난방(장치)
chauffe-eau	[ʃofo]	쇼포	온수기
chauffer	[ʃofe]	쇼페	데우다, 더워지다
chauffeur	[ʃofœ:ʀ]	쇼푀흐	*m* 택시 기사
chaumière	[ʃomjɛ:ʀ]	쇼미에흐	*f* 초가집
chaussée	[ʃose]	쇼쎄	*f* 제방, 차도
chausser	[ʃose]	쇼쎄	(신발을) 신다, (안경을) 쓰다
chaussette	[ʃosɛt]	쇼쎄트	*f* 양말
chausson	[ʃosɔ̃]	쇼쏭	*m* 슬리퍼
chaussure	[ʃosy:ʀ]	쇼쒸흐	*f* 신발, 구두

	Il flotte quand je mets les nouvelles chaussures. 오늘 새 구두를 샀는데 비가 많이 오네.		
chauve-souris	[ʃovsuʀi]	쇼브-쑤히	ⓕ 박쥐
chef	[ʃɛf]	셰프	ⓜ 요리사, 거물, 지휘자
chef-d'œuvre	[ʃɛdœ:vʀ]	셰되브흐	ⓜ 작품, 대표작, 걸작
chef de bureau	[ʃɛf də byʀo]	셰프 드 뷔호	ⓜ 과장
chemin	[ʃ(ə)mɛ̃]	슈맹	ⓜ 길, 도로, 경로
cheminée	[ʃ(ə)mine]	슈미네	ⓕ 굴뚝, 난로
chemise	[ʃ(ə)mi:z]	슈미즈	ⓕ 와이셔츠
chemisier	[ʃ(ə)mizje]	슈미지에	ⓜ 블라우스
chêne	[ʃɛn]	센느	ⓜ 떡갈나무
chèque	[ʃɛk]	셰끄	ⓜ 수표
cher(ère)	[ʃɛ:ʀ]	셰흐	값비싼
chercher	[ʃɛʀʃe]	셰흐셰	모색하다, 찾다
chéri(e)	[ʃeʀi]	셰히	사랑스러운
cheval	[ʃ(ə)val]	슈발	ⓜ 말
cheveux	[ʃ(ə)vø]	슈뵈	ⓜⓟⓛ 머리카락, 두발
	Ce style de cheveux permanentés me va bien? 이런 스타일의 파마머리가 내게 어울릴까?		
chèvre	[ʃɛ:vʀ]	셰브흐	ⓕ 염소, 기중기

cheville	[ʃ(ə)vij]	슈비이으	*f* 발목
chez	[ʃe]	쉐	~지방에서, ~집에서
chiasse	[ʃjas]	쉬아쓰	*f* 설사
chic	[ʃik]	쉬끄	멋을 낸, 세련된
chien	[ʃiɛ̃]	쉬앵	*m* 개
chiffon	[ʃifɔ̃]	쉬퐁	*m* 걸레
chiffre	[ʃifʀ]	쉬프흐	숫자
chimie	[ʃimi]	쉬미	*f* 화학
chimique	[ʃimik]	쉬미끄	화학의, 화학적인
Chine	[ʃin]	쉰느	중국
chinois(e)	[ʃinwa] [ʃinwa:z]	쉬누아(즈)	중국(인, 어)의
chips	[ʃip(s)]	칩스	*mpl* 포테이토칩
chirurgie	[ʃiʀyʀʒi]	쉬휘흐지	*f* 외과
choc	[ʃɔk]	쇼끄	*m* 충돌, 충격, 대립
chocolat	[ʃɔkɔla[ɑ]]	쇼꼴라	*m* 초콜릿
choisir	[ʃwazi:ʀ]	슈와지흐	고르다, 선택하다
	Vous avez choisi? 주문하시겠어요?		
chômage	[ʃoma:ʒ]	쇼마쥬	*m* 실업(수당)
chômeur	[ʃomœ:ʀ]	쇼뫼흐	실업자

chose	[ʃo:z]	쇼즈	*f* 것, 일, 사태
chou	[ʃu]	슈	*m* 배추
chouchou	[ʃuʃu]	슈슈	*m* 머리끈
chouette	[ʃwɛt]	슈에뜨	*f* 부엉이; 멋진
chrétien(ne)	[kʀetjɛ̃] [kʀetjɛn]	크헤띠엥(엔느)	*n* 기독교 신자
christianisme	[kʀistjanism]	크히스띠아니슴므	*m* 기독교
chrysanthème	[kʀizɑ̃tɛm]	크히장뗌므	*m* 국화(菊花)
chut	[ʃyt]	쉬뜨	쉬~!, 조용히!
chute	[ʃyt]	쉬뜨	*f* 떨어짐, 낙하
ciboule	[sibul]	씨불르	*f* 파
ciel	[sjɛl]	씨엘	*m* 하늘
cigarette	[sigaʀɛt]	씨가헤뜨	*f* 담배
cil	[sil]	씰	*m* 속눈썹
ciment	[simɑ̃]	씨망	*m* 시멘트
cimetière	[simtjɛ:ʀ]	씨므티에흐	*m* 묘지, 폐기장
cinéma	[sinema]	씨네마	*m* 영화관
	Allons au cinéma. 우리 영화 보러 가자.		
cinq	[sɛ̃(:k)]	쌩크	5
cinquantaine	[sɛ̃kɑ̃tɛn]	쌩깡뗀느	*f* 50세

단어	발음기호	한글 발음	성	뜻
cinquante	[sɛ̃kɑ̃:t]	쌩깡뜨		50
cinquantième	[sɛ̃kɑ̃tjɛm]	쌩깡띠엠므		50번째의, 50분의 1의
cinquième	[sɛ̃kjɛm]	쌩끼엠므		5번째의, 5분의 1의
circonscription	[siʀkɔ̃skʀipsjɔ̃]	씨흐꽁스끄힙씨옹	f	구획, 선거구
circonstance	[siʀkɔ̃stɑ̃:s]	씨흐꽁스땅스	f	사정, 상황, 경우
circulation	[siʀkylɑsjɔ̃]	씨흐뀔라씨옹	f	교통, 왕래
circuler	[siʀkyle]	씨흐뀔레		왕래하다, 통행하다; 순환하다
cirque	[siʀk]	씨흐끄	m	서커스, 곡예장
ciseau	[sizo]	씨조	m	가위
cité	[site]	씨떼	f	도시, 중심지
citer	[site]	씨떼		인용하다, 거론하다
citoyen	[sitwajɛ̃]	씨뚜아옝		시민, 국민
citron	[sitʀɔ̃]	씨트홍	m	레몬 Le citron a beaucoup d'acides citrique. 레몬에는 구연산이 많대요.
civil(e)	[sivil]	씨빌(르)		시민의, 민간(인)의
civilisation	[sivilizɑsjɔ̃]	씨빌리자씨옹	f	문명, 문화
clair(e)	[klɛ:ʀ]	끌레흐		밝은, 화창한; 투명한
clairement	[klɛʀmɑ̃]	끌레흐망		확실히, 명료하게
clam	[klam]	끌람	m	대합

C

clarté	[klaʀte]	끌라흐떼	ⓕ 밝기, 빛; 투명함
classe	[klɑːs]	끌라쓰	ⓕ 교실
classer	[klɑse]	끌라쎄	분류하다, 정리하다
classique	[klasik]	끌라시끄	고전적인, 전통적인
clavier	[klavje]	끌라비에	ⓜ 키보드
clé	[kle]	끌레	ⓕ 열쇠, 실마리, 비결
clémentine	[klemɑ̃tin]	끌레망띤느	ⓕ 귤
clergyman	[klɛʀʒiman]	끌레흐지만	ⓜ 목사
client(e)	[klijɑ̃] [klijɑ̃ːt]	끌리앙(뜨)	고객
clientèle	[klijɑ̃tɛl]	끌리앙뗄르	ⓕ 고객
climat	[klima[ɑ]]	끌리마	날씨
climatiseur	[klimatizœːʀ]	끌리마띠죄흐	ⓜ 에어컨
clinique	[klinik]	끌리니끄	ⓕ 진료소, 사립병원
cliquer	[klike]	끌리께	클릭하다
cloche	[klɔʃ]	끌로슈	ⓕ 종(鍾), 무능한 사람
clocher	[klɔʃe]	끌로셰	ⓜ 종루, 교구
clone	[klɔn]	끌론느	ⓜ 클론
clôture	[klotyːʀ]	끌로뛰흐	담장, 울타리
clou	[klu]	끌루	ⓜ 못

	Il a enfoncé un clou avec un marteau dans le mur. 그는 벽에 망치로 못을 박았다.		
clouer	[klue]	끌루에	못질을 하다, 고정시키다
clown	[klun]	끌룬	m 어릿광대
coca	[kɔka]	꼬까	m 콜라
coccinelle	[kɔksinɛl]	꼭씨넬르	f 무당벌레
cochon	[kɔʃɔ̃]	꼬숑	m 돼지
cocktail	[kɔktɛl]	꼭뗄	m 칵테일
	Le cocktail, ce n'est pas à mon goût. 칵테일은 내 취향에 안 맞는다.		
cocotier	[kɔkɔtje]	꼬꼬띠에	m 야자수
cocotte	[kɔkɔt]	꼬꼬뜨	f 암탉, 창녀
code	[kɔd]	꼬드	m 법전, 법규; 암호
code bar	[kɔd baːʀ]	꼬드 바흐	m 바코드
code postal	[kɔd pɔstal]	꼬드 뽀스딸	m 우편번호
code secret	[kɔd s(ə)kʀɛ]	꼬드 스크헤	m 비밀번호
cœur	[kœːʀ]	꾀흐	m 심장, 하트(포커)
coffre	[kɔfʀ]	꼬프흐	m 트렁크
coiffer	[kwafe]	꾸와페	m 이발하다, 빗질하다
coiffeur(se)	[kwafœːʀ] [kwaføːz]	꾸와푀흐(즈)	미용사, 이발사

coiffeuse	[kwafø:z]	꾸와푀즈	f 화장대
coiffure	[kwafy:ʀ]	꾸와퓌흐	f 모자, 헤어스타일
coin	[kwɛ̃]	꾸앵	m 각, 모서리, 모퉁이
col	[kɔl]	꼴	m 옷깃
colère	[kɔlɛ:ʀ]	꼴레흐	f 분노
colis	[kɔli]	꼴리	m 소포
collation	[kɔ(l)lɑsjɔ̃]	꼴라씨옹	f 간식(거리)
colle	[kɔl]	꼴르	f 풀, 접착제
collectif(ve)	[kɔ(l)lɛktif] [kɔ(l)lɛkti:v]	꼴렉띠프(브)	집단의, 단체의
collection	[kɔ(l)lɛksjɔ̃]	꼴렉씨옹	f 수집품, 컬렉션
collège	[kɔlɛ:ʒ]	꼴레쥬	m 중학교
collègue	[kɔ(l)lɛg]	꼴레그	n 동료

Aujour'hui, j'ai un dîner avec mes collègues.
오늘 동료들과 저녁 회식이 있다.

coller	[kɔle]	꼴레	붙여 넣다
collier	[kɔlje]	꼴리에	m 목걸이
colline	[kɔlin]	꼴린느	f 언덕
collision	[kɔ(l)lizjɔ̃]	꼴리지옹	f (무력, 자동차의) 충돌
colonie	[kɔlɔni]	꼴로니	f 식민지, 거류민단

colonne	[kɔlɔn]	꼴론느	Ⓕ 원기둥, 기념비
coma	[kɔma]	꼬마	Ⓜ 혼수상태
combat	[kɔ̃ba]	꽁바	Ⓜ 전투, 시합, 투쟁
combattre	[kɔ̃batʀ]	꽁바트흐	싸우다, 대립하다
combien	[kɔ̃bjɛ̃]	꽁비엥	몇 개, 얼마

Alors ça fait combien?
근데 가격은 어떻게 되죠?

combinaison	[kɔ̃binɛzɔ̃]	꽁비네종	Ⓕ 조합, 배합, 술책
comédie	[kɔmedi]	꼬메디	Ⓕ 희극, 연극
comédien	[kɔmedjɛ̃]	꼬메디엥	희극배우, 위선자
comète	[kɔmɛt]	꼬메뜨	Ⓕ 혜성
comique	[kɔmik]	꼬미끄	희극의, 웃기는
comité	[kɔmite]	꼬미떼	Ⓜ 위원회
commandant	[kɔmɑ̃dɑ̃]	꼬망당	Ⓜ 지휘관, 함장
commande	[kɔmɑ̃:d]	꼬망드	Ⓕ 주문, 조종장치
commander	[kɔmɑ̃de]	꼬망데	지휘하다, 명령하다, 주문하다
comme	[kɔm]	꼼므	~와 함께, ~처럼

Comme ci comme ça.
그저 그래요.

commencement	[kɔmɑ̃smɑ̃]	꼬망스망	Ⓜ 처음, 시작, 토대
commencer	[kɔmɑ̃se]	꼬망쎄	시작하다

comment	[kɔmɑ̃]	꼬망	어떻게, 어떤
	Comment trouve-elle? 그녀는 어때요?		
commerçant	[kɔmɛʀsɑ̃]	꼬메흐상	상인, 장사꾼
commerce	[kɔmɛʀs]	꼬메흐스	m 상업, 장사, 거래
commercial	[kɔmɛʀsjal]	꼬메흐시알	무역의, 상업적인
commettre	[kɔmɛtʀ]	꼬메뜨흐	저지르다, 범하다
commissaire	[kɔmisɛːʀ]	꼬미쎄흐	m 경찰서장, 임원
commissariat	[kɔmisaʀja]	꼬미싸히아	m 위원직, 경찰서
commission	[kɔmisjɔ̃]	꼬미씨옹	f 수수료
commode	[kɔmɔd]	꼬모드	편리한, 쉬운
commun	[kɔmœ̃]	꼬묑	공통의, 일반의
communauté	[kɔmynote]	꼬뮈노떼	f 공동체, 공통성
commune	[kɔmyn]	꼬뮌느	f 지방자치단체, 자유도시
communication	[kɔmynikɑsjɔ̃]	꼬뮈니꺄씨옹	의사소통
communiquer	[kɔmynike]	꼬뮈니께	전달하다, 보이다
communisme	[kɔmynism]	꼬뮈니슴므	m 공산주의
compact	[kɔ̃pakt]	꽁빡뜨	m 콤팩트
compagnie	[kɔ̃paɲi]	꽁빠니	f 동반, 함께 있음
compagnon	[kɔ̃paɲɔ̃]	꽁빠뇽	m 동반, 친구, 파트너

comparaison	[kɔ̃parɛzɔ̃]	꽁빠레종	*f* 비교, 비유, 대조
comparer	[kɔ̃pare]	꽁빠레	비교하다
compartiment	[kɔ̃partimɑ̃]	꽁빠흐띠망	*m* 객실
compétition	[kɔ̃petisjɔ̃]	꽁뻬띠씨옹	*f* 경쟁, 대항
complément	[kɔ̃plemɑ̃]	꽁쁠레망	*m* 보충, 보완
complet	[kɔ̃plɛ]	꽁쁠레	*m* 정장; 완전한, 전부 갖춰진
complètement	[kɔ̃plɛtmɑ̃]	꽁쁠레뜨망	완전히, 전부
compléter	[kɔ̃plete]	꽁쁠레떼	보완하다, 완전하게 하다
compliment	[kɔ̃plimɑ̃]	꽁쁠리망	*m* 의례적인 말, 축하; 칭찬
compliqué	[kɔ̃plike]	꽁쁠리께	복잡한, 번거로운
compliquer	[kɔ̃plike]	꽁쁠리께	복잡하게 만들다
comporter	[kɔ̃pɔrte]	꽁뽀흐떼	포함하다, 동반하다
composer	[kɔ̃poze]	꽁뽀제	조립하다, 구성하다
composition	[kɔ̃pozisjɔ̃]	꽁뽀지씨옹	*f* 작문
composter	[kɔ̃pɔste]	꽁뽀스떼	개찰하다, (스탬프로) 소인을 찍다
comprendre	[kɔ̃prɑ̃:dr]	꽁프항드흐	이해하다, 납득하다
comprimé	[kɔ̃prime]	꽁프히메	*m* 알약
	C'est facile à prendre un comprimé. 알약은 먹기 편해요.		
comptable	[kɔ̃tabl]	꽁따블르	*n* 회계사

compte	[kɔ̃:t]	꽁뜨	ⓜ	통장
compter	[kɔ̃te]	꽁떼		세다, 셈하다
comptoir	[kɔ̃twa:ʀ]	꽁뚜와흐	ⓜ	계산대
computer	[kɔ̃pyte]	꽁쀠떼		계산하다, 산정하다
concerner	[kɔ̃sɛʀne]	꽁쎄흐네		관계하다
concert	[kɔ̃sɛ:ʀ]	꽁세흐		음악회
concevoir	[kɔ̃svwa:ʀ]	꽁쓰부아흐		이해하다, 생각해 내다
concierge	[kɔ̃sjɛʀʒ]	꽁씨에흐쥬		수위, 경비
conclure	[kɔ̃kly:ʀ]	꽁끌뤼흐		(계약을) 맺다, 결론을 내다
conclusion	[kɔ̃klyzjɔ̃]	꽁끌뤼지옹	ⓕ	결론, 체결
concombre	[kɔ̃kɔ̃:bʀ]	꽁꽁브흐	ⓜ	오이
concours	[kɔ̃ku:ʀ]	꽁꾸흐		경쟁, 선발 시험
concret	[kɔ̃kʀɛ]	꽁크헤		구체적인, 실제적인
concurrence	[kɔ̃kyʀɑ̃:s]	꽁뀌항스	ⓕ	경쟁, 경합
condamné	[kɔ̃dɑ[a]ne]	꽁다네		유죄 선고를 받은, 죽음을 피할 수 없는
condamner	[kɔ̃dɑ[a]ne]	꽁다네		형을 선고하다, 잘못을 밝히다
condiment	[kɔ̃dimɑ̃]	꽁디망	ⓜ	양념, 조미료
condition	[kɔ̃disjɔ̃]	꽁디씨옹	ⓕ	조건, 상태, 사정
conducteur	[kɔ̃dyktœ:ʀ]	꽁뒥뙤흐		운전수, 안내자

conduire	[kɔ̃dɥiːʀ]	꽁뒤이흐	운전하다, 안내하다
conduite	[kɔ̃dɥit]	꽁뒤이뜨	*f* 수로, 파이프
cône	[koːn]	꼰느	*m* 원추형
conférence	[kɔ̃feʀɑ̃ːs]	꽁페항스	*f* 회의
	Désolé, mais il est en conférence. 죄송하지만 지금 회의 중이십니다.		
confiance	[kɔ̃fjɑ̃ːs]	꽁피앙스	*f* 신뢰, 신용, 자신
confier	[kɔ̃fje]	꽁피에	맡기다, 부탁하다
confirmer	[kɔ̃fiʀme]	꽁피흐메	확인하다, 보증하다
conflit	[kɔ̃fli]	꽁플리	*m* 분쟁, 충돌, 갈등
confondre	[kɔ̃fɔ̃ːdʀ]	꽁퐁드흐	혼동하다, 뒤섞다
confort	[kɔfɔːʀ]	꽁포흐	*m* 쾌적, 안락
confortable	[kɔ̃fɔʀtabl]	꽁포흐따블르	쾌적한, 설비가 갖춰진
confrère	[kɔ̃fʀɛːʀ]	꽁프헤흐	*m* 동료, 동업자
confus(e)	[kɔ̃fy] [kɔ̃fyːz]	꽁퓌(즈)	당황한, 불명료한
confusion	[kɔ̃fyzjɔ̃]	꽁퓌지옹	*f* 혼동, 혼란
congé	[kɔ̃ʒe]	꽁제	*m* 휴가, 휴일
congélateur	[kɔ̃ʒelatœːʀ]	꽁젤라뙤흐	*m* 냉동고
congeler	[kɔ̃ʒle]	꽁즐레	얼리다, 냉동하다
congrès	[kɔ̃gʀɛ]	꽁그헤	*m* (외교, 학술적) 회의

C

connaissance	[kɔnɛsɑ̃:s]	꼬네쌍스	Ⓕ 지식, 인식; 지인
connaître	[kɔnɛtʀ]	꼬네트흐	알고 있다, 안면이 있다
connu	[kɔny]	꼬뉘	알려진, 유명한
conscience	[kɔ̃sjɑ̃:s]	꽁시앙스	Ⓕ 의식, 양심
consciencieux	[kɔ̃sjɑ̃sjø]	꽁시앙씨외	양심적인, 성실한
conseil	[kɔ̃sɛj]	꽁세이으	Ⓜ 충고, 조언, 상담역
conseiller	[kɔ̃sɛ[e]je]	꽁세이예	조언을 주다, 지도하다
consentir	[kɔ̃sɑ̃ti:ʀ]	꽁쌍띠흐	동의하다, 허가하다
conséquence	[kɔ̃sekɑ̃:s]	꽁세깡스	Ⓕ 결과, 중요성
conserve	[kɔ̃sɛʀv]	꽁세흐브	Ⓕ 통조림
conserver	[kɔ̃sɛʀve]	꽁세흐베	보존하다, 저장하다
considérable	[kɔ̃sideʀabl]	꽁시데하블르	커다란, 중요한
considération	[kɔ̃sideʀɑsjɔ̃]	꽁시데하씨옹	Ⓕ 고려, 배려, 주의
considérer	[kɔ̃sideʀe]	꽁시데헤	고찰하다, 검토하다
consister	[kɔ̃siste]	꽁시스떼	되다, 성립하다
consoler	[kɔ̃sɔle]	꽁솔레	위로하다, 완화시키다
consommation	[kɔ̃sɔmɑsjɔ̃]	꽁소마씨옹	Ⓕ 소비, 음식물
consommer	[kɔ̃sɔme]	꽁소메	소비하다, 먹다
constant	[kɔ̃stɑ̃]	꽁스땅	불변의, 일정한

constater	[kɔ̃state]	꽁스따떼		인정하다, 확인하다
constipation	[kɔ̃stipɑsjɔ̃]	꽁스띠빠씨옹	*f*	변비
constituer	[kɔ̃stitɥe]	꽁스띠뛰에		구성하다, ~을 이루다
constitution	[kɔ̃stitysjɔ̃]	꽁스띠뛰씨옹	*f*	설립, 구성, 체격
construction	[kɔ̃stʀyksjɔ̃]	꽁스트휙씨옹	*f*	건축, 구조(물), 구성
	C'est une construction de l'esprit. 그건 탁상공론에 불과해.			
construire	[kɔ̃stʀɥiːʀ]	꽁스트휘이흐		건축하다, 만들다
consulat	[kɔ̃syla]	꽁쉴라	*m*	영사관
consulter	[kɔ̃sylte]	꽁쉴떼		상담하다, 조사하다
contact	[kɔ̃takt]	꽁딱뜨	*m*	접촉, 교제
contaminer	[kɔ̃tamine]	꽁따미네		감염시키다, 병균을 옮기다
conte	[kɔ̃ːt]	꽁뜨	*m*	짧은 이야기
contemporain	[kɔ̃tɑ̃pɔʀɛ̃]	꽁땅뽀헹		동시대의, 현대의
contenir	[kɔ̃tniːʀ]	꽁뜨니흐		포함하다, (용량, 면적)이 ~이다
content(e)	[kɔ̃tɑ̃] [kɔ̃tɑ̃ːt]	꽁땅(트)		만족스러운
contenter	[kɔ̃tɑ̃te]	꽁땅떼		만족시키다
contester	[kɔ̃tɛste]	꽁떼스떼		이의를 제기하다, 항의하다
continent	[kɔ̃tinɑ̃]	꽁띠낭	*m*	대륙
continu(e)	[kɔ̃tiny]	꽁띠뉘		연속된, 끊이지 않는

C

continuellement	[kɔ̃tinɥɛlmɑ̃]	꽁띠뉘엘르망	계속, 줄곧
continuer	[kɔ̃tinɥe]	꽁띠뉘에	계속하다, 연장하다
contradiction	[kɔ̃tʀadiksjɔ̃]	꽁트하딕씨옹	*f* 모순, 반론
contraindre	[kɔ̃tʀɛ̃:dʀ]	꽁트헹드흐	강제하다, 억지로 시키다
contraire	[kɔ̃tʀɛ:ʀ]	꽁트헤흐	상반되는, 역의, 반대의
contrarié	[kɔ̃tʀaʀje]	꽁트하리에	방해 받은, 난처한
contrat	[kɔ̃tʀa]	꽁트하	*m* 계약, 협정
contre	[kɔ̃(:)tʀ]	꽁트흐	~에 반(대)하여, ~을 피하여
contribuable	[kɔ̃tʀibɥabl]	꽁트히뷔아블	납세자
contribuer	[kɔ̃tʀibɥe]	꽁트히뷔에	공헌하는, 출자하는
contribution	[kɔ̃tʀibysjɔ̃]	꽁트히뷔씨옹	*f* 공헌, 협력, 분담금
contrôle	[kɔ̃tʀo:l]	꽁트홀르	*m* 점검, 검사, 감시
contrôler	[kɔ̃tʀole]	꽁트홀레	점검하다, 제어하다
contrôleur	[kɔ̃tʀolœ:ʀ]	꽁트홀뢰흐	개표원, 차장, 검사관
convaincre	[kɔ̃vɛ̃:kʀ]	꽁뱅크흐	설득하다, 납득시키다
convenable	[kɔ̃vnabl]	꽁브나블르	적당한, 어울리는
convenir	[kɔ̃vni:ʀ]	꽁브니흐	~에 맞다, 어울리다, ~의 상황에 맞다
conversation	[kɔ̃vɛʀsasjɔ̃]	꽁베흐사씨옹	*f* 회화, 대화
converser	[kɔ̃vɛʀse]	꽁베흐쎄	대화하다

conviction	[kɔ̃viksjɔ̃]	꽁빅씨옹	*f* 확신, 자신, 신념
convoquer	[kɔ̃vɔke]	꽁보께	소집하다, 소환하다
copain	[kɔpɛ̃]	꼬빵	동료, 친구
copie	[kɔpi]	꼬삐	*f* 복제
copier	[kɔpje]	꼬삐에	복사하다
	Combien de pages dois-tu copier? 몇 장 복사해야 하니?		
copine	[kɔpin]	꼬삔느	*f* copain의 여성형
coq	[kɔk]	꼬끄	*m* 수탉
coquillage	[kɔkijaːʒ]	꼬끼야쥬	*m* 조개
coquille	[kɔkij]	꼬끼으	*f* 조개껍질
corail	[kɔʀaj]	꼬하이으	*m* 산호
corbeau	[kɔʀbo]	꼬흐보	*m* 까마귀
corde	[kɔʀd]	꼬흐드	*f* 밧줄, 자일, (악기의) 현
cordial	[kɔʀdjal]	꼬흐디알	진심이 담긴
cordonnier	[kɔʀdɔnje]	꼬흐도니에	구두 수선인
Corée	[kɔʀe]	꼬헤	한국
corne	[kɔʀn]	꼬흔느	*f* 뿔, 더듬이
corps	[kɔːʀ]	꼬흐	신체, 신병; 본체 ; 시체
correct	[kɔʀɛkt]	꼬헥뜨	정확한, 올바른

A B C D E F G H I J K L M

correcteur	[kɔʀɛktœːʀ]	꼬헥뙤흐	교정자, 채점자
correction	[kɔʀɛksjɔ̃]	꼬헥씨옹	*f* 정정, 수정, 교정
correspondance	[kɔʀɛspɔ̃dɑ̃ːs]	꼬헤스뽕당스	*f* 일치, 조화, 통신, 서신 교환
correspondre	[kɔʀɛspɔ̃ːdʀ]	꼬헤스뽕드흐	(~에) 대응하다, 일치하다
corridor	[kɔʀidɔːʀ]	꼬히도흐	*m* 복도
corriger	[kɔʀiʒe]	꼬히제	정정하다, 고치다
corset	[kɔʀsɛ]	꼬흐쎄	*m* 코르셋, 거들
costume	[kɔstym]	꼬스뜀므	*m* 의복, 정장
côte	[koːt]	꼬뜨	*f* 갈비뼈
coton	[kɔtɔ̃]	꼬똥	*m* 면, 솜
cou	[ku]	꾸	*m* 목
couche	[kuʃ]	꾸슈	*f* 기저귀
coucher	[kuʃe]	꾸셰	눕히다, 기입하다
coude	[kud]	꾸드	*m* 팔꿈치
coudre	[kudʀ]	꾸드흐	꿰매다, 봉합하다
couffin	[kufɛ̃]	꾸팽	*m* 요람

Le bébé dort dans le couffin.
아기가 요람에서 자고 있다.

couler	[kule]	꿀레	흐르다, 새다, (배가) 침몰하다
couleur	[kulœːʀ]	꿀뢰흐	색깔

couloir	[kulwa:ʀ]	꿀루와흐	*m* 로비, 복도
coup	[ku]	꾸	*m* 타격, 구타, 발사, 작용
coupable	[kupabl]	꾸빠블르	*n* 범인
coupe	[kup]	꾸쁘	*f* 컵, 글라스
couper	[kupe]	꾸뻬	자르다, 삭제하다
couple	[kupl]	꾸쁠르	*m* 한 쌍의 남녀
cour	[ku:ʀ]	꾸흐	*f* 안마당, 궁정
courage	[kuʀa:ʒ]	꾸하쥬	*m* 용기, 열의
courageux	[kuʀaʒø]	꾸하죄	용감한, 대담한, 열심인
courant	[kuʀɑ̃]	꾸항	흐르는, 현재의; 보통의
courbe	[kuʀb]	꾸흐브	굽어진, 휜
courir	[kuʀi:ʀ]	꾸히흐	달리다, 급히 가다
courrier	[kuʀje]	꾸히에	*m* 우편물, 정기편
cours	[ku:ʀ]	꾸흐	*m* 강의, 수업, 과정
course	[kuʀs]	꾸흐스	*f* 달리기, 경주
court	[ku:ʀ]	꾸흐	짧은, 이른

Ta jupe est trop courte.
네 치마 길이가 너무 짧은 거 같다.

cousin	[kuzɛ̃]	꾸쟁	*m* 사촌(남)
cousine	[kuzɛin]	꾸진느	*f* 사촌(여)

coussin	[kusɛ̃]	꾸쌩	m 쿠션
coût	[ku]	꾸	m 비용
couteau	[kuto]	꾸또	m 나이프
coûter	[kute]	꾸떼	가격이 ~이다, 괴롭다
coutume	[kutym]	꾸뛰므	f 습관
couture	[kuty:ʀ]	꾸뛰흐	f 바느질
couturier	[kutyʀje]	꾸뛰히에	m (고급) 여성복 디자이너
couvercle	[kuvɛʀkl]	꾸베흐끌르	m 뚜껑
couvert	[kuvɛ:ʀ]	꾸베흐	덮힌, 구름 낀, 모자 쓴
couverture	[kuvɛʀty:ʀ]	꾸베흐뛰흐	f 담요
couvrir	[kuvʀi:ʀ]	꾸브히흐	덮다, 가리다, 덮어씌우다
crabe	[kʀɑ:b]	크하브	m 게
cracher	[kʀaʃe]	크하셰	침을 뱉다, 경멸하다
craie	[kʀɛ]	크헤	f 분필
craindre	[kʀɛ̃:dʀ]	크행드흐	걱정하다, 두려워하다
crainte	[kʀɛ̃:t]	크행뜨	f 두려움, 걱정, 외경
crâne	[kʀɑ:n]	크하느	m 두개골
cravate	[kʀavat]	크하바뜨	f 넥타이

crayon	[kʀɛjɔ̃]	크헤용	*m* 연필
création	[kʀeasjɔ̃]	크헤아씨옹	*f* 창조, 창작
crèche	[kʀɛʃ]	크헤슈	*f* 유아 방
crédible	[kʀedibl]	크헤디블르	믿을 수 있는
crédit	[kʀedi]	크헤디	*m* 신용, 대출(금), 명망
créer	[kʀee]	크헤에	창조하다, 만들다
crème	[kʀɛm]	크헴므	*f* 크림, 유지, 크림치즈
crémerie	[kʀɛmʀi]	크헤므히	*f* 우유(유제품) 판매점
crêpe	[kʀɛp]	크헤쁘	*f* 크레이프
creuser	[kʀøze]	크회제	(구멍을) 파다, 조각하다
creux(se)	[kʀø] [kʀø:z]	크회(즈)	속이 빈, 내용이 없는
crevette	[kʀəvɛt]	크흐베뜨	*f* 새우
	La crevette habite aussi dans l'eau douce. 새우는 민물에서도 산다.		
cri	[kʀi]	크히	*m* 외침, 우는 소리, 여론
crier	[kʀije]	크히에	외치다, 소리치다, 비난하다
crime	[kʀim]	크힘므	*m* 범죄
criminel	[kʀiminɛl]	크히미넬	유죄의, 용서할 수 없는
crinière	[kʀinjɛ:ʀ]	크히니에흐	*f* (사자, 말의) 갈기

crise	[kʀiːz]	크히즈	ⓕ 위기, 공황, 결핍
cristal	[kʀistal]	크히스딸	ⓜ 수정
critique	[kʀitik]	크히띠끄	ⓕ 비평, 비난, 비판
critiquer	[kʀitike]	크히띠께	비판하다, 비난하다
croire	[kʀwa[ɑ]ːʀ]	크호와흐	~라고 생각하다, 믿어 버리다
croisement	[kʀwazmɑ̃]	크호와즈망	ⓜ 교차점, 로터리
croiser	[kʀwaze]	크호와제	교차시키다, 겹치다
croisière	[kʀwazjɛːʀ]	크호와지에흐	ⓕ 항해, 순항
crocodile	[kʀɔkɔdil]	크호꼬딜르	ⓜ 악어
croissant	[kʀwasɑ̃]	크후와쌍	ⓜ 크루아상
croix	[kʀwa]	크후와	ⓕ 십자가
cru	[kʀy]	크휘	croire의 과거분사, 날것인
cruel	[kʀyɛl]	크휘엘	잔혹한, 심한
cube	[kyb]	뀌브	ⓜ 정육면체
cueillir	[kœjiːʀ]	뀌에이이흐	(과일을) 따다
cuiller	[kɥijɛːʀ]	뀌이예	ⓕ 숟가락

Prenez deux cuillers de cette potion à la fois.
이 물약은 동시에 두 숟갈 드세요.

주방

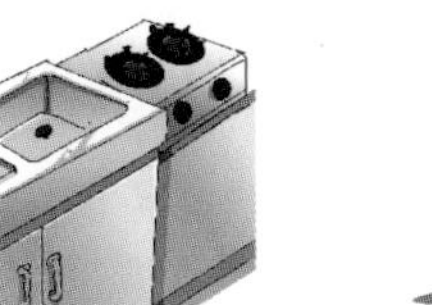

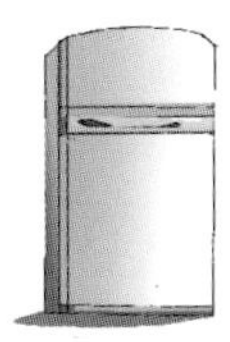

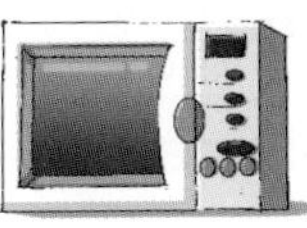

□ **évier** [evje] 에비에 (m) **싱크대**

□ **réfrigérateur** [ʀefʀiʒeʀatoeːʀ] 헤프히제하뙈흐 (m) **냉장고**

□ **micro-ondes** [mikʀɔɔ̃ːd] 미크호 옹드 (m) **전자레인지**

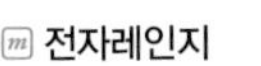

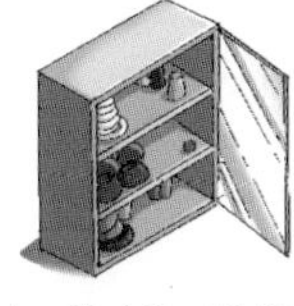

□ **grille-pain** [gʀijpɛ̃] 그히흐빵 (m) **토스터**

□ **buffet** [byfɛ] 뷔페 (m) **찬장**

□ **tasse** [tɑːs] 따스 (f) **컵**

□ **louche** [luʃ] 루슈 f **국자**

□ **assiette** [asjɛt] 아씨에뜨 (f) **접시**

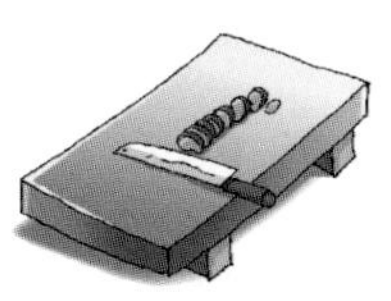

□ **couteau de cuisine** [kuto də kɥizin] 꾸또 드 뀌진 (m) **식칼**

□ **planche à découper** [plɑ̃ːʃ a dekupe] 쁠랑슈 아 데꾸뻬 (f) **도마**

□ **cuiller** [kɥijɛːʀ] 뀌이예 (f) **숟가락**

□ **baguettes** [bagɛt] 바게뜨 (fpl) **젓가락**

□ **fourchette** [fuʀʃɛt] 푸흐쉐뜨 (f) **포크**

□ **couteau** [kuto] 꾸또 (m) **나이프**

cuir	[kɥiːʀ]	뀌이흐	ⓜ 가죽(제품), 피부
cuire	[kɥiːʀ]	뀌이흐	찌다, 굽다, 태우다
cuisine	[kɥizin]	뀌진느	ⓕ 주방, 요리법
cuisinier(ère)	[kɥizinje] [kɥizinjɛːʀ]	뀌지니에(흐)	ⓝ 요리사
cuisse	[kɥis]	뀌이스	ⓕ 허벅지
cuit	[kɥi]	뀌이	태운, 찐
cuivre	[kɥiːvʀ]	뀌브흐	ⓜ 구리
cul	[ky]	뀌	ⓜ 엉덩이, (병의) 바닥, (차의) 뒷부분
culotte	[kylɔt]	뀔로뜨	ⓕ 반바지, (여성용) 속바지
culte	[kylt]	뀔뜨	ⓜ 예배
cultiver	[kyltive]	뀔띠베	경작하다, 재배하다
culture	[kyltyːʀ]	뀔뛰흐	ⓕ 문화
culturel	[kyltyʀɛl]	뀔뛰헬	문화의, 교양의
cure	[kyːʀ]	뀌흐	ⓕ 치료, 요법
curé	[kyʀe]	뀌헤	ⓜ 주임 사제
curieux	[kyʀjø]	뀌히외	호기심이 강한, 알고 싶어 하는
curiosité	[kyʀjozite]	뀌히오지떼	ⓕ 호기심, 관심
curseur	[kyʀsœːʀ]	뀌흐쐬흐	ⓜ 커서

cuvette	[kyvɛt]	뀌베뜨	*f* 세면대
cycliste	[siklist]	씨끌리스뜨	자전거의; 사이클 경주 선수
cyclone	[siklo:n]	씨끌론느	*m* 폭풍우, 태풍
cygne	[siɲ]	씨뉴	*m* 백조
cylindre	[silɛ̃:dʀ]	씰랭드흐	*m* 원기둥

| 프랑스어 필수 단어 |

D

d'abord	[dabɔːʀ]	다보흐	우선, 첫째로
d'accord	[dakɔːʀ]	다꼬흐	좋다, 괜찮다
dactylo	[daktilo]	닥띨로	타이피스트
d'ailleurs	[dajœːʀ]	다이외흐	게다가, 더구나
dame	[dam]	담므	*f* 숙녀, 부인, 귀부인
danger	[dɑ̃ʒe]	당제	*m* 위험
dangereux	[dɑ̃ʒʀø]	당쥬회	위험한, 유해한
dans	[dɑ̃]	당	~의 안에, ~에, ~동안 dans mon enfance 내가 어린 시절에
danse	[dɑ̃ːs]	당스	*f* 춤, 무도, 무용
danser	[dɑ̃se]	당쎄	춤추다, 발레하다, 흔들리다
date	[dat]	다뜨	*f* 날짜
davantage	[davɑ̃taːʒ]	다방따쥬	더욱, 게다가, 더 이상으로
de	[də]	드	~의, ~중에서, ~로 만든
débarquer	[debaʀke]	데바흐께	하역하다, 하선하다, 해고하다
débarrasser	[debaʀase]	데바하쎄	정리하다, (방해물을) 치우다

déboîter	[debwate]	데부아떼		빼내다, 분리시키다
déborder	[debɔʀde]	데보흐데		넘치다, 범람하다, 폭발하다
debout	[dəbu]	드부		세워져 있는, 서 있는, 건강한
débrouiller	[debʀuje]	데브후이예		해결하다, 풀다, 해명하다
début	[deby]	데뷔	m	처음, 최초
décembre	[desɑ̃:bʀ]	데쌍브흐	m	12월
déception	[desɛpsjɔ̃]	데쎕씨옹	f	실망, 환멸
décevoir	[des(ə)vwa:ʀ]	데쓰부아흐		실망시키다, 기대를 저버리다
décharger	[deʃaʀʒe]	데샤흐제		(짐을) 내리다, 발포하다
déchet	[deʃɛ]	데쉐	m	쓰레기
déchirer	[deʃiʀe]	데쉬헤		찢다, 고통을 주다, 슬프게 하다
décider	[deside]	데씨데		결정하다, 결심시키다
décision	[desizjɔ̃]	데씨지옹	f	결정, 결심, 결단
déclaration	[deklaʀɑsjɔ̃]	데끌라하씨옹	f	표명, 발표, 고백
déclarer	[deklaʀe]	데끌라헤		확실히 표현하다, 신고하다
décoller	[dekɔle]	데꼴레		이륙하다, 발전하다
	Enfin, l'avion décolle. 드디어 비행기가 이륙하나 봐.			
décombres	[dekɔ̃:bʀ]	데꽁브흐	m	잔해, 파편
décor	[dekɔ:ʀ]	데꼬흐	m	무대장치, 배경, 장식

décoration	[dekɔʀasjɔ̃]	데꼬하씨옹	f	장식
décorer	[dekɔʀe]	데꼬헤		장식하다
découper	[dekupe]	데꾸뻬		잘게 자르다, 오려내다
découragé	[dekuʀaʒe]	데꾸하제		실망한, 낙담한
décourager	[dekuʀaʒe]	데꾸하제		낙담시키다, 기력을 잃게 하다
découvert	[dekuvɛːʀ]	데꾸베흐		발견된, 노출된, 탈모한
découvrir	[dekuvʀiːʀ]	데꾸브히흐		발견하다, 노출시키다
décrire	[dekʀiːʀ]	데크히흐		묘사하다, 서술하다
décrocher	[dekʀɔʃe]	데크호셰		벗기다, 떼어내다, 얻다
déçu(e)	[desy]	데쒸		실망한
dedans	[d(ə)dɑ̃]	드당		~안에, 집안에
défaire	[defɛːʀ]	데페흐		풀다, 해체하다, 어지르다
défaut	[defo]	데포	m	결점, 단점, 부족
défendre	[defɑ̃ːdʀ]	데팡드흐		방어하다
defense	[defɑ̃ːs]	데팡스	f	금지, 방위, 변호
défensif(ve)	[defɑ̃sif] [defɑ̃siːv]	데팡씨프		방어의, 보호의
déficit	[defisit]	데피씨뜨	m	적자, 부족
définir	[definiːʀ]	데피니흐		결정하다, 정의하다
définitif	[definitif]	데피니띠프		결정적인, 최종적인

définition	[definisjɔ̃]	데피니씨옹	ⓕ 정의, 한정
définitivement	[definitivmɑ̃]	데피니띠브망	결정적으로, 결국은
déformer	[defɔʀme]	데포흐메	변형시키다, 흉하게 하다
dégager	[degaʒe]	데갸제	자유롭게 하다, 구출하다
dégât	[degɑ]	데갸	ⓜ 손해, 피해
dégoût	[degu]	데구	ⓜ 불쾌감, 심한 혐오
dégoûtant	[degutɑ̃]	데구땅	싫은, 더러운
dégoûter	[degute]	데구떼	식욕을 잃게 하다, 역겹게 하다, 질리게 하다
degré	[dəgʀe]	드그헤	ⓜ 단계, 정도, (기온) ~도
dehors	[dəɔ:ʀ]	드오흐	ⓜ 바깥
déjà	[deʒa]	데쟈	이미, 이전에
déjà-vu	[deʒavy]	데쟈뷔	기시감
déjeuner	[deʒœne]	데죄네	점심식사(를 하다)
	Si on prenait des spaghetti pour déjeuner? 오늘 점심으로 스파게티 어때?		
délai	[delɛ]	델레	ⓜ 기간, 기한, 유예
délicat(e)	[delika] [delikat]	델리꺄(트)	섬세한
délicieux(se)	[delisjø] [delisjø:z]	델리시외(즈)	맛있는
délinquant	[delɛ̃kɑ̃]	델랭깡	경범죄자, 경범죄를 범한
demain	[dəmɛ̃]	드맹	내일

demande	[dəmɑ̃:d]	드망드	ⓕ 요구, 바람, 신청
demander	[dəmɑ̃de]	드망데	의뢰하다, 요구하다
démarche	[demaʀʃ]	데마흐슈	ⓕ 운동, 교섭, 거동
démarrer	[demaʀe]	데마헤	발차하다, 출범하다, 부팅하다
déménagement	[demenaʒmɑ̃]	데메나쥬망	ⓜ 이사
déménager	[demenaʒe]	데메나제	이사하다
demeurer	[dəmœʀe]	드뫼헤	머물러 있다, 지속되다
demi	[dəmi]	드미	절반의, 불완전한
	Je déjeune à onze heures et demie. 나는 열한 시 반에 점심을 먹는다.		
demi-heure	[dəmiœ:ʀ]	드미외흐	ⓕ 30분, 반 시간
démission	[demisjɔ̃]	데미씨옹	ⓕ 사직, 사표
démissionner	[demisjɔne]	데미씨오네	사직하다, 포기하다, 사직시키다
démocratie	[demɔkʀasi]	데모크하씨	ⓕ 민주주의, 민주국가
démocratique	[demɔkʀatik]	데모크하띠끄	민주주의의, 민주적인
demoiselle	[dəmwazɛl]	드무와젤	ⓕ 미혼 여성, 아가씨
démolir	[demɔli:ʀ]	데몰리흐	부수다, 해체하다
démontrer	[demɔ̃tʀe]	데몽트헤	증명하다, 보여 주다
dense	[dɑ̃:s]	당스	진한, 밀집된
dent	[dɑ̃]	당	ⓕ 치아, 이

Où sont les brosses à dents?
칫솔이 어디 있지?

dentelle	[dɑ̃tɛl]	당뗄르	*f* 레이스
dentiste	[dɑ̃tist]	당띠스뜨	*n* 치과 의사
départ	[depaːʀ]	데빠흐	*m* 출발, 발차, 처음, 사직
département	[depaʀtəmɑ̃]	데빠흐뜨망	*m* (행정구역[조직]) 도(道), 부(部), 성(省)
dépasser	[depɑse]	데빠쎄	추월하다, 지나치다
dépêcher	[depɛ[e]ʃe]	데뻬셰	(사자를) 급히 보내다
dépendance	[depɑ̃dɑ̃ːs]	데빵당스	*f* 종속, 의존, 속국
dépendre	[depɑ̃ːdʀ]	데빵드흐	~에 의존하다, ~에 소속되다
dépense	[depɑ̃ːs]	데빵스	*f* 지출, 소비, 비용
dépenser	[depɑ̃se]	데빵세	돈을 쓰다, 소비하다
déplacement	[deplasmɑ̃]	데쁠라스망	*m* 이동, 출장, 여행
déplacer	[deplase]	데쁠라세	이동시키다, 위치를 바꾸다
déplaire	[deplɛːʀ]	데쁠레흐	~의 마음에 들지 않다, 화나게 하다
déplaisant	[deplɛzɑ̃]	데쁠레장	불쾌한, 마음에 안 드는
déplorable	[deplɔʀabl]	데쁠로하블르	유감스러운, 개탄스러운
déposer	[depoze]	데뽀제	두다, 버리다, 예금하다
depuis	[dəpɥi]	드쀠이	~이래로, ~전부터

Ce bruit était entendu depuis tout à l'heure.
저 소리는 아까부터 들렸어.

D

député	[depyte]	데쀠떼	사절, 대표, 국회의원
déranger	[deʀɑ̃ʒe]	데항제	흐뜨러뜨리다, 방해하다
dermatologie	[dɛʀmatɔlɔʒi]	데흐마똘로지	ⓕ 피부과
dernier	[dɛʀnje]	데흐니에	최후의, 최근의
derrière	[dɛʀjɛːʀ]	데히에흐	~의 뒤에, 뒤로
dès	[dɛ]	데	~부터, ~하자마자
désagréable	[dezagʀeabl]	데자그헤아블	불쾌한, 싫은
désapprouver	[dezapʀuve]	데자프후베	반대하다, 비난하다
descendre	[desɑ̃ːdʀ]	데쌍드흐	내리다, 낮추다, 하차하다
descente	[desɑ̃ːt]	데쌍뜨	ⓕ 하강, 내림, 침공
description	[dɛskʀipsjɔ̃]	데스끄힙씨옹	ⓕ 묘사, 서술
désert	[dezɛːʀ]	데제흐	ⓜ 사막
désespéré	[dezɛspeʀe]	데제스뻬헤	절망적인, 필사적인
désespérer	[dezɛspeʀe]	데제스뻬헤	절망시키다, 슬프게 하다
désespoir	[dezɛspwaːʀ]	데제스뿌와흐	ⓜ 절망, 낙담
déshabillé	[dezabije]	데자비예	ⓜ (여성) 실내복; 옷을 벗기다
désigner	[deziɲe]	데지녜	가리키다, 지시하다
désillusion	[dezi(l)lyzjɔ̃]	데질뤼지옹	ⓕ 환멸, 실망
désinfecter	[dezɛ̃fɛkte]	데젱펙떼	소독하다

désir	[dezi:ʀ]	데지흐	(m) 욕망, 성욕
désirer	[deziʀe]	데지헤	바라다, 욕망하다, 성욕을 느끼다
	Vous désirez? 뭘 드릴까요? (고객에게)		
désolé	[dezɔle]	데졸레	황량한, 침통한
désoler	[dezɔle]	데졸레	침통하게 하다, 곤란하게 하다
désoler	[dezɔle]	데조흐드흐	(m) 무질서, 혼란
désormais	[dezɔʀmɛ]	데조흐메	이제부터
dessert	[desɛ:ʀ]	데쎄흐	(m) 디저트
dessin	[desɛ̃]	데쌩	(m) 소묘, 데생
dessiner	[desine]	데씨네	그리다, 데생하다
dessous	[dəsu]	드쑤	밑에, 아래쪽에
dessus	[dəsy]	드쒸	위에, 겉에
destinataire	[dɛstinatɛ:ʀ]	데스띠나떼흐	수신인
destination	[destinɑsjɔ̃]	데스띠나씨옹	(f) 목적지
destinée	[dɛstine]	데스띠네	(f) 운명, 생애
destiner	[dɛstine]	데스띠네	예정하다, 준비하다, 겨냥하다
détacher	[detaʃe]	데따셰	풀다, 떼어놓다
détail	[detaj]	데따이으	(m) 상세, 세목, 자세한 부분
détecteur	[detɛktœ:ʀ]	데떽뙤흐	(m) 금속탐지기

détective	[detɛktiːv]	데떽띠브	ⓜ 형사
déteindre	[detɛ̃ːdʀ]	데뗑드흐	색이 바래다, 영향을 미치다
détendre	[detɑ̃ːdʀ]	데땅드흐	풀다, 늦추다
détenir	[det(ə)tniːʀ]	데뜨니흐	보유하다, 구속하다
détente	[detɑ̃ːt]	데땅뜨	ⓕ 긴장 완화, 휴식, 이완
détergent	[detɛʀʒɑ̃]	데떼흐쟝	ⓜ 세제
déterminer	[detɛʀmine]	데떼흐미네	결정하다, 명확히 하다
détester	[detɛste]	데떼스떼	싫어하다, 혐오하다
	Mon frère déteste le riz au curry. 내 동생은 카레라이스를 싫어한다.		
détour	[detuːʀ]	데뚜흐	ⓜ 우회로
détourner	[detuʀne]	데뚜흐네	우회
détroit	[detʀwa[ɑ]]	데트후아	ⓜ 해협
détruire	[detʀɥiːʀ]	데트휘이흐	파괴하다, 소멸시키다, 죽이다
dette	[dɛt]	데뜨	ⓕ 빚, 부채, 은혜
deuil	[dœj]	되이으	ⓜ 사별의 슬픔, 불행
deux	[dø]	되	2
deux fois	[dø fwa]	되 푸와	ⓝ 두 배
deuxième	[døzjɛm]	되지엠므	두 번째의
deuxièmement	[døzjɛmmɑ̃]	되지엠므망	두 번째로, 제2로

devancer	[dəvɑ̃se]	드방쎄	선행하다, 능가하다
devant	[dəvɑ̃]	드방	~앞에, ~면전에서 J'ai perdu mon vélo devant ma maison. 집앞에 세워둔 자전거가 사라졌다.
devanture	[dəvɑ̃ty:ʀ]	드방뛰흐	쇼윈도, 진열품
développé	[dev(ə)lɔpe]	데블로뻬	발달한, 성장한
développement	[dev(ə)lɔpmɑ̃]	데블로쁘망	*m* 성장, 발전, 확대
développer	[dev(ə)lɔpe]	데블로뻬	발전시키다, 자세히 설명하다
devenir	[dəvni:ʀ]	드브니흐	~이 되다
déviation	[devjɑsjɔ̃]	데비아씨옹	*f* 방향 전환, 우회로, 탈선
deviner	[dəvine]	드비네	간파하다, 예언하다
dévoiler	[devwale]	데부알레	폭로하다, 드러내다
devoir	[dəvwa:ʀ]	드부와흐	*m* 숙제
diabète	[djabɛt]	디아베뜨	*m* 당뇨병
diable	[djɑ:bl]	디아블르	*m* 악마, 장난꾸러기
dialogue	[djalɔg]	디알로그	*m* 대화, 대담
diamant	[djamɑ̃]	디아망	*m* 다이아몬드
dictée	[dikte]	딕떼	*f* 받아쓰기
dicter	[dikte]	딕떼	받아쓰기 시키다, 구술하다
dictionnaire	[diksjɔnɛ:ʀ]	딕씨오네흐	*m* 사전

D

dieu	[djø]	디외	ⓜ 신(神)
différence	[difeʀɑ̃:s]	디페항스	ⓕ 차이, 다른 점
différent	[difeʀɑ̃]	디페항	다른, 별개의, 다양한
difficile	[difisil]	디피실르	곤란한, 어려운
	Ce n'est pas difficile? 어렵지 않을까요?		
difficulté	[difikylte]	디피뀔떼	곤란, 어려움, 장애
digérer	[diʒeʀe]	디제헤	소화하다, (지식을) 익히다
digne	[diɲ]	디뉴	어울리는, 품위 있는
diligent(e)	[diliʒɑ̃] [diliʒɑ̃t]	딜리장(뜨)	부지런한
	Ma sœur est tellement diligente. 우리 언니는 무척 부지런하다.		
dimanche	[dimɑ̃:ʃ]	디망슈	ⓜ 일요일
dimension	[dimɑ̃sjɔ̃]	디망시옹	ⓕ 크기
diminuer	[diminɥe]	디미뉘에	줄이다, 단축하다, 모욕하다
diminution	[diminysjɔ̃]	디미뉘씨옹	ⓕ 감소, 저하, 완화
dîner	[dine]	디네	ⓜ 저녁식사
diplomate	[diplɔmat]	디쁠로마뜨	외교관
diplomatie	[diplɔmasi]	디쁠로마씨	ⓕ 외교, 협상 수완
diplôme	[diplo:m]	디쁠롬므	ⓜ 졸업장, 증서
dire	[di:ʀ]	디흐	말하다, 낭독하다, 명령하다

direct	[dirɛkt]	디헥뜨	똑바른, 직행의, 솔직한
directement	[dirɛktəmɑ̃]	디헥뜨망	똑바로, 직접, 완전히
directeur(trice)	[dirɛktœːr] [dirɛktris]	디헥뙤흐 (트히스)	ⓝ 사장
direction	[dirɛksjɔ̃]	디헥씨옹	ⓕ 방향, 지도(부), 관리
diriger	[diriʒe]	디히졔	지휘하다, 감독하다
disciple	[disipl]	디시쁠르	ⓜ 제자, 신봉자
discipline	[disiplin]	디시쁠린느	ⓕ 규율, 학과
discours	[diskuːr]	디스꾸흐	ⓜ 연설, 강연, 대담
discret	[diskrɛ]	디스크헤	삼가는, 신중한
discussion	[diskysjɔ̃]	디스뀌씨옹	ⓕ 의논, 논쟁, 항의
discuter	[diskyte]	디스뀌떼	토의하다, 검토하다
disparaître	[disparɛtr]	디스빠헤트흐	안 보이게 되다, 사라지다
disparition	[disparisjɔ̃]	디스빠히씨옹	ⓕ 사라짐, 행방불명, 소멸
disponible	[dispɔnibl]	디스뽀니블르	자유로이 쓸 수 있는, 비어 있는
disposer	[dispoze]	디스뽀제	배열하다, 마음대로 처분하다
dispute	[dispyt]	디스쀠뜨	ⓕ 말다툼
	Je ne sais pas pourquoi ils se disputent tous les jours. 그들이 왜 매일 말다툼을 하는지 모르겠어.		
disputer	[dispyte]	디스쀠떼	참가하다, 싸우다, 말다툼하다
disque	[disk]	디스끄	ⓜ 레코드, CD

단어	발음	한글 발음	성	뜻
dissimuler	[disimyle]	디씨뮐레		감추다, 숨다
distance	[distɑ̃:s]	디스땅스	f	거리
distant	[distɑ̃]	디스땅		떨어져 있는, 서먹서먹한
distinct	[distɛ̃(:kt)]	디스땡		뚜렷한, 명료한, 다른
distinction	[distɛ̃ksjɔ̃]	디스땡끄씨옹	f	구별, 차이, 탁월
distinguer	[distɛ̃ge]	디스땡게		구별하다, 식별하다
distraction	[distʀaksjɔ̃]	디스트학씨옹	f	방심, 기분 전환, 오락
distraire	[distʀɛ:ʀ]	디스트헤흐		주의를 산만하게 하다, 즐겁게 하다
distrait(e)	[distʀɛ] [distʀɛt]	디스트헤(트)		멍한, 방심한
distribuer	[distʀibɥe]	디스트히뷔에		분배하다, 배급하다, 구분하다
distribution	[distʀibysjɔ̃]	디스트히뷔씨옹	f	분배, 배치, 역할
divers(e)	[divɛ:ʀ]	디베흐		다양한, 다른
	Les chrysanthèmes sont très divers. 국화의 종류는 매우 다양하다.			
diviser	[divize]	디비제		나누다, 분할하다
division	[divizjɔ̃]	디비지옹	f	나눗셈
divorce	[divɔʀs]	디보흐스	m	이혼
divorcer	[divɔʀse]	디보흐세		이혼하다, 인연을 끊다
dix	[dis]	디스		10
dix-huit	[dizɥi(t)]	디즈위뜨		18

dix-neuf	[diznœf]	디즈뇌프		19
dix-sept	[di(s)sɛt]	디쎄뜨		17
dix mille	[dimil]	디 밀르		만
dix millions	[di miljɔ̃]	디 밀리옹		천만
dizaine	[dizɛn]	디젠느	*f*	10(개)
docteur	[dɔktœ:ʀ]	독뙤흐	*m*	의사, 박사
document	[dɔkymɑ̃]	도뀌망		자료, 문헌
doigt	[dwa]	두와	*m*	손가락
domaine	[dɔmɛn]	도멘느	*m*	소유지, 영역
domestique	[dɔmɛstik]	도메스띠끄		가정의, 길들여진
domicile	[dɔmisil]	도미씰르	*m*	주소, 자택
dominer	[dɔmine]	도미네		지배하다, 압도하다
dommage	[dɔma:ʒ]	도마쥬	*m*	손해, 피해
don	[dɔ̃]	동	*m*	증여, 제공, 선물
donc	[dɔ̃(:k)]	동(끄)		그래서, 따라서
donner	[dɔne]	도네		주다, 내밀다, 팔다
dont	[dɔ̃]	동		그
dormir	[dɔʀmi:ʀ]	도흐미흐		잠자다; 수면
dos	[do]	도	*m*	등

dossier	[dosje]	도씨에	ⓜ 관계 서류, 관련 파일
	Rangez et agrafez ces dossiers, s'il vous plaît. 이 서류들 정리해서 스테이플러로 묶어 주세요.		
douane	[dwan]	두안느	ⓕ 세관
douanier	[dwanje]	두아니에	세관의
double	[dubl]	두블르	두 배의, 이중의
doubler	[duble]	두블레	두 배로 하다, 두 번 반복하다
doucement	[dusmɑ̃]	두스망	가만히, 조용히, 부드럽게
douceur	[dusœːʀ]	두쐬흐	ⓕ 부드러움, 온화, 달콤함
douche	[duʃ]	두슈	ⓕ 샤워, 물세례
douchette	[duʃɛt]	두셰뜨	ⓕ 샤워기
douleur	[dulœːʀ]	둘뢰흐	ⓕ 아픔
douloureux	[duluʀø]	둘루회	고통, 고뇌
doute	[dut]	두뜨	ⓜ 의심, 의혹
douter	[dute]	두떼	의심하다, 의혹을 가지다
doux	[du]	두	부드러운, 온화한, 달콤한
douzaine	[duzɛn]	두젠느	ⓕ 12번째의, 12분의 1의
douze	[duːz]	두즈	12
dramatique	[dʀamatik]	드하마띠끄	연극의, 극적인, 감동적인, 위험한

drame	[dʀam]	드함므	ⓜ 극적인 사건, 비극, 드라마
drap	[dʀa]	드하	ⓜ 나사(羅紗), 침대 시트
drapeau	[dʀapo]	드하뽀	ⓜ 깃발, 국기
dresser	[dʀɛ[e]se]	드헤쎄	세우다, 조립하다
droit	[dʀwa[ɑ]]	드후아	직립한, 수직의, 우측의
droite	[dʀwa[ɑː]t]	드후아뜨	ⓕ 오른쪽
drôle	[dʀoːl]	드홀르	기묘한, 익살스러운
du	[dy]	뒤	약간의, 상당한
dû	[dy]	뒤	해야 하는
duplicateur	[dyplikatœːʀ]	뒤쁠리꺄뙤흐	ⓜ 복사기

Notre duplicateur tombe encore en panne.
우리 부서 복사기가 또 고장났어.

dur(e)	[dyːʀ]	뒤흐	딱딱한, 어려운, 괴로운
durant	[dyʀɑ̃]	뒤항	~동안 (쭉)
durcir	[dyʀsiːʀ]	뒤흐씨흐	단단하게 만들다, 엄격하게 하다
durée	[dyʀe]	뒤헤	ⓕ (지속) 기간, 수명
durer	[dyʀe]	뒤헤	지속하다, 이어지다
dureté	[dyʀte]	뒤흐떼	ⓕ 단단함, 경도
dynamique	[dinamik]	디나미끄	힘센, 활동적인

| 프랑스어 필수 단어 |

E

eau	[o]	오	*f* 물, 액체, 수분
écaille	[ekɑːj]	에꺄이으	*f* (생선의) 비늘
écart	[ekaːʀ]	에꺄흐	*m* 거리, 간격, 차이
écarter	[ekaʀte]	에꺄흐떼	(사이를) 벌리다, 멀리하다
échange	[eʃɑ̃ːʒ]	에샹쥬	*m* 교환, 무역
échanger	[eʃɑ̃ʒe]	에샹제	교환하다, 맞바꾸다
échapper	[eʃape]	에샤뻬	도망치다, 모면하다
écharpe	[eʃaʀp]	에샤흐쁘	*f* 어깨걸이, 스카프
échec	[eʃɛk]	에셰끄	*m* 체스
échelle	[eʃɛl]	에셸르	*f* 사다리
échouer	[eʃwe]	에슈에	실패하다, 좌초하다
échoppe	[eʃɔp]	에쇼쁘	*f* 매점
éclair	[eklɛːʀ]	에끌레흐	*m* 번개
éclairage	[eklɛʀaːʒ]	에끌레하쥬	조명, 채광
éclaircir	[eklɛʀsiːʀ]	에끌레흐시흐	밝게 하다, (의문을) 밝히다
éclairer	[eklɛ[e]ʀe]	에끌레헤	비추다, 밝히다

éclat	[ekla]	에끌라	*m* 파편, 폭발음, 섬광
éclatant	[eklatɑ̃]	에끌라땅	빛나는, (소리가) 울리는
éclater	[eklate]	에끌라떼	폭발하다, 파열하다
école	[ekɔl]	에꼴르	*f* 학교
école maternelle	[ekɔl matɛʀnɛl]	에꼴르 마떼흐넬	*f* 유치원
école primaire	[ekɔl pʀimɛːʀ]	에꼴르 프히메흐	*f* 초등학교
économie	[ekɔnɔmi]	에꼬노미	*f* 경제학
écorce	[ekɔʀs]	에꼬흐스	*f* 나무껍질
écouter	[ekute]	에꾸떼	듣다
écran	[ekʀɑ̃]	에크항	*m* 모니터, 영화 스크린
écraser	[ekʀɑze]	에크하제	눌러 부수다, 으스러뜨리다
écrier	[ekʀije]	에크히에	외치다, 소리치다
écrire	[ekʀiːʀ]	에크히흐	쓰다, 편지를 보내다
écrit	[ekʀi]	에크히	쓰여진, 문서에 의한
écriture	[ekʀityːʀ]	에크히뛰흐	*f* 글자, 필적, 문체
écrivain	[ekʀivɛ̃]	에크히뱅	*m* 작가, 문필가
écume	[ekym]	에뀜므	*f* 거품
éditeur	[editœːʀ]	에디뙤흐	출판사, 발행자

édition	[edisjɔ̃]	에디씨옹	ⓕ 출판(계), 발행
éducation	[edykɑsjɔ̃]	에뒤꺄씨옹	ⓕ 교육
effacer	[efase]	에파세	지우다, 잊게 하다
effectuer	[efɛktɥe]	에펙뛰에	실행하다, 실현하다
effet	[efɛ]	에페	ⓜ 결과, 효과, 인상
efficace	[efikas]	에피꺄스	능률적인, 유효한
	Le publicité de télévision est très efficace. TV 광고는 상당히 효과적이다.		
efforcer	[efɔʀse]	에포흐세	노력하다, 애쓰다
effort	[efɔ:ʀ]	에포흐	ⓜ 노력, 수고
effrayer	[efʀɛ[e]je]	에프헤이예	무섭게 하다, 낙담시키다
égal	[egal]	에갈	동등한, 평등한
également	[egalmɑ̃]	에걀르망	동등하게, 마찬가지로
égaler	[egale]	에갈레	~와 같다
égalité	[egalite]	에걀리떼	ⓕ 평등, 같음, 평정
égard	[ega:ʀ]	에갸흐	ⓜ 고려, 존경
égayer	[egɛ[e]je]	에게이예	즐겁게 하다, 밝게 하다
église	[egli:z]	에글리즈	ⓕ 교회
égoïste	[egɔist]	에고이스뜨	이기적인
égout	[egu]	에구	ⓜ 하수도

eh	[e]	에	(놀람, 기쁨, 비난, 격려) 오!, 저런!
élan	[elɑ̃]	엘랑	*m* 도약, 비약, 열정
élancer	[elɑ̃se]	엘랑세	힘껏 던지다, 돌진하다
élargir	[elaʀʒiːʀ]	엘라흐지흐	넓히다, 늘이다, 석방하다
élection	[elɛksjɔ̃]	엘렉씨옹	*f* 선거, 기호(嗜好)
électricien	[elɛktʀisjɛ̃]	엘렉트히씨엥	전기기사, 전기 제품 상점
électricité	[elɛktʀisite]	엘렉트히씨떼	*f* 전기
	S'il n'y avait pas d'électricité 만일 전기가 발명되지 않았다면….		
électrique	[elɛktʀik]	엘렉트히끄	전기의, 전기로 가동되는
électronique	[elɛktʀɔnik]	엘렉트호니끄	전자(공학)의
électroménager	[elɛktʀɔmenaʒe]	엘렉트호메나제	*m* 가전제품
élégance	[elegɑ̃ːs]	엘레강스	*f* 고상함, 우아함, 멋
élégant	[elegɑ̃]	엘레강	고상한, 우아한
élément	[elemɑ̃]	엘레망	*m* 요소, 성분, 분자
élémentaire	[elemɑ̃tɛːʀ]	엘레망떼흐	요소의, 본질적인, 초보의
éléphant	[elefɑ̃]	엘레팡	*m* 코끼리
élevage	[ɛ[e]lvaːʒ]	엘르바쥬	*m* 사육, 목축
élève	[elɛːv]	엘레브	*f* 학생
élevé	[ɛ[e]lve]	엘르베	높은, 고도의

élever	[ɛ[e]lve]	엘르베	높이다, 건설하다, 양육하다
élire	[eliːʀ]	엘리흐	선거하다, 선출하다
elle	[ɛl]	엘르	그녀, 그것
elle-même	[ɛlmɛm]	엘르멤므	그녀 자신
éloigner	[elwaɲe]	엘루아녜	멀리하다, 피하다
emballer	[ɑ̃bale]	앙발레	포장하다, 짐을 꾸리다
embarquer	[ɑ̃baʀke]	앙바흐께	(배, 차, 비행기에) 태우다, 착수하다
embarras	[ɑ̃baʀa]	앙바하	ⓜ 궁지, 곤경, 방해
embarrassé	[ɑ̃baʀase]	앙바하쎄	난처한, 곤란한
embarrasser	[ɑ̃baʀase]	앙바하쎄	곤란하게 만들다, 방해하다
embellir	[ɑ̃bɛ[e]liːʀ]	앙벨리흐	아름답게 하다, 미화하다
embêter	[ɑ̃bɛ[e]te]	앙베떼	난처하게 하다, 귀찮게 굴다
embouteillage	[ɑ̃butɛjaːʒ]	앙부떼이야쥬	ⓜ 교통체증, 혼잡
embouteiller	[ɑ̃butɛ[e]je]	앙부떼이예	혼잡하게 하다
	Prenons le métro! La route est embouteillée. 지하철 타고 가자. 도로가 막혔어.		
embrasser	[ɑ̃bʀase]	앙브하쎄	키스하다, 포옹하다
émeraude	[ɛmʀoːd]	에므호드	ⓕ 에메랄드
émission	[emisjɔ̃]	에미씨옹	ⓕ 방송, 프로그램, 발신
emménager	[ɑ̃menaʒe]	앙메나제	이사 오다, 옮기다

emmener	[ãmne]	앙므네	데리고 가다
émotion	[emosjɔ̃]	에모씨옹	ⓕ 감정
émoussé(e)	[emuse]	에무쎄	둔한, 뭉툭해진
émouvoir	[emuvwaːʀ]	에무부아흐	감동시키다, 흥분시키다
empêcher	[ãpɛ[e]ʃe]	앙뻬셰	방해하다, 못하게 하다
empereur	[ãpʀœːʀ]	앙쁘회흐	ⓜ 황제, 제왕
emploi	[ãplwa]	앙쁠루아	ⓜ 사용, 용도, 직무
employé	[ãplwaje]	앙쁠루아예	종업원, 회사원
employer	[ãplwaje]	앙쁠루아예	사용하다, 고용하다
emporter	[ãpɔʀte]	앙뽀흐떼	가져가다, 운반하다, 빼앗다
	Sur place ou à emporter? 여기서 드시겠어요, 아니면 가져가시겠어요?		
emprunter	[ãpʀœ̃te]	앙프횡떼	빌리다, 끌어오다
ému	[emy]	에뮈	깊이 감동한, 흥분된
en	[ã]	앙	~에서, ~안에서; ~에 관하여
en haut	[ã o]	앙 오	위로
en ligne	[ã liɲ]	앙 리뉴	온라인
en bas	[ã bɑ]	앙 바	아래로
enceinte	[ãsɛ̃ːt]	앙쎙뜨	ⓕ 성벽, 울타리; 임신한
	Elle est enceinte de sept mois. 그녀는 임신 7개월이다.		

enchanté	[ɑ̃ʃɑ̃te]	앙샹떼	만족한, 아주 기쁜, 마법에 걸린
encore	[ɑ̃kɔːʀ]	앙꼬흐	아직도, 또다시, 더욱
encourager	[ɑ̃kuʀaʒe]	앙꾸하제	용기를 주다, 고무시키다
encombré(e)	[ɑ̃kɔ̃bʀe]	앙꽁브헤	혼잡한, 꽉 막힌
encre	[ɑ̃ːkʀ]	앙크흐	*f* 잉크
endormi(e)	[ɑ̃dɔʀmi]	앙도흐미	졸린, 게으른
endormir	[ɑ̃dɔʀmiːʀ]	앙도흐미흐	재우다, 졸리게 하다
endroit	[ɑ̃dʀwa]	앙드후아	*m* 장소, 토지, 부분
énergie	[enɛʀʒi]	에네흐지	*f* 힘, 정신력, 기력
énergique	[enɛʀʒik]	에네흐지끄	정력적인, 강력한
enfance	[ɑ̃fɑ̃ːs]	앙팡스	*f* 어린 시절
enfant	[ɑ̃fɑ̃]	앙팡	*n* 어린이, 꼬마
enfantin	[ɑ̃fɑ̃tɛ̃]	앙팡땡	어린이의, 어린이다운, 유치한
enfer	[ɑ̃fɛːʀ]	앙페흐	*m* 지옥, 참상
enfermer	[ɑ̃fɛʀme]	앙페흐메	감금하다, 넣어 두다
enfin	[ɑ̃fɛ̃]	앙팽	드디어, 마침내
enfoncer	[ɑ̃fɔ̃se]	앙퐁세	박다, 찔러넣다

La flèche a volé et s'est enfoncé au milieu de la cible.
화살이 날아와 과녁 가운데 박혔다.

단어	발음기호	발음	성	뜻
enfuir	[ãfɥi:ʀ]	앙퓌이흐		달아나다, 도망가다
engagement	[ãgaʒmã]	앙가주망	m	약속, 계약
engager	[ãgaʒe]	앙갸제		의무를 지우다, 구속하다
enivrer	[ãnivʀe]	앙니브헤		취하게 하다, 도취시키다
enlaidir	[ãlɛ[e]di:ʀ]	앙레디흐		추하게 하다, (경치를) 손상시키다
enlever	[ãlve]	앙르베		들어올리다, 제거하다
ennemi	[ɛnmi]	엔느미		적, 적대자
ennui	[ãnɥi]	앙뉘이	m	걱정, 고민, 귀찮음
ennuyé	[ãnɥije]	앙뉘이예		곤란한, 난처한
ennuyer	[ãnɥije]	앙뉘이예		걱정시키다, 난처하게 하다
ennuyeux(se)	[ãnɥijø] [ãnɥij ø:z]	앙뉘이외(즈)		지루한, 귀찮은
	Ce commentateur est vraiment ennuyeux. 저 해설자 정말 재미없게 하네.			
énorme	[enɔʀm]	에노흠므		거대한, 막대한
énormément	[enɔʀmemã]	에노흐메망		뛰어나게, 엄청나게
enquête	[ãkɛt]	앙께뜨	f	조사, 앙케트, 수사
enregistrer	[ãʀʒistʀe]	앙흐지스트헤		기입하다, 기록하다
enrhumer	[ãʀyme]	앙휘메		감기 걸리다
enrichir	[ãʀiʃi:ʀ]	앙히쉬흐		부자가 되다, 부유하게 하다
enseignant(e)	[ãsɛɲã] [ãsɛɲã:t]	앙쎄냥(뜨)	n	교사

enseignement	[ɑ̃sɛɲmɑ̃]	앙쎄뉴망	ⓜ 교육, 교수법; 교직
ensemble	[ɑ̃sɑ̃:bl]	앙쌍블르	ⓜ 전체, 합계; 함께, 동시에
ensuite	[ɑ̃sɥit]	앙쒸이뜨	다음에, 이후, 그러고서
entendre	[ɑ̃tɑ̃:dʀ]	앙땅드흐	들리다, 듣다, 경청하다 Vous entendez un son? 무슨 소리 들리지 않니?
entendu	[ɑ̃tɑ̃dy]	앙땅뒤	능숙한, 잘 아는
enterrement	[ɑ̃tɛʀmɑ̃]	앙떼흐망	ⓜ 매장, 장례; 거절
enterrer	[ɑ̃teʀe]	앙떼헤	매장하다, 장례 치르다
enthousiasme	[ɑ̃tuzjasm]	앙뚜지아슴므	ⓜ 영감(靈感), 열광, 감격 Il s'enthousiasme pour le football. 그는 열렬한 축구 팬이다.
entier	[ɑ̃tje]	앙띠에	전체의, 완전한
entièrement	[ɑ̃tjɛʀmɑ̃]	앙띠에흐망	완전히, 전적으로
entourer	[ɑ̃tuʀe]	앙뚜헤	둘러싸다, 감싸다
entracte	[ɑ̃tʀakt]	앙트학뜨	ⓜ 휴식 시간, 막간, 간주곡
entraînement	[ɑ̃tʀɛnmɑ̃]	앙트헨느망	ⓜ 이끌기, 연동, 훈련
entraîner	[ɑ̃tʀe[ɛ]ne]	앙트헤네	끌고 가다, 데려가다, 유혹하다
entre	[ɑ̃tʀ]	앙트흐	~사이에, ~중에
entrée	[ɑ̃tʀe]	앙트헤	ⓕ 애피타이저, 입구
entrepôt	[ɑ̃tʀəpo]	앙트흐뽀	ⓜ 창고

단어	발음기호	발음	성	뜻
entreprendre	[ɑ̃tʀəpʀɑ̃:dʀ]	앙트흐프항드흐		착수하다, 시도하다
entreprise	[ɑ̃tʀəpʀi:z]	앙트흐프히즈	f	기획, 회사, 사업
entrer	[ɑ̃tʀe]	앙트헤		들어가다, (생각이) 떠오르다, 가입하다
entretenir	[ɑ̃tʀətni:ʀ]	앙트흐뜨니흐		유지하다, 지속시키다, 관리하다
entretien	[ɑ̃tʀətjɛ̃]	앙트흐띠엥	m	보존, 유지, 부양
entrevoir	[ɑ̃tʀəvwa:ʀ]	앙트흐부아흐		슬쩍 보다, 희미하게 보다
envahir	[ɑ̃vai:ʀ]	앙바이흐		침략하다, 가득 퍼지다
enveloppe	[ɑ̃vlɔp]	앙블롭쁘	f	편지 봉투
envelopper	[ɑ̃vlɔpe]	앙블로뻬		포장하다, 싸다
envers	[ɑ̃vɛ:ʀ]	앙베흐	m	이면, 속
envie	[ɑ̃vi]	앙비	f	욕망, 욕구, 선망 Ah, je l'envie vraiment. 아! 정말 부럽다.
envier	[ɑ̃vje]	앙비에		부러워하다, 시기하다
environ	[ɑ̃viʀɔ̃]	앙비홍		대략, 대충
envisager	[ɑ̃vizaʒe]	앙비자제		검토하다, 고려하다
envoi	[ɑ̃vwa]	앙부와	m	발송
envoler	[ɑ̃vɔle]	앙볼레		날아가다, 이륙하다
envoyer	[ɑ̃vwaje]	앙부아예		보내다, 발송하다 Je vais envoyer par e-mail. 내가 지금 이메일로 보낼게.

E

épais	[epɛ]	에뻬	두꺼운, 풍부한
épaisseur	[epɛsœːʀ]	에뻬쐬흐	*f* 두께
épargne	[epaʀɲ]	에빠흐뉴	*f* 저축, 예금
épatant	[epatɑ̃]	에빠땅	굉장한, 멋진
épaule	[epoːl]	에뽈르	*f* 어깨
épicerie	[episʀi]	에삐스히	*f* 식료품 판매(점)
épicier	[episje]	에삐시에	식료품점 주인
épinards	[epinaːʀ]	에삐나흐	*mpl* 시금치
	Popeye aime vraiment les épinards? 뽀빠이는 정말 시금치를 좋아할까?		
épingle	[epɛ̃ːgl]	에뼁글르	*f* 핀, 장식핀
éplucher	[eplyʃe]	에쁠뤼셰	껍질을 벗기다, 불필요한 부분을 제거하다
éponge	[epɔ̃ːʒ]	에뽕쥬	*f* 스펀지, 해면, 타올
époque	[epɔk]	에뽀끄	*f* 시대, 시기
épouser	[epuze]	에뿌제	결혼하다, 지지하다
épouvantable	[epuvɑ̃tabl]	에뿌방따블르	두려운, 섬뜩한
époux	[epu]	에뿌	배우자, 남편
épreuve	[epʀœːv]	에프회브	*f* 시련, 고난, 시험
éprouver	[epʀuve]	에프후베	느끼다, 체험하다
épuiser	[epɥize]	에쀠제	다 써버리다, 비우다

équateur	[ekwatœːʀ]	에꾸아뙤흐	*m* 적도
équilibre	[ekilibʀ]	에낄리브흐	*m* 균형, 조화
équipe	[ekip]	에끼쁘	*f* 팀, 조, 반(班)
	L'entraîneur de notre équipe est très sévère. 우리팀 코치는 아주 엄격하다.		
équipement	[ekipmɑ̃]	에끼쁘망	*m* 설비, 시설
équiper	[ekipe]	에끼뻬	장비를 설치하다, 구비시키다
équivalent	[ekivalɑ̃]	에끼발랑	동등한, 등가의
équivaloir	[ekivalwaːʀ]	에끼발루아흐	가치가 같은, 같은 의미의
érable	[eʀabl]	에하블르	*m* 단풍나무
erreur	[ɛʀœːʀ]	에회흐	잘못, 과실
éructer	[eʀykte]	에휙떼	트림하다
escalier	[ɛskalje]	에스꺌리에	*m* 계단
escargot	[ɛskaʀgo]	에스꺄흐고	*m* 에스카르고
espace	[ɛspa[ɑː]s]	에스빠스	*m* 장소, 공간, 우주
Espagne	[ɛspaɲ]	에스빠뉴	스페인
espèce	[ɛspɛs]	에스뻬스	*f* 종류, 현금
espérance	[ɛspeʀɑ̃ːs]	에스뻬항스	*f* 희망, 기대
espérer	[ɛspeʀe]	에스뻬헤	희망하다, 기대하다
	J'espère réussir bien en maths. 수학 시험이나 잘 봐야지.		

espoir	[ɛspwaːʀ]	에스뿌와흐	ⓜ 희망
esprit	[ɛspʀi]	에스프히	ⓜ 정신, 마음, 지력
essai	[esɛ]	에쎄	ⓜ 시험, 시도
essayer	[esɛ[e]je]	에쎄이예	시도해 보다, 노력하다
essence	[esɑ̃ːs]	에쌍스	ⓕ 휘발유
essentiel	[esɑ̃sjɛl]	에쌍씨엘	본질적인, 극히 중요한
essuyer	[esɥije]	에쒸예	닦다, 씻다
est	[ɛst]	에스뜨	ⓜ 동쪽
est-ce que	[ɛsk(ə)]	에스끄	~입니까?

Quand est-ce que vous pensez arriver?
언제 숙박하실 건가요? (고객에게)

estimer	[ɛstime]	에스띠메	평가하다, 견적하다
estomac	[ɛstɔma]	에스또마	ⓜ 위(胃)
et	[e]	에	그리고, 그런데
établir	[etabliːʀ]	에따블리흐	두다, 설치하다
établissement	[etablismɑ̃]	에따블리스망	ⓜ 시설, 공장; 건설
étage	[etaːʒ]	에따쥬	ⓜ (건물) 층
étalage	[etalaːʒ]	에딸라쥬	ⓜ 진열, 과시
étang	[etɑ̃]	에땅	ⓜ 연못
étape	[etap]	에따쁘	ⓕ 하루의 여정, 숙박

단어	발음기호	발음	성	뜻
état	[eta]	에따		상태, 용체, 직업
États-Unis	[etazyni]	에따쥐니		미국
été	[ete]	에떼	m	여름
éteindre	[etɛ̃:dʀ]	에뗑드흐		(전원을) 끄다
étendre	[etɑ̃:dʀ]	에땅드흐		펴다, 뻗다, 확장하다
étendue	[etɑ̃dy]	에땅뒤	f	확장, 면적, 범위
éternel	[etɛʀnɛl]	에떼흐넬		영원한, 변치 않는
éternuement	[etɛʀnymɑ̃]	에떼흐뉘망	m	재채기
éternuer	[etɛʀnɥe]	에떼흐뉘에		재채기하다
éthique	[etik]	에띠끄	f	도덕
étiquette	[etikɛt]	에띠께뜨	f	가격표, 명찰, 라벨; 에티켓
étirement	[etiʀmɑ̃]	에띠흐망	m	기지개
étoffe	[etɔf]	에또프	f	옷감, 소재
étoile	[etwal]	에뚜왈르	f	별, 운세
étonnant(e)	[etɔnɑ̃] [etɔnɑ̃:t]	에또낭(뜨)		놀라운, 멋진
étonné	[etɔne]	에또네		놀란, 경악한
étonnement	[etɔnmɑ̃]	에똔느망	m	놀람, 경악
étonner	[etɔne]	에또네		놀라게 하다
étouffer	[etufe]	에뚜페		질식시키다, 숨막히게 하다

E

étourdi	[etuʀdi]	에뚜흐디	경솔한, 어리둥절한
étrange	[etʀɑ̃:ʒ]	에트항쥬	기묘한, 신기한
étranger	[etʀɑ̃ʒe]	에트항제	외국의, 외부의
étrangler	[etʀɑ̃gle]	에트항글레	목을 조르다, 교살하다
être	[ɛtʀ]	에트흐	~이다, ~에 있다
	C'était ma mère il y a vingt ans. 20년 전의 우리 엄마야.		
étroit(e)	[etʀwa[ɑ]] [etʀwa[ɑ:]t]	에트후아(뜨)	좁은, 엄밀한
étude	[etyd]	에뛰드	*f* 공부, 연습
étudiant	[etydjɑ̃]	에뛰디앙	대학생
étudier	[etydje]	에뛰디에	공부하다, 배우다
eulalia	[ølalia]	을랄리아	*m* 억새
Europe	[øʀɔp]	외호쁘	*f* 유럽
européen	[øʀɔpeɛ̃]	외호뻬엥	유럽의
eux	[ø]	외	그들
évacuer	[evakɥe]	에바뀌에	철거하다, 피난시키다
évader	[evade]	에바데	도망가다, 탈주하다
évaluer	[evalɥe]	에발뤼에	평가하다, 견적하다
évanouir	[evanwi:ʀ]	에바누이흐	기절하다, 사라지다
éveiller	[evɛ[e]je]	에베이예	자각시키다, 일깨우다

événement	[evɛnmɑ̃]	에벤느망	ⓜ 사건, 소동
éventaire	[evɑ̃tɛːʀ]	에방떼흐	ⓜ 판매대
éventuel	[evɑ̃tɥɛl]	에방뛰엘	가능성 있는, 불확실한
évêque	[evɛk]	에베끄	ⓜ 감독, (교회의) 주교
évidemment	[evidamɑ̃]	에비다망	확실히, 당연히
évident	[evidɑ̃]	에비당	명백한, 틀림없는
évier	[evje]	에비에	ⓜ 싱크대
éviter	[evite]	에비떼	피하다
évoluer	[evɔlɥe]	에볼뤼에	변화하다, 발전하다
évolution	[evɔlysjɔ̃]	에볼뤼씨옹	ⓕ 변화, 발전, 진행
évoquer	[evɔke]	에보께	상기시키다, 떠올리다
exact	[ɛgza(kt)]	에그작뜨	정확한, 엄밀한
exactement	[ɛgzaktəmɑ̃]	에그작뜨망	정확히, 과연
exagérer	[ɛgzaʒeʀe]	에그자제헤	과장하다, 강조하다
examen	[ɛgzamɛ̃]	에그자멩	ⓜ 시험
examen oral	[ɛgzamɛ̃ ɔʀal]	에그자멩 오할	ⓜ 면접
examinateur (trice)	[ɛgzaminatœːʀ] [ɛgzaminatʀis]	에그자미나뙤흐(트히스)	ⓝ 면접관
examiner	[ɛgzamine]	에그자미네	조사하다, 검토하다, 진찰받다[하다]
	Je voudrais examiner ma voiture. 자동차 좀 점검해 주세요.		

A B C D **E** F G H I J K L M

excellent	[ɛksɛlɑ̃]	엑쎌랑	뛰어난, 멋진
excepté	[ɛksɛpte]	엑셉떼	~을 빼고, ~외에는
exception	[ɛksɛpsjɔ̃]	엑셉씨옹	ⓕ 제외, 예외
exceptionnel	[ɛksɛpsjɔnɛl]	엑셉씨오넬	예외적인, 이례적인
excès	[ɛksɛ]	엑세	ⓜ 과도함, 지나침
excessif	[ɛksɛ[e]sif]	엑세시프	지나친, 도를 넘은
exciter	[ɛksite]	엑시떼	흥분시키다, 자극하다
exclure	[ɛkskly:ʀ]	엑스끌뤼흐	추방하다, 제명하다, 거부하다
exclusion	[ɛksklyzjɔ̃]	엑스끌뤼지옹	ⓕ 제명, 추방
excursion	[ɛkskyʀsjɔ̃]	엑스뀌흐씨옹	ⓕ 소풍, 하이킹
excuser	[ɛkskyze]	엑스뀌제	허락하다, 봐주다, 감싸다
exécuter	[ɛgzekyte]	에그제뀌떼	실행하다, 실시하다
exécution	[ɛgzekysjɔ̃]	에그제뀌씨옹	ⓕ 실행, 실시, 집행
exemplaire	[ɛgzɑ̃plɛ:ʀ]	에그장쁠레흐	ⓜ (책) ~권, 복사
exemple	[ɛgzɑ̃:pl]	에그장쁠르	ⓜ 예, 견본, 모범
exercer	[ɛgzɛʀse]	에그제흐쎄	운동하다
exercice	[ɛgzɛʀsis]	에그제흐시스	ⓜ 연습, 운동
exigeant	[ɛgziʒɑ̃]	에그지장	요구가 많은, 까다로운
exiger	[ɛgziʒe]	에그지제	요구하다

exil	[ɛgzil]	에그질	*m* 국외 추방, 망명
existence	[ɛgzistɑ̃:s]	에그지스땅스	*f* 존재, 실재
exister	[ɛgziste]	에그지스떼	존재하다, 살다, 중요하다
expansion	[ɛkspɑ̃sjɔ̃]	엑스빵씨옹	*f* 발전, 확대
expédier	[ɛkspedje]	엑스뻬디에	발송하다, 보내다, 처리하다
experience	[ɛkspeʀjɑ̃:s]	엑스뻬히앙스	*f* 경험(에 의한 지식), 실험
expert	[ɛkspɛ:ʀ]	엑스뻬흐	~에 정통한
explication	[ɛksplikɑsjɔ̃]	엑스쁠리꺄씨옹	*f* 설명, 해석, 해명
expliquer	[ɛksplike]	엑스쁠리께	설명하다, 이유를 밝히다 C'est expliqué sur la page d'accueil de notre société. 본사 홈페이지에 설명되어 있습니다.
exploit	[ɛksplwa]	엑스쁠루아	*m* 위업, 공적, 쾌거
exploitation	[ɛksplwatɑsjɔ̃]	엑스쁠루아따씨옹	*f* 개발, 개척(지), 경영
exploiter	[ɛksplwate]	엑스쁠루아떼	개발하다, 개척하다, 채굴하다
explosion	[ɛksplozjɔ̃]	엑스쁠로지옹	*f* 폭발, 급증
exportation	[ɛkspɔʀtɑsjɔ̃]	엑스뽀흐따시옹	*f* 수출(품)
exporter	[ɛkspɔʀte]	엑스뽀흐떼	수출하다
exposé	[ɛkspoze]	엑스뽀제	*m* 발표, 강연
exposer	[ɛkspoze]	엑스뽀제	전시[진열]하다, 출품하다

exposition	[ɛkspozisjɔ̃]	엑스뽀지씨옹	ⓕ 전람회, 전시
exprès	[ɛkspʀɛ(s)]	엑스프헤	명백한, 엄격하게 정해진
express	[ɛkspʀɛs]	엑스프헤스	ⓜ 급행 열차
expression	[ɛkspʀɛsjɔ̃]	엑스프헤씨옹	ⓕ 표정, 표현
exprimer	[ɛkspʀime]	엑스프히메	표현하다, 말로 나타내다
exquis	[ɛkski]	엑스끼	아주 맛있는, 매력 넘치는
extérieur	[ɛksteʀjœːʀ]	엑스떼히외흐	외부의, 외면적인
extraire	[ɛkstʀɛːʀ]	엑스트헤흐	뽑아내다, 추출하다, 캐내다
extrait	[ɛkstʀɛ]	엑스트헤	ⓜ 발췌, 요약
extraordinaire	[ɛkstʀaɔʀdinɛːʀ]	엑스트하오흐디네흐	이상한, 뛰어난, 특별한
extravagant	[ɛkstʀavagɑ̃]	엑스트하바강	괴상한, 기상 천외한, 터무니없는
extrême	[ɛkstʀɛm]	엑스트헴므	말단의, 극도의, 아슬아슬한
extrêmement	[ɛkstʀɛmmɑ̃]	엑스트헴므망	극히, 대단히
extrémité	[ɛkstʀemite]	엑스트헤미떼	ⓕ 끝, 말단, 손발

F

fabriquer	[fabʀike]	파브히께	제조하다, 만들다, 날조하다
façade	[fasad]	파싸드	Ⓕ 정면, 외모, 얼굴
face	[fas]	파스	Ⓕ 얼굴, 겉, 측면, 국면
fâché(e)	[fɑʃe]	파셰	화난
fâcher	[fɑʃe]	파셰	화나게 하다, 불쾌하게 하다
facile	[fasil]	파실르	쉬운, 간단한
facilement	[fasilmɑ̃]	파실르망	손쉽게, 용이하게
facilité	[fasilite]	파실리떼	Ⓕ 간편함, 안락
façon	[fasɔ̃]	파쏭	Ⓕ 방법, 태도
fac-similé	[faksimile]	팍씨밀레	Ⓜ 팩시밀리
facteur(trice)	[faktœːʀ] [faktʀis]	팍뙤흐(트히스)	Ⓝ 집배원
	Ce facteur arrive à l'heure accoutumée. 그 집배원은 거의 같은 시간에 도착한다.		
facture	[faktyːʀ]	팍뛰흐	Ⓕ 청구서, 계산서
faculté	[fakylte]	파뀔떼	Ⓕ 능력, 가능성, 재능
faible	[fɛbl]	페블르	허약한, 쇠약한
faiblesse	[fɛblɛs]	페블레스	Ⓕ 약함, 실신, 불충분

faillir	[fajiːʀ]	파이이흐		자칫 ~할 뻔하다, 과오를 범하다
faim	[fɛ̃]	팽	ⓕ	굶주림, 허기, 욕망
faire	[fɛːʀ]	페흐		하다, 진행하다, 경기하다
falloir	[falwaːʀ]	팔루아흐		~가 필요하다
fameux	[famø]	파뫼		문제의, 언급된, 유명한
familial	[familjal]	파밀리알		가정의, 가족의
familier	[familje]	파밀리에		익숙해진, 친숙한
famille	[famij]	파미이으	ⓕ	가족, 가정, 친척
	Nous sommes une famille heureuse. 우리는 행복한 가족입니다.			
fantaisie	[fɑ̃tɛ[e]zi]	팡떼지	ⓕ	변덕, 독창성, 공상력
fantastique	[fɑ̃tastik]	팡따스띠끄		공상의, 환상적인
farce	[faʀs]	파흐스	ⓕ	장난, 우롱, 연극
farine	[faʀin]	파힌느	ⓕ	밀가루
fatal	[fatal]	파딸		운명의, 필연적인
fast-food	[fastfud]	파스뜨푸드		패스트푸드
fatigue	[fatig]	파띠그	ⓕ	피로, 힘든 일
fatigué(e)	[fatige]	파띠게		피곤한; 혹사시키는, 질리게 하는
	Tu semblesfatigué. 너 피곤해 보이는구나.			
faucon	[fokɔ̃]	포꽁	ⓜ	매

faute	[foːt]	포뜨	ⓜ 잘못, 죄, 실패
fauteuil	[fotœj]	포뙤이으	ⓜ 좌석, 안락의자
faux	[fo]	포	잘못된, 가짜의, 근거 없는
faveur	[favœːʀ]	파뵈흐	ⓕ 우대, 특별한 배려
favorable	[favɔʀabl]	파보하블	호의적인, 유리한
favori(te)	[favɔʀi]	파보히	마음에 드는
fée	[fe]	페	ⓕ 요정, 선녀
félicité	[felisite]	펠리시떼	ⓕ (종교적인) 천복
féliciter	[felisite]	펠리시떼	축복하다, 칭찬하다
femelle	[fəmɛl]	프멜르	ⓕ 암컷, 여자
féminin	[feminɛ̃]	페미냉	여성의, 여성적인
femme	[fam]	팜므	ⓕ 여자, 여성
femme au foyer	[fam o fwaje]	팜므 오 푸와예	ⓕ 가정주부
fenêtre	[f(ə)nɛtʀ]	프네트흐	ⓕ 창문 Je voudrais une place à côté de la fenêtre. 창가 쪽 좌석을 주세요.
fer	[fɛːʀ]	페흐	ⓜ 철
ferme	[fɛʀm]	페흠므	단단한, 억센
fermé	[fɛʀme]	페흐메	닫힌, 휴업 중인

fermer	[fɛʀme]	페흐메	닫다, 휴업하다
fermeture	[fɛʀmətyːʀ]	페흠므뛰흐	*f* 폐쇄, 휴업, 폐점
fermier(ère)	[fɛʀmje] [fɛʀmjɛːʀ]	페흐미에(흐)	*n* 농부, 소작인
	Mon père est fermier.		우리 아버지는 농부다.
fesses	[fɛs]	페스	*fpl* 엉덩이
festival	[fɛstival]	페스띠발	*m* 음악[영화] 축제
fête	[fɛt]	페뜨	*f* 명절, 기념일
fêter	[fɛ[e]te]	페떼	축하하다, 환영하다
fétu	[fety]	페뛰	*m* 짚, 지푸라기
feu	[fø]	푀	*m* 불, 난로, 화재, 신호등
feuillage	[fœjaːʒ]	푀이아쥬	*m* (나무 전체의) 잎
feuille	[fœj]	푀이으	*f* 잎
février	[fevʀije]	페브히에	*m* 2월
fiançailles	[fjɑ̃sɑːj]	피앙싸이으	*fpl* 약혼
fiancé	[fjɑ̃se]	피앙세	약혼자
fiancer	[fjɑ̃se]	피앙세	약혼시키다
ficelle	[fisɛl]	피셀르	*f* 끈, 조종하는 실, 책략
fiche	[fiʃ]	피슈	*f* 못, 쐐기, 플러그
fidèle	[fidɛl]	피델르	충실한, 정확한

fier	[fjɛ:ʀ]	피에흐	거만한, 자만하는
fièvre	[fjɛ:vʀ]	피에브흐	*f* 열, 열병
	Avez-vous de la fièvre? 열이 있어요?		
figue	[fig]	피그	*f* 무화과
figure	[figy:ʀ]	피귀흐	*f* 도형, 형태
figurer	[figyʀe]	피귀헤	나타내다, 그리다
fil	[fil]	필	*m* 실, 전선, 흐름
file	[fil]	필	*f* 줄, 행렬, 차선
filer	[file]	필레	실로 만들다, 급히 가다
filet	[filɛ]	필레	*m* 그물, 가는 끈
fille	[fij]	피으	*f* 딸, 소녀
film	[film]	필므	*m* 영화
fils	[fis]	피스	*m* 아들
filtrer	[filtʀe]	필트헤	거르다, 체로 치다
fin	[fɛ̃]	팽	마지막, 결말
final	[final]	피날	마지막의, 종말의
finale	[final]	피날르	*f* 결승전, 어말(語末)
finalement	[finalmɑ̃]	피날르망	결국, 마지막으로
finance	[finɑ̃:s]	피낭스	*f* 경리, 재정, 자금

financier	[finɑ̃sje]	피낭시에	재정상의, 금융의
fini	[fini]	피니	끝난, 완성된 Mon amour unilatéral pour elle a fini. 그녀에 대한 나의 짝사랑은 끝났다.
finir	[fini:ʀ]	피니흐	끝나다, 마치다, 소진하다
fixe	[fiks]	픽스	일정한, 불변의
fixer	[fikse]	픽세	고정하다, 정하다, 집중하다
flamme	[fla[ɑ:]m]	플람므	*f* 불꽃, 화재
flatter	[flate]	플라떼	아부하다, 비위를 맞추다, 미화하다
fleur	[flœ:ʀ]	플뢰흐	꽃, 전성기, 정수
fleuve	[flœ:v]	플뢰브	*m* 강
flotter	[flɔte]	플로떼	뜨다, 떠돌다
foi	[fwa]	푸와	*f* 신뢰, 신용
foie	[fwa]	푸와	*m* 간(肝)
foie gras	[fwa gʀɑ]	푸와그하	*m* 푸아그라 (거위 간 요리)
foin	[fwɛ̃]	푸앵	*m* 건초, 꼴
foire	[fwa:ʀ]	푸와흐	*f* (정기적인) 장, 축제
fois	[fwa]	푸와	*f* ~번, ~회, ~배
folie	[fɔli]	폴리	*f* 광기, 정신착란
foncé	[fɔ̃se]	퐁세	진한, 어두운

fonction	[fɔ̃ksjɔ̃]	퐁끄씨옹	*f*	지위, 직무, 기능
fonctionnaire	[fɔ̃ksjɔnɛːʀ]	퐁끄씨오네흐		공무원, 관료
fonctionnement	[fɔ̃ksjɔnmɑ̃]	퐁끄씨온느망	*m*	기능, 작동, 상태
fonctionner	[fɔ̃ksjɔne]	퐁끄씨오네		기능하다, 작동하다
fond	[fɔ̃]	퐁	*m*	바닥, 밑바닥, 기본
fonder	[fɔ̃de]	퐁데		설립하다, 근거를 두다
fondre	[fɔ̃ːdʀ]	퐁드흐		녹이다, 주조하다, 융합시키다
fonds	[fɔ̃]	퐁	*m*	자금, 기금
fontaine	[fɔ̃tɛn]	퐁뗀느	*f*	샘(물), 근원
football	[futboːl]	풋볼	*m*	축구
force	[fɔʀs]	포흐쓰	*f*	힘, 능력
forcé	[fɔʀse]	포흐쎄		~할 수밖에 없는, 강요된
forcement	[fɔʀsəmɑ̃]	포흐쓰망	*m*	강제, 강행
forcément	[fɔʀsemɑ̃]	포흐쎄망		당연히, 필연적으로
forcer	[fɔʀse]	포흐쎄		강요하다, 강제하다
forêt	[fɔʀɛ]	포헤	*f*	숲, 산림
forger	[fɔʀʒe]	포흐제		단련하다, 만들어 내다
formalité	[fɔʀmalite]	포흐말리떼		형식, 수순, 의례
formation	[fɔʀmɑsjɔ̃]	포흐마씨옹	*f*	형성, 육성, 지식

forme	[fɔʀm]	포흠므	ⓕ 형태, 형식
former	[fɔʀme]	포흐메	만들다, 편성하다
formidable	[fɔʀmidabl]	포흐미다블르	굉장한, 거대한
formule	[fɔʀmyl]	포흐뮐르	ⓕ 서식, 용지, 신청서
forsythia	[foʀsis[t]ja]	포흐씨씨아	ⓜ 개나리
fort(e)	[fɔːʀ] [fɔʀt]	포흐(뜨)	강한, 건장한, 강렬한
	Le vin est fort mine de rien. 와인은 은근히 독한 술이다.		
fortement	[fɔʀtəmɑ̃]	포흐뜨망	강하게, 격렬하게
fortune	[fɔʀtyn]	포흐뛴느	ⓕ 재산, 부호
fosse	[foːs]	포스	ⓕ 구덩이, 묘혈
fossé	[fose]	포쎄	ⓜ 도랑, 단절, 격차
fossette	[fosɛt]	포쎄트	ⓕ 보조개
fou	[fu]	푸	미친, 무분별한, 이상한
foudre	[fudʀ]	푸드흐	벼락, 큰 타격, 첫눈에 반함
	J'ai eu le coup de foudre. 난 첫눈에 반하고 말았어.		
fouiller	[fuje]	푸이예	파다, 수색하다, 뒤지다
foulard	[fulaːʀ]	풀라흐	ⓜ 스카프
foule	[ful]	풀르	ⓕ 군중, 인파
four	[fuːʀ]	푸흐	ⓜ 오븐

fourchette	[fuʀʃɛt]	푸흐셰뜨	ⓕ 포크
fourmi	[fuʀmi]	푸흐미	ⓕ 개미
fourneau	[fuʀno]	푸흐노	ⓜ 가마, 화덕
fournir	[fuʀniːʀ]	푸흐니흐	제공하다, 지급하다, 제시하다
fourrure	[fuʀyːʀ]	푸휘흐	ⓕ 모피
foyer	[fwaje]	푸와예	ⓜ 가정, 안식처, 휴게실
fraction	[fʀaksjɔ̃]	프학씨옹	ⓕ 분수
fragile	[fʀaʒil]	프하질르	취급주의, 깨지기 쉬운
frais	[fʀɛ]	프헤	신선한, 서늘한, 쌀쌀한
	C'est un matin radieux et frais. 햇살이 눈부신 상쾌한 아침이다.		
fraise	[fʀɛːz]	프해즈	ⓕ 딸기
franc	[fʀɑ̃]	프항	ⓜ 프랑(스위스의 통화 단위)
français(e)	[fʀɑ̃sɛ] [fʀɑ̃sɛːz]	프항쎄(즈)	프랑스(어)의
France	[fʀɑ̃ːs]	프항쓰	프랑스
franchement	[fʀɑ̃ʃmɑ̃]	프항슈망	솔직히, 숨김 없이, 단호하게
franchir	[fʀɑ̃ʃiːʀ]	프항쉬흐	극복하다, 돌파하다
frapper	[fʀape]	프하뻬	때리다, 찌르다
fraude	[fʀoːd]	프호드	ⓕ 사기
frauduleux(se)	[fʀodylø] [fʀodyløːz]	프호뒬뢰(즈)	가짜의

free-lance	[fʀilɑ̃s]	프히랑쓰	ⓜ 프리랜서
frein	[fʀɛ̃]	프헹	ⓜ 브레이크
freiner	[fʀɛ[e]ne]	프헤네	제동을 걸다, 억제하다
fréquent	[fʀekɑ̃]	프헤깡	빈번한, 자주 나타나는
fréquenté	[fʀekɑ̃te]	프헤깡떼	사람 왕래가 많은
fréquenter	[fʀekɑ̃te]	프헤깡떼	사귀다, 자주 가다
frère	[fʀɛːʀ]	프헤흐	ⓜ 형, 오빠
frigidaire	[fʀiʒidɛːʀ]	프히지데흐	ⓜ 냉장고
frisson	[fʀisɔ̃]	프히쏭	ⓜ 떨림, 전율, 오한
frit	[fʀi]	프히	기름에 튀긴, 궁지에 몰린
	Le poulet frit de ce restaurant est très délicieux. 이 식당 프라이드 치킨은 참 맛있어.		
frites	[fʀit]	프히뜨	ⓕⓟⓛ 감자튀김
froid(e)	[fʀwa[ɑ]] [fʀwa[ɑː]d]	프후아(드)	추운
fromage	[fʀɔmaːʒ]	프호마쥬	ⓜ 치즈
front	[fʀɔ̃]	프홍	ⓜ 이마, 정면
frontière	[fʀɔ̃tjɛːʀ]	프홍띠에흐	ⓕ 국경, 경계
frotter	[fʀɔte]	프호떼	문지르다, 닦다
fruit	[fʀɥi]	프휘이	ⓜ 과일, 열매

fuir	[fɥi:ʀ]	퓌이흐	달아나다, 도망가다
fuite	[fɥit]	퓌이뜨	*f* 도주, 실종, 회피
fumée	[fyme]	퓌메	*f* 연기, 증기
fumer	[fyme]	퓌메	연기를 내다, 담배 피우다
fureur	[fyʀœ:ʀ]	퓌회흐	*f* 격노, 흥분
furieux	[fyʀjø]	퓌히외	격노한, 격앙된
fusée	[fyze]	퓌제	*f* 로켓, 쏘아 올리는 불꽃
fusil	[fyzi]	퓌지	*m* 총, 소총
futur	[fyty:ʀ]	퓌뛰흐	*m* 미래; 장래의

G

gagner	[gaɲe]	갸녜	이기다
gai	[ge]	게	유쾌한, 활발한
gaieté	[gete]	게떼	*f* 명랑함, 쾌활함
galaxie	[galaksi]	걀락씨	*f* 은하계
galerie	[galʀi]	걀르히	복도, 화랑
gamin	[gamɛ̃]	갸맹	어린이, 소년, 소녀
gant	[gɑ̃]	강	*m* 장갑
garage	[gaʀa:ʒ]	갸하쥬	*m* 차고, 자동차 수리소
	Il n'y a pas de garage près d'ici? 이 근처에 카센터가 있지 않나요?		
garantie	[gaʀɑ̃ti]	갸항띠	*f* 보증, 담보
garantir	[gaʀɑ̃ti:ʀ]	갸항띠흐	보증하다, 보호하다
garçon	[gaʀsɔ̃]	갸흐쏭	*m* 소년
garde	[gaʀd]	갸흐드	아이 돌보는 사람, 관리인
garder	[gaʀde]	갸흐데	돌보다, 구속하다
gardien	[gaʀdjɛ̃]	갸흐디엥	감시자, 수위
gare	[ga:ʀ]	갸흐	*f* 철도역

Il y a beaucoup de personnes à la gare.
역은 많은 이들로 북적거렸다.

garnir	[gaʀni:ʀ]	갸흐니흐	보강하다, 구비하다
gaspiller	[gaspije]	갸스삐예	낭비하다, 함부로 쓰다
gâté	[gɑte]	갸떼	썩은, 손상된, 너무 귀염받는
gâteau	[gɑto]	갸또	ⓜ 과자, 케이크
gâter	[gɑte]	갸떼	손상시키다, 썩게 하다
gauche	[go:ʃ]	고슈	ⓕ 왼쪽, 서투른
gaz	[gɑ:z]	갸즈	ⓜ 가스, 기체
gaze	[gɑ:z]	갸즈	ⓕ 거즈
gazole	[ga[ɑ]zɔl]	갸졸르	ⓜ 경유
geler	[ʒ(ə)le]	즐레	얼린, 동결시킨
gémir	[ʒemi:ʀ]	제미흐	비명을 지르다, 신음하다
gênant	[ʒɛnɑ̃]	제낭	방해되는, 귀찮은
gendarme	[ʒɑ̃daʀm]	쟝다흠므	ⓜ 헌병, 근위 기병
gendre	[ʒɑ̃:dʀ]	쟝드흐	ⓜ 사위, 의붓자식

Gendre c'est le mari de ma fille.
사위는 내 딸의 남편을 말한다.

gène	[ʒɛn]	젠느	ⓜ 유전자
gêné	[ʒɛ[e]ne]	제네	어색한, 불편한
gêner	[ʒɛ[e]ne]	제네	고문하다, 불쾌하게 하다, 방해하다

G

général	[ʒeneʀal]	제네할	일반적인, 총괄하는, 막연한
généralement	[ʒeneʀalmɑ̃]	제네할르망	일반적으로, 대개, 전반적으로
généraliser	[ʒeneʀalize]	제네할리제	일반화하다, 보급하다
génération	[ʒeneʀɑsjɔ̃]	제네하씨옹	f 세대, 동세대 사람들
généreux(se)	[ʒeneʀø] [ʒeneʀø:z]	제네회(즈)	관대한, 풍부한
	Mon petit ami est vraiment généreux. 내 애인은 정말 자상하다.		
génie	[ʒeni]	제니	m 재능, 천재, 특질
genou	[ʒ(ə)nu]	즈누	m 무릎
genre	[ʒɑ̃:ʀ]	쟝흐	m 분야, 분류, 태도
gens	[ʒɑ̃]	쟝	사람들, 사람
gentil(le)	[ʒɑ̃ti]	쟝띠(으)	친절한
	Ce boutiquier est vraiment gentil. 저 가게 주인 참 친절하더라.		
gentiment	[ʒɑ̃timɑ̃]	쟝띠망	부드럽게, 친절하게
géographie	[ʒeɔgʀafi]	제오그하피	f 지리(학)
géographique	[ʒeɔgʀafik]	제오그하피끄	지리(학)의
géométrie	[ʒeɔmetʀi]	제오메트히	f 기하학
gérant	[ʒeʀɑ̃]	제항	지배인, 관리인
gérer	[ʒeʀe]	제헤	운영하다, 관리하다
geste	[ʒɛst]	제스뜨	m 제스처

gifle	[ʒifl]	지플르	ⓕ 따귀, 굴욕
gilet	[ʒilɛ]	질레	ⓜ 조끼
gin	[dʒin]	쟁	ⓜ 진
gingembre	[ʒɛ̃ʒɑ̃:bʀ]	쟁장브흐	ⓜ 생강
ginkgo	[ʒɛ̃ko]	쟁코	ⓜ 은행나무
girafe	[ʒiʀaf]	지하프	ⓕ 기린
givre	[ʒi:vʀ]	지브흐	ⓜ 서리, 성에
glace	[glas]	글라스	ⓕ 아이스크림, 얼음
glacé	[glase]	글라쎄	냉동된, 얼어붙은, 냉담한
glisser	[glise]	글리쎄	미끄러지다, 숨어들다
globe	[glɔb]	글로브	ⓜ 지구, 공
gloire	[glwa:ʀ]	글루와흐	ⓕ 명예, 영광, 공적
go	[go]	고	ⓜ 바둑
golf	[gɔlf]	골프	ⓜ 골프
golfe	[gɔlf]	골프	ⓜ 만(灣)
gomme	[gɔm]	곰므	ⓕ 지우개
gonfler	[gɔ̃fle]	공플레	부풀리다, 과장하다
gorge	[gɔʀʒ]	고흐쥬	ⓕ 목(구멍)
	J'ai très mal à la gorge. 목이 무척 아프다.		

gorille	[gɔʀij]	고히으	m	고릴라
gosse	[gɔs]	고쓰		아이, 꼬마
gourmand	[guʀmɑ̃]	구흐망		식도락의, 식탐하는
gourmet	[guʀmɛ]	구흐메	m	미식가, 식도락가
goût	[gu]	구	m	맛
goûter	[gute]	구떼		맛보다, 즐기다
goutte	[gut]	구뜨	f	물방울, 소량
gouvernement	[guvɛʀnəmɑ̃]	구베흔느망	m	정부, 내각, 통치
gouverner	[guvɛʀne]	구베흐네		지배하다, 조종하다
grâce	[gʀɑːs]	그하스	f	우아함, 매력, 은혜
gracieux	[gʀasjø]	그하씨외		우아한, 무료의
grain	[gʀɛ̃]	그헹	m	곡물, 낟알
graine	[gʀɛn]	그헨느	f	씨앗, 종자
graisse	[gʀɛs]	그헤스	f	지방, 기름, 비만
grammaire	[gʀa(m)mɛːʀ]	그하메흐	f	문법(서)
gramme	[gʀam]	그람므	m	그램(g)
grand(e)	[gʀɑ̃] [gʀɑ̃ːd]	그항(드)		큰, 커다란, 대단한
grandeur	[gʀɑ̃dœːʀ]	그항되흐	f	크기, 규모, 웅장함
grandir	[gʀɑ̃diːʀ]	그항디흐		자라다, 성장하다

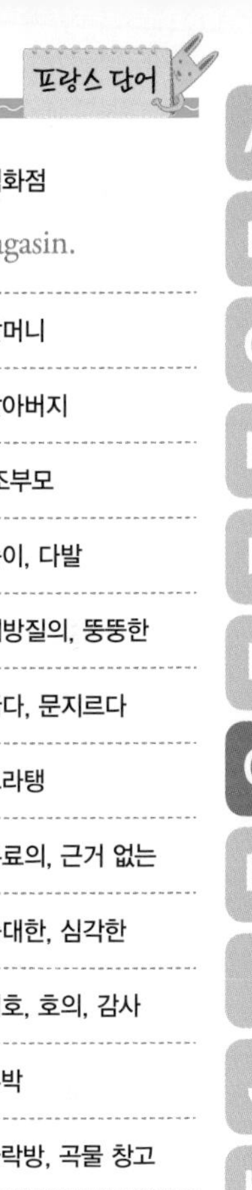

grand magasin	[gʀɑ̃ magazɛ̃]	그항 마가잴	*m* 백화점
	C'est le nouveau grand magasin. 저게 새로 지은 백화점이래.		
grand-mère	[gʀɑ̃mɛːʀ]	그항메흐	*f* 할머니
grand-père	[gʀɑ̃pɛːʀ]	그항뻬흐	*m* 할아버지
grands-parents	[gʀɑ̃paʀɑ̃]	그항빠항	*mpl* 조부모
grappe	[gʀap]	그하쁘	*f* 송이, 다발
gras	[gʀɑ]	그하	지방질의, 뚱뚱한
gratter	[gʀate]	그하떼	긁다, 문지르다
gratin	[gʀatɛ̃]	그라땡	*m* 그라탱
gratuit	[gʀatɥi]	그하뛰이	무료의, 근거 없는
grave	[gʀa[ɑ]ːv]	그하브	중대한, 심각한
gré	[gʀe]	그헤	기호, 호의, 감사
grêle	[gʀɛl]	그헬르	*f* 우박
grenier	[gʀənje]	그흐니에	*m* 다락방, 곡물 창고
grésoir	[gʀezwaːʀ]	그헤즈와흐	*m* 줄칼
grève	[gʀɛːv]	그헤브	*f* 파업
griffe	[gʀif]	그히프	*f* (짐승의) 발톱
grille	[gʀij]	그히으	*f* 쇠격자(의문), 철책
griller	[gʀije]	그히예	(석쇠로) 굽다, 내리쬐다

grillon	[gʀijɔ̃]	그히용	m 귀뚜라미
grimper	[gʀɛ̃pe]	그행뻬	기어오르다, 급경사가 되다
grippe	[gʀip]	그히쁘	f 독감

Il s'absente pour la grippe.
그는 오늘 독감 때문에 결석했습니다.

gris	[gʀi]	그히	m 회색
gronder	[gʀɔ̃de]	그홍데	야단치다, 질책하다
gros(se)	[gʀo] [gʀoːs]	그호(스)	뚱뚱한
grossier	[gʀosje]	그호씨에	조악한, 정리되지 않은, 품위 없는
grossir	[gʀosiːʀ]	그호씨흐	커지다, 증가하다
grotte	[gʀɔt]	그호뜨	f 동굴
groupe	[gʀup]	그후쁘	m 무리, 집단, 장치
grouper	[gʀupe]	그후뻬	모으다, 하나로 정리하다
grue	[gʀy]	그휘	f 학, 두루미
guère	[gɛːʀ]	게흐	거의 ~없다
guéri	[geʀi]	게히	병이 낫다, 해방되다

Cela n'est pas guérie vite.
금방 나을 리는 없지요.

guérir	[geʀiːʀ]	게히흐	치료하다
guerre	[gɛːʀ]	게흐	f 전쟁, 싸움, 전술
gueule	[gœl]	괼르	f 주둥이, 입

guichet	[giʃɛ]	기셰	*m* 매표소, 창구
guide	[gid]	기드	*m* 가이드
guider	[gide]	기데	안내하다, 유도하다
guitare	[gitaːʀ]	기따흐	*f* 기타
gymnase	[ʒimnɑːz]	짐나즈	*m* 체육관
gymnastique	[ʒimnastik]	짐나스띠끄	*f* 체육
gynécologie	[ʒinekɔlɔʒi]	지네꼴로지	*f* 산부인과
gypsophila	[dƷipsɔfila]	집쏘필라	*m* 안개꽃

| 프랑스어 필수 단어 |

H

habile	[abil]	아빌	숙련된, 교묘한
habileté	[abilte]	아빌르떼	ⓕ 숙련됨, 능숙함, 기교
habiller	[abije]	아비예	옷을 입히다, 옷을 주다
habit	[abi]	아비	ⓜ 예복
habitant	[abitɑ̃]	아비땅	주민, 거주자
habitation	[abitɑsjɔ̃]	아비따씨옹	ⓕ 주택, 거주
	Comme cette habitation est magnifique! 이 얼마나 멋진 집인가!		
habiter	[abite]	아비떼	살다, 거주하다
habitude	[abityd]	아비뛰드	ⓕ 습관, 버릇
habituel	[abitɥɛl]	아비뛰엘	습관적인, 평소의
habituer	[abitɥe]	아비뛰에	습관 들이다, 익숙하게 하다
hache	[aʃ]	아슈	ⓕ 도끼
haie	[ɛ]	에	ⓕ 울타리, 장애물
haine	[ɛn]	엔느	ⓕ 증오, 혐오
haltère	[altɛːʀ]	알떼흐	ⓜ 역기, 아령
	Je fais des haltères tous les matins. 나는 매일 아침 역기로 운동을 한다.		

주택

- toit [twa] 뚜와 m 지붕
- fenêtre [f(ə)nɛtʀ] 프네트흐 f 창문
- mur [myːʀ] 뮈흐 m 벽
- vestibule [bɛstibyl] 베스띠뷜르 m 현관
- porte [pɔʀt] 뽀흐뜨 f 문
- sonnette [sɔnɛt] 쏘네뜨 f 초인종
- pelouse [pəluːz] 쁠루즈 f 잔디
- boîte aux lettres [bwat o lɛtʀ] 부와뜨 오 레트흐 f 우편함
- sous-sol [susɔl] 수쏠 m 지하실
- garage [gaʀaːʒ] 가하주 m 차고

hamburger	[ɑ̃bu[œ]ʀgœːʀ]	앙베흐게흐	(m) 햄버거
haricot	[aʀiko]	아히꼬	(m) 강낭콩
harmonie	[aʀmɔni]	아흐모니	(f) 조화, 균형
hasard	[azaːʀ]	아자흐	(m) 우연, 운
hâter	[ɑte]	아떼	빠르게 하다, 앞당기다
hausse	[oːs]	오쓰	(f) 상승, 가격 인상
hausser	[ose]	오쎄	높이다, 올리다
haut(e)	[o] [oːt]	오(뜨)	높은, 고급의
hauteur	[otœːʀ]	오뙤흐	(f) 높이
hectare	[ɛktaːʀ]	엑따흐	(m) 헥타르(ha)
hein	[ɛ̃]	앵	뭐라고?
hélas	[elɑːs]	엘라스	(슬픔, 유감의 감탄사) 아아!
hélice	[elis]	엘리스	(f) 프로펠러
hélicoptère	[elikɔptɛːʀ]	엘리꼽떼흐	(m) 헬리콥터
hépatite	[epatit]	에빠띠뜨	(f) 간염
herbe	[ɛʀb]	에흐브	(f) 풀, 목초, 식물
héroïne	[eʀɔin]	에호인느	(f) 여주인공
héroïque	[eʀɔik]	에호이끄	영웅적인, 사내다운
héroïsme	[eʀɔism]	에호이슴므	위대함, 영웅적 행위

héros	[eʀo]	에호	*m* 남자 주인공
hésitation	[ezitɑsjɔ̃]	에지따씨옹	*f* 주저, 망설임
hésiter	[ezite]	에지떼	망설이다, 흔들리다
heure	[œːʀ]	외흐	*f* 시(時)
heureusement	[œʀøzmɑ̃]	에회즈망	행운의, 행복한
heureux(se)	[œʀø] [œʀøːz]	에회(즈)	행복한
hexagone	[ɛgzagɔn]	에그자곤느	*m* 육각형
	La ruche est un hexagone. 벌집은 육각형이다.		
hibou	[ibu]	이부	*m* 부엉이
hier	[jɛːʀ]	이에흐	어제
hippodrome	[ipɔdʀoː[ɔ]m]	이뽀드홈므	*m* 경마장
hippopotame	[ipɔpɔtam]	이뽀뽀땀므	*m* 하마
hirondelle	[iʀɔ̃dɛl]	이홍델르	*f* 제비
histoire	[istwaːʀ]	이스뚜와흐	*f* 역사
historique	[istɔʀik]	이스또히끄	역사의, 역사적인
hiver	[ivɛːʀ]	이베흐	*m* 겨울
	Hiver est de décembre à février. 겨울은 12월부터 2월까지다.		
homard	[ɔmaːʀ]	오마흐	*m* 바닷가재
homme	[ɔm]	옴므	*m* 사람, 남자

A B C D E F G H I J K L M

honnête	[ɔnɛt]	오네뜨	정직한, 성실한
honneur	[ɔnœːʀ]	오뇌흐	ⓜ 명예, 신용, 존경
honteux(se)	[ɔ̃tø] [ɔ̃tøːz]	옹뙤(즈)	부끄러워하는, 창피한
hôpital	[ɔ[o]pital]	오삐딸	ⓜ 병원
	Il faut que j'aille à l'hôpital. 나 병원에 가 봐야 해.		
hoquet	[ɔkɛ]	오께	ⓜ 딸꾹질
horaire	[ɔʀɛːʀ]	오헤흐	시간의, 시간급의
horizon	[ɔʀizɔ̃]	오히종	ⓜ 지평선, 수평선
horizontal	[ɔʀizɔ̃tal]	오히종딸	수평의, 수평적인
horloge	[ɔʀlɔːʒ]	오흘로쥬	ⓕ 벽시계
horreur	[ɔʀœːʀ]	오회흐	ⓕ 잔혹함, 추악함
horrible	[ɔʀibl]	오히블르	무서운, 가공할 만한, 불쾌한
hors	[ɔʀ]	오흐	~의 밖에, ~에서 벗어난
hors-d'œuvre	[ɔʀdœːvʀ]	오흐되브흐	ⓜ 전채, 오르되브르
hostile	[ɔstil]	오스띨르	적대하는, 적의를 가진
hot-dog	[ɔtdɔg]	오뜨도그	ⓜ 핫도그
hôte	[oːt]	오뜨	(손님을 맞이하는) 주인
hôtel	[o[ɔ]tɛl]	오뗄	호텔
hôtesse de l'air	[otɛs də lɛʀ]	오떼쓰 드 레흐	ⓕ 스튜어디스

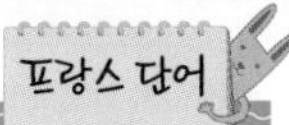

huile	[ɥil]	윌르	Ⓕ 식용유, 기름
	Je veux changer une huile de moteur. 엔진 오일 좀 교환하려고요.		
huit	[ɥit]	위이뜨	8
huitième	[ɥitjɛm]	위이띠엠므	8번째의
huître	[ɥitʀ]	위트흐	Ⓕ 굴(해산물)
humain	[ymɛ̃]	위멩	인간; 인간의, 인간적인
humanité	[ymanite]	위마니떼	Ⓕ 인류, 인정
humble	[œ̃:bl]	왱블르	겸손한, 겸허한
humeur	[ymœ:ʀ]	위뫼흐	Ⓕ 심기, 기분; 성격
humide	[ymid]	위미드	습한
hygiène	[iʒjɛn]	이지엔느	Ⓕ 위생, 보건
hymne	[imn]	임느	Ⓜ 찬송가
hypertension	[ipɛʀtɑ̃sjɔ̃]	이뻬흐땅시옹	Ⓕ 고혈압

I

ici	[isi]	이씨	여기에(서), 지금
icone	[ikoːn]	이꼰느	Ⓕ 아이콘
idéal(e)	[ideal]	이데알(르)	이상적인
idée	[ide]	이데	Ⓕ 착상, 아이디어
identifier	[idɑ̃tifje]	이당띠피에	식별하다, 신원을 확인하다
identique	[idɑ̃tik]	이당띠끄	같은, 동일한
identité	[idɑ̃tite]	이당띠떼	Ⓕ 신분, 신원, 일치
idiot	[idjo]	이디오	바보 (같은)
ignorant	[iɲɔʀɑ̃]	이뇨랑	무지한, 무식한
ignorer	[iɲɔʀe]	이뇨헤	모르다, 무시하다
il	[il]	일	그는, 그것은
île	[il]	일르	Ⓕ 섬
illuminer	[i(l)lymine]	일뤼미네	비추다, 밝게 하다
illusion	[i(l)lyzjɔ̃]	일뤼지옹	Ⓕ 착각, 환각, 환상
illustration	[i(l)lystʀɑsjɔ̃]	일뤼스트하씨옹	Ⓕ 삽화, 일러스트
illustre	[i(l)lystʀ]	일뤼스트흐	유명한, 저명한

illustré	[i(l)lystʀe]	일뤼스트헤	삽화(사진)가 들어간
illustrer	[i(l)lystʀe]	일뤼스트헤	삽화(사진)를 넣다, 예증하다
ils	[il]	일	그(것)들은
image	[imaːʒ]	이마쥬	*f* 그림, 사진, 영상
imaginaire	[imaʒinɛːʀ]	이마지네흐	가공의, 상상 속의
imagination	[imaʒinɑsjɔ̃]	이마지나씨옹	*f* 상상, 공상
imaginer	[imaʒine]	이마지네	상상하다, 가정하다, 생각하다
imago	[imago]	이마고	*n* 성충
imbécile	[ɛ̃besil]	앵베씰르	어리석은, 바보 같은
imitation	[imitɑsjɔ̃]	이미따시옹	*f* 모조품
imiter	[imite]	이미떼	흉내내다, 모방하다
immédiat	[i(m)medja]	이메디아	즉석의, 직접의
immédiatement	[i(m)medjatmɑ̃]	이메디아뜨망	곧바로, 즉시, 즉석에서
immense	[i(m)mɑ̃ːs]	이망스	막대한, 광대한
immeuble	[i(m)mœbl]	이뫼블르	*m* 빌딩

Cela est juste à côté du grand immeuble.
저기 큰 빌딩 바로 옆에 있어요.

immobile	[i(m)mɔbil]	이모빌르	정지된, 불변의
immoral	[i(m)mɔʀal]	이모할	부도덕한, 외설적인
immortel	[i(m)mɔʀtɛl]	이모흐뗄	불멸의, 영원한

A B C D E F G H I J K L M

impair	[ɛ̃pɛːʀ]	앵뻬흐	홀수(의)
imparfait	[ɛ̃paʀfɛ]	앵빠흐페	불완전한, 미숙한
impasse	[ɛ̃pɑːs]	앵빠스	(f) 막다른 곳, 궁지
impassible	[ɛ̃pasibl]	앵빠씨블르	태연한, 무감동의, 냉담한
impatient	[ɛ̃pasjɑ̃]	앵빠씨앙	참을성 없는, 기다리지 못하는
impeccable	[ɛ̃pe[ɛk]kabl]	앵뻬꺄블르	결점이 없는, 완벽한
impensable	[ɛ̃pɑ̃sabl]	앵빵사블르	생각할 수 없는
imper	[ɛ̃pɛːʀ]	앵뻬흐	(m) 레인코트
impératif	[ɛ̃peʀatif]	앵뻬하띠프	강제적인, 명령하는
imperceptible	[ɛ̃pɛʀsɛptibl]	앵뻬흐셉띠블르	지각할 수 없는, 보이지 않는
impérialisme	[ɛ̃peʀjalism]	앵뻬히알리슴므	(m) 제국주의
impérialiste	[ɛ̃peʀjalist]	앵뻬히알리스뜨	제국주의의; 제국주의자
imperméable	[ɛ̃pɛʀmeabl]	앵뻬흐메아블르	(m) 레인코트; 방수의
impersonnel	[ɛ̃pɛʀsɔnɛl]	앵뻬흐소넬	개성[인간미]이 없는, 공평한
impoli(e)	[ɛ̃pɔli]	앵뽈리	무례한
	gentil, pas impoli. 무례하지 않고 친절한		
importance	[ɛ̃pɔʀtɑ̃ːs]	앵뽀흐땅스	(f) 중요성, 크기
important	[ɛ̃pɔʀtɑ̃]	앵뽀흐땅	중요한, 소중한, 영향력 있는
importation	[ɛ̃pɔʀtasjɔ̃]	앵뽀흐따씨옹	(f) 수입(품)

importer	[ɛ̃pɔʀte]	앵뽀흐떼	수입하다, 도입하다
importuner	[ɛ̃pɔʀtyne]	앵뽀흐뛰네	귀찮게 하다
imposer	[ɛ̃poze]	앵뽀제	강제하다, 부과하다
impossible	[ɛ̃pɔsibl]	앵뽀시블르	불가능한, 있을 수 없는
impôt	[ɛ̃po]	앵뽀	ⓜ 세금
impression	[ɛ̃pʀɛsjɔ̃]	앵프헤씨옹	ⓕ 인상, 감동
impressionnant	[ɛ̃pʀɛsjɔnɑ̃]	앵프헤씨오낭	인상적인, 충격적인
imprévu	[ɛ̃pʀevy]	앵프헤뷔	의외의, 돌발적인
imprimante	[ɛ̃pʀimɑ̃:t]	앵프히망뜨	ⓕ 프린터
imprimé	[ɛ̃pʀime]	앵프히메	인쇄된; 인쇄물
imprimer	[ɛ̃pʀime]	앵프히메	인쇄하다, 출판하다
imprimerie	[ɛ̃pʀimʀi]	앵프히므히	ⓕ 인쇄소, 인쇄기
improviser	[ɛ̃pʀɔvize]	앵프호비제	즉흥적으로 만들다, 금방 만들다
imprudent(e)	[ɛ̃pʀydɑ̃] [ɛ̃pʀydɑ̃:t]	앵프휘당(뜨)	경솔한, 부주의한
impuissant	[ɛ̃pɥisɑ̃]	앵쀠이상	무능한, 무력한
inadmissible	[inadmisibl]	이나드미씨블르	받아들일 수 없는, 용서가 안 되는
inattendu	[inatɑ̃dy]	이나땅뒤	예기치 않은, 불의의
inaugurer	[inɔ[o]gyʀe]	이노귀헤	개막[취임, 개회]식을 거행하다, 시작하다
incapable	[ɛ̃kapabl]	앵까빠블르	할 수 없는, 무능한

I

incendie	[ɛ̃sɑ̃di]	앵상디	m 화재, 동란
incertain	[ɛ̃sɛʀtɛ̃]	앵세흐뗑	불확실한, 망설이는
incertitude	[ɛ̃sɛʀtityd]	앵세흐띠뛰드	f 불확실성, 망설임
inclus	[ɛ̃kly]	앵끌뤼	포함된, 동봉된
incommoder	[ɛ̃kɔmɔde]	앵꼬모데	불쾌하게 하다, 폐를 끼치다
incompréhensible	[ɛ̃kɔ̃pʀeɑ̃sibl]	앵꽁쁘헤앙시블르	이해할 수 없는
incongru	[ɛ̃kɔ̃gʀy]	앵꽁그휘	비상식적인, 무례한
inconnu	[ɛ̃kɔny]	앵꼬뉘	미지의, 알려지지 않은
inconscient	[ɛ̃kɔ̃sjɑ̃]	앵꽁씨앙	무의식의, 무분별한
	C'est un inconscient! 어처구니없는 놈이군!		
incontestable	[ɛ̃kɔ̃tɛstabl]	앵꽁떼스따블르	이론의 여지가 없는
inconvénient	[ɛ̃kɔ̃venjɑ̃]	앵꽁베니엥	m 불편, 지장, 난점
incroyable	[ɛ̃kʀwajabl]	앵크후와야블르	믿어지지 않는, 놀라운
incurable	[ɛ̃kyʀabl]	앵뀌하블르	불치의 (환자)
Inde	[ɛ̃:d]	앵드	인도
indécis	[ɛ̃desi]	앵데시	우유부단한, 미결정의
indéfini	[ɛ̃defini]	앵데피니	막연한, 제한 없는
indemne	[ɛ̃dɛmn]	앵뎀느	무사한, 손해가 없는
indemniser	[ɛ̃dɛmnize]	앵뎀니제	보상하다, 배상하다

indemnité	[ɛ̃dɛmnite]	앵뎀니떼	*f*	보상금, 위약금, 수당
indépendamment	[ɛ̃depɑ̃damɑ̃]	앵데빵다망		~와 무관하게, ~와 별도로
indépendance	[ɛ̃depɑ̃dɑ̃:s]	앵데빵당스	*f*	독립, 무관함
indépendant	[ɛ̃depɑ̃dɑ̃]	앵데빵당		독립한, 독립심이 강한
index	[ɛ̃dɛks]	앵덱스	*m*	집게손가락
indication	[ɛ̃dikɑsjɔ̃]	앵디꺄씨옹	*f*	지시, 표시
indicible	[ɛ̃disibl]	앵디씨블르		말로 표현할 수 없는
indifférence	[ɛ̃difeʀɑ̃:s]	앵디페랑스	*f*	무관심, 무감동
indifférent	[ɛ̃difeʀɑ̃]	앵디페랑		관심이 없는, 흥미가 없는
indigestion	[ɛ̃diʒɛstjɔ̃]	앵디제스띠옹	*f*	소화불량
indigner	[ɛ̃diɲe]	앵디녜		화나게 하다, 분개시키다
indiquer	[ɛ̃dike]	앵디께		가리키다, 가르치다
indirect	[ɛ̃diʀɛkt]	앵디헥뜨		간접적인, 에두른
indiscret	[ɛ̃diskʀɛ]	앵디스크헤		조심성 없는, 입이 가벼운
indispensable	[ɛ̃dispɑ̃sabl]	앵디스빵사블르		필수적인, 빼놓을 수 없는
indistinct	[ɛ̃distɛ̃(:kt)]	앵디스땡		확실하지 않은, 불명료한
individu	[ɛ̃dividy]	앵디비뒤	*m*	개인, 개체
individuel	[ɛ̃dividɥɛl]	앵디비뒤엘		개인의, 개성적인
indulgent	[ɛ̃dylʒɑ̃]	앵뒬장		관대한, 너그러운

industrie	[ɛ̃dystʀi]	앵뒤스트히	f	공업, 기업
industriel	[ɛ̃dystʀijɛl]	앵뒤스트히엘		공업의, 공장 생산의
inestimable	[inɛstimabl]	이네스띠마블르		평가할 수 없을 만큼 귀중한, 엄청난
inévitable	[inevitabl]	이네비따블르		피할 수 없는, 필연적인
	Il est inévitable que···. ···라는 것은 피할 수 없다.			
infantile	[ɛ̃fɑ̃til]	앵팡띨르		어린아이의, 유치한
infect	[ɛ̃fɛkt]	앵펙뜨		심한, 열등한
inférieur	[ɛ̃feʀjœːʀ]	앵페히외흐		아래의, 열등한, 하류의
infini	[ɛ̃fini]	앵피니		무한의, 무수한
infinitif	[ɛ̃finitif]	앵피니띠프		부정사(의)
infirmier(ère)	[ɛ̃fiʀmje] [ɛ̃fiʀmjɛːʀ]	앵피흐미에(흐)	n	간호사
inflexible	[ɛ̃flɛksibl]	앵플렉시블르		흔들리지 않는, 불굴의
influence	[ɛ̃flyɑ̃ːs]	앵플뤼앙스	f	영향(력), 감화
information	[ɛ̃fɔʀmɑsjɔ̃]	앵포흐마씨옹	f	정보, 뉴스 보도
informatique	[ɛ̃fɔʀmatik]	앵포흐마띠끄	f	정보과학, 컴퓨터
informé	[ɛ̃fɔʀme]	앵포흐메		정보를 알고 있는, 소식통의
informer	[ɛ̃fɔʀme]	앵포흐메		알리다, 통지하다
infraction	[ɛ̃fʀaksjɔ̃]	앵프학씨옹	f	위반, 침해
ingénieur	[ɛ̃ʒenjœːʀ]	앵제니외흐	m	기사, 기술자

initiative	[inisjati:v]	이니시아띠브	ⓕ 주도권, 발의, 자발성
initié	[inisje]	이니시에	전문가, 사정을 잘 아는 사람
initier	[inisje]	이니시에	비밀을 가르쳐 주다, 입문시키다
injecter	[ɛ̃ʒɛkte]	앵젝떼	주사를 맞다(놓다)
injuste	[ɛ̃ʒyst]	앵쥐스뜨	부당한, 불법의
injustice	[ɛ̃ʒystis]	앵쥐스띠스	ⓕ 부당, 불법
inné	[i(n)ne]	이네	선천적인
innocence	[inɔsɑ̃:s]	이노쌍스	ⓕ 무죄, 결백, 순진
innocent	[inɔsɑ̃]	이노쌍	무죄의, 결백한
innover	[i(n)nɔve]	이노베	개혁하다, 혁신하다
inondation	[inɔ̃dɑsjɔ̃]	이농다씨옹	ⓕ 홍수
inonder	[inɔ̃de]	이농데	홍수를 일으키다, 침수시키다
inouï	[inwi]	이누이	놀랄 만한, 믿어지지 않는
inquiet	[ɛ̃kjɛ]	앵끼에	불안한, 걱정되는
inquiéter	[ɛ̃kjete]	앵끼에떼	걱정시키다, 불안하게 하다
	Ne vous inquiétez pas! 걱정하지 마세요!		
inquiétude	[ɛ̃kjetyd]	앵끼에뛰드	걱정, 불안
inscription	[ɛ̃skʀipsjɔ̃]	앵스끄힙씨옹	ⓕ 등록, 입학 수속, 응모
inscrire	[ɛ̃skʀi:ʀ]	앵스크히흐	등록하다, 기재하다

insecte	[ɛ̃sɛkt]	앵쎅뜨	곤충
insister	[ɛ̃siste]	앵시스떼	강조하다, 고집하다
inspecter	[ɛ̃spɛkte]	앵스뻭떼	조사하다, 검사하다
inspecteur	[ɛ̃spɛktœːʀ]	앵스뻭뙤흐	검사관, 시찰관
inspection	[ɛ̃spɛksjɔ̃]	앵스뻭씨옹	ⓕ 검사
inspiration	[ɛ̃spiʀɑsjɔ̃]	앵스삐하씨옹	ⓕ 영감, 번득임, 영향
inspirer	[ɛ̃spiʀe]	앵스삐헤	낳게 하다, 영감을 주다
installation	[ɛ̃stalɑsjɔ̃]	앵스딸라씨옹	ⓕ 설치, 시설, 이사
installer	[ɛ̃stale]	앵스딸레	설치하다
instant	[ɛ̃stɑ̃]	앵스땅	ⓜ 순간, 방금
instinct	[ɛ̃stɛ̃]	앵스땡뜨	ⓜ 본능, 감, 직관
instinctif	[ɛ̃stɛ̃ktif]	앵스땡끄띠프	본능적인, 무의식적인
instituer	[ɛ̃stitɥe]	앵스띠뛰에	확립하다, 제정하다
instituteur	[ɛ̃stitytœːʀ]	앵스띠뛰뙤흐	교사, 선생
institution	[ɛ̃stitysjɔ̃]	앵스띠뛰씨옹	ⓕ 제도, 조직; 설립
instruction	[ɛ̃stʀyksjɔ̃]	앵스트휙씨옹	ⓕ 교육, 교양
instruire	[ɛ̃stʀɥiːʀ]	앵스트휘이흐	교육하다, 교수하다
instrument	[ɛ̃stʀymɑ̃]	앵스트휘망	ⓜ 도구, 수단, 악기
insuffisant(e)	[ɛ̃syfizɑ̃] [ɛ̃syfizɑ̃ːt]	앵쒸피장(뜨)	부족한, 능력이 없는

insulter	[ɛ̃sylte]	앵쓀떼	모욕하다, 욕하다
intelligence	[ɛ̃te[ɛl]liʒɑ̃:s]	앵뗄리쟝스	ⓕ 지능, 지성, 머리 좋은 사람
intelligent	[ɛ̃te[ɛl]liʒɑ̃]	앵뗄리쟝	머리가 좋은, 지적인
intelligible	[ɛ̃te[ɛl]liʒibl]	앵뗄리지블르	이해할 수 있는, 명료한
intenable	[ɛ̃tnabl]	앵뜨나블르	참을 수 없는, 유지할 수 없는
intention	[ɛ̃tɑ̃sjɔ̃]	앵땅씨옹	ⓕ 의도, 고의
	J'ai l'intention de me lever à six heures demain matin. 내일 아침엔 여섯 시에 일어나야지.		
interdiction	[ɛ̃tɛʀdiksjɔ̃]	앵떼흐딕씨옹	ⓕ 금지, 직무 정지
interdire	[ɛ̃tɛʀdi:ʀ]	앵떼흐디흐	방해하다, 금지하다
interdit	[ɛ̃tɛʀdi]	앵떼흐디	금지된, 당황한
intéressant	[ɛ̃teʀɛsɑ̃]	앵떼헤쌍	재미있는, 관심을 끄는
intéresser	[ɛ̃teʀɛ[e]se]	앵떼헤쎄	흥미를 끌다, 관계하다
intérêt	[ɛ̃teʀɛ]	앵떼헤	ⓜ 흥미, 관심, 재미, 이익
intérieur	[ɛ̃teʀjœ:ʀ]	앵떼히외흐	내부의, 국내의, 정신의
intermédiaire	[ɛ̃tɛʀmedjɛ:ʀ]	앵떼흐메디에흐	중간의; 조정자
international	[ɛ̃tɛʀnasjɔnal]	앵떼흐나씨오날	국제적인
internaute	[ɛ̃tɛʀnot]	앵떼흐노뜨	ⓝ 네티즌
internet	[ɛ̃tɛʀnɛt]	앵떼흐네뜨	인터넷

A B C D E F G H I J K L M

interprète	[ɛ̃tɛʀpʀɛt] 앵떼흐프헤뜨	ⓝ	통역사

L'interprète est une femme qui est belle et jeune.
통역사는 젊고 예쁜 여자였다.

interpréter	[ɛ̃tɛʀpʀete] 앵떼흐프헤떼		해석하다, 연주하다
interrogation	[ɛ̃tɛʀɔgasjɔ̃] 앵떼호갸씨옹	ⓕ	질문, 물음
interroger	[ɛ̃tɛʀɔʒe] 앵떼호제		묻다, 질문하다
interrompre	[ɛ̃tɛʀɔ̃:pʀ] 앵떼홍프흐		중단하다, 멈추다
interstice	[ɛ̃tɛʀstis] 앵떼흐스띠스	ⓜ	사이, 틈
intervalle	[ɛ̃tɛʀval] 앵떼흐발	ⓜ	간격, 차이, 사이
intervenir	[ɛ̃tɛʀvəni:ʀ] 앵떼흐브니흐		개입하다, 간섭하다
intervention	[ɛ̃tɛʀvɑ̃sjɔ̃] 앵떼흐방씨옹	ⓕ	간섭, 중재
interview	[ɛ̃tɛʀvju] 앵떼흐뷔	ⓕ	인터뷰
interviewé(e)	[ɛ̃tɛʀvjuve] 앵떼흐뷔베	ⓝ	면접 받는 사람
intestin	[ɛ̃tɛstɛ̃] 앵떼스땡	ⓜ	장(腸)
intime	[ɛ̃tim] 앵띰므		내면의, 밀접한, 친밀한
intimité	[ɛ̃timite] 앵띠미떼	ⓕ	친밀함, 사생활
introduction	[ɛ̃tʀɔdyksjɔ̃] 앵트호뒥씨옹	ⓕ	들어가기, 소개, 도입
introduire	[ɛ̃tʀɔdɥi:ʀ] 앵트호뒤이흐		받아들이다, 소개하다, 도입하다
intuition	[ɛ̃tɥisjɔ̃] 앵뛰이씨옹	ⓕ	직감, 예감, 감

inutile	[inytil]	이뉘띨르	도움이 되지 않는
inventer	[ɛ̃vɑ̃te]	앵방떼	발명하다, 생각해 내다
inventeur	[ɛ̃vɑ̃tœːʀ]	앵방뙤흐	발명가
invention	[ɛ̃vɑ̃sjɔ̃]	앵방씨옹	*f* 발명(품), 창의, 독창
inverse	[ɛ̃vɛʀs]	앵베흐스	역의, 반대의
invisible	[ɛ̃vizibl]	앵비지블르	보이지 않는, 미세한
invitation	[ɛ̃vitɑsjɔ̃]	앵비따씨옹	*f* 초대, 권유
invité	[ɛ̃vite]	앵비떼	초대 받은; 손님
inviter	[ɛ̃vite]	앵비떼	초대하다, 권유하다
involontaire	[ɛ̃vɔlɔ̃tɛːʀ]	앵볼롱떼흐	무의식의, 의도하지 않은
invoquer	[ɛ̃vɔke]	앵보께	기도하다, 가호를 빌다
invraisemblable	[ɛ̃vʀɛsɑ̃blabl]	앵브헤쌍블라블르	있을 것 같지 않은, 거짓말 같은 일
iris	[iʀis]	이히스	*m* 붓꽃
irlandais	[iʀlɑ̃dɛ]	이흘랑데	아일랜드의 (사람)
ironie	[iʀɔni]	이호니	*f* 빈정거림, 반어
ironique	[iʀɔnik]	이호니끄	비꼬는, 빈정거리는
irréfutable	[i(ʀ)ʀefytabl]	이헤퓌따블르	반박할 수 없는
irrégulier	[i(ʀ)ʀegylje]	이헤귈리에	불규칙한, 일정하지 않은
irriter	[i(ʀ)ʀite]	이히떼	초조하게 하다, 화나게 하다

A B C D E F G H I J K L M

islam	[islam]	이슬람		이슬람교
islamisme	[islamism]	이슬라미슴므	m	이슬람교[원리주의]
isolé	[izɔle]	이졸레		고립된, 단독의
isoler	[izɔle]	이졸레		고립시키다, 격리시키다
israélite	[isʀaelit]	이스하엘리뜨		유대교의, 이스라엘의
Israël	[isʀaɛl]	이스하엘		이스라엘
issue	[isy]	이쒸	f	출구, 해결책, 결말
Italie	[itali]	이딸리		이탈리아
italien	[italjɛ̃]	이딸리엥		이탈리아의
itinéraire	[itineʀɛːʀ]	이띠네헤흐	m	경로, 루트, 여정
ivre	[iːvʀ]	이브흐		취한, 열중한

J

jade	[ʒad]	쟈드	ⓜ 옥, 비취
jadis	[ʒa[ɑ]dis]	쟈디스	예전에
jaillir	[ʒajiːʀ]	쟈이이흐	뿜어내다, 발하다
jalousie	[ʒaluzi]	쟐루지	ⓕ 선망, 질투
jaloux	[ʒalu]	쟐루	시기하는, 질투하는
jamais	[ʒamɛ]	쟈메	결코 ~않다, 지금까지
jambe	[ʒɑ̃ːb]	쟝브	ⓕ 다리(脚)
	Tu as de jolies jambes. 너 다리가 참 예쁘구나.		
jambon	[ʒɑ̃bɔ̃]	쟝봉	ⓜ 햄, 돼지의 살찐 허벅지
janvier	[ʒɑ̃vje]	쟝비에	ⓜ 1월
Japon	[ʒapɔ̃]	쟈뽕	일본
jardin	[ʒaʀdɛ̃]	쟈흐댕	ⓜ 정원
jardinier(ère)	[ʒaʀdinje] [ʒaʀdinjɛːʀ]	쟈흐디니에(흐)	ⓝ 원예사
jaune	[ʒoːn]	존느	ⓜ 노랑
jazz	[dʒɑːz]	쟈즈	ⓜ (음악) 재즈
je	[ʒ(ə)]	쥬	나는

jean(s)	[dʒin]	진	m 청바지
Jésus	[ʒezy]	제쥐	m 예수
jeter	[ʒ(ə)te]	쥬떼	던지다, 버리다
jeu	[ʒø]	죄	m 놀이, 게임, 카드
jeudi	[ʒødi]	죄디	m 목요일
jeune	[ʒœn]	죈느	젊은, 손아래의
jeune homme	[ʒœnɔm]	죄놈므	m 청년
jeunesse	[ʒœnɛs]	죄네스	f 청소년기, 젊음
joie	[ʒwa]	쥬와	f 기쁨, 쾌락, 고통
joindre	[ʒwɛ̃:dʀ]	쥬앵드흐	첨부하다
joker	[ʒɔkɛʀ]	조께흐	m 조커(JOKER)
joli(e)	[ʒɔli]	졸리	아름다운
joue	[ʒu]	쥬	f 볼, 뺨
jouer	[ʒwe]	쥬에	놀다, 게임하다, 시합하다
jouet	[ʒwɛ]	쥬에	m 장난감
	Ces enfants se sont amusés avec les jouets. 이 꼬마들은 장난감을 갖고 놀았다.		
joueur(se)	[ʒwœ:ʀ] [ʒwø:z]	쥬외흐(즈)	n 운동선수
jouir	[ʒwi:ʀ]	쥬이흐	즐기다, 누리다

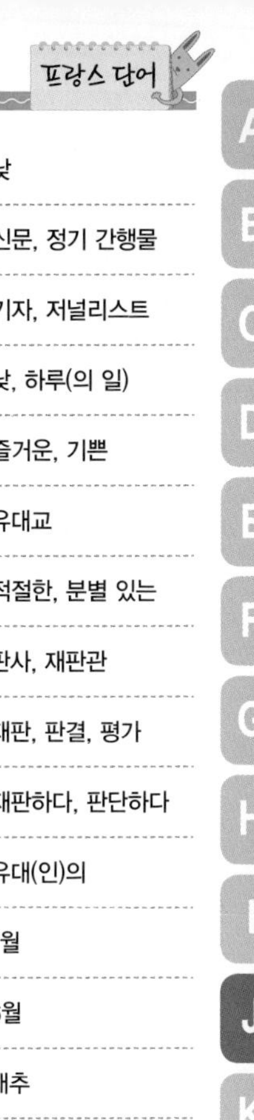

jour	[ʒuːʀ]	쥬흐	*m* 낮
journal	[ʒuʀnal]	쥬흐날	신문, 정기 간행물
journaliste	[ʒuʀnalist]	쥬흐날리스뜨	기자, 저널리스트
journée	[ʒuʀne]	쥬흐네	*f* 낮, 하루(의 일)
joyeux	[ʒwajø]	쥬와이외	즐거운, 기쁜
judaïsme	[ʒydaism]	쥐다이슴므	*m* 유대교
judicieux	[ʒydisjø]	쥐디씨외	적절한, 분별 있는
juge	[ʒyːʒ]	쥐쥬	*m* 판사, 재판관
jugement	[ʒyʒmɑ̃]	쥐쥬망	*m* 재판, 판결, 평가
juger	[ʒyʒe]	쥐제	재판하다, 판단하다
juif	[ʒɥif]	쥐이프	유대(인)의
juillet	[ʒɥijɛ]	쥐이예	*m* 7월
juin	[ʒɥɛ̃]	쥬앵	*m* 6월
jujube	[ʒyʒyb]	쥐쥐브	*m* 대추
jumeau	[ʒymo]	쥐모	쌍둥이의, 한 쌍의
jupe	[ʒyp]	쥐쁘	*f* 치마, 스커트
jupon	[ʒypɔ̃]	쥐뽕	*m* 슬립, 속치마
jurer	[ʒuʀe]	쥐헤	약속하다, 서약하다
jus	[ʒy]	쥐	*m* 주스

	Je veux boire du jus de citron frais. 시원한 레몬 주스 마시고 싶다.		
jusque	[ʒysk]	쥐스끄	~까지, ~조차
juste	[ʒyst]	쥐스뜨	정확한, 올바른, 공평한
justement	[ʒystəmɑ̃]	쥐스뜨망	마침, 정확히, 정당하게
justice	[ʒystis]	쥐스띠스	ⓕ 정의, 공평, 사법
justifier	[ʒystifje]	쥐스띠피에	변호하다, 무죄를 증명하다

K

kaki	[kaki]	까끼	ⓜ 감
ketchup	[kɛtʃœp]	께첩	ⓜ 케첩
kidnapping	[kidnapiŋ]	끼드나삥그	ⓜ 유괴
kilo	[kilo]	낄로	ⓜ 킬로그램
kilogramme	[kilɔgʀam]	낄로그함므	ⓜ 킬로그램
kilomètre	[kilɔmɛtʀ]	낄로메트흐	ⓜ 킬로미터(km)
kiosque	[kjɔsk]	끼오스끄	ⓜ 매점
kiwi	[kiwi]	끼위	ⓜ 키위
klaxon	[klaksɔn]	끌락쏭	ⓜ 경적

L

l'	[l]		le, la의 생략형
la	[la]	라	그녀를, 그것을
là	[la]	라	여기, 저기, 거기, 그때
là-bas	[labɑ]	라바	저쪽에(서), 거기에
	Je mets combien de temps pour marcher là-bas? 거기까지 걸어서 얼마나 걸리나요?		
laboratoire	[labɔʀatwa:ʀ]	라보하뚜와흐	*m* 실험실, 연구소
labourer	[labuʀe]	라부헤	갈다, 경작하다, 파다
lac	[lak]	락	*m* 호수
lâche	[lɑ:ʃ]	라슈	비겁한, 느슨한
lâcher	[lɑʃe]	라셰	늦추다, 놓아주다, 풀어주다
là-dedans	[laddɑ̃]	라드당	그중에, 거기에
là-dessous	[ladsu]	라드쑤	그 밑에, 그 배후에
là-dessus	[ladsy]	라드쒸	그 위에, 그 점에 관해
là-haut	[lao]	라오	위에, 저 높은 곳에, 하늘 나라에
laid(e)	[lɛ] [lɛd]	레(드)	추한, 꼴사나운
lainage	[lɛna:ʒ]	레나쥬	*m* 모직물

laine	[lɛn]	렌느	(f) 양털, 모직물
laisser	[lɛ[e]se]	레쎄	남기다, 내버려 두다
lait	[lɛ]	레	(m) 우유
	J'ai oublié d'acheter le lait! 우유 사는 걸 깜박했네!		
laitue	[lety]	레뛰	(f) 상추
lame	[lam]	람므	(f) 칼, 검, 박편
lamentable	[lamɑ̃tabl]	라망따블르	비참한, 애통한
lampadaire	[lɑ̃padɛːʀ]	랑빠데흐	(m) 가로등
lampe	[lɑ̃ːp]	랑쁘	(f) 빛, 전등, 전구
lancement	[lɑ̃smɑ̃]	랑스망	(m) 던지기, 발사
lancer	[lɑ̃se]	랑쎄	던지다, 발사하다, 내밀다
langage	[lɑ̃gaːʒ]	랑가쥬	(m) 언어 (활동), 표현
langue	[lɑ̃ːg]	랑그	(f) 혀, 말하는 사람
lapin	[lapɛ̃]	라뺑	(m) 토끼
large	[laʀʒ]	라흐쥬	폭이 넓은, 넉넉한, 돈을 잘 쓰는
largement	[laʀʒəmɑ̃]	라흐쥬망	넓게, 크게, 넉넉하게
largeur	[laʀʒœːʀ]	라흐죄흐	(f) 가로
larme	[laʀm]	라흠므	눈물
	Le visage de bébé était mouillé de larmes. 아기 얼굴이 눈물로 얼룩져 있다.		

A B C D E F G H I J K L M

L

larve	[laʀv]	라흐브	ⓕ 애벌레
las	[lɑːs]	라스	아아!
lasser	[lɑse]	라쎄	피곤하게 하다, 질리게 하다
latin	[latɛ̃]	라땡	고대 로마의, 라틴어의
latitude	[latityd]	라띠뛰드	ⓕ 위도
lavabo	[lavabo]	라바보	ⓜ 세면대
laver	[lave]	라베	씻다, 세탁하다
le	[lə]	르	~라는 것, 그것 [그이, 그녀]
leçon	[ləsɔ̃]	르쏭	ⓕ 수업, 학과
lecteur	[lɛktœːʀ]	렉뙤흐	독자, 열람자
lecture	[lɛktyːʀ]	렉뛰흐	ⓕ 독서
légal	[legal]	레걀	법률상의, 합법적인
léger(ère)	[leʒe] [leʒɛːʀ]	레제(흐)	가벼운, 얇은

J'aime les biscuits légers.
나는 담백한 비스킷이 좋다.

légèrement	[leʒɛʀmɑ̃]	레제흐망	가볍게, 약간
légèreté	[leʒɛʀte]	레제흐떼	ⓕ 가벼움, 경박함
légitime	[leʒitim]	레지띰므	합법적인, 정당한
léguer	[lege]	레게	유증하다, 남기다
légume	[legym]	레귐므	ⓜ 야채, 채소

	J'aimerais manger de la soupe de légume. 야채 수프를 먹고 싶어.		
lendemain	[lɑ̃dmɛ̃]	랑드맹	ⓜ 이튿날, (가까운) 장래
lent(e)	[lɑ̃] [lɑ̃:t]	랑(뜨)	느린, 차분한
lentement	[lɑ̃tmɑ̃]	랑뜨망	천천히, 느긋하게
lequel	[ləkɛl]	르껠	어느 것, 누구
les	[le]	레	그(것)들을
léser	[leze]	레제	침해하다, 상처를 주다
lessive	[lesi:v]	레씨브	ⓕ 세제, 세탁
lettre	[lɛtʀ]	레트흐	ⓕ 편지, 문자
leur	[lœ(:)ʀ]	뢰흐	그들에게, 그들에게서
lever	[ləve]	르베	올리다, 일으키다, 제거하다
lèvre	[lɛ:vʀ]	레브흐	ⓕ 입술, 입가
lexique	[lɛksik]	렉시끄	ⓜ (특정한) 어휘, 용어집
lézard	[leza:ʀ]	레자흐	ⓜ 도마뱀
lézarde	[lezaʀd]	레자흐드	ⓕ 균열, 금
lézarder	[lezaʀde]	레자흐데	균열을 만들다
liaison	[ljɛzɔ̃]	리에종	ⓕ 연락, 관련, 애인 관계
libellule	[libe(l)lyl]	리벨뤼르	ⓕ 잠자리
libéral	[libeʀal]	리베할	자유로운, 관대한

libération	[libeʀasjɔ̃]	리베하씨옹	Ⓕ 해방, 석방
libérer	[libeʀe]	리베헤	해방하다, 제대시키다
liberté	[libɛʀte]	리베흐떼	Ⓕ 자유, 대담성, 자주독립
libraire	[libʀɛːʀ]	리브헤흐	서점 (주인)
librairie	[libʀɛ[e]ʀi]	리브헤히	Ⓕ 서점, 출판자
libre	[libʀ]	리브흐	비어 있는, 구속이 없는, 자유로운
	Je ne peux pas bien faire la nage libre. 아직 자유형(수영)도 제대로 못하는데.		
libre-service	[libʀəsɛʀvis]	리브흐세흐비스	Ⓜ 셀프서비스(업소)
licence	[lisɑ̃ːs]	리쌍스	Ⓕ 학사 자격, 허가
licencier	[lisɑ̃sje]	리쌍시에	해고하다, 파면하다
lien	[ljɛ̃]	리엥	Ⓜ 끈, 관련, 연결
lier	[lje]	리에	묶다, 관련 짓다
lierre	[ljɛːʀ]	리에흐	Ⓜ 담쟁이덩굴, 송악
lieu	[ljø]	리외	Ⓜ 장소, 현지, 근거
lieutenant	[ljøtnɑ̃]	리외뜨낭	Ⓜ 중위, 항해사
lièvre	[ljɛːvʀ]	리에브흐	Ⓜ 산토끼
ligne	[liɲ]	리뉴	Ⓕ 선, 윤곽, 노선
	J'essaie de lire les lignes de ta main? 내가 손금 봐 줄까?		
limite	[limit]	리미뜨	Ⓕ 한계, 한도

limité	[limite]	리미떼	제한된, 한정된
limiter	[limite]	리미떼	제한하다, 구분하다
limpide	[lɛ̃pid]	랭피드	투명한, 명쾌한
linge	[lɛ̃:ʒ]	랭쥬	*m* 세탁물
lion	[ljɔ̃]	리옹	*m* 사자
liquide	[likid]	리끼드	*m* 액체
liquider	[likide]	리끼데	청산하다, 결산하다
liquidité	[likidite]	리끼디떼	*f* 유동성
lire	[li:ʀ]	리흐	읽다, 독해하다
lis	[lis]	리스	*m* 백합
lisible	[lizibl]	리지블르	판단할 수 있는, 읽을 가치가 있는
lisse	[lis]	리스	매끈한, 윤기 있는
liste	[list]	리스뜨	*f* 리스트, 일람표
lit	[li]	리	*m* 침대
litre	[litʀ]	리트흐	*m* 리터(ℓ)
littéraire	[liteʀɛ:ʀ]	리떼헤흐	문학의, 문학적인
littéralement	[liteʀalmɑ̃]	리떼할르망	글자대로, 본래의 뜻대로
littérateur	[liteʀatœ:ʀ]	리떼하뙤흐	*m* 문학자, 문인
littérature	[liteʀaty:ʀ]	리떼하뛰흐	*f* 문학, 허구

livre	[liːvʀ]	리브흐	ⓜ 책, 서적, 장부
livrer	[livʀe]	리브헤	넘겨주다, 밀고하다
local	[lɔkal]	로꺌	지방의, 국지적인
localiser	[lɔkalize]	로꺌리제	위치를 찾아내다 [측정하다]
locataire	[lɔkatɛːʀ]	로꺄떼흐	ⓝ 세입자
location	[lɔkɑsjɔ̃]	로꺄씨옹	ⓕ 임대차, 임대료
locomotion	[lɔkɔmɔsjɔ̃]	로꼬모씨옹	ⓕ 이동, 수송
locomotive	[lɔkɔmɔtiːv]	로꼬모띠브	ⓕ 기관차
locution	[lɔkysjɔ̃]	로뀌씨옹	ⓕ 어법, 숙어, 화술
logement	[lɔʒmɑ̃]	로쥬망	ⓜ 주거, 거주
loger	[lɔʒe]	로제	묵다, 살다, 수용하다
logique	[lɔʒik]	로지끄	ⓕ 논리, 사고법
logis	[lɔʒi]	로지	주거, 집
loi	[lwa]	루와	ⓕ 법, 법칙
loin	[lwɛ̃]	루앵	먼
lointain	[lwɛ̃tɛ̃]	루앵땡	머나먼, 간접적인
loisir	[lwaziːʀ]	루와지흐	ⓜ 여가, 자유시간
Londres	[lɔ̃dʀ]	롱드흐	런던
long	[lɔ̃]	롱	긴, 오랜

longer	[lɔ̃ʒe]	롱제	(가장자리를) 따라가다
longtemps	[lɔ̃tɑ̃]	롱땅	긴 시간, 오랫동안
	Tu utilises ce téléphone depuis longtemps. 이 전화기 아주 오래 쓰는구나.		
longueur	[lɔ̃gœːʀ]	롱괴흐	ⓕ 세로
lorsque	[lɔːʀsk(ə)]	로흐스끄	~할 때, 그때
losange	[lɔzɑ̃ːʒ]	로장쥬	ⓜ 마름모
loterie	[lɔtʀi]	로뜨히	ⓕ 복권, 우연
lotion	[losjɔ̃]	로씨옹	ⓕ 로션
lotus	[lɔtys]	로뛰스	ⓜ 연꽃
louche	[luʃ]	루슈	ⓕ 국자
louer	[lwe]	루에	임대하다, 예약하다
loup	[lu]	루	ⓜ 늑대
lourd	[luːʀ]	루흐	무거운, 괴로운
loyal	[lwajal]	루와얄	성실한, 충실한
loyer	[lwaje]	루와예	ⓜ 집세
	Le loyer, ça fait combien? 집세는 얼마입니까?		
luciole	[lysjɔl]	뤼씨올르	ⓕ 개똥벌레
lueur	[lɥœːʀ]	뤼외흐	ⓕ 섬광, 번득임
lui	[lɥi]	뤼이	그(녀)에게

L

lui-même	[lɥimɛm]	뤼이멤므	그 자신, 그것 자체
lumbago	[lɔ̃bago]	롱바고	m 요통
lumière	[lymjɛːʀ]	뤼미에흐	f 빛, 일광, 조명
lumineux	[lyminø]	뤼미뇌	빛나다, 명석한
lundi	[lœ̃di]	룅디	m 월요일
lune	[lyn]	륀느	f 달
lunettes	[lynɛt]	뤼네뜨	fpl 안경
lutte	[lyt]	뤼뜨	f 투쟁, 대립, 저항
lutter	[lyte]	뤼떼	싸우다, 격투하다
luxe	[lyks]	뤽스	m 사치, 과잉
luxueux(se)	[lyksɥø] [lyksɥøːz]	뤽쒸외(즈)	화려한
lycée	[lise]	리쎄	m 고등학교

M

ma	[ma]	마	나의
macaron	[makaʀɔ̃]	마까홍	*m* 마카롱(쿠키)
mâcher	[mɑʃe]	마셰	씹다, 저작하다
machin	[maʃɛ̃]	마생	*m* 그것, 저것, 거시기
machine	[maʃin]	마쉰느	*f* 기계, 기구, 구조
mâchoire	[mɑʃwa:ʀ]	마슈와흐	*f* 턱, 하관
madame	[madam]	마담	*f* 기혼 여성에 대한 경칭
mademoiselle	[madmwazɛl]	마드무와젤	*f* 미혼 여성에 대한 경칭
magasin	[magazɛ̃]	마갸쟁	*m* 가게, 상점, 창고
magique	[maʒik]	마지끄	마법의, 신기한
magnifique	[maɲifik]	마니피끄	훌륭한, 근사한, 화려한
mai	[mɛ]	메	*m* 5월
maigre	[mɛgʀ]	매그흐	여윈, 마른
maigrir	[mɛ[e]gʀi:ʀ]	매그히흐	여위다
maillot	[majo]	마이요	*m* 수영복

Zut, j'ai oublié mon maillot de bain.
이런, 수영복을 안 가져왔네.

main	[mɛ̃]	맹	ⓕ 손
main-d'œuvre	[mɛ̃dœːvʀ]	맹되브흐	ⓕ 노력, 일손, 노동자
maintenant	[mɛ̃tnɑ̃]	맹뜨낭	지금, 그러면
maintenir	[mɛ̃tniːʀ]	맹뜨니흐	유지하다, 억제하다
maire	[mɛːʀ]	메흐	ⓜ 시장(市長), 구청장
mairie	[mɛ[e]ʀi]	메히	ⓕ 시청, 구청
mais	[mɛ]	메	하지만, 그런데
maison	[mɛzɔ̃]	메종	ⓕ 집, 가문, 회관 Elle accompagne son mari dans la maison. 그녀는 남편을 데리고 집안에 들어갔다.
maître	[mɛtʀ]	메뜨흐	주인, 지배자, 소유자
maîtresse	[mɛtʀɛs]	메뜨헤스	ⓕ 주인, 지배자
maîtriser	[mɛtʀize]	메뜨히제	억제하다, 지배하다
majeur	[maʒœːʀ]	마죄흐	ⓜ 중지(中指), 가운뎃손가락
majorité	[maʒɔʀite]	마죠히떼	과반수, 태반, 여당
mal	[mal]	말	악, 죄악, 불행
malade	[malad]	말라드	병든, 부진한
maladie	[maladi]	말라디	ⓕ 질병
maladroit	[maladʀwa]	말라드후와	서투른, 경솔한

mâle	[ma:l]	말르	ⓜ 수컷; 남자의, 씩씩한
malgré	[malgʀe]	말그헤	~에도 불구하고, ~을 무시하고
malheur	[malœ:ʀ]	말뢰흐	ⓜ 불행, 재난, 역경
malheureusement	[malœʀøzmɑ̃]	말뢰회즈망	공교롭게도, 유감이지만
malheureux	[malœʀø]	말뢰회	불운한, 가엾은, 괴로운
malien	[maljɛ̃]	말리엥	말리인
malin	[malɛ̃]	말랭	영리한, 짓궂은
malle	[mal]	말르	ⓕ 대형 트럭
maman	[mamɑ̃]	마망	ⓕ 모친, 어머니
manager	[mana(d)ʒe]	마나졔	지배인, 매니저
manche	[mɑ̃:ʃ]	망슈	ⓕ 소매
manchot	[mɑ̃ʃo]	망쇼	ⓜ 펭귄
mandat	[mɑ̃da]	망다	ⓜ 위임, 직무
manège	[manɛ:ʒ]	마네쥬	ⓜ 회전목마
manger	[mɑ̃ʒe]	망졔	먹다, 식사하다, 소비하다
	Que mangera-t-on? 우리 뭘 먹을까?		
mangue	[mɑ̃:g]	망그	ⓕ 망고
maniaque	[manjak]	마니아끄	편집적인, 고정관념에 사로잡힌
manie	[mani]	마니	ⓕ 편애, 버릇

M

manier	[manje]	마니에	취급하다, 조작(操作)하다
manière	[manjɛːʀ]	마니에흐	ⓕ 방법, 태도, 행세
manifestation	[manifɛstɑsjɔ̃]	마니페스따씨옹	ⓕ 데모, 시위
manifeste	[manifɛst]	마니페스뜨	선언; 명백한
manifester	[manifɛste]	마니페스떼	표명하다, 밝히다
manipuler	[manipyle]	마니쀨레	조작(操作)하다, 취급하다
manœuvre	[manœːvʀ]	마뇌브흐	ⓕ 조작(操作), 운전
manœuvrer	[manœvʀe]	마뇌브헤	조작(操作)하다, 취급하다
manqué	[mɑ̃ːk]	망끄	ⓜ 부족, 결여
manquer	[mɑ̃ke]	망께	(탈것, 기회를) 놓치다, 실패하다
mansarde	[mɑ̃saʀd]	망사흐드	ⓜ 다락
manteau	[mɑ̃to]	망또	ⓜ 코트, 덮개
manuel	[manɥɛl]	마뉘엘	ⓜ 교과서
maquereau	[makʀo]	마끄호	ⓜ 고등어
maquiller	[makije]	마끼예	화장을 하다, 위장하다
marbre	[maʀbʀ]	마흐브흐	ⓜ 대리석
marchand	[maʀʃɑ̃]	마흐샹	상인, 판매자
marchandise	[maʀʃɑ̃diːz]	마흐샹디즈	ⓕ 상품, 물품
marche	[maʀʃ]	마흐슈	ⓕ 걸음, 행진, 진행

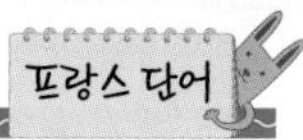

단어	발음기호	발음	품사	뜻
marché	[maʀʃe]	마흐셰	m	시장, 정기 장날, 판로
marcher	[maʀʃe]	마흐셰		걷다, 발을 들이다
	Vous pouvez y marcher. 걸어서 갈 수 있습니다.			
mardi	[maʀdi]	마흐디	m	화요일
marée	[maʀe]	마헤	f	물결, 파도, 조수
marginal	[maʀʒinal]	마흐지날		여백의, 부차적인
mari	[maʀi]	마히	m	남편
mariage	[maʀja:ʒ]	마히아쥬	m	결혼
marié	[maʀje]	마히에	m	신랑, 결혼한
mariée	[maʀje]	마히에	f	신부(新婦)
	le marié et la mariée 신랑과 신부			
marier	[maʀje]	마히에		결혼시키다, 결합시키다
marin	[maʀɛ̃]	마행		바다의, 항해의
marine	[maʀin]	마힌느	f	해군, 승조원
maritime	[maʀitim]	마히띰므		바다에 면한, 해상의
marmite	[maʀmit]	마흐미뜨	f	냄비
marque	[maʀk]	마흐끄	f	브랜드, 상표
marquer	[maʀke]	마흐께		표시를 하다, 나타내다
marrant	[maʀɑ̃]	마항		재미있는, 기묘한

marron	[ma[ɑ]ʀɔ̃]	마홍	m	밤(栗)
mars	[maʀs]	마흐스	m	3월
Mars	[maʀs]	마흐스	m	화성
marteau	[maʀto]	마흐또	m	망치
masculin	[maskylɛ̃]	마스뀔랭		남자의, 남자 같은
masque	[mask]	마스끄	m	마스크
masquer	[maske]	마스께		가리다, 감싸 감추다
massacrer	[masakʀe]	마사크헤		학살하다, 살륙하다
masse	[mas]	마스	f	큰 덩어리, 총량, 무리
massif	[masif]	마시프		묵직한, 다량의
mât	[mɑ]	마	m	돛대, 깃대
match	[matʃ]	마츄	m	경기, 경쟁
matelas	[matla]	마뜰라		매트리스
matériau	[meteʀjo]	마떼히오	m	소재
matériel	[mateʀjɛl]	마떼히엘		구체적인, 물질적인
maternel	[matɛʀnɛl]	마떼흐넬		어머니의, 모성의
mathématique	[matematik]	마떼마띠끄	f	수학
matière	[matjɛ:ʀ]	마띠에흐		과목
matin	[matɛ̃]	마땡	m	아침

matinée	[matine]	마띠네	*f* 오전 중, 아침
	faire la grasse matinée 늦잠을 자다		
matraquer	[matʀake]	마트하께	곤봉으로 때리다, 충격을 주다
maussade	[mosad]	모싸드	무뚝뚝한, 음험한
mauvais(e)	[mo[ɔ]vɛ] [mo[ɔ]vɛ:z]	모베(즈)	나쁜, 불쾌한, 잘못된
maximum	[maksimɔm]	막시몸	*m* 최대치, 최고
mayonnaise	[majɔnɛ:z]	마요네즈	*f* 마요네즈
me	[m(ə)]	므	나를, 내게
mécanicien	[mekanisjɛ̃]	메꺄니씨엥	수리공, 정비사
mécanique	[mekanik]	메꺄니끄	기계의, 역학의
mécanisme	[mekanism]	메꺄니슴므	*m* 기계 장치, 구조
méchant	[meʃɑ̃]	메샹	악의 있는, 심술궂은
mécontent	[mekɔ̃tɑ̃]	메꽁땅	불만스런, 심기가 안 좋은
médaille	[medaj]	메다이으	*f* 메달, 상패
médecin	[mɛdsɛ̃]	메드쌩	*m* 의사
médecine	[mɛdsin]	메드씬느	*f* 의학, 의료업
média	[medja]	메디아	*m* 매스컴
médical	[medikal]	메디꺌	의학의, 의사의
médicament	[medikamɑ̃]	메디꺄망	*m* 약, 약제

médiocre	[medjɔkʀ]	메디오크흐		평범한, 보통 이하의
méditer	[medite]	메디떼		곰곰이 생각하다, 계획을 짜다
méfier	[mefje]	메피에		조심하는, 못 믿는
meilleur	[mɛjœːʀ]	메이외흐		더 좋은, 더 나은
mélancolie	[melɑ̃kɔli]	멜랑꼴리		우울, 우울증
mélancolique	[melɑ̃kɔlik]	멜랑꼴리끄		우울한, 슬픈
mélange	[melɑ̃ːʒ]	멜랑쥬	*m*	혼합, 섞음
mélanger	[melɑ̃ʒe]	멜랑제		섞다, 혼합하다
mêler	[mɛ[e]le]	멜레		섞다, 겸비하다
melon	[məlɔ̃]	믈롱	*m*	멜론
membre	[mɑ̃ːbʀ]	망브흐	*m*	회원, 멤버, 일원
même	[mɛm]	멤므		같은 (사람), 동일한
mémoire	[memwaːʀ]	메무와흐	*f*	기억, 추억
mémorable	[memɔʀabl]	메모하블르		잊을 수 없는, 기념할 만한
menace	[mənas]	므나스	*f*	위협, 협박
menacer	[mənase]	므나쎄		협박하다, 위협하다
ménage	[menaːʒ]	메나쥬	*m*	가사, 청소
ménager	[menaʒe]	메나제		준비하다, 설치하다, 절약하다
mendiant	[mɑ̃djɑ̃]	망디앙		거지, 걸인

mener	[məne]	므네	데려가다, 인도하다
menottes	[mənɔt]	므노뜨	*fpl* 수갑
mensonge	[mɑ̃sɔ̃:ʒ]	망쏭쥬	*m* 거짓, 허구, 기만
mensualité	[mɑ̃sɥalite]	망쒸알리떼	*f* 월급
mensuel	[mɑ̃sɥɛl]	망쒸엘	매월의; 월급쟁이
mental	[mɑ̃tal]	망딸	정신의, 머리속의
mentalité	[mɑ̃talite]	망딸리떼	*f* 정신구조, 사고방식
menteur	[mɑ̃tœ:ʀ]	망뙤흐	거짓말쟁이
mentionner	[mɑ̃sjɔne]	망씨오네	기재하다, 언급하다
mentir`	[mɑ̃ti:ʀ]	망띠흐	속이다, 거짓말하다
menton	[mɑ̃tɔ̃]	망똥	*f* 턱
menu	[məny]	므뉘	메뉴, 정식, 코스 요리
menu d'enfant	[məny dɑ̃fɑ̃]	므뉘당팡	*m* 어린이 메뉴
méprendre	[mepʀɑ̃:dʀ]	메프항드흐	착각하다
mépris	[mepʀi]	메프히	*m* 경멸, 모욕
mépriser	[mepʀize]	메프히제	경멸하다, 모욕하다
mer	[mɛ:ʀ]	메흐	*f* 바다

En France, il y a beaucoup de plats de fruits de mer.
프랑스에는 해산물 요리가 많다.

merci	[mɛʀsi]	메흐씨	ⓜ 감사 인사, 감사합니다
mercredi	[mɛʀkʀədi]	메흐크흐디	ⓜ 수요일
merde	[mɛʀd]	메흐드	ⓕ 쓸데없는 것, 변변치 않은 것
mère	[mɛːʀ]	메흐	ⓕ 어머니
mérite	[meʀit]	메히뜨	ⓜ 공적, 장점, 재능
mériter	[meʀite]	메히떼	~할 만하다, ~자격이 있다
merveille	[mɛʀvɛj]	메흐베이으	ⓕ 훌륭한 것, 걸작, 경이
merveilleux	[mɛʀvɛjø]	메흐베이외	훌륭한, 경이로운, 마법의
mes	[me]	메	나의
mésaventure	[mezavɑ̃tyːʀ]	메자방뛰흐	ⓕ 재난, 불운한 일
message	[mesaːʒ]	메싸쥬	ⓜ 전갈, 주장
messe	[mɛs]	메스	ⓕ 미사
mesure	[məzyːʀ]	므쥐흐	ⓕ 넓이, 치수
métal	[metal]	메딸	ⓜ 금속
métallurgie	[metalyʀʒi]	메딸뤼흐지	ⓕ 야금학, 금속공업
météo	[meteo]	메떼오	ⓕ 일기예보
météore	[meteɔːʀ]	메떼오흐	ⓜ 유성
méthode	[metɔd]	메또드	ⓕ 방법(론), 수법
méthodique	[metɔdik]	메또디끄	논리 정연한, 시종 일관된

métier	[metje]	메띠에	ⓜ 직업, 역할, 실력
mètre	[mɛtʀ]	메트흐	ⓜ 미터(m)
mètre carré	[mɛtʀ ka[ɑ]ʀe]	메트흐까헤	ⓜ 평방미터
métro	[metʀo]	메트호	ⓜ 지하철
mettre	[mɛtʀ]	메트흐	두다, 넣다, 설치하다
meuble	[mœbl]	뫼블르	ⓜ 가구
	Tant qu'à venir, regardons les meubles. 우리 이왕 왔으니까 가구도 구경하자.		
meubler	[mœble]	뫼블레	가구를 비치하다
meurtre	[mœʀtʀ]	뫼흐트흐	ⓜ 살인
micro	[mikʀo]	미크호	ⓜ 마이크
microbe	[mikʀɔb]	미크호브	ⓜ 병균
midi	[midi]	미디	ⓜ 정오
miel	[mjɛl]	미엘	ⓜ 벌꿀
mien	[mjɛ̃]	미엥	내 것
miette	[mjɛt]	미에뜨	ⓕ 빵 부스러기, 조각
mieux	[mjø]	미외	더 잘, 가장 잘
mignon(ne)	[miɲɔ̃] [miɲɔn]	미뇽(느)	귀여운
	Ce bébé est très mignon. 저 아기 무척 귀엽다.		
migraine	[migʀɛn]	미그헨느	ⓕ 편두통

M

mile	[majl]	마일	ⓜ 마일
milieu	[miljø]	밀리외	ⓜ 가운데
militaire	[militɛːʀ]	밀리떼흐	군사적인, 전쟁의
mille	[mil]	밀르	1,000
milliard	[miljaːʀ]	밀리아흐	ⓜ 10억
millier	[milje]	밀리에	ⓜ 1000 정도
millimètre	[mi(l)limɛtʀ]	밀리메트흐	ⓜ 밀리미터(mm)
million	[miljɔ̃]	밀리옹	백만
minable	[minabl]	미나블르	가엾은, 비참한
mince	[mɛ̃ːs]	맹스	얇은, 가는, 사소한
mine	[min]	민느	ⓕ 안색, 표정, 외모
minéral	[mineʀal]	미네할	광물의, 무기질의
mineur	[minœːʀ]	미뇌흐	ⓜ 광부
minimum	[minimɔm]	미니몸	ⓜ 최소한, 최저한
ministère	[ministɛːʀ]	미니스떼흐	ⓜ 내각, 각료
ministre	[ministʀ]	미니스트흐	ⓜ 장관, 성직자
minorité	[minɔʀite]	미노히떼	ⓕ 소수(파), 미성년
minuit	[minɥi]	미뉘이	ⓜ 한밤중, 자정
minute	[minyt]	미뉘뜨	ⓕ 분(分)

minutieux	[minysiø]	미뉘씨외	면밀한, 치밀한
miracle	[miʀɑːkl]	미하끌르	ⓜ 기적, 경이
miraculeux	[miʀakylø]	미하뀔뢰	기적적인, 경이적인
miroir	[miʀwaːʀ]	미후와흐	ⓜ 거울
mise	[miːz]	미즈	ⓕ 실시, 적용, 복장
misérable	[mizeʀabl]	미제하블르	비참한, 가난한
misère	[mizɛːʀ]	미제흐	ⓕ 빈곤, 재난, 고난
mission	[misjɔ̃]	미씨옹	ⓕ 사명, 임무, 사절단
mixité	[miksite]	믹시떼	ⓕ 남녀공학, 혼성
mobile	[mɔbil]	모빌르	움직이는, 가동성의
mobiliser	[mɔbilize]	모빌리제	동원하다, 결집하다
moche	[mɔʃ]	모슈	추한, 보기 싫은
mode	[mɔd]	모드	유행, 패션
	à la dernière mode 최신 유행의		
modèle	[mɔdɛl]	모델르	ⓜ 모범, 견본
modéré	[mɔdeʀe]	모데헤	절제 있는, 온건파의
modérer	[mɔdeʀe]	모데헤	억제하다, 진정시키다
moderne	[mɔdɛʀn]	모데흔느	현대의, 진보적인
moderniser	[mɔdɛʀnize]	모데흐니제	현대화하다, 새롭게 하다

M

modeste	[mɔdɛst]	모데스뜨	겸손한, 소박한
modifier	[mɔdifje]	모디피에	수정하다, 변화시키다
modique	[mɔdik]	모디끄	약간의, 적은
mœurs	[mœːʀ]	뫼흐	(f) 풍습, 습관, 품성
moi	[mwa]	무와	나
moi-même	[mwamɛm]	무와멤므	나 자신
moindre	[mwɛ̃ːdʀ]	무앵드흐	더 작은, 가장 작은
moineau	[mwano]	무와노	(m) 참새
moins	[mwɛ̃]	무앵	더 적게, 더 적은 것
mois	[mwa[ɑ]]	무아	(m) 달, 월
moisi	[mwazi]	무와지	곰팡내 나는, 곰팡이가 핀
moisir	[mwaziːʀ]	무와지흐	곰팡이 슬다, 오래 머물다
moisson	[mwasɔ̃]	무와쏭	(f) 수확, 거두어들임
moissonner	[mwasɔne]	무와쏘네	수확하다, 거둬들이다
moitié	[mwatje]	무와띠에	(f) 절반, 태반
mollet	[mɔlɛ]	몰레	(m) 장딴지
moment	[mɔmɑ̃]	모망	(m) 잠시, 순간, 시간
momentané	[mɔmɑ̃tane]	모망따네	일시적인, 순간의
mon	[mɔ̃]	몽	나의

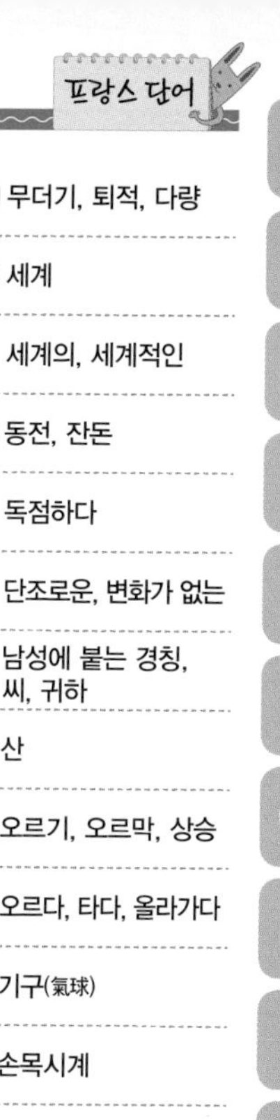

monceau	[mɔ̃so]	몽쏘	*m* 무더기, 퇴적, 다량
monde	[mɔ̃:d]	몽드	*m* 세계
mondial	[mɔ̃djal]	몽디알	세계의, 세계적인
monnaie	[mɔnɛ]	모네	*f* 동전, 잔돈
monopoliser	[mɔnɔpɔlize]	모노뽈리제	독점하다
monotone	[mɔnɔtɔn]	모노똔느	단조로운, 변화가 없는
monsieur	[məsjø]	므씨외	*m* 남성에 붙는 경칭, 씨, 귀하
montagne	[mɔ̃taɲ]	몽따뉴	*f* 산
montée	[mɔ̃te]	몽떼	*f* 오르기, 오르막, 상승
monter	[mɔ̃te]	몽떼	오르다, 타다, 올라가다
montgolfière	[mɔ̃gɔlfjɛ:ʀ]	몽골피에흐	*f* 기구(氣球)
montre	[mɔ̃:tʀ]	몽트흐	*f* 손목시계
montrer	[mɔ̃tʀe]	몽트헤	보이다, 제시하다
monument	[mɔnymɑ̃]	모뉘망	*m* 대형 건조물, 기념비
moquer	[mɔke]	모께	비웃다, 깔보다
moral	[mɔʀal]	모할	도덕의, 도적적인
morale	[mɔʀal]	모할르	*f* 도덕, 윤리(학)
morceau	[mɔʀso]	모흐소	*m* (음식) 한 조각, 일부분
mordre	[mɔʀdʀ]	모흐드흐	깨물다, (벌레가) 쏘다

M

mort	[mɔːʀ]	모흐	*f* 죽음, 파멸
	la naissance et la mort 출생과 죽음		
mot	[mo]	모	*m* 말, 단어, 암호
moteur	[mɔtœːʀ]	모뙤흐	*m* 엔진, 발동기
motif	[mɔtif]	모띠프	*m* 동기, 이유
moto	[mɔto]	모또	*f* 오토바이
mou	[mu]	무	부드러운, 유약한
mouche	[muʃ]	무슈	*f* 파리
mouchoir	[muʃwaːʀ]	무슈와흐	*m* 손수건
mouette	[mwɛt]	무에뜨	*f* 갈매기
mouillé	[muje]	무이예	젖은, 습기찬
mouiller	[muje]	무이예	젖게 하다, 적시다
moule	[mul]	물르	*m* 거푸집, 틀
moulin	[mulɛ̃]	물랭	*m* 제분소, 물레방앗간, 풍찻간
mourir	[muʀiːʀ]	무히흐	죽다, 사라지다
	Je m'énerve à mourir! 짜증나 죽겠어!		
mousse	[mus]	무쓰	*f* 이끼, 거품
moustache	[mustaʃ]	무스따슈	*f* 수염
moustique	[mustik]	무스띠끄	*m* 모기

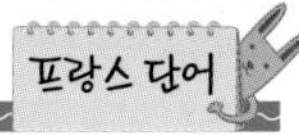

moutard	[muta:ʀ]	무따흐	ⓜ	남자아이
mouton	[mutɔ̃]	무똥	ⓜ	양, 순한 사람
mouvement	[muvmɑ̃]	무브망	ⓜ	움직임, 운동, 장치
moyen	[mwajɛ̃]	무와옝		중간 정도의, 평범한
moyenne	[mwajɛn]	무와옌느	ⓕ	평균, 중간
muet	[mɥɛ]	뮈에		말을 안 하는, 무언의
muffin	[my[œ]fin]	뮈팽	ⓜ	머핀
multiple	[myltipl]	뮐띠쁠르		다양한, 다수의
multiplication	[myltiplikɑsjɔ̃]	뮐띠쁠리꺄씨옹	ⓕ	곱셈
multiplier	[myltiplije]	뮐띠쁠리에		늘리다, 반복하다
municipal	[mynisipal]	뮈니시빨		시(동네)의
mur	[my:ʀ]	뮈흐	ⓜ	벽, 장애물
mûr	[my:ʀ]	뮈흐		성숙한, (과일이) 익은
muraille	[myʀɑ:j]	뮈하이으	ⓕ	성벽, 장벽
mûrir	[myʀi:ʀ]	뮈히흐		익다, 성숙하다
murmurer	[myʀmyʀe]	뮈흐뮈헤		속삭이다, 중얼거리다
muscle	[myskl]	뮈스끌르	ⓕ	근육
musée	[myze]	뮈제	ⓜ	박물관
musicien(ne)	[myzisjɛ̃] [myzisjɛn]	뮈지씨엥(엔느)	ⓝ	음악가

musique	[myzik]	뮈지끄	ⓕ 음악
	Beaucoup de jeunes hommes écoutent de la musique dans le métro. 많은 청년들이 전철에서 음악을 듣는다.		
musulman	[myzylmɑ̃]	뮈쥘만	이슬람교(도)의
mutilé	[mytile]	뮈띨레	손발을 잃은, 중상을 입은
mutuel	[mytɥɛl]	뮈뛰엘	서로의, 쌍방의
myope	[mjɔp]	미요쁘	근시의, 근시안적인
mystère	[mistɛːʀ]	미스떼흐	ⓜ 신비, 수수께끼, 비밀
mystérieux	[misteʀjø]	미스떼히외	불가사의한, 신비한

N

단어	발음	한글 발음	뜻
nageoire	[naʒwa:ʀ]	나주와흐	ⓕ 지느러미
nager	[naʒe]	나제	수영하다, 뜨다
	C'est dangereux de nager dans l'eau qui court. 흐르는 물에서 수영하는 것은 위험하다.		
naïf(ve)	[naif] [nai:v]	나이프(브)	순수한, 세상을 모르는
naissance	[nɛsɑ̃:s]	네쌍스	ⓕ 출생, 혈통, 시작
naître	[nɛtʀ]	네트흐	태어나다, 생기다
nappe	[nap]	나쁘	ⓕ 식탁보, 제단막
natation	[natɑsjɔ̃]	나따씨옹	ⓕ 수영, 경영
nation	[na[ɑ]sjɔ̃]	나씨옹	ⓕ 국가, 국민
national	[nasjɔnal]	나씨오날	국가의, 국립의, 국내의
nationaliser	[nasjɔnalize]	나씨오날리제	국유화하다
nationalité	[nasjɔnalite]	나씨오날리떼	ⓕ 국적, 국민성
naturaliser	[natyʀalize]	나뛰할리제	귀화시키다, 순화시키다
nature	[naty:ʀ]	나뛰흐	ⓕ 자연(계), 본성, 종류
naturel	[natyʀɛl]	나뛰헬	자연의, 타고난, 당연한
naturellement	[natyʀɛlmɑ̃]	나뛰헬르망	자연스럽게, 저절로, 필연적으로

N O P Q R S T U V W X Y Z

N

nausée	[noze]	노제	ⓕ 욕지기, 혐오감
nautique	[notik]	노띠끄	수상의, 항해에 관한
navet	[navɛ]	나베	ⓜ 무
navette	[navɛt]	나베뜨	ⓕ 왕복편, 연락편
naviguer	[navige]	나비게	항해하다, 조종하다
navire	[naviːʀ]	나비흐	ⓜ 선박, 배
navrant	[navʀɑ̃]	나브항	비통한, 쓰라린
ne	[n(ə)]	느	아니다
né	[ne]	네	생겨난, 타고난
néanmoins	[neɑ̃mwɛ̃]	네앙무앵	그렇지만, 그럼에도 불구하고
nébulosité	[nebylozite]	네뷜로지떼	ⓕ 흐림, 애매함
nécessaire	[nesesɛːʀ]	네쎄세흐	필요한, 불가결한
nécessairement	[nesesɛʀmɑ̃]	네쎄세흐망	반드시, 어떻게든
nécessité	[nesesite]	네쎄시떼	ⓕ 필요성, 필요한 것
	Nécessité fait loi. 필요는 법을 만든다. (속담)		
nécessiter	[nesesite]	네쎄시떼	필요로 하다, 요하다
néfaste	[nefast]	네파스뜨	유해한, 재난을 초래하는
négatif	[negatif]	네갸띠프	부정적인, 거부하는
négligé	[negliʒe]	네글리제	ⓜ 여성 잠옷, 네글리제

négligent	[negliʒɑ̃]	네글리쟝		게으른, 태만한
négliger	[negliʒe]	네글리제		소홀히 하다, 무시하다
négociation	[negɔsjɑsjɔ̃]	네고씨아씨옹	*f*	교섭, 협의, 절충
négocier	[negɔsje]	네고씨에		협상하다, 절충하다
neige	[nɛ:ʒ]	네쥬	*f*	눈(雪)
neiger	[nɛ[e]ʒe]	네제		눈이 내리다
nerf	[nɛ:ʀ]	네흐	*m*	신경, 인대, 활력
nerveux	[nɛʀvø]	네흐뵈		신경의, 신경성의
n'est-ce pas	[nɛspa]	네스빠		응, 그렇겠지.
net	[nɛt]	네		분명한, 청결한
nettement	[nɛtmɑ̃]	네뜨망		명료하게, 확실히
netteté	[nɛtte]	네뜨떼	*f*	명료함, 명석함
nettoyage	[nɛtwaja:ʒ]	네뚜와야쥬	*m*	청소, 세탁
nettoyer	[nɛtwaje]	네뚜와예		청소하다, 깨끗이 하다, 빨래하다 Je n'ai pas le temps de nettoyer. 내가 청소할 시간이 없네.
neuf	[nœf]	뇌프		9
neuf(ve)	[nœf][nœv]	뇌프(브)		새로운
neutre	[nø:tʀ]	뇌트흐		중립의, 공평한
neuvième	[nœvjɛm]	뇌비엠므		9번째의, 9분의 1

neveu	[nəvø]	느뵈	*m* 조카(남자)
nez	[ne]	네	*m* 코
ni	[ni]	니	~도 역시 않다
nid	[ni]	니	*m* 둥지
nièce	[njɛs]	니에스	*f* 조카(여자)
nier	[nje]	니에	부정하다, 부인하다
niveau	[nivo]	니보	*m* 높이, 수위, 수준
noble	[nɔbl]	노블르	귀족의, 고귀한, 고상한
nocturne	[nɔktyʀn]	녹뛰흔느	밤의, 야행성의
Noël	[nɔɛl]	노엘	*m* 크리스마스

On va se voir demain, veille de Noël.
우리 내일 크리스마스 이브에 만나자.

nœud	[nø]	뇌	*m* 매듭(장식), 요점
noir	[nwaːʀ]	누아흐	*m* 검정
noisette	[nwazɛt]	누아제뜨	*f* 개암 열매, 헤이즐넛
noix	[nwa[ɑ]]	누아	*f* 호두
nom	[nɔ̃]	농	*m* 이름, 명칭, 명성
nombre	[nɔ̃ːbʀ]	농브흐	수(數), 수량, 다수
nombreux(se)	[nɔ̃bʀø] [nɔ̃bʀøːz]	농브회(즈)	많은

De nombreuses femmes se maquillent dans le métro.
요즘 지하철에서 화장하는 여자들이 많더라.

nombril	[nɔ̃bʀi(l)]	농브히	m	배꼽
nommer	[nɔme]	노메		~라는 이름의, 이름이 불려진
non	[nɔ̃]	농		아니요
non-fumeur	[nɔ̃fymœːʀ]	농퓌뫼흐		비흡연자
nord	[nɔːʀ]	노흐	m	북쪽
normal	[nɔʀmal]	노흐말		정상의, 표준의
normalement	[nɔʀmalmɑ̃]	노흐말르망		정상적으로, 평소라면
nos	[no]	노		우리의
notamment	[nɔtamɑ̃]	노따망		특히, 지명하여
note	[nɔt]	노뜨	f	메모, 문서, 점수
noter	[nɔte]	노떼		적어두다, 주의하다
notion	[nosjɔ̃]	노씨옹	f	개념, 관념
notre	[nɔtʀ]	노트흐		우리의, 우리나라의
nôtre	[noːtʀ]	노트흐		우리의 것, 조국의 것
nourrir	[nuʀiːʀ]	누히흐		음식을 주다, 사육하다
nourriture	[nuʀityːʀ]	누히뛰흐	f	음식, 영양
nous	[nu]	누		우리, 사람들
nous-même	[numɛm]	누멤므		우리 자신
nouveau	[nuvo]	누보		새로운, 최신의; 신인

N O P Q R S T U V W X Y Z

nouveauté	[nuvote]	누보떼	ⓕ 새로움, 신제품
nouvelle	[nuvɛl]	누벨르	ⓕ 알림, 통지
novembre	[nɔvɑ̃:bʀ]	노방브흐	ⓜ 11월
	Le premier novembre est la Toussaint. 11월 1일은 만성절이다.		
noyau	[nwajo]	누와요	ⓜ 씨앗, 핵, 중요 멤버
noyer	[nwaje]	누와예	익사시키다, 침수시키다
nu	[ny]	뉘	적나라한, 벌거벗은
nuage	[nɥa:ʒ]	뉘아쥬	ⓜ 구름
nuance	[nɥɑ̃:s]	뉘앙스	ⓕ 명암 차이, 색조, 미묘한 차이,
nucléaire	[nykleɛ:ʀ]	뉘끌레에흐	핵의, 원자력
nuire	[nɥi:ʀ]	뉘이흐	해를 끼치다, 상처 주다
nuit	[nɥi]	뉘이	ⓕ 밤, 야간
nul	[nyl]	뉠	무(無)의, 존재하지 않는, 무가치한
nullement	[nylmɑ̃]	뉠르망	전혀, 조금도
numéro	[nymeʀo]	뉘메호	번호, 전화번호, ~호실
	Je peux avoir ton numéro de téléphone? 네 전화번호 가르쳐 줄래?		
numéro de compte	[nymeʀodəkɔ̃:t]	뉘메호드꽁뜨	ⓜ 계좌번호
nuque	[nyk]	뉘끄	ⓕ 목덜미
nylon	[nilɔ̃]	닐롱	ⓜ 나일론

O

obéir	[ɔbeiːʀ]	오베이흐	복종하다, 따르다
obèse	[ɔbɛːz]	오베즈	지나치게 뚱뚱한 (사람)
obésité	[ɔbezite]	오베지떼	Ⓕ 비만
objecter	[ɔbʒɛkte]	오브젝떼	반대하다, 핑계를 대다
objectif	[ɔbʒɛktif]	오브젝띠프	객관적인, 공평한
objection	[ɔbʒɛksjɔ̃]	오브젝씨옹	Ⓕ 반론, 이의
objet	[ɔbʒɛ]	오브제	Ⓜ 물건, 대상, 목적
obligation	[ɔbligɑsjɔ̃]	오블리갸씨옹	Ⓕ 의무, 부채
obligatoire	[ɔbligatwaːʀ]	오블리꺄뚜와흐	의무적인, 강제적인
obligé	[ɔbliʒe]	오블리졔	피할수 없는, 필연적인
obliger	[ɔbliʒe]	오블리졔	강제하다, 의무를 지게 하다
obscur	[ɔpskyːʀ]	옵스뀌흐	어두운, 알기 힘든, 무명의
obscurité	[ɔpskyʀite]	옵스뀌히떼	Ⓕ 어두움, 불명료함
obséder	[ɔpsede]	옵쎄데	끊임없이 괴롭히다, 머리에서 떠나지 않다
obsèques	[ɔpsɛk]	옵세끄	Ⓕ 장례식
observation	[ɔpsɛʀvɑsjɔ̃]	옵세흐바씨옹	Ⓕ 관찰, 감시, 비판

N O P Q R S T U V W X Y Z

observer	[ɔpsɛʀve]	옵세흐베	관찰하다, 관측하다
obstacle	[ɔpstakl]	옵스따끌르	*m* 장애, 방해
obstiné	[ɔpstine]	옵스띠네	완고한, 집요한
obstruction	[ɔpstʀyksjɔ̃]	옵스뜨휙씨옹	*f* 폐색, 의사 방해, 진로 방해
obtenir	[ɔptəniːʀ]	옵뜨니흐	얻다, 손에 넣다
occasion	[ɔka[ɑ]zjɔ̃]	오까지옹	*f* 기회, 경우, 유리한 구매
	L'occasion fait le larron. 기회가 도둑을 만든다. (속담)		
Occident	[ɔksidɑ̃]	옥시당	*m* 서양, 서구
occidental	[ɔksidɑ̃tal]	옥시당딸	서양의, 서구의
occupation	[ɔkypɑsjɔ̃]	오뀌빠씨옹	*f* 점령, 업무
occupé(e)	[ɔkype]	오뀌뻬	사용 중, 점령된
occuper	[ɔkype]	오뀌뻬	점유하다, 살다, 고용하다
océan	[ɔseɑ̃]	오세앙	*m* 대양
octobre	[ɔktɔbʀ]	옥또브흐	*m* 10월
oculiste	[ɔkylist]	오뀔리스뜨	안과의사
odeur	[ɔdœːʀ]	오되흐	*f* 냄새, 향기
œil	[œj]	외이으	*m* 눈 (단수), 안구, 시선
œillet	[œjɛ]	외이예	*m* 끈을 꿰는 구멍, 카네이션
œuf	[œf]	외프	*m* 계란, 알

œuvre	[œ:vʀ]	외브흐	ⓕ 일, 활동, 성과
office	[ɔfis]	오피스	ⓜ 직무, 역할, 공직
officiel	[ɔfisjɛl]	오피시엘	공적인, 공무상의
officier	[ɔfisje]	오피시에	장교, 공무원
offre	[ɔfʀ]	오프흐	ⓕ 신청, 제안
offrir	[ɔfʀi:ʀ]	오프히흐	주다, 제공하다, 신청하다
oh	[o]	오!	아! (놀람, 기쁨, 분노)
oie sauvage	[wa sova:ʒ]	우아쏘바쥬	ⓕ 기러기
oignon	[ɔɲɔ̃]	오뇽	ⓜ 양파, 구근
oiseaux	[wazo]	우와조	ⓜ 조류
oiseau	[wazo]	우와조	ⓜ 새, 녀석
olive	[ɔli:v]	올리브	ⓕ 올리브 열매
olympique	[ɔlɛ̃pik]	올랭삐끄	올림픽 경기의
ombre	[ɔ̃:bʀ]	옹브흐	ⓕ 그늘, 그림자
omelette	[ɔmlɛt]	오믈레뜨	ⓕ 오믈렛
omelette au riz	[ɔmlɛtoʀi]	오믈레뜨오히	ⓕ 오므라이스
omnibus	[ɔmnibys]	옴니뷔스	ⓜ 보통 열차
on	[ɔ̃]	옹	사람(들)은, 나[우리]는
oncle	[ɔ̃:kl]	옹끌르	ⓜ 아저씨, 삼촌

조류

□ cygne [siɲ] 씨뉴 m 백조

□ pigeon [piʒɔ̃] 삐종 m 비둘기

□ moineau [mwano] 무와노 m 참새

□ aigle [ɛgl] 에글르 m 독수리

□ mouette [mwɛt] 무에뜨 f 갈매기

□ grue [gʀy] 그휘 f 학, 두루미

□ coq [kɔk] 꼬끄 m 수탉

□ poule [pul] 뿔르 f 암탉

□ pingouin [pɛ̃gwɛ̃] 빵구앵 m 펭귄

□ hibou [ibu] 이부 m 부엉이

ongle	[ɔ̃:gl]	옹글르	ⓜ 손톱
	Tu dois te couper les ongles. 너 손톱 좀 깎아야겠구나.		
onze	[ɔ̃:z]	옹즈	11
onzième	[ɔ̃zjɛm]	옹지엠므	11번째의, 11분의 1
opaque	[ɔpak]	오빠끄	불투명한, 빛이 안 통하는
opéra	[ɔpeʀa]	오페하	ⓜ 오페라
opération	[ɔpeʀɑsjɔ̃]	오뻬하씨옹	ⓕ 수술, 작업, 작전
opérer	[ɔpeʀe]	오뻬헤	수술하다, 성취하다
opinion	[ɔpinjɔ̃]	오삐니옹	ⓕ 의견, 견해, 사고방식
opportun	[ɔpɔʀtœ̃]	오뽀흐뙹	시기가 적절한
opposé	[ɔpoze]	오뽀제	반대측의, 건너편의, 대립하는
opposer	[ɔpoze]	오뽀제	맞서다, 대립시키다
opposition	[ɔpozisjɔ̃]	오뽀지씨옹	ⓕ 대립, 적대, 저항
opprimer	[ɔpʀime]	오프히메	억압하다, 탄압하다
opticien	[ɔptisjɛ̃]	옵띠씨엥	안경점, 광학 기계 제조업
optimiste	[ɔptimist]	옵띠미스뜨	낙관적인
or	[ɔ:ʀ]	오흐	ⓜ 금
orage	[ɔʀa:ʒ]	오하쥬	뇌우, 폭발, 파란
oral	[ɔʀal]	오할	구두의, 입으로 전하는; 구술 시험

orange	[ɔʀɑ̃:ʒ]	오항쥬	m 주황색, f 오렌지
	Il y a un orange? 오렌지색이 있나요?		
oranger	[ɔʀɑ̃ʒe]	오항제	m 오렌지(나무)
orateur	[ɔʀatœ:ʀ]	오하뙤흐	연설자, 발언자
orchestre	[ɔʀkɛstʀ]	오흐께스트흐	m 관현악단
orchidée	[ɔʀkide]	오흐끼데	f 난초
ordinaire	[ɔʀdinɛ:ʀ]	오흐디네흐	보통, 평범한
ordinateur	[ɔʀdinatœ:ʀ]	오흐디나뙤흐	컴퓨터
ordonnance	[ɔʀdɔnɑ̃:s]	오흐도낭스	f 처방전
ordonné	[ɔʀdɔne]	오흐도네	잘 정돈된, 꼼꼼한
ordonner	[ɔʀdɔne]	오흐도네	정리하다, 치우다
ordre	[ɔʀdʀ]	오흐드흐	m 순서, 종류, 영역
ordure	[ɔʀdy:ʀ]	오흐뒤흐	f 쓰레기, 추잡한 말
oreille	[ɔʀɛj]	오헤이으	f 귀
oreiller	[ɔʀɛ[e]je]	오헤이예	m 베개
organe	[ɔʀgan]	오흐갼느	m 기구, 장치, 기관
organisation	[ɔʀganizɑsjɔ̃]	오흐갸니자씨옹	f 조직, 기관, 계획
organiser	[ɔʀganize]	오흐갸니제	계획을 세우다, 조직하다
organisme	[ɔʀganism]	오흐갸니슴므	m 인체, 생물

orgueil	[ɔʀgœj]	오흐괴이으	*m* 자만심, 거만함, 긍지
orgueilleux	[ɔʀgœjø]	오흐괴이외	거만한, 오만한
Orient	[ɔʀjɑ̃]	오히앙	*m* 동양, 중동 지방
oriental	[ɔʀjɑ̃tal]	오히앙딸	동양의, 중동의
orienter	[ɔʀjɑ̃te]	오히앙떼	향하다, 방향을 잡다
original	[ɔʀiʒinal]	오히지날	독창적인, 개성적인; 원형
origine	[ɔʀiʒin]	오히진느	*f* 기원, 유래, 출신
orner	[ɔʀne]	오흐네	장식하다
orphelin	[ɔʀfəlɛ̃]	오흐플랭	고아(의)
orteil	[ɔʀtɛj]	오흐떼이으	*m* 발가락
orthodoxe	[ɔʀtɔdɔks]	오흐또독스	정통의, 전통적인
orthographe	[ɔʀtɔgʀaf]	오흐또그하프	*f* 철자법, 맞춤법
os	[ɔs]	오스	*f* 뼈
oser	[oze]	오제	마음먹고 ~하다, 감히 ~하다
otage	[ɔtaːʒ]	오따쥬	*m* 인질
ôter	[ɔte]	오떼	떼어내다, 치우다
ou	[u]	우	또는, 혹은
où	[u]	우	어디에, 어디로
oubli	[ubli]	우블리	*m* 망각, 기억력

N O P Q R S T U V W X Y Z

oublier	[ublije]	우블리에	잊다, 깜박하다
ouest	[wɛst]	웨스뜨	m 서쪽
ouf	[uf]	우프	휴! (안도), 아이고! (고통)
oui	[wi]	위이	예, 네 (긍정)
	Oui, ce sera bien. 응, 괜찮을 거 같아.		
ouragan	[uʀagɑ̃]	우하강	m 폭풍우
ours	[uʀs]	우흐쓰	m 곰
outil	[uti]	우띠	m 도구, 기구
outillage	[utijaːʒ]	우띠야쥬	m 도구 세트, 기계 설비
outre	[utʀ]	우트흐	f (물, 술을 넣는) 가죽부대
ouvert	[uvɛːʀ]	우베흐	비어 있는, 영업 중인
ouverture	[uvɛʀtyːʀ]	우베흐뛰흐	f 열기, 시작하기, 구멍
ouvrage	[uvʀaːʒ]	우브하쥬	m 일, 작품, 서적
ouvrier	[uvʀije]	우브히에	노동자, 공원
ouvrir	[uvʀiːʀ]	우브히흐	열다, 넓히다, 개점하다
	Je voudrais ouvrir un compte. 예금 통장을 만들고 싶어요.		
ovale	[ɔval]	오발르	m 타원형
ovni	[ɔvni]	오브니	m 미확인비행체, UFO
oxygène	[ɔksiʒɛn]	옥시젠느	m 산소, 깨끗한 공기

P

pacifique	[pasifik]	빠시피끄	평화적인
page	[pa:ʒ]	빠쥬	ⓕ 페이지, 한 장, 한 토막
paiement	[pɛmɑ̃]	빼망	ⓜ 지불 (금액)
paille	[pɑ:j]	빠이으	ⓕ 빨대, 스트로
pain	[pɛ̃]	빵	ⓜ 빵, 식량
pair	[pɛ:ʀ]	빼흐	ⓜ 동료; 짝수의
paire	[pɛ:ʀ]	빼흐	ⓕ 한 쌍, 짝
paisible	[pɛ[e]zibl]	빼지블르	온화한, 조용한
paix	[pɛ]	빼	ⓕ 평화, 평온
	la guerre et la paix 전쟁과 평화		
palais	[palɛ]	빨레	ⓜ 궁전, 관저
pâle	[pɑ:l]	빨르	창백한, 희미한
pâlir	[pɑli:ʀ]	빨리흐	창백해지다, 핏기가 가시다
panda	[pɑ̃da]	빵다	ⓜ 판다
panier	[panje]	빠니에	ⓜ 바구니, (농구) 골
panique	[panik]	빠니끄	ⓕ 공황, 당황, 불안

P

panne	[pan]	빤느	ⓕ 정지, 고장
panneau	[pano]	빠노	ⓜ 게시판, 간판
pansement	[pɑ̃smɑ̃]	빵스망	ⓜ 붕대, 처치
pantalon	[pɑ̃talɔ̃]	빵딸롱	ⓜ 바지
pantoufle	[pɑ̃tufl]	빵투플르	ⓕ 슬리퍼
papa	[papa]	빠빠	ⓜ 아빠, 아저씨
pape	[pap]	빠쁘	ⓜ 교황, 권위
papeterie	[papt(ə)ʀi]	빠쁘트히	ⓕ 문방구
papier	[papje]	빠삐에	ⓜ 종이, 기사
papillon	[papijɔ̃]	빠삐용	ⓜ 나비, 주차위반 딱지
paquebot	[pakbo]	빠끄보	ⓜ 여객선
paquet	[pakɛ]	빠께	ⓜ 소포, 꾸러미
par	[paʀ]	빠흐	~에 의해, ~을 사용하여
	Envoyez votre curriculum vitæ par e-mail. 이메일로 이력서를 보내 주세요.		
parachute	[paʀaʃyt]	빠하쉬뜨	ⓜ 낙하산
paradis	[paʀadi]	빠하디	ⓜ 천국
paraître	[paʀɛtʀ]	빠헤트흐	나타나다, 모습을 보이다
parallèle	[paʀa(l)lɛl]	빠할렐르	평행한; 비교; 평행선
paralyser	[paʀalize]	빠할리제	마비시키다, 움직이지 못하게 하다

parapluie	[paʀaplɥi]	빠하쁠뤼이	Ⓜ 우산
parc	[paʀk]	빠흐끄	Ⓜ 공원, 대정원
parce que	[paʀskə]	빠흐스끄	왜냐하면 ~이므로
parcourir	[paʀkuʀiːʀ]	빠흐꾸히흐	돌아다니다, 주파하다
parcours	[paʀkuːʀ]	빠흐꾸흐	Ⓜ 코스, 여정, 경력
pardon	[paʀdɔ̃]	빠흐동	Ⓜ 허락, 용서; 실례합니다
pardonner	[paʀdɔne]	빠흐도네	허락하다, 봐주다
pareil	[paʀɛj]	빠레이으	유사한, 비슷한; 이[그]러한
parent	[paʀɑ̃]	빠항	Ⓜ 부모
parenté	[paʀɑ̃te]	빠항떼	Ⓕ 친척
paresse	[paʀɛs]	빠헤스	Ⓕ 태만, 완만함
paresseux(se)	[paʀɛsø] [paʀɛsøːz]	빠헤쐬(즈)	게으른
parfait	[paʀfɛ]	빠흐페	완벽한, 최고의
parfaitement	[paʀfɛtmɑ̃]	빠흐페뜨망	완벽하게, 완전히
parfois	[paʀfwa]	빠흐푸와	가끔, 때때로
parfum	[paʀfœ̃]	빠흐펑	Ⓜ 향수
	Que pensez-vous du parfum? 이 향수 냄새 어때요?		
parier	[paʀje]	빠히에	내기하다, 틀림없이 ~라고 생각하다
Paris	[paʀi]	빠히	Ⓜ 파리

N O P Q R S T U V W X Y Z

P

parking	[parkiŋ]	빠흐낑그	ⓜ 주차장
parler	[parle]	빠흘레	말하다, 표현하다
parmi	[parmi]	빠흐미	~사이에, ~중에
paroi	[parwa[ɑ]]	빠후아	ⓕ 절벽, 암벽
parole	[parɔl]	빠홀르	ⓕ 말하는 능력, 말하기, 발언권
parquet	[parkɛ]	빠흐께	ⓜ 검사실, 검찰
part	[pa:r]	빠흐	ⓕ 부분, 분담, 몫
partage	[parta:ʒ]	빠흐따쥬	ⓜ 분할, 분배
partager	[partaʒe]	빠흐따제	나누다, 공유하다
parti	[parti]	빠흐띠	ⓜ 당, 당파, 해결책
participer	[partisipe]	빠흐띠시뻬	참가하다, 분담하다
particulier	[partikylje]	빠흐띠뀔리에	개인적인, 특수한
particulièrement	[partikyljɛrmɑ̃]	빠흐띠뀔리에흐망	특히, 유난히, 개인적으로
partie	[parti]	빠흐띠	ⓕ 부분, 분야
partir	[parti:r]	빠흐띠흐	출발하다, 떠나다
partout	[partu]	빠흐뚜	도처에서, 어디서나
parvenir	[parvəni:r]	빠흐브니흐	도달하다, 도착하다
passage	[pɑsa:ʒ]	빠싸쥬	ⓜ 통로
	passage à voie unique 1차선 도로		

passager	[pɑ[a]saʒe]	빠싸제	일시적인, 순식간의
passant	[pasɑ̃]	빠쌍	통행이 많은
passe	[pɑːs]	빠쓰	ⓕ 통과, 패스, 상황
passé	[pɑse]	빠쎄	ⓜ 과거; 지나간
passeport	[pɑspɔːʀ]	빠스뽀흐	ⓜ 여권
passer	[pɑse]	빠세	통과하다, 들르다, 가다
	Qu'est-ce qui se passe? 무슨 일이니?		
passerelle	[pɑsʀɛl]	빠스헬르	ⓕ 육교, 승강용 브리지
passe-temps	[pɑstɑ̃]	빠스땅	취미, 오락
	Quel est votre passe-temps? 취미가 뭐예요?		
passif	[pasif]	빠시프	소극적인, 수동적인
passion	[pa[ɑ]sjɔ̃]	빠씨옹	ⓕ 열정, 열광
passionnant	[pa[ɑ]sjɔnɑ̃]	빠씨오낭	열중케 하는, 아주 재미있는
passionné	[pa[ɑ]sjɔne]	빠씨오네	열렬한, 열중하는
pastèque	[pastɛk]	빠스떼끄	ⓕ 수박
pasteur	[pastœːʀ]	빠스뙤흐	ⓜ 목사, 양치기
patate douce	[patat dus]	빠따뜨 두스	ⓕ 고구마
pâte	[pɑːt]	빠뜨	ⓕ 밀가루 반죽, 면류
pâté	[pɑte]	빠떼	ⓜ 파이, 파테

P

paternel	[patɛʀnɛl]	빠떼흐넬	부친의, 온정 넘치는
patience	[pasjɑ̃:s]	빠시앙스	ⓕ 인내, 참음
patient(e)	[pasjɑ̃] [pasjɑ̃:t]	빠시앙(뜨)	ⓝ 환자; 참을성 있는
patienter	[pasjɑ̃te]	빠시앙떼	(참을성 있게) 기다리다
	Veuillez patienter. 기다려 주십시오.		
patinage	[patina:ʒ]	빠띠나쥬	ⓜ 스케이팅
pâtisserie	[pɑ[a]tisʀi]	빠띠스히	ⓕ 케이크, 과자
pâtissier	[pɑ[a]tisje]	빠띠씨에	케이크 제조[판매]자
patois	[patwa]	빠뚜아	ⓜ 사투리
patrie	[patʀi]	빠트히	ⓕ 조국, 태어난 고향
patron	[patʀɔ̃]	빠트롱	경영자, 상사
patte	[pat]	빠뜨	ⓕ 다리, 발
paume	[po:m]	뽐므	ⓕ 손바닥
pauvre	[po:vʀ]	뽀브흐	가난한, ~이 결여된, 빈약한
pauvreté	[povʀəte]	뽀브흐떼	ⓕ 가난함
pavillon	[pavijɔ̃]	빠비용	ⓜ (아파트) 동
paye	[pɛj]	뻬이	ⓕ 급여(의 지불)
payer	[pɛ[e]je]	뻬이예	지불하다, 사주다
pays	[pei]	뻬이	ⓜ 국가

pays(natal)	[pei] [natal]	뻬이(나딸)	*m* 고향
paysage	[pe(j)izaːʒ]	뻬이자쥬	풍경, 정세
paysan	[pe(j)izɑ̃]	뻬이장	농민, 시골 사람
péage	[peaːʒ]	뻬아쥬	*m* 톨게이트
peau	[po]	뽀	*f* 피부
pêche	[pɛʃ]	뻬슈	*f* 낚시; 복숭아
pêcher	[pɛʃe]	뻬셰	*m* 복숭아나무; 낚시하다
pêcheur	[pɛʃœːʀ]	뻬쇠흐	어부, 낚시꾼
pédale	[pedal]	뻬달르	*f* 페달
pédiatrie	[pedjatʀi]	뻬디아트히	*f* 소아과
peigne	[pɛɲ]	뻬뉴	*m* 빗
peigner	[pɛ[e]ɲe]	뻬녜	빗질하다
peignoir	[pɛɲwaːʀ]	뻬뉴와흐	*m* 목욕 가운
peindre	[pɛ̃ːdʀ]	뼁드흐	색을 칠하다, 도장하다
peine	[pɛn]	뻰느	*f* 처벌, 고통, 고생
peiné(e)	[pɛ[e]ne]	뻬네	괴로운
	Cet homme est trop gros et peiné. 저 사람 지나치게 뚱뚱해서 괴롭겠다.		
peintre	[pɛ̃ːtʀ]	뼁뜨흐	*m* 화가, 페인트공
peinture	[pɛ̃tyːʀ]	뼁뛰흐	*f* 그림, 페인트

Pékin	[pekɛ̃]	뻬껭		베이징, 북경
pelle	[pɛl]	뻴르	ⓕ	삽
pelouse	[pəlu:z]	쁠루즈	ⓕ	잔디
pelvis	[pɛlvis]	뻴비스	ⓜ	골반
pencher	[pɑ̃ʃe]	빵셰		기울이다, 기울다
pendant	[pɑ̃dɑ̃]	빵당		~동안; 쌍을 이루는 것
pendre	[pɑ̃:dʀ]	빵드흐		걸다, 늘어뜨리다
pendule	[pɑ̃dyl]	빵뒬르	ⓜ	진자, 시계추
pénétrer	[penetʀe]	뻬네트헤		침입하다, 뚫고 들어가다
pénible	[penibl]	뻬니블르		아픈, 슬픈, 괴로운
péninsule	[penɛ̃syl]	뻬냉쉴르	ⓕ	반도
pensée	[pɑ̃se]	빵세	ⓕ	생각, 사상, 고찰
penser	[pɑ̃se]	빵세		생각하다, ~하려고 생각하다
	Je pense comme ça. 나도 그렇게 생각했어.			
pension	[pɑ̃sjɔ̃]	빵씨옹	ⓕ	연금, 기숙사
pentagone	[pɛ̃tagɔn]	빵따곤느	ⓜ	오각형
pente	[pɑ̃:t]	빵뜨	ⓕ	경사, 비탈
percer	[pɛʀse]	뻬흐쎄		구멍을 뚫다, 뚫고 나오다
perdre	[pɛʀdʀ]	뻬흐드흐		잃다, 낭비하다, 패하다

père	[pɛːʀ]	뻬흐	ⓜ 아버지
péril	[peʀil]	뻬힐	ⓜ 위험, 위기, 재난
période	[peʀjɔd]	뻬히오드	ⓕ 기간, 시대
périr	[peʀiːʀ]	뻬히흐	목숨을 잃다, 죽다
perle	[pɛʀl]	뻬흘르	ⓕ 진주
permanent	[pɛʀmanɑ̃]	뻬흐마낭	영속적인, 변치 않는
permettre	[pɛʀmɛtʀ]	뻬흐메트흐	허락하다, 인정하다
permis	[pɛʀmi]	뻬흐미	ⓜ 면허증
permission	[pɛʀmisjɔ̃]	뻬흐미씨옹	허가, 허용
perroquet	[pɛʀɔkɛ]	뻬호께	ⓜ 앵무새
personnage	[pɛʀsɔnaːʒ]	뻬흐쏘나쥬	ⓜ 유명 인사, 등장인물
personnalité	[pɛʀsɔnalite]	뻬흐쏘날리떼	ⓕ 개성, 인격
personne	[pɛʀsɔn]	뻬흐쏜느	ⓕ 사람, 인격, 신체
	Combien de personnes? 몇 분이십니까?		
personnel	[pɛʀsɔnɛl]	뻬흐쏘넬	ⓜ 직원; 개인의, 독자적인
personnellement	[pɛʀsɔnɛlmɑ̃]	뻬흐쏘넬르망	개인적으로, 자기 스스로
persuader	[pɛʀsɥade]	뻬흐쒸아데	설득하다, 납득시키다
perte	[pɛʀt]	뻬흐뜨	ⓕ 분실, 상실, 낭비
perturber	[pɛʀtyʀbe]	뻬흐뛰흐베	혼란케 하다, 어지럽히다

P

pèse-lettre	[pɛzlɛtʀ]	뻬즈레트흐	ⓜ 저울
peser	[pəze]	쁘제	무게를 달다, 음미하다
pet	[pɛ]	뻬	방귀
pétale	[petal]	뻬딸르	ⓜ 꽃잎
péter	[pete]	뻬떼	방귀 뀌다
petit(e)	[pəti] [pətit]	쁘띠(뜨)	작은, 어린

Mon fils est encore trop petit.
내 아들은 아직 너무 어리다.

petit déjeuner	[pəti deʒœne]	쁘띠데쥬네	ⓜ 아침식사
petite-fille	[pətitfij]	쁘띠뜨피으	ⓕ 손녀
petitesse	[pətitɛs]	쁘띠떼스	ⓕ 작음, 빈약함
petit-fils	[pətifis]	쁘띠피스	ⓜ 손자
petits-enfants	[pətizɑ̃fɑ̃]	쁘띠장팡	ⓜ 손자들
pétrole	[petʀɔl]	뻬트홀르	ⓜ 석유
peu	[pø]	쁴	약간, 조금, 잠시
peuple	[pœpl]	쁴쁠르	ⓜ 국민, 민족, 민중
peupler	[pœple]	쁴쁠레	사람(동물)을 살게 하다, 식림하다
peuplier	[pøplije]	쁴쁠리에	ⓜ 포플러
peur	[pœːʀ]	쁴흐	ⓕ 두려움

Chasse la peur!
두려움을 버려!

peureux(se)	[pœʀø] [pœʀøːz]	뾔회(즈)	겁 많은
peut-être	[pœtɛtʀ]	뾔떼트흐	혹시나, 어쩌면
phare	[faːʀ]	파흐	ⓜ 등대
pharmacie	[faʀmasi]	파흐마씨	ⓕ 약국
pharmacien	[faʀmasjɛ̃]	파흐마씨엥	약제사
phénomène	[fenɔmɛn]	페노멘느	ⓜ 현상, 놀랄 만한 일
philosophe	[filɔzɔf]	필로조프	철학자, 계몽 사상가
philosophie	[filɔzɔfi]	필로조피	ⓕ 철학
photo	[fɔto]	포또	ⓕ 사진 (촬영) Qui est cette jeune femme dans son photo? 사진 속의 이 젊은 여자분은 누구니?
photographe	[fɔtɔgʀaf]	포또그하프	사진가, 카메라맨
photographie	[fɔtɔgʀafi]	포또그하피	ⓕ 사진 촬영
photographier	[fɔtɔgʀafje]	포또그하피에	~의 사진을 찍다
photographique	[fɔtɔgʀafik]	포또그하피끄	사진의, 사진에 의한
phrase	[fʀɑːz]	프하즈	ⓕ 문장, 말
physique	[fizik]	피지끄	ⓕ 물리학
piano	[pjano]	삐아노	ⓜ 피아노
pickpocket	[pikpɔkɛt]	삐끄뽀께뜨	ⓜ 소매치기

P

pie	[pi]	삐	ⓕ 까치
pièce	[pjεs]	삐에스	ⓕ 한 개, 부품, 조각, 방
pied	[pje]	삐에	ⓜ 발, 다리
piège	[pjε:ʒ]	삐에쥬	ⓜ 덫, 함정, 책략
piété	[pjete]	삐에떼	ⓕ 경건한 마음, 신앙심
piéton	[pjetɔ̃]	삐에똥	보행자
pieuvre	[pjœ:vʀ]	삐외브흐	ⓕ 문어
pieux	[pjø]	삐외	경건한, 독실한
pigeon	[piʒɔ̃]	삐종	ⓜ 비둘기
	Ne pas donner à manger aux pigeons. 비둘기에게 먹이를 주지 마세요.		
pigne	[piɲ]	피뉴	ⓕ 잣
pilier	[pilje]	삘리에	ⓜ 기둥
pilote	[pilɔt]	삘로뜨	ⓜ 조종사, 안내자
pilule	[pilyl]	삘륄르	ⓕ 타블렛, 환약, 피임약
piment	[pimɑ̃]	삐망	ⓜ 피망
pin	[pε̃]	뺑	ⓜ 소나무
pince	[pε̃:s]	뺑스	ⓕ 펜치
pinceau	[pε̃so]	뺑소	ⓜ 붓, 브러시, 화법
pincer	[pε̃se]	뺑세	꼬집다, 집다

ping-pong	[piŋpɔːŋ]	삥뽕그	*m* 탁구
pioche	[piɔʃ]	삐오슈	*f* 곡괭이
pipe	[pip]	삐쁘	*f* 파이프
piquant	[pikɑ̃]	삐깡	따끔따끔한, 자극이 있는
	Le petit poivron est très piquant. 작은 고추가 정말 맵다.		
pique	[pik]	삐끄	*m* 창, 신랄한 말, 스페이드
piquer	[pike]	삐께	주사하다, 찌르다
piqûre	[pikyːʀ]	삐뀌흐	*f* 찌름, 주사
pire	[piːʀ]	삐흐	더 나쁜
pis	[pi]	삐	(가축의) 젖
piscine	[pisin]	삐씬느	*f* 수영장
pissenlit	[pisɑ̃li]	삐쌍리	*m* 민들레
piste	[pist]	삐스뜨	*f* 비포장도로, 활주로
pistolet	[pistɔlɛ]	삐스똘레	*m* 권총
pitié	[pitje]	삐띠에	*f* 동정, 연민
pittoresque	[pitɔʀɛsk]	삐또헤스끄	경치가 좋은, 생동감 있는, 주의를 끄는
pivoine	[pivwan]	삐부완느	*f* 모란
pizza	[pidza]	핏자	*f* 피자
placard	[plakaːʀ]	쁠라꺄흐	*m* 게시문, 벽장

place	[plas]	쁠라쓰	ⓕ 좌석
placer	[plase]	쁠라세	두다, 배치하다
plafond	[plafɔ̃]	쁠라퐁	ⓜ 천장, 최고 한도
plage	[pla:ʒ]	쁠라쥬	ⓕ 해변
plaider	[plɛ[e]de]	쁠레데	변호하다, 주장하다
plaie	[plɛ]	쁠레	ⓕ 상처, 고통, 화근
plaisir	[plɛ[e]zi:ʀ]	쁠레지흐	ⓜ 즐거움
plaindre	[plɛ̃:dʀ]	쁠렝드흐	동정하다, 가엾게 생각하다
plaine	[plɛn]	쁠렌느	ⓕ 평야, 들판
plainte	[plɛ̃:t]	쁠렝뜨	ⓕ 불평, 한탄
plaire	[plɛ:ʀ]	쁠레흐	마음에 들다, 호감을 주다
plaisanter	[plɛzɑ̃te]	쁠레장떼	농담을 하다, 까불다
plaisanterie	[plɛzɑ̃tʀi]	쁠레장뜨히	ⓕ 농담, 장난, 놀리기
plaisir	[plɛ[e]zi:ʀ]	쁠레지흐	ⓜ 기쁨, 쾌락, 오락
plan	[plɑ̃]	쁠랑	ⓜ 노선도
planche	[plɑ̃:ʃ]	쁠랑슈	ⓕ 마더보드
plancher	[plɑ̃ʃe]	쁠랑쉐	ⓜ 마루, 바닥, 최저 기준
planète	[planɛt]	쁠라네뜨	ⓕ 행성, 혹성
plante	[plɑ̃:t]	쁠랑뜨	ⓕ 식물, 초목

planter	[plɑ̃te]	쁠랑떼	심다, 심어지다
plaque	[plak]	쁠라끄	ⓕ 판(板), 표지판
plastique	[plastik]	쁠라스띠끄	ⓜ 비닐봉지
plat	[pla]	쁠라	ⓜ 요리; 평평한
	Je suis à plat. 타이어가 펑크났나 봐.		
platane	[platan]	쁠라딴느	ⓜ 플라타너스
plateau	[plato]	쁠라또	ⓜ 고원, 쟁반
plâtre	[plɑ:tʀ]	쁠라트흐	ⓜ 깁스
plein	[plɛ̃]	쁠렝	가득 찬, 최대한의
pleinement	[plɛnmɑ̃]	쁠렌느망	완전히, 충분히
pleurer	[plœʀe]	쁠뢰헤	울다, 눈물 흘리다
pleuvoir	[pløvwa:ʀ]	쁠뢰부아흐	비가 오다
pli	[pli]	쁠리	ⓜ (옷의) 주름, 접는 선
plier	[plije]	쁠리에	접다, 개다, 굽히다
plomb	[plɔ̃]	쁠롱	ⓜ 납, 탄환
plonger	[plɔ̃ʒe]	쁠롱제	(물에) 뛰어들다, 잠수하다
pluie	[plɥi]	쁠뤼이	ⓕ 비, 우천
plume	[plym]	쁠륌므	ⓕ 깃털
plupart	[plypa:ʀ]	쁠뤼빠흐	ⓕ 대부분, 대다수

pluriel	[plyʀjɛl]	쁠뤼히엘	복수(複數)의, 복잡한
plus	[ply(s)]	쁠뤼	한층 더, 더욱; 가장
plusieurs	[plyzjœːʀ]	쁠뤼지외흐	몇 개의, 여러 사람의
pneu	[pnø]	쁘뇌	ⓜ 타이어
	Le pneu s'est dégonflé. 타이어 공기가 금방 빠지네.		
poche	[pɔʃ]	뽀슈	ⓕ 주머니
podium	[pɔdjɔm]	뽀디옴	ⓜ 지휘대
poêle	[pwa[ɑː]l]	쁘왈르	ⓕ 난로, 프라이팬
poème	[pɔɛm]	뽀엠므	ⓜ 시(詩), 시처럼 아름다운 작품
poésie	[pɔezi]	뽀에지	ⓕ (문학장르로서) 시, 시편
poète	[pɔɛt]	뽀에뜨	ⓜ 시인
poids	[pwa[ɑ]]	뿌아	ⓜ (몸)무게
poignée	[pwaɲe]	뿌와녜	ⓕ 한 움큼, 약간
poignet	[pwaɲɛ]	뿌와녜	ⓜ 손목, 소매
poil	[pwal]	뿌왈	ⓜ 털, 체모
poing	[pwɛ̃]	뿌앵	ⓜ 주먹, 손
point	[pwɛ̃]	뿌앵	ⓜ 점, 점수, 문제점
pointe	[pwɛ̃ːt]	뿌앵뜨	ⓕ (뾰족한) 끝부분, 최고치
pointu	[pwɛ̃ty]	뿌앵뛰	뾰족한, 날카로운, 최첨단의

poire	[pwaːʀ]	뿌아흐	ⓕ 서양배(梨)
poirier	[pwaʀje]	뿌와히에	ⓜ 서양배 나무
pois	[pwa[ɑ]]	뿌와	완두콩 (나무)
poison	[pwazɔ̃]	뿌와종	ⓜ 독, 독약, 유해한 것
poisson	[pwasɔ̃]	뿌와쏭	ⓜ 물고기, 생선
poitrine	[pwatʀin]	뿌아트힌느	ⓕ 가슴 부분
poivre	[pwaːvʀ]	뿌와브흐	ⓜ 후추
poivron	[pwavʀɔ̃]	뿌아브홍	ⓜ 피망, 고추
pôle nord	[poːl nɔːʀ]	뽈르 노흐	ⓜ 북극 Il n'y a pas de manchot au pôle nord. 북극에는 펭귄이 없대요.
pôle sud	[poːl syd]	뽈르 쉬드	ⓜ 남극
poli	[pɔli]	뽈리	정중한, 예의 바른
police	[pɔlis]	뽈리스	ⓕ 경찰
policier(ère)	[pɔlisje] [pɔlisjɛːʀ]	뽈리씨에(흐)	ⓝ 경찰관; 경찰의
politesse	[pɔlitɛs]	뽈리떼스	ⓕ 예의, 정중함
politique	[pɔlitik]	뽈리띠끄	ⓕ 정치적인; 전략
pollen	[pɔ(l)lɛn]	뾸렌	ⓜ 꽃가루
pollution	[pɔ(l)lysjɔ̃]	뽈뤼씨옹	ⓕ 오염, 공해
polo	[pɔlo]	뽈로	ⓜ 폴로셔츠

어류

□ thon [tɔ̃] 똥 (m) **참치**

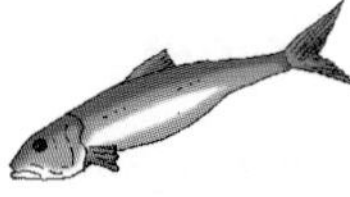

□ sardine [saʀdin] 싸흐딘느 (f) **정어리**

□ saumon [somɔ̃] 쏘몽 (m) **연어**

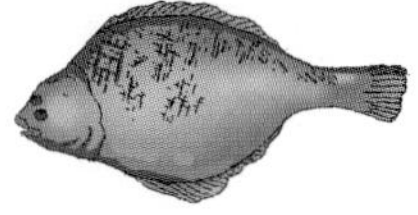

□ cardeau hirame [kaʀdo iʀam] 꺄흐도 이함므 (m) **광어**

□ requin [ʀəkɛ̃] 흐깽 (m) **상어**

□ crabe [kʀɑːb] 크하브 (m) **게**

□ homard [ɔmaːʀ] 오마흐 (m) **바닷가재**

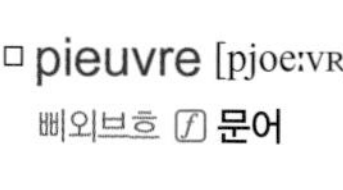

□ pieuvre [pjœːvʀ] 삐외브흐 (f) **문어**

□ calamar [kalamaːʀ] 꺌라마흐 (m) **오징어**

pommade	[pɔmad]	뽀마드	ⓕ 연고
pomme	[pɔm]	뽐므	ⓕ 사과
pomme de terre	[pɔmdətɛʀ]	뽐므 드 떼흐	ⓕ 감자
pommier	[pɔmje]	뽀미에	ⓜ 사과나무
pompe	[pɔ̃:p]	뽕쁘	ⓕ 팔굽혀펴기
pompier	[pɔ̃pje]	뽕삐에	ⓜ 소방관, 소방 담당자
pont	[pɔ̃]	뽕	ⓜ 갑판; 다리
populaire	[pɔpylɛ:ʀ]	뽀쀨레흐	대중적인, 인기 있는
population	[pɔpylɑsjɔ̃]	뽀쀨라씨옹	ⓕ 인구, 주민
porc	[pɔ:ʀ]	뽀흐	ⓜ 돼지(고기)
port	[pɔ:ʀ]	뽀흐	ⓜ 항구, 피난처
portable	[pɔʀtabl]	뽀흐따블르	ⓜ 휴대폰
	C'est le portable à la mode! 그거 아주 최신 휴대폰이구나!		
porte	[pɔʀt]	뽀흐뜨	ⓕ 문
portée	[pɔʀte]	뽀흐떼	ⓕ 사정거리, 영향력
portefeuille	[pɔʀtəfœj]	뽀흐뜨푀이흐	ⓜ 지갑
portemanteau	[pɔʀtəmɑ̃to]	뽀흐뜨망또	ⓜ 옷걸이
porte-monnaie	[pɔʀtəmɔnɛ]	뽀흐뜨모네	ⓜ 동전 지갑
porter	[pɔʀte]	뽀흐떼	(짐을) 지다, 나르다

P

portion	[pɔʀsjɔ̃]	뽀흐씨옹	ⓕ 일부, 할당
portrait	[pɔʀtʀɛ]	뽀흐트헤	ⓜ 초상화, 인물 묘사
poser	[poze]	뽀제	두다, 설치하다
positif	[pozitif]	뽀지띠프	적극적인, 명확한, 현실적인
position	[pozisjɔ̃]	뽀지씨옹	자세, 위치, 입장
posséder	[pɔsede]	뽀세데	소유하다, 잘 알다
possession	[pɔsɛsjɔ̃]	뽀세씨옹	ⓕ 소유(물), 파악, 제어
possible	[pɔsibl]	뽀씨블르	가능한, 있을법한
postal	[pɔstal]	뽀스딸	우편의
poste	[pɔst]	뽀스뜨	ⓕ 우체국, ⓜ 직위
	La poste est loin d'ici? 우체국이 여기서 먼가요?		
postier(ère)	[pɔstje] [pɔstjɛːʀ]	뽀스띠에(흐)	우체국 직원
pot	[po]	뽀	ⓜ 항아리
potable	[pɔtabl]	뽀따블르	마실 수 있는
potager	[pɔtaʒe]	뽀따제	식용의, 야채의
pot-de-vin	[podvɛ̃]	뽀드뱅	ⓜ 뇌물
potion	[posjɔ̃]	뽀씨옹	ⓕ 물약
potiron	[pɔtiʀɔ̃]	뽀티홍	ⓜ 호박
poubelle	[pubɛl]	뿌벨르	ⓕ 쓰레기통, 휴지통

pouce	[pus]	뿌스	*m* 엄지
poudre	[pudʀ]	뿌드흐	*f* 가루, 분말, 화약
poule	[pul]	뿔르	*f* 암탉
poulet	[pulɛ]	뿔레	*m* 병아리, 영계
poumon	[pumɔ̃]	뿌몽	*m* 폐
poupée	[pupe]	뿌뻬	*f* 인형, 귀여운 아가씨
pour	[pu(:)ʀ]	뿌흐	~향하여, ~행의, ~동안
pourboire	[puʀbwa:ʀ]	뿌흐부와흐	*m* 팁, 촌지
	Merci, c'est votre pourboire. 고마워요, 이건 팁이에요.		
pourquoi	[puʀkwa]	뿌흐꾸와	왜, 어째서
pourrir	[puʀi:ʀ]	뿌히흐	썩게 하다, 타락시키다
poursuite	[puʀsɥit]	뿌흐쒸이뜨	*f* 추격, 추구, 구애
poursuivre	[puʀsɥi:vʀ]	뿌흐쒸이브흐	추적하다, 추구하다
pourtant	[puʀtɑ̃]	뿌흐땅	하지만, 그래도
pourvoir	[puʀvwa:ʀ]	뿌흐부와흐	마련해 주다, 공급하다
pousser	[puse]	뿌쎄	밀어주다, 격려하다
pousses de soja	[pus də sɔʒa]	뿌쓰 드 소자	*fpl* 콩나물
poussière	[pusjɛ:ʀ]	뿌씨에흐	*f* 먼지, 분말, 미립자
pouvoir	[puvwa:ʀ]	뿌부와흐	~해도 좋다, ~할 수 있다

prairie	[pʀɛ[e]ʀi]	프헤히	*f* 초원, 목초지
pratiquement	[pʀatikmɑ̃]	프하띠끄망	실제로, 사실상, 거의
pratiquer	[pʀatike]	프하띠께	행하다, 실천하다
pré	[pʀe]	프헤	*m* 목장, 초원
précaution	[pʀekosjɔ̃]	프헤꼬씨옹	*f* 조심, 신중
précédent	[pʀesedɑ̃]	프헤세당	앞의, 이전의
précéder	[pʀesede]	프헤세데	선행하다
précieux	[pʀesjø]	프헤시외	값비싼, 고가의
précipiter	[pʀesipite]	프헤시삐떼	떨어뜨리다, 몰아넣다
précisément	[pʀesizemɑ̃]	프헤시제망	정확히, 마침, 바로
préciser	[pʀesize]	프헤시제	정확히
précision	[pʀesizjɔ̃]	프헤시지옹	*f* 정확성, 명확함
précoce	[pʀekɔs]	프헤꼬스	조생종의, 일찍 자라는
préfecture	[pʀefɛktyːʀ]	프헤펙뛰흐	*f* 도청 (소재지), 도지사의 직
préférable	[pʀefeʀabl]	프헤페하블르	더 바람직한
préférence	[pʀefeʀɑ̃ːs]	프헤페항스	*f* 선호, 선택, 편애
préférer	[pʀefeʀe]	프헤페헤	더 좋아하다, ~하는 게 좋다
préfet	[pʀefɛ]	프헤페	*m* 도지사
préjugé	[pʀeʒyʒe]	프헤쥐제	*m* 편견, 선입견

premier(ère)	[pʀəmje] [pʀəmjɛːʀ]	프흐미에(흐)	*n* 첫 번째, 제1
premièrement	[pʀəmjɛʀmɑ̃]	프흐미에흐망	첫째로, 우선
prendre	[pʀɑ̃ːdʀ]	프항드흐	잡다, 갖고 가다, (탈것에) 태우다
	Quand vais-je te prendre? 언제 데리러 갈까?		
prénom	[pʀenɔ̃]	프헤농	*m* (성이 아닌) 이름, 세례명
préoccuper	[pʀeɔkype]	프헤오뀌뻬	걱정시키다, 몰두하게 하다
préparation	[pʀepaʀɑsjɔ̃]	프헤빠하씨옹	*f* 준비, 채비, 각오
préparer	[pʀepaʀe]	프헤빠헤	준비하다, 마련하다
près	[pʀɛ]	프헤	가까이(에), 금방
présence	[pʀezɑ̃ːs]	프헤장스	*f* 있는 것, 존재, 출석
présent	[pʀezɑ̃]	프헤장	*m* 현재, 지금; 존재하는
présenter	[pʀezɑ̃te]	프헤장떼	소개하다, 전시하다
président(e)	[pʀezidɑ̃] [pʀezidɑ̃ːt]	프헤지당(뜨)	*n* 회장, 의장, 대통령
presque	[pʀɛsk]	프헤스끄	거의, 대부분
presse	[pʀɛs]	프헤스	*f* 압축기, 인쇄기, 출판물
pressentir	[pʀesɑ̃tiːʀ]	프헤상띠흐	예감하다, 의향을 타진하다
presser	[pʀɛ[e]se]	프헤쎄	(눌러) 짜다, 껴안다
pression	[pʀɛsjɔ̃]	프헤씨옹	*f* 누르기, 압력
prestige	[pʀɛstiːʒ]	프헤스띠쥬	*m* 위신, 위엄, 명성

N O P Q R S T U V W X Y Z

P

prêt	[pʀɛ]	프헤	준비된, 용의가 있는
prétendre	[pʀetɑ̃:dʀ]	프헤땅드흐	주장하다, 요구하다, 바라다
prétentieux	[pʀetɑ̃sjø]	프헤땅시외	잘난 체하는; 건방진 사람
prétention	[pʀetɑ̃sjɔ̃]	프헤땅씨옹	ⓕ 권리의 주장, 요구, 잘난 체함
prêter	[pʀɛ[e]te]	프헤떼	빌려주다, 제공하다
prétexte	[pʀetɛkst]	프헤떽스뜨	ⓜ 핑계, 구실
prêtre	[pʀɛtʀ]	프헤트흐	ⓜ 신부, 성직자
preuve	[pʀœ:v]	프회브	ⓕ 증거, 검산
	Il y a beaucoup de preuves. 여러 증거들도 있잖아.		
prévenir	[pʀev(ə)ni:ʀ]	프헤브니흐	통보하다, 알리다
prévision	[pʀevizjɔ̃]	프헤비지옹	ⓕ 예상, 예측
prévoir	[pʀevwa:ʀ]	프헤부와흐	예상하다, 예견하다
prier	[pʀije]	프히에	기도하다, 부탁하다
prière	[pʀijɛ:ʀ]	프히에흐	기도, 간청, 의뢰
prime	[pʀim]	프힘므	ⓕ 보너스
primitif	[pʀimitif]	프히미띠프	원시의, 최초의
prince	[pʀɛ̃:s]	프행스	ⓜ 왕자, 대공
princesse	[pʀɛ̃sɛs]	프행세스	ⓕ 공주, 왕녀
principal	[pʀɛ̃sipal]	프행시빨	ⓜ 중요한; 주요 인물, 교장

principe	[pʀɛ̃sip]	프행시쁘	ⓜ 원리, 원칙, 신념
printemps	[pʀɛ̃tɑ̃]	프행땅	ⓜ 봄, 청춘
priorité	[pʀijɔʀite]	프히오히떼	ⓕ 우선(권), 우선 과제
prise	[pʀi:z]	프히즈	ⓕ 잡기, 빼앗기, 탈취
prison	[pʀizɔ̃]	프히종	ⓕ 감옥, 교도소
prisonnier	[pʀizɔnje]	프히조니에	죄수, 포로
privé	[pʀive]	프히베	비공식의, 사적인, 민간의
priver	[pʀive]	프히베	빼앗다, 포기하다
privilège	[pʀivilɛ:ʒ]	프히빌레쥬	특권, 은혜, 이점
prix	[pʀi]	프히	ⓜ 가격, 가치, 상금
probable	[pʀɔbabl]	프호바블르	진짜 같은, 있을 것 같은
probablement	[pʀɔbabləmɑ̃]	프호바블르망	대개, 십중팔구
problème	[pʀɔblɛm]	프호블렘므	ⓜ 문제(점), 난점
procédé	[pʀɔsede]	프호쎄데	ⓜ 방법, 순서
procéder	[pʀɔsede]	프호쎄데	행동하다, 전진하다, 생기다
procès	[pʀɔsɛ]	프호세	ⓜ 소송, 재판
prochain	[pʀɔʃɛ̃]	프호섕	이번의, 박두한
proche	[pʀɔʃ]	프호슈	가까운, 친밀한
procurer	[pʀɔkyʀe]	프호뀌헤	마련해 주다, 일으키다

P

production	[pʀɔdyksjɔ̃]	프호뒥씨옹	ⓕ 낳는 것, 생산, 발생
produire	[pʀɔdɥiːʀ]	프호뒤이흐	생산하다, 일으키다
produit	[pʀɔdɥi]	프호뒤이	ⓜ 생산품, 제품, 결과
professeur	[pʀɔfɛsœːʀ]	프호페쐬흐	ⓝ 교수
profession	[pʀɔfɛsjɔ̃]	프호페씨옹	직업
professionnel	[pʀɔfesjɔnɛl]	프호페씨오넬	직업의, 전문적인; 전문가
profit	[pʀɔfi]	프호피	ⓜ 이익, 이윤
profiter	[pʀɔfite]	프호피떼	이용하다, 활용하다
profond	[pʀɔfɔ̃]	프호퐁	깊은, 깊이 있는, 심각한
profondément	[pʀɔfɔ̃demɑ̃]	프호퐁데망	깊이, 마음속에서, 근본적으로
profondeur	[pʀɔfɔ̃dœːʀ]	프호퐁되흐	ⓕ 깊이, 깊은 곳
	Quelle est la profondeur de la fleuve? 저 강의 깊이는 얼마나 될까?		
programme	[pʀɔgʀam]	프호그함므	ⓜ 프로그램
progrès	[pʀɔgʀɛ]	프호그헤	확대, 증가, 진보
projet	[pʀɔʒɛ]	프호제	ⓜ 계획, 초안, 설계도
projeter	[pʀɔʒte]	프호쥬떼	내던지다, 분출하다
prolonger	[pʀɔlɔ̃ʒe]	프호롱제	연장하다, 길게 하다
promenade	[pʀɔmnad]	프호므나드	ⓕ 산책, 산책 길
promener	[pʀɔmne]	프호므네	산책시키다, 데리고 걷다

promesse	[pʀɔmɛs]	프호메스	ⓕ 약속, 계약
promettre	[pʀɔmɛtʀ]	프호메트흐	약속하다, 가망이 있다
promotion	[pʀɔmosjɔ̃]	프호모씨옹	ⓕ 승진, 지위 상승, 판매 촉진
pronom	[pʀɔnɔ̃]	프호농	ⓜ 대명사
prononcer	[pʀɔnɔ̃se]	프호농세	발음하다, 진술하다
prononciation	[pʀɔnɔ̃sjɑsjɔ̃]	프호농시아씨옹	ⓕ 발음, 선고
propagande	[pʀɔpagɑ̃:d]	프호빠강드	ⓕ 선전 (활동)
proportion	[pʀɔpɔʀsjɔ̃]	프호뽀흐씨옹	ⓕ 균형, 비율, 규모
propos	[pʀɔpo]	프호뽀	ⓜ 발언, 얘기
proposer	[pʀɔpoze]	프호뽀제	제안하다, 추천하다
	Alors, le mari propose à sa femme. 그래서 남편이 여자에게 제안한다.		
proposition	[pʀɔpozisjɔ̃]	프호뽀지씨옹	ⓕ 제안, 신청
propre	[pʀɔpʀ]	프호프흐	깨끗한, 결백한, 정확한
proprement	[pʀɔpʀəmɑ̃]	프호프흐망	깨끗이, 성실하게
propriétaire	[pʀɔpʀijetɛ:ʀ]	프호프히에떼흐	ⓝ 집주인
propriété	[pʀɔpʀijete]	프호프히에떼	ⓕ 소유권, 소유물
protection	[pʀɔtɛksjɔ̃]	프호떽씨옹	ⓕ 보호(자), 후원자
protéger	[pʀɔteʒe]	프호떼제	보호하다, 지키다
protestant	[pʀɔtɛstɑ̃]	프호떼스땅	신교도(의)

protestation	[pRɔtɛstasjɔ̃]	프호떼스따씨옹	ⓕ 항의, 이의
protester	[pRɔteste]	프호떼스떼	항의하다, 반대하다
proue	[pRu]	프후	ⓕ 뱃머리
prouver	[pRuve]	프후베	증명하다, 보이다
provenir	[pRɔvniːR]	프호브니흐	기인하다, 유래하다
proverbe	[pRɔvɛRb]	프호베흐브	ⓜ 속담, 격언
province	[pRɔvɛ̃ːs]	프호뱅스	ⓕ 지방 (주민), (대혁명 이전의) 주(州)
provision	[pRɔvizjɔ̃]	프호비지옹	ⓕ 저장, 비축; 구매
provisoire	[pRɔvizwaːR]	프호비주와흐	임시적인, 잠정적인
provoquer	[pRɔvɔke]	프호보께	도발하다, 부추기다
prudence	[pRydɑ̃ːs]	프휘당스	ⓕ 신중함, 주의 깊음
prudent	[pRydɑ̃]	프휘당	신중한 (사람), 주의 깊은 (사람)
prunelle	[pRynɛl]	프휘넬르	ⓕ 눈동자
prune	[pRyn]	프휜느	ⓕ 자두 La prune est bon pour la constipation. 자두는 변비에 좋은 과일이래.
psychiatre	[psikjatR]	쁘씨꺄트흐	ⓝ 정신과 의사
psychologie	[psikɔlɔʒi]	쁘씨꼴로지	ⓕ 심리학
psychologique	[psikɔlɔʒik]	쁘씨꼴로지끄	심리적인, 심리학의
public	[pyblik]	쀠블릭	ⓜ 공개된, 주지의; 대중, 청중

publication	[pyblikɑsjɔ̃]	쀠블리꺄시옹	ⓕ 출판(물), 발행, 공고
publicité	[pyblisite]	쀠블리시떼	ⓕ 광고, 선전
publier	[pyblije]	쀠블리에	출판하다, 발표하다
puis	[pɥi]	쀠이	그리고 나서, 다음에
puisque	[pɥisk(ə)]	쀠이스끄	~이므로, ~인 이상
puissance	[pɥisɑ̃:s]	쀠이상스	ⓕ 힘, 권력(자), 강국
puissant	[pɥisɑ̃]	쀠이상	강력한, 영향력 있는
puits	[pɥi]	쀠이	우물, 수직 갱도
pull-over	[pulɔvœ:ʀ]	뿔오베흐	ⓜ 스웨터
	Je voudrais acheter un pull-over. 스웨터 하나 사려고요.		
punaise	[pynɛ:z]	쀠네즈	ⓕ 압정
punir	[pyni:ʀ]	쀠니흐	처벌하다, 비난하다
punition	[pynisjɔ̃]	쀠니씨옹	ⓕ 처벌, 징계
pupitre	[pypitʀ]	쀠삐트흐	ⓜ 제어판
pur	[py:ʀ]	쀠흐	순수한, 섞이지 않은
puzzle	[pœzl]	뻐즐	ⓜ 퍼즐
pyjama	[piʒama]	삐자마	ⓜ 파자마
pyramide	[piʀamid]	삐하미드	ⓕ 각뿔, 피라미드

Q

quai	[ke]	께	ⓜ 부두, 강둑
qualité	[kalite]	깔리떼	ⓕ 품질, 특성, 자격
quand	[kɑ̃]	깡	언제
	Quand est-elle rebâtie cette maison? 이 집은 언제 개축했어요?		
quant à	[kɑ̃ta]	깡따	~에 관해서는
quantité	[kɑ̃tite]	깡띠떼	ⓕ 분량, 수량
quarantaine	[kaʀɑ̃tɛn]	까항뗀느	ⓕ 검역
quarante	[kaʀɑ̃:t]	까항뜨	40
quarantième	[kaʀɑ̃tjɛm]	까항띠엠므	40(번째)의
quart	[ka:ʀ]	까흐	ⓜ 4분의 1, 15분
quartier	[kaʀtje]	까흐띠에	ⓜ 4분의 1, (도시의) 구
quatre-vingts	[katʀəvɛ̃]	까트흐-뱅	80
quatorze	[katɔʀz]	까또흐즈	14
quatre	[katʀ]	캬트흐	4
quatre-vingt-dix	[katʀəvɛ̃dis]	까트흐-뱅-디스	90
quatrième	[katʀijɛm]	까트히엠므	네 번째의, 4분의 1의

quatrièmement	[katʀijɛmmɑ̃]	꺄트히엠므망	제4의, 4번째의
quel(le)	[kɛl]	껠	어떤, 어느 것
	Quelle cuisson pour la viande? 고기는 어떻게 요리해 드릴까요?		
quelconque	[kɛlkɔ̃:k]	껠꽁끄	어떠한, 임의의
quelque	[kɛlk(ə)]	껠끄	약간의, 몇 개의, 몇 명의
quelque chose	[kɛlkəʃo:z]	껠끄쇼즈	어떤 (것), 뭔가, 대단한 인물
quelquefois	[kɛlkəfwa]	껠끄푸와	때때로, 가끔
quelqu'un	[kɛlkœ̃]	껠낑	어떤 사람, 중요한 인물
querelle	[kəʀɛl]	끄헬르	ⓕ 논쟁, 싸움
qu'est-ce que	[kɛsk(ə)]	께스끄	무엇을, 얼마나
qu'est-ce qui	[kɛski]	께스끼	무엇이
question	[kɛstjɔ̃]	께스띠옹	ⓕ 질문, 의문, 문제
questionner	[kɛstjɔne]	께스띠오네	질문하다, 심문하다
queue	[kø]	꾀	ⓕ 꼬리
qui	[ki]	끼	누가, ~인 사람
	un garçon qui est grand 키가 큰 소년		
quiconque	[kikɔ̃:k]	끼꽁끄	~하는 사람은 누구나
qui est-ce que	[kiɛsk(ə)]	끼 에스 끄	누구를
qui est-ce qui	[kiɛski]	끼 에스 끼	누가

quinze	[kɛ̃ːz]	깽즈	15
quitter	[kite]	끼떼	그만두다, 떠나다
quoi	[kwa]	꾸와	무엇(을)
quoique	[kwak(ə)]	꾸와끄	~이긴 하지만, ~에도 불구하고

R

rabais	[ʀabɛ]	하베	할인, 에누리
rabiot	[ʀabjo]	하비오	ⓜ 초과 근무
raccommodage	[ʀakɔmɔdaːʒ]	하꼬모다쥬	ⓜ 수선, 수리
raccommoder	[ʀakɔmɔde]	하꼬모데	수선하다, 깁다
raccompagner	[ʀakɔ̃paɲe]	하꽁빠녜	전송하다, 배웅하다
raccourcir	[ʀakuʀsiːʀ]	하꾸흐씨흐	단축하다, 짧게 하다
raccrocher	[ʀakʀɔʃe]	하끄호셰	다시 걸다, (전화를) 끊다
race	[ʀas]	하스	인종, 민족, 품종
racinage	[ʀasinaːʒ]	하씨나쥬	ⓜ 뿌리
racine	[ʀasin]	하씬느	ⓕ 뿌리, 근원
raciste	[ʀasist]	하씨스뜨	인종차별을 하는; 인종차별주의자
raconter	[ʀakɔ̃te]	하꽁떼	말하다, 얘기하다
radar	[ʀadaːʀ]	하다흐	ⓜ 레이더, 전파탐지기
radiateur	[ʀadjatœːʀ]	하디아뙤흐	ⓜ 방열기, 난방기
radio	[ʀadjo]	하디오	ⓕ 라디오, 무선전화
raffiner	[ʀafine]	하피네	정제하다, 세련되게 하다

rafraîchir	[ʀafʀɛ[e]ʃiːʀ]	하프헤쉬흐	냉각시키다, 갈증을 풀다
rafting	[ʀaftiŋ]	하프띵그	ⓜ 래프팅
rage	[ʀaːʒ]	하쥬	ⓕ 광견병, 격노
raide	[ʀɛd]	헤드	경직된, 딱딱한, 급경사의
raie	[ʀɛ]	헤	ⓕ 줄무늬, 가르마
rail	[ʀɑːj]	하이으	ⓜ 철도, 레일
railler	[ʀɑje]	하이예	놀리다, 비웃다
raisin	[ʀɛzɛ̃]	헤쟁	ⓜ 포도
raisin sec	[ʀɛzɛ̃ sɛk]	헤쟁 쎅	ⓜ 건포도
raison	[ʀɛzɔ̃]	헤종	ⓕ 이성, 분별, 핑계
raisonnable	[ʀɛzɔnabl]	헤조나블르	이성적인, 분별 있는, 타당한
raisonnement	[ʀɛzɔnmɑ̃]	헤존느망	ⓜ 추리, 이치
raisonner	[ʀɛ[e]zɔne]	헤조네	추리하다, 사고하다
ralentir	[ʀalɑ̃tiːʀ]	할랑띠흐	속도를 늦추다, 천천히 하다
rallonger	[ʀalɔ̃ʒe]	할롱제	길게 하다
ramasser	[ʀamɑse]	하마쎄	모으다, 줍다
rame	[ʀam]	함므	ⓕ (배의) 노
ramener	[ʀamne]	하므네	다시 데려가다, 다시 데려오다
ramper	[ʀɑ̃pe]	항뻬	기다, 기어가다

ranger	[ʀɑ̃ʒe]	항제	정리하다
rançon	[ʀɑ̃sɔ̃]	항쏭	ⓕ 몸값, 나쁜 점
rang	[ʀɑ̃]	항	ⓜ 줄, 순위, 계급
rangée	[ʀɑ̃ʒe]	항제	ⓕ 줄, 열
ranger	[ʀɑ̃ʒe]	항제	정리하다, 제대로 배열하다
rapatrier	[ʀapatʀije]	하빠트히에	본국에 송환하다
râper	[ʀɑpe]	하뻬	잘게 갈다, (줄로) 쓸다
rapide	[ʀapid]	하삐드	빠른, 신속한
rapidement	[ʀapidmɑ̃]	하삐드망	서둘러, 급속히
rapidité	[ʀapidite]	하삐디떼	ⓕ 속도, 빠르기
rappeler	[ʀaple]	하쁠레	불러들이다, 소환하다
rapport	[ʀapɔːʀ]	하뽀흐	ⓜ 관계, 유사, 공통점
rapporter	[ʀapɔʀte]	하뽀흐떼	도로 가져오다, 이익이 되다
rapprochement	[ʀapʀɔʃmɑ̃]	하쁘호슈망	ⓜ 접근, 화해, 비교
rapprocher	[ʀapʀɔʃe]	하쁘호셰	다가가다, 접근시키다
rapt	[ʀapt]	합뜨	ⓜ 유괴
raquette	[ʀakɛt]	하께뜨	ⓕ 라켓
rare	[ʀa[ɑ]ːʀ]	하흐	드문, 진귀한
rarement	[ʀa[ɑ]ʀmɑ̃]	하흐망	드물게, 좀처럼 ~않다

R

raser	[ʀɑze]	하제	짧게 깎다, 면도하다
	Je me suis coupé le menton en me rasant. 면도하다가 턱을 베었다.		
rasoir	[ʀɑzwaːʀ]	하주와흐	면도날
rassasié(e)	[ʀasazje]	하싸지에	배부른
rassembler	[ʀasɑ̃ble]	하쌍블레	모으다, 결집시키다
rassis	[ʀasi]	하씨	(빵이) 눅눅해진, 침착한
rassurer	[ʀasyʀe]	하쒸헤	안심시키다
rat	[ʀa]	하	*m* 쥐
râteau	[ʀɑto]	하또	*m* 갈퀴
rater	[ʀate]	하떼	실패하다, 불발로 끝나다
rattacher	[ʀataʃe]	하따셰	다시 묶다, 연결하다
rattraper	[ʀatʀape]	하뜨하뻬	따라잡다, 붙잡다
ravi(e)	[ʀavi]	하비	아주 기쁜, 매료된
ravin	[ʀavɛ̃]	하뱅	*m* 계곡, 협곡
ravissant	[ʀavisɑ̃]	하비쌍	매혹적인, 황홀케 하는
ravisseur	[ʀavisœːʀ]	하비쐬흐	유괴범
rayé	[ʀɛ[e]je]	헤이예	줄이 쳐진, 지워진
rayer	[ʀɛ[e]je]	헤이예	줄을 긋다, 지우다
rayon	[ʀɛjɔ̃]	헤이용	*m* 코너, 전문

	C'est au rayon de laitages. 저쪽 유제품 코너에 있어.		
réaction	[Reaksjɔ̃]	헤악씨옹	Ⓕ 반응, 반발, 반향
réactionnaire	[Reaksjɔnɛ:R]	헤악씨오네흐	반동적인
réagir	[Reaʒi:R]	헤아지흐	반응하다, 저항하다
réalisation	[Realizɑsjɔ̃]	헤알리자씨옹	Ⓕ 실현, 실행, 성과
réaliser	[Realize]	헤알리제	실현하다, 실행하다
réaliste	[Realist]	헤알리스뜨	현실주의의; 현실주의자
réalité	[Realite]	헤알리떼	Ⓕ 현실(성), 실정
rebondir	[Rəbɔ̃di:R]	흐봉디흐	튀어오르다, 새로운 전개를 보이다
rebuter	[Rəbyte]	흐뷔떼	의욕을 꺾다, 불쾌하게 하다
recaler	[Rəkale]	흐깔레	낙제시키다
récapituler	[Rekapityle]	헤까삐뛸레	요약하다, 재검토하다
récemment	[Resamɑ̃]	헤싸망	최근에, 요즘
récent	[Resɑ̃]	헤쌍	최근의, 새로운
réception	[Resɛpsjɔ̃]	헤셉씨옹	Ⓕ 접대, 수령, 수납
recette	[Rəsɛt]	흐세뜨	Ⓕ 요리법, 처방, 비결
recevoir	[Rəsvwa:R]	흐스부와흐	받다, 맞이하다
	Je voudrais recevoir un chèque. 수표 한 장으로 받을게요.		
réchaud	[Reʃo]	헤쇼	Ⓜ 버너, 풍로

réchauffer	[ʀeʃofe]	헤쇼페		(몸을) 데우다, 북돋우다
rêche	[ʀɛʃ]	헤슈		떫은, 까칠까칠한
recherche	[ʀəʃɛʀʃ]	흐셰흐슈	*f*	탐구, 수색
rechercher	[ʀəʃɛʀʃe]	흐셰흐셰		찾아다니다, 수색하다
récidiver	[ʀesidive]	헤씨디베		다시 죄를 짓다, 같은 잘못을 저지르다
récipient	[ʀesipjɑ̃]	헤씨피앙	*m*	그릇, 용기
réciprocité	[ʀesipʀɔsite]	헤씨프호시떼		상호성
réciproque	[ʀesipʀɔk]	헤씨프호끄		상호의
récit	[ʀesi]	헤씨	*m*	이야기
réciter	[ʀesite]	헤씨떼		암송하다, 낭송하다
réclamation	[ʀekla[ɑ]masjɔ̃]	헤끌라마씨옹	*f*	요구, 청구, 클레임
réclame	[ʀekla[ɑː]m]	헤끌람므	*f*	광고, 선전
réclamer	[ʀekla[ɑ]me]	헤끌라메		요구하다, 간청하다
récolte	[ʀekɔlt]	헤꼴뜨	*f*	수확, 채취
récolter	[ʀekɔlte]	헤꼴떼		수확하다, 손에 넣다
recommandation	[ʀəkɔmɑ̃dɑsjɔ̃]	흐꼬망다씨옹	*f*	등기
recommandé	[ʀəkɔmɑ̃de]	흐꼬망데		추천된, 바람직한
recommander	[ʀəkɔmɑ̃de]	흐꼬망데		추천하다, 충고하다
recommencer	[ʀəkɔmɑ̃se]	흐꼬망세		재개하다, 반복하다

récompense	[ʀekɔ̃pɑ̃:s]	헤꽁빵스	(f) 보수, 보답, 대가
récompenser	[ʀekɔ̃pɑ̃se]	헤꽁빵세	보답하다, 사례하다
réconcilier	[ʀekɔ̃silje]	헤꽁씰리에	화해시키다, 절충시키다
réconforter	[ʀekɔ̃fɔʀte]	헤꽁포흐떼	격려하다, 위로하다
reconnaissance	[ʀəkɔnɛsɑ̃:s]	흐꼬네쌍쓰	(f) 식별, 인식, 감사
reconnaissant	[ʀəkɔnɛsɑ̃]	흐꼬네쌍	감사하는, 감사를 표하는
reconnaître	[ʀəkɔnɛtʀ]	흐꼬네트흐	알아보다, 분간하다, 인정하다
reconstituer	[ʀəkɔ̃stitɥe]	흐꽁스띠뛰에	재편성하다, 재건하다
reconstruire	[ʀəkɔ̃stʀɥi:ʀ]	흐꽁스트휘이흐	개축하다, 부흥하다
recopier	[ʀəkɔpje]	흐꼬삐에	옮겨 적다, 정서하다
record	[ʀəkɔ:ʀ]	흐꼬흐	기록
recourir	[ʀəkuʀi:ʀ]	흐꾸히흐	(m) 도움을 청하다, 부탁하다
recouvrir	[ʀəkuvʀi:ʀ]	흐꾸브히흐	다시 덮다, 새로 씌우다
récréation	[ʀekʀeasjɔ̃]	헤크헤아씨옹	(f) (학교의) 쉬는 시간
recruter	[ʀəkʀyte]	흐크휘떼	채용하다, 모집하다
rectangle	[ʀɛktɑ̃:gl]	헥땅글르	(m) 직사각형
rectifier	[ʀɛktifje]	헥띠피에	수정하다, 정정하다
reçu	[ʀəsy]	흐쒸	합격한, 받아들여진
recueillir	[ʀəkœji:ʀ]	흐꾀이이흐	모으다, 수집하다

reculer	[Rəkyle]	흐뀔레	후퇴하다, 뒤로 물러나다
récupérer	[RekypeRe]	헤뀌뻬헤	되찾다, 회복하다
redevenir	[Rəd(ə)vəni:R]	흐드브니흐	다시 ~가 되다
rédiger	[Rediʒe]	헤디제	작성하다, 쓰다
redire	[Rədi:R]	흐디흐	여러 번 말하다, 반복하다
redoutable	[Rədutabl]	흐두따블르	가공할, 몹시 두려운
redouter	[Rədute]	흐두떼	걱정하다, 두려워하다
redresser	[RədRɛ[e]se]	흐드헤쎄	다시 세우다, 다시 일으키다
réduction	[Redyksjɔ̃]	헤뒥씨옹	ⓕ 축소, 감소, 할인 réduction du temps de travail 근로 시간의 단축
réduire	[Redɥi:R]	헤뒤이흐	줄이다, 단축하다
réduit	[Redɥi]	헤뒤이	축소된, 할인된
rééduquer	[Reedyke]	헤에뒤께	재교육하다, 재활 훈련시키다
réel	[Reɛl]	헤엘	현실의, 진짜의
réellement	[Reɛlmɑ̃]	헤엘르망	실제로, 정말로
refaire	[Rəfɛ:R]	흐페흐	반복하다, 다시하다
réfection	[Refɛksjɔ̃]	헤펙씨옹	ⓕ 수리, 개조
référence	[RefeRɑ̃:s]	헤페랑스	ⓕ 참조, 참고
refermer	[RəfɛRme]	흐페흐메	다시 닫다[막다]

réfléchir	[Refleʃiːʀ]	헤플레쉬흐	반사하다, 비추다
reflet	[Rəflɛ]	흐플레	*m* 반사, 반영
refléter	[Rəflete]	흐플레떼	비추다, 반영하다
réflexe	[Reflɛks]	헤플렉스	*m* 반사운동; 반사적인
réflexion	[Reflɛksjɔ̃]	헤플렉씨옹	*f* 반사, 반성, 숙고
réforme	[Refɔʀm]	헤포흠므	*f* 개혁, 개선
réformer	[Refɔʀme]	헤포흐메	개혁하다, 교정하다
refouler	[Rəfule]	흐풀레	격퇴하다, 물러가게 하다
refrain	[Rəfʀɛ̃]	흐프렝	*m* 후렴, 반복 구절
réfrigérateur	[Refʀiʒeʀatœːʀ]	헤프히제하뙤르	*m* 냉장고
refroidir	[Rəfʀwadiːʀ]	헤프후와디흐	냉각하다, 식히다
refuge	[Rəfyːʒ]	흐퓌쥬	*m* 피난처, 은신처
réfugier	[Refyʒje]	헤퓌지에	피난하다, 망명하다
refus	[Rəfy]	흐퓌	*m* 거절, 거부
refuser	[Rəfyze]	흐퓌제	거부하다, 거절하다
régaler	[Regale]	헤갈레	한턱내다, 좋은 음식으로 대접하다
regard	[Rəgaːʀ]	흐갸흐	*m* 눈길, 시선, 주의
regarder	[Rəgaʀde]	흐갸흐데	보다, 쳐다보다, 조사하다

Regardons la dance de ce clown.
저 어릿광대 춤추는 거 봐.

N O P Q R S T U V W X Y Z

R

régime	[ʀeʒim]	헤짐므	m 체제, 제도
régiment	[ʀeʒimɑ̃]	헤지망	m 연대, 군대
région	[ʀeʒjɔ̃]	헤지옹	f 지방, 지역
régional	[ʀeʒjɔnal]	헤지오날	지방의, 지역권의
règle	[ʀɛgl]	헤글르	f 자, 규칙
règlement	[ʀɛgləmɑ̃]	헤글르망	m 해결, 결제, 규정
régler	[ʀegle]	헤글레	(종이에) 괘선을 치다, 해결하다
règne	[ʀɛɲ]	헤뉴	통치, 지배
régner	[ʀeɲe]	헤녜	통치하다, 군림하다
régresser	[ʀegʀɛ[e]se]	헤그헤쎄	후퇴하다, 퇴보하다
regret	[ʀəgʀɛ]	흐그헤	m 후회, 유감, 미련
regretter	[ʀəgʀɛ[e]te]	흐그헤떼	후회하다, 아쉬워하다
	Potasse maintenant sans regretter plus tard! 나중에 후회 말고 지금 열심히 공부해라!		
régulier	[ʀegylje]	헤귈리에	규칙적인, 정기적인, 합법적인
régulièrement	[ʀegyljɛʀmɑ̃]	헤귈리에흐망	규칙적으로, 반드시, 꼼꼼히
rein	[ʀɛ̃]	헹	m 신장, 콩팥
reine	[ʀɛn]	헨느	f 퀸(Q)
rejeter	[ʀəʒte]	흐쥬떼	되던지다, 물리치다

rejoindre	[Rəʒwɛ̃:dR]	흐주앵드흐	합류하다, 다시 함께하다
réjouir	[Reʒwi:R]	흐쥬이흐	즐겁게 하다, 기쁘게 하다
relâcher	[Rəlɑʃe]	흘라셰	늦추다, 석방하다
relais	[Rəlɛ]	흘레	*m* 교체, 중개
relatif	[Rəlatif]	흘라띠프	관계가 있는, 상대적인
relation	[Rəlɑ[a]sjɔ̃]	흘라씨옹	*f* 관계, 교제, 아는 사이
relativement	[Rəlativmɑ̃]	흘라띠브망	비교적, 상대적으로
relayer	[Rəlɛ[e]je]	흘레이예	교대하다, 중계하다
relever	[Rəlve]	흘르베	일으키다, 재건하다, 높이다
relief	[Rəljɛf]	흘리에프	*m* 요철, 기복, 입체감
relier	[Rəlje]	흘리에	연락하다, 맺어 주다
relieur	[Rəljœ:R]	흘뤼외흐	제본소 (직원)
religieuse	[Rəliʒjø:z]	흘리지외즈	*f* 수녀
religieux	[Rəliʒjø]	흘리지외	종교의, 엄숙한
religion	[Rəliʒjɔ̃]	흘리지옹	*f* 종교, 신앙, 숭배
remanier	[Rəmanje]	흐마니에	수정하다, 개조하다
remarquable	[RəmaRkabl]	흐마흐꺄블르	주목할 만한, 걸출한
remarque	[RəmaRk]	흐마흐끄	*f* 주의, 지적, 비고
remarquer	[RəmaRke]	흐마흐께	알아채다, 지적하다

rembourser	[Rɑ̃buRse]	항부흐쎄	돈을 갚다, 상환하다
remède	[Rəmɛd]	흐메드	약, 치료법
remédier	[Rəmedje]	흐메디에	개선하다, 고치다
remerciement	[RəmɛRsimɑ̃]	흐메흐씨망	감사, 사례
remercier	[RəmɛRsje]	흐메흐씨에	감사하다, 감사 인사를 하다
remettre	[RəmɛtR]	흐메트흐	돌리다, (원래 자리에) 놓다
remise	[Rəmi:z]	흐미즈	*f* 되돌리기, 배달, 할인
remonter	[Rəmɔ̃te]	흐몽떼	다시 오르다, 다시 증가하다
remords	[Rəmɔ:R]	흐모흐	*m* 후회, 양심의 가책
remplacer	[Rɑ̃plase]	항쁠라쎄	교체하다, 대체하다
remplir	[Rɑ̃pli:R]	항쁠리흐	가득 채우다, 차지하다
remporter	[Rɑ̃pɔRte]	항뽀흐떼	가져가다, 원래로 돌리다
remuer	[Rəmɥe]	흐뮈에	이동시키다, 운반하다
renard	[Rəna:R]	흐나흐	*m* 여우
rencontre	[Rɑ̃kɔ̃:tR]	항꽁트흐	만남, 회견, 회담
rencontrer	[Rɑ̃kɔ̃tRe]	항꽁트헤	만나다, 회견하다
rendez-vous	[Rɑ̃devu]	항데부	*m* 만날 약속 (장소), 데이트

Ce soir, j'ai un rendez-vous avec mon ami.
오늘 저녁 친구와 만나기로 약속했어.

rendre	[Rɑ̃:dR]	항드흐	돌려주다, 반환하다
renfermé	[Rɑ̃fɛRme]	항페흐메	감정을 나타내지 않는, 폐쇄적인
renfermer	[Rɑ̃fɛRme]	항페흐메	수용하다, 가두다
renommé	[Rənɔme]	흐노메	유명한, 이름난
renoncer	[Rənɔ̃se]	흐농쎄	포기하다, 단념하다
renouveler	[Rənuvle]	흐누블레	새로이 하다, 경질하다
renouvellement	[Rənuvɛlmɑ̃]	흐누벨르망	ⓜ 경질, 일신, 쇄신
rénover	[Renɔve]	헤노베	개혁하다, 새롭게 하다
renseignement	[Rɑ̃sɛɲmɑ̃]	항쎄뉴망	ⓜ 정보, 안내소, 정보활동
renseigner	[Rɑ̃sɛ[e]ɲe]	항쎄녜	가르치다, 정보를 주다
rentable	[Rɑ̃tabl]	항따블르	이익이 오르는, 수익성 있는
rente	[Rɑ̃:t]	항뜨	ⓕ 연금, 금리(소득)
rentrée	[Rɑ̃tRe]	항뜨헤	ⓕ 신학기, 사회활동 재개
rentrer	[Rɑ̃tRe]	항뜨헤	돌아가다, 귀가하다, 다시 시작하다
	Grand-père rentrera demain. 할아버지는 내일 돌아오신다.		
renverser	[Rɑ̃vɛRse]	항베흐쎄	쓰러뜨리다, 뒤집다, 엎지르다
renvoyer	[Rɑ̃vwaje]	항부와예	반품하다, 해고하다
répandre	[Repɑ̃:dR]	헤빵드흐	흘리다, 흩뿌리다
répandu	[Repɑ̃dy]	헤빵뒤	퍼진, 흘린, 흩어진

R

réparation	[ʀepaʀɑsjɔ̃]	헤빠하씨옹	수리, 수선, 배상
réparer	[ʀepaʀe]	헤빠헤	수리하다, 배상하다
repartir	[ʀəpaʀtiːʀ]	흐빠흐띠흐	재출발하다, 돌아가다
répartir	[ʀepaʀtiːʀ]	헤빠흐띠흐	나누다, 분배하다
repas	[ʀəpɑ]	흐빠	m 식사
repassage	[ʀəpɑsaːʒ]	흐빠사쥬	m 다리미질
repasser	[ʀəpɑse]	흐빠쎄	다시 지나가다, 다시 들르다
repentir	[ʀ(ə)pɑ̃tiːʀ]	흐빵띠흐	후회하다, 뉘우치다
répercussion	[ʀepɛʀkysjɔ̃]	헤뻬흐뀌씨옹	f 영향, 반향
répercuter	[ʀepɛʀkyte]	헤뻬흐뀌떼	반사하다, 반향시키다
répéter	[ʀepete]	헤뻬떼	거듭 말하다, 복습하다
répétition	[ʀepetisjɔ̃]	헤뻬띠씨옹	f 반복, 되풀이, 연습
répliquer	[ʀeplike]	헤쁠리께	대꾸하다, 응답하다
répondre	[ʀepɔ̃ːdʀ]	헤뽕드흐	대답하다, 말대꾸하다
	J'ai posément répondu à la question de l'examinateur. 나는 면접관의 질문에 차분히 대답했다.		
réponse	[ʀepɔ̃ːs]	헤뽕스	f 대답, 해결책
reportage	[ʀəpɔʀtaːʒ]	흐뽀흐따쥬	m 르포, 현지 보고
reporter	[ʀəpɔʀte]	흐뽀흐떼	도로 가져가다, 다시 갖다놓다

repos	[Rəpo]	흐뽀	ⓜ 휴식, 휴가, 안식
reposer	[Rəpoze]	흐뽀제	쉬게 하다, (~에) 근거하다
repousser	[Rəpuse]	흐뿌쎄	거절하다, 밀어내다
reprendre	[RəpRɑ̃:dR]	흐프항드흐	다시 잡다, 다시 고용하다
représentant	[RəpRezɑ̃tɑ̃]	흐프헤장땅	대표자, 판매대리인
représentation	[RəpRezɑ̃tasjɔ̃]	흐프헤장따씨옹	ⓕ 표시, 표현, 대표하는 것
représenter	[RəpRezɑ̃te]	흐프헤장떼	그리다, 나타내다, 대표하다
reprise	[RəpRi:z]	흐프히즈	ⓕ 재개, 재상영, 반복
reproche	[RəpRɔʃ]	흐프호슈	ⓜ 비난, 질책
reprocher	[RəpRɔʃe]	흐프호셰	비난하다, 질책하다
reproduire	[RəpRɔdɥi:R]	흐프호뒤이흐	재현하다, 재생하다
réprouver	[RepRuve]	헤프후베	규탄하다, 배척하다
reptile	[Rɛptil]	헵띨르	ⓜ 뱀, 파충류
républicain	[Repyblikɛ̃]	헤퓌블리깽	공화국의, 공화주의의
république	[Repyblik]	헤쀠블리끄	ⓕ 공화국, 공화제
répugner	[Repyɲe]	헤쀠녜	혐오감을 일으키다, 싫어하다
réputation	[Repytasjɔ̃]	헤쀠따씨옹	ⓕ 명성, 평판
requin	[Rəkɛ̃]	흐깽	ⓜ 상어
	requin de la finance 고리 대금업자		

réseau	[Rezo]	헤조	ⓜ 그물, 조직망
réservation	[RezɛRvɑsjɔ̃]	헤제흐바씨옹	ⓕ 예약(한 것)
réserve	[RezɛRv]	헤제흐브	ⓕ 저장, 비축, 창고
réserver	[RezɛRve]	헤제흐베	예약하다, 남겨두다
réservoir	[RezɛRvwa:R]	헤제흐부와흐	ⓜ 저수지, (액체) 탱크
résidence	[Rezidɑ̃:s]	헤지당스	ⓕ 거주지, 저택
résigner	[Reziɲe]	헤지녜	사직하다, 사퇴하다
résistance	[Rezistɑ̃:s]	헤지스땅스	ⓕ 저항, 반항
résister	[Reziste]	헤지스떼	저항하다, 맞서다
résolu	[Rezɔly]	헤졸뤼	단호한, 결연한
résolution	[Rezɔlysjɔ̃]	헤졸뤼씨옹	ⓕ 결의, 결심, 결연한 태도
résoudre	[RezudR]	헤주드흐	풀다, 해결하다
respect	[Rɛspɛ]	헤스뻬	ⓜ 존경(의 표시), 경의
respectable	[Rɛspɛktabl]	헤스뻭따블르	존경할 만한, 상당한
respecter	[Rɛspɛkte]	헤스뻭떼	존경하다, 존중하다
respiration	[RɛspiRɑsjɔ̃]	헤스삐하씨옹	ⓕ 호흡, 숨
respirer	[RɛspiRe]	헤스삐헤	호흡하다, 숨쉬다
responsabilité	[Rɛspɔ̃sabilite]	헤스뽕사빌리떼	ⓕ 책임, 의무
responsable	[Rɛspɔ̃sabl]	헤스뽕사블르	책임 있는, 사려 깊은

ressemblance	[Rəsɑ̃blɑ̃:s]	흐쌍블랑스	Ⓕ 유사, 비슷함
ressemblant	[Rəsɑ̃blɑ̃]	흐쌍블랑	아주 비슷한
ressembler	[Rəsɑ̃ble]	흐쌍블레	비슷한, 유사한
ressemeler	[Rəsəmle]	흐쓰믈레	(구두의) 창을 갈다
resserrer	[RəsɛRe]	흐쎄헤	다시 죄다, 긴축하다
ressource	[RəsuRs]	흐쑤흐스	Ⓕ 자금, 자원, 능력
restaurant	[RɛstɔRɑ̃]	헤스또항	레스토랑, 음식점
restaurer	[RɛstɔRe]	헤스또헤	복원하다, 부활시키다
reste	[Rɛst]	헤스뜨	Ⓜ 나머지, 여분의 것
rester	[Rɛste]	헤스떼	머물다, 체재하다
restituer	[Rɛstitɥe]	헤스띠뛰에	반환하다, 복구하다
restreindre	[RɛstRɛ̃:dR]	헤스트헹드흐	제한하다, 억제하다
résultat	[Rezylta]	헤쥘따	Ⓜ (그) 결과, 성과
résulter	[Rezylte]	헤쥘떼	생기다, (~의) 결과이다
résumer	[Rezyme]	헤쥐메	요약하다, 개괄하다
rétablir	[Retabli:R]	헤따블리흐	원상태로 돌리다, 재현하다
retard	[Rəta:R]	흐따흐	Ⓜ 지각, 지체, 늦음
	Tu arrives en retard à l'école, lève-toi! 학교에 지각하겠다. 빨리 일어나렴!		
retarder	[RətaRde]	흐따흐데	연기하다, 늦추다

retenir	[Rət(ə)ni:R]	흐뜨니흐	만류하다, 받치다, 지지하다
retentir	[Rətɑ̃ti:R]	흐땅띠흐	울려퍼지다, 메아리치다
retirer	[RətiRe]	흐띠헤	꺼내다, 건져내다, 박탈하다
retomber	[Rətɔ̃be]	흐똥베	뛰어내리다, 착지하다, 다시 떨어지다
retour	[Rətu:R]	흐뚜흐	ⓜ 귀환, 돌아감, 귀가
retourner	[RətuRne]	흐뚜흐네	뒤집다, 방향을 바꾸다
retraite	[RətRɛt]	흐트헤뜨	ⓕ 퇴직, 은퇴
	Mon père recevera la pension après sa retraite. 부친은 퇴직 후 연금을 받는다.		
retrancher	[RətRɑ̃ʃe]	흐트랑셰	삭제하다, 떼내다
retransmettre	[RətRɑ̃smɛtR]	흐트항스메트흐	중계방송하다, 재방송하다
rétrécir	[RetResi:R]	헤트헤씨흐	좁히다, 줄이다
retrouver	[RətRuve]	흐트후베	재회하다, 다시 찾아내다
réunion	[Reynjɔ̃]	헤위니옹	ⓕ 모임, 집회, 결합
réunir	[Reyni:R]	헤위니흐	모으다, 결합시키다
réussir	[Reysi:R]	헤위씨흐	성공하다, 출세하다
revanche	[Rəvɑ̃:ʃ]	흐방슈	ⓕ 보복, 앙갚음, 설욕
rêve	[Rɛ:v]	헤브	ⓜ 꿈
réveil	[Revɛj]	헤베이으	ⓜ 알람시계

réveiller	[ʀevɛ[e]je]	헤베이예	깨우다, 각성시키다
révélation	[ʀevelɑsjɔ̃]	헤벨라씨옹	ⓕ 폭로, 신발견
révéler	[ʀevele]	헤벨레	폭로하다, 밝히다
revendication	[ʀəvɑ̃dikɑsjɔ̃]	흐방디꺄씨옹	ⓕ 요구 (사항), 반환 청구
revendiquer	[ʀəvɑ̃dike]	흐방디께	요구하다, 주장하다
revenir	[ʀəvniːʀ]	흐브니흐	돌아오다, 다시 오다
revenu	[ʀəvny]	흐브뉘	ⓜ 소득, 수입
rêver	[ʀɛ[e]ve]	헤베	꿈꾸다, 공상에 빠지다
réviser	[ʀevize]	헤비제	다시 보다, 재검토하다
revivre	[ʀəviːvʀ]	흐비브흐	소생하다, 되살아나다
revoir	[ʀəvwaːʀ]	흐부와흐	다시 만나다, 다시 방문하다, 복습하다
révolte	[ʀevɔlt]	헤볼뜨	반란, 폭동, 반역
révolter	[ʀevɔlte]	헤볼떼	분개시키다, 폭동을 일으키다
révolution	[ʀevɔlysjɔ̃]	헤볼뤼씨옹	ⓕ 혁명, 혁신, 대소동
	Le 14 juillet est l'anniversaire de la Révolution. 7월 14일은 대혁명 기념일이다.		
revolver	[ʀevɔlvɛːʀ]	헤볼베흐	ⓜ 권총, 리볼버
revue	[ʀəvy]	흐뷔	ⓕ 검토, 조사, 잡지
rez-de-chaussée	[ʀedʃose]	헤-드-쇼쎄	ⓜ 1층

rhum	[ʀɔm]	홈	ⓜ 럼주
rhume	[ʀym]	휨므	ⓜ 감기
	attraper un rhume 감기에 걸리다		
riche	[ʀiʃ]	히슈	부유한, 부자인
richesse	[ʀiʃɛs]	히셰스	ⓕ 부, 풍부, 호화로움
ride	[ʀid]	히드	ⓕ 주름, 잔물결
rideau	[ʀido]	히도	ⓜ 커튼, 칸막이
ridicule	[ʀidikyl]	히디뀔르	우스꽝스러운, 바보 같은
rien	[ʀjɛ̃]	히엥	아무것도 (~않다)
rieur	[ʀjœːʀ]	히외흐	잘 웃는, 밝은 성격의
rigide	[ʀiʒid]	히지드	딱딱한, 유연성이 없는
rigoler	[ʀigɔle]	히골레	웃다, 농담하다, 까불다
rigoureux	[ʀiguʀø]	히구회	엄격한, 정확한
rigueur	[ʀigœːʀ]	히귀외흐	ⓕ 엄격성, 정확성
rincer	[ʀɛ̃se]	행세	씻다, 헹구다
rire	[ʀiːʀ]	히흐	웃다, 농담하다, 까불다
risque	[ʀisk]	히스끄	ⓜ 위험, 재난
risquer	[ʀiske]	히스께	위험에 처하다, 위험을 감수하다
rivage	[ʀivaːʒ]	히바쥬	ⓜ 해안, 호숫가

rival	[ʀival]	히발	경쟁하는, 대항하는; 경쟁자
rivaliser	[ʀivalize]	히발리제	경쟁하다, 겨루다
rivalité	[ʀivalite]	히발리떼	*f* 적대 관계, 대항 의식
rive	[ʀi:v]	히브	해안, 강변, 연안
rivière	[ʀivjɛ:ʀ]	히비에흐	*f* 강, 하천, 흐름
	L'eau va à la rivière. 물은 강으로 흐른다.(돈은 돈 있는 곳으로 모인다.)		
riz	[ʀi]	히	*m* 쌀, 밥
riz au curry	[ʀi o kyʀi]	히 오 뀌히	*m* 카레라이스
rizière	[ʀizjɛ:ʀ]	히지에흐	*f* 논
robe	[ʀɔb]	호브	*f* 원피스
robinet	[ʀɔbinɛ]	호비네	*m* 수도꼭지
robuste	[ʀɔbyst]	호뷔스뜨	튼튼한, 견실한
rocher	[ʀɔʃe]	호셰	*m* 바위, 암벽, 암초
roi	[ʀwa]	후아	*m* 킹(K), 국왕, 대기업가
rôle	[ʀo:l]	홀르	*m* 배역, 역할, 기능
roman	[ʀɔmɑ̃]	호망	*m* (장편)소설, 지어낸 이야기
romantique	[ʀɔmɑ̃tik]	호망띠끄	낭만적인, 낭만주의의
Rome	[ʀɔm]	홈므	로마
rompre	[ʀɔ̃:pʀ]	홍프흐	끊다, 파기하다, 중단하다

rond	[ʀɔ̃]	홍	m 원, 동그라미
	Mon visage est rond. 내 얼굴은 동그랗다.		
ronfler	[ʀɔ̃fle]	홍플레	코를 골다, 숙면하다
ronger	[ʀɔ̃ʒe]	홍제	좀 먹다, 갉아먹다, 침식하다
rose	[ʀo:z]	호즈	f 장미, m 분홍색
roseau	[ʀozo]	호조	m 갈대
rôti	[ʀoti]	호띠	불에 구운; m 구운 고기
rotin	[ʀɔtɛ̃]	호땡	m 등나무
rôtir	[ʀo[ɔ]ti:ʀ]	호띠흐	굽다, 그을리다
roue	[ʀu]	후	f 바퀴, 회전 원반
rouge	[ʀu:ʒ]	후쥬	m 빨강
rougir	[ʀuʒi:ʀ]	후지흐	낯을 붉히다, 붉어지다
rouleau	[ʀulo]	훌로	m 원통형의 것, 롤러
rouler	[ʀule]	훌레	굴리다, 말다, 평평하게 하다
rouspéter	[ʀuspete]	후스뻬떼	항의하다, 불평하다
route	[ʀut]	후뜨	f 도로, 항로, 궤도
roux	[ʀu]	후	적갈색의
royal	[ʀwajal]	후와얄	왕의, 호화로운
royaume	[ʀwajo:m]	후아욤므	m 왕국

ruban	[ʀybɑ̃]	휘방	*m* 리본, 띠 모양의
rubis	[ʀybi]	휘비	*m* 루비
rude	[ʀyd]	휘드	거친, 투박한, 거슬리는
rue	[ʀy]	휘	*f* 도로, 길, 통행인
ruelle	[ʀɥɛl]	휘엘르	*f* 골목
	Notre maison est dans la prochaine ruelle. 우리 집은 다음 골목에 있다.		
rugby	[ʀygbi]	휙비	*m* 럭비
ruine	[ʀɥin]	휘인느	*f* 폐허, 황폐, 멸망
ruiner	[ʀɥine]	휘이네	파산시키다, 무너뜨리다
ruisseau	[ʀɥiso]	휘쏘	*m* 개울, 개천
rumeur	[ʀymœ:ʀ]	휘뫼흐	*f* 웅성거림, 소문
rural	[ʀyʀal]	휘랄	농촌의, 시골의; 농민
ruse	[ʀy:z]	휘즈	*f* 책략, 속임수
rusé	[ʀyze]	휘제	교활한 (사람)
Russie	[ʀysi]	휘씨	러시아
rythme	[ʀitm]	히뜸므	*m* 리듬, 박자, 규칙적 움직임
rythmer	[ʀitme]	히뜨메	리듬을 붙이다, 박자를 맞추다

S

sa	[sa]	싸	그(녀)의, 그
sable	[sɑ:bl]	싸블르	*m* 모래; 사막
sabot	[sabo]	싸보	*m* 발굽; 나막신
s'absenter	[sapsɑ̃te]	쌉쌍떼	결근하다
sac	[sak]	싹	*m* 주머니, 자루, 가방
sacré	[sakʀe]	싸끄헤	종교적인, 신성한
sacrifice	[sakʀifis]	싸끄히피스	*m* 희생, 제물
sage	[sa:ʒ]	싸쥬	얌전한, 정숙한
sagesse	[saʒɛs]	싸제스	*f* 지혜, 신중함, 현명함 Il agit avec sagesse. 그는 지혜롭게 처신한다.
saigner	[sɛ[e]ɲe]	쎄녜	출혈하다, 피를 뽑다
saignant	[sɛɲɑ̃]	쎄냥	레어, 살짝 익힌
saignement	[sɛɲmɑ̃]	쎄뉴망	*m* 출혈
sain	[sɛ̃]	쎙	건강한, 아프지 않은
saint	[sɛ̃]	쎙	신성한, 경건한; 성(聖)~
saisir	[sɛ[e]zi:ʀ]	쎄지흐	붙잡다, 파악하다, 이해하다

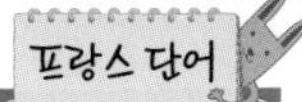

saison	[sɛzɔ̃]	쎄종	(f) 계절, 시기
	Quelle saison aimez-vous? 어떤 계절을 좋아하세요?		
salade	[salad]	쌀라드	(f) 샐러드
salade verte	[salad vɛʀt]	쌀라드 베흐뜨	(f) 양상추
salaire	[salɛːʀ]	쌀레흐	(m) 급여, 임금
salarié(e)	[salaʀje]	쌀라히에	(n) 샐러리맨
sale	[sal]	쌀르	더러운, 망쳐 놓는
	Quelle chambre sale! 방이 무척 더럽구나.		
salé	[sale]	쌀레	소금기 있는, 짠맛 나는
saler	[sale]	쌀레	소금에 절이다, 소금을 뿌리다
saleté	[salte]	쌀르떼	더러움, 오물
salir	[saliːʀ]	쌀리흐	더럽히다, 중상하다
salive	[saliːv]	쌀리브	(f) 침, 타액
salle	[sal]	쌀르	(f) 방, ~실
salon	[salɔ̃]	쌀롱	(m) 응접실, 거실, (다방, 미용실 등) 가게
saluer	[salɥe]	쌀뤼에	인사하다, 경의를 표하다
salut	[saly]	쌀뤼	(m) 인사말, 안녕, 구조(救助)
samedi	[samdi]	쌈디	(m) 토요일
sandale	[sɑ̃dal]	쌍달르	(f) 샌들

거실

□ rideau [ʀido] 히도 ⓜ 커튼

□ ventilateur [vɑ̃tilatœːʀ] 방띨라뙤흐 ⓜ 선풍기

□ aspirateur [aspiʀatœːʀ] 아스피하뙤흐 ⓜ 진공청소기

□ table [tabl] 따블르 ⓕ 탁자, 테이블

□ canapé [kanape] 까나뻬 ⓜ 소파

□ tapis [tapi] 따삐 ⓜ 양탄자, 카펫

□ plancher [plɑ̃ʃe] 쁠랑쉐 ⓜ 마루

□ poubelle [pubɛl] 뿌벨르 ⓕ 쓰레기통

□ télévision [televizjɔ̃] 뗄레비지옹 ⓕ 텔레비전

□ télécommande [telekɔmɑ̃ːd] 뗄레꼬망드 ⓕ 리모컨

□ photographie [fɔtɔgʀafi] 포또그하피 ⓕ 사진

□ horloge [ɔʀlɔːʒ] 오흘로쥬 ⓕ 벽시계

□ tableau [tablo] 따블로 ⓜ 그림

sandwich	[sɑ̃dwi(t)ʃ]	쌍드위치	ⓜ 샌드위치
	J'aime le sandwich au jambon. 나는 햄 샌드위치를 참 좋아해요.		
sang	[sɑ̃]	쌍	ⓕ 피, 혈액
sans	[sɑ̃]	쌍	~없이, ~하지 않고
santé	[sɑ̃te]	쌍떼	ⓕ 건강, 건배!
saphir	[safiːʀ]	싸피흐	ⓜ 사파이어
sardine	[saʀdin]	싸흐딘느	ⓕ 정어리
satellite	[sate[ɛl]lit]	싸뗄리뜨	ⓜ 위성
satisfaction	[satisfaksjɔ̃]	싸띠스팍씨옹	ⓕ 만족, 기쁨, 변상
satisfaire	[satisfɛːʀ]	싸띠스페흐	만족시키다, 충족시키다
satisfait	[satisfɛ]	싸띠스페	만족한, 충족된
sauce	[soːs]	쏘스	소스, 부속물
saucisse	[sosis]	쏘시스	ⓕ 소시지
saucisson	[sosisɔ̃]	쏘시쏭	ⓜ 큰 소시지
sauf	[sof]	쏘프	~을 빼고, 제외하고
saule	[soːl]	쏠르	ⓜ 버드나무
saumon	[somɔ̃]	쏘몽	ⓜ 연어
saut	[so]	쏘	ⓜ 도약, 점프, 뛰어내림
sauter	[sote]	쏘떼	뛰어오르[내리]다, 덤벼들다

sauterelle	[sotʀɛl]	쏘뜨헬르	ⓕ 메뚜기
sauvage	[sovaːʒ]	쏘바쥬	야생의, 길들여지지 않은, 원시의
sauver	[sove]	쏘베	구하다, 돕다, 보전하다
savant	[savɑ̃]	싸방	학식을 갖춘, 학문적인, 정통한
savoir	[savwaːʀ]	싸부와흐	알고 있다, 기억하다
savon	[savɔ̃]	싸봉	ⓜ 비누
scandale	[skɑ̃dal]	스깡달르	ⓜ 스캔들, 비난, 추문
scandaleux	[skɑ̃dalø]	스깡달뢰	추잡한, 파렴치한
scanner	[skanɛːʀ]	스꺄네흐	ⓜ 스캐너
scène	[sɛn]	쎈느	ⓕ 무대 (장치), 장면
schéma	[ʃema]	셰마	ⓜ 도표, 개요
scie	[si]	씨	ⓕ 톱
science	[sjɑ̃ːs]	씨앙스	ⓕ 과학
scientifique	[sjɑ̃tifik]	씨앙띠피끄	학술적인, 과학적인
scier	[sje]	씨에	톱으로 자르다, 지루하게 하다
scolaire	[skɔlɛːʀ]	스꼴레흐	학교 (교육)의, 창의성이 없는
scooter	[skutœ[ɛ]ːʀ]	스꾸뙤흐	ⓜ 스쿠터
	C'est le scooter que mon frère a conduit. 이 스쿠터는 형이 타던 거야.		
scrupule	[skʀypyl]	스크휘쀨르	ⓜ 양심의 가책, 조심성, 소심함

sculpter	[skylte]	스뀔떼	조각하다, 만들다
sculpteur	[skyltœ:ʀ]	스뀔뙤흐	ⓜ 조각가
sculpture	[skylty:ʀ]	스뀔뛰흐	ⓕ 조각 (작품)
se	[s(ə)]	스	자기를[에게]
séance	[seɑ̃:s]	쎄앙스	ⓕ 회의, 심의
seau	[so]	쏘	ⓜ 양동이
sec(sèche)	[sɛk] [seʃ]	쎅(세슈)	건조한,
sécher	[seʃe]	쎄셰	말리다, 건조시키다
sécheresse	[sɛ[e]ʃʀɛs]	쎄슈헤스	ⓕ 가뭄
second(e)	[s(ə)gɔ̃] [s(ə)gɔ̃:d]	스공(드)	ⓕ 초(秒)
secondaire	[s(ə)gɔ̃dɛ:ʀ]	스공데흐	2차적인, 부차적인
secouer	[s(ə)kwe]	스꾸에	흔들다, 동요시키다
secourir	[s(ə)kuʀi:ʀ]	스꾸히흐	구조하다, 구출하다
secours	[s(ə)ku:ʀ]	스꾸흐	ⓜ 구조, 원조
secret	[s(ə)kʀɛ]	스크헤	비밀의, 감춰진; 비밀
secrétaire	[s(ə)kʀetɛ:ʀ]	스크헤떼흐	ⓝ 비서, 서기
secteur	[sɛktœ:ʀ]	쎅뙤흐	ⓜ 지구, 지역, 활동 분야
section	[sɛksjɔ̃]	쎅씨옹	ⓕ 절단, 구분, 지부
sécurité	[sekyʀite]	쎄뀌히떼	ⓕ 안전, 치안, 안심

	ceinture de sécurité 안전벨트		
séduire	[sedɥiːʀ]	쎄뒤이흐	유혹하다, 매혹하다
seigneur	[sɛɲœːʀ]	쎄뇌흐	영주, 귀족, 나리
sein	[sɛ̃]	쌩	*m* 유방, 가슴
seize	[sɛːz]	쎄즈	16
séjour	[seʒuːʀ]	쎄주흐	*m* 체류, 정박
sel	[sɛl]	쎌	*m* 소금
sélection	[selɛksjɔ̃]	쎌렉씨옹	*f* 선택, 선발된 사람
selle	[sɛl]	쎌르	*f* 안장, 변기
selon	[s(ə)lɔ̃]	슬롱	~에 따라서, ~에 의하면
semaine	[s(ə)mɛn]	스멘느	*f* 평일
semblable	[sɑ̃blabl]	쌍블라블르	동일한, 비슷한
sembler	[sɑ̃ble]	쌍블레	(~라고) 생각되다, ~로 보이다
	Il me semble qu'il a l'as. 그는 에이스를 갖고 있는 것 같아.		
semelle	[s(ə)mɛl]	스멜르	*f* (구두의) 바닥, 밑창
semence	[s(ə)mɑ̃ːs]	쓰망스	*f* 씨앗, 정액
semer	[s(ə)me]	스메	씨를 뿌리다, 살포하다
s'émerveiller	[semɛʀvɛ[e]je]	쎄메흐베이예	감탄하다
semestre	[s(ə)mɛstʀ]	스메스트흐	*m* 반년, 학기

Sénat	[sena]	세나	*m* 원로원, 상원
sénateur	[senatœːʀ]	세나뙤흐	원로원 의원, 상원의원
sens	[sɑ̃ːs]	쌍스	*m* 방향, 의미, 감각, 이해력
sensation	[sɑ̃sasjɔ̃]	쌍사씨옹	*f* 감각, 기분, 인상, 흥분
sensationnel	[sɑ̃sasjɔnɛl]	쌍사씨오넬	세상을 뒤흔드는, 감동을 주는
sensible	[sɑ̃sibl]	쌍시블르	느끼기 쉬운, 민감한, 영향받기 쉬운
sensuel	[sɑ̃sɥɛl]	쌍쉬엘	성적인, 관능적인
s'entendre	[sɑ̃tɑ̃ːdʀ]	쌍땅드흐	(마음이) 서로 통하다
sentier	[sɑ̃tje]	쌍띠에	*m* 오솔길, 산길
sentiment	[sɑ̃timɑ̃]	쌍띠망	*m* 의식, 감정, 기분
sentimental	[sɑ̃timɑ̃tal]	쌍띠망딸	애정의, 감정의
sentir	[sɑ̃tiːʀ]	쌍띠흐	느끼다, 눈치채다
Séoul	[seul]	쎄울	서울
séparation	[sepaʀɑsjɔ̃]	쎄빠하씨옹	*f* 나누기, 분리, 이별
séparatisme	[sepaʀatism]	쎄빠하띠슴므	*m* 분리[독립]주의
séparé	[sepaʀe]	쎄빠헤	분리된, 헤어진
séparément	[sepaʀemɑ̃]	쎄빠헤망	개별적으로, 흩어져서
séparer	[sepaʀe]	쎄빠헤	나누다, 분리시키다, 헤어지게 하다
sept	[sɛt]	쎄뜨	7

septembre	[sɛptɑ̃ːbʀ]	셉땅브흐	ⓜ 9월
série	[seʀi]	쎄히	ⓕ 연속, 시리즈, 세트
sérieusement	[seʀjøzmɑ̃]	쎄히외즈망	진심으로, 진지하게
sérieux	[seʀjø]	쎄히외	성실한, 진심의
serpent	[sɛʀpɑ̃]	쎄흐빵	ⓜ 뱀
serre	[sɛːʀ]	쎄흐	ⓕ (짐승의) 발톱
serré(e)	[sɛʀe]	쎄헤	타이트한, 밀집된
	un calendrier très serré 스케줄이 타이트한		
serrer	[sɛʀe]	쎄헤	꽉 쥐다, 좁히다
serrure	[sɛʀyːʀ]	쎄휘흐	ⓕ 자물쇠
serveur	[sɛʀvœːʀ]	쎄흐뵈흐	ⓜ 남종업원
serveuse	[sɛʀvøːz]	쎄흐뵈즈	ⓕ 여종업원
service	[sɛʀvis]	쎄흐비스	ⓜ 근무, 업무
serviette	[sɛʀvjɛt]	세흐비에뜨	ⓕ 수건, 타올; 냅킨
servir	[sɛʀviːʀ]	쎄흐비르	모시다, 식사 대접을 하다
ses	[se]	쎄	그(녀)의
seuil	[sœj]	쐬이으	ⓜ 문턱, 입구, 시초
seul(e)	[sœl]	쐴(르)	외로운, 유일한
sévère	[sevɛːʀ]	쎄베흐	엄격한, 가혹한

s'excuser	[sɛkskyze]	쎅스뀌제	사과하다
sexe	[sɛks]	쎅스	ⓜ 성, 성별, 섹스
sexy	[sɛksi]	쎅시	섹시한
si	[si]	씨	만일 ~라면, ~인지 아닌지
siècle	[sjɛkl]	씨에끌르	ⓜ 세기(世紀), 100년
siège	[sjɛ:ʒ]	씨에쥬	ⓜ 본사, 의자, 의석
sien	[sjɛ̃]	씨엥	그(녀)의 것, 자기 것
sifflement	[sifləmɑ̃]	씨플르망	ⓜ 휘파람, 휘슬, 기적(汽笛)
signal	[siɲal]	씨냘	ⓜ 신호, 표시
	Il y a un signal de route là-bas. 저기 도로 표지판이 있어.		
signaler	[signaler]	씨냘레	표시하다, 신호하다
signature	[siɲaty:ʀ]	씨냐뛰흐	ⓕ 서명, 싸인
signe	[siɲ]	씨뉴	ⓜ 표시, 징조, 신호
signer	[siɲe]	씨녜	서명하다, 조인하다
signifier	[siɲifje]	씨니피에	의미하다, 나타내다
silence	[silɑ̃:s]	씰랑스	ⓜ 침묵, 무언, 정숙
silencieusement	[silɑ̃sjøzmɑ̃]	씰랑시외즈망	조용히, 은밀하게
simple	[sɛ̃:pl]	쌩쁠르	소박한, 단순한
simplement	[sɛ̃pləmɑ̃]	쌩쁠르망	단순하게, 알기 쉽게, 솔직히

S

simplicité	[sẽplisite]	쌩쁠리씨떼	단순성, 알기 쉬움, 솔직함
simplifier	[sẽplifje]	쌩쁠리피에	단순화하다, 알기 쉽게 말하다
sincère	[sẽsɛːʀ]	쌩쎄흐	성실한, 솔직한
singe	[sẽːʒ]	쌩쥬	ⓜ 원숭이
singulier	[sẽgylje]	쌩귈리에	기발한, 독특한, 단독의
sinon	[sinɔ̃]	씨농	그렇지 않으면, ~이외에
s'inquiéter	[sẽkjete]	쎙끼에떼	불안하다, 걱정하다
sirop	[siʀo]	씨호	ⓜ 시럽
situation	[sitɥasjɔ̃]	씨뛰아씨옹	ⓕ 입장, 상태, 사회적 지위
situer	[sitɥe]	씨뛰에	설정하다, 위치시키다
six	[sis]	씨스	6
sixième	[sizjɛm]	씨지엠므	6번째의, 6분의 1
ski	[ski]	스끼	ⓜ 스키
slip	[slip]	슬립	ⓜ (여성) 삼각팬티
snowboard	[snobɔʀd]	스노보흐드	ⓜ 스노보딩
social	[sɔsjal]	쏘씨알	사회적인, 사회 복지의
socialisme	[sɔsjalism]	쏘씨알리슴므	ⓜ 사회주의
société	[sɔsjete]	쏘씨에떼	ⓕ 사회, 집단, 협회
sociologie	[sɔsjɔlɔʒi]	쏘씨올로지	ⓕ 사회학

soda	[sɔda]	소다	ⓜ 소다수
sœur	[sœːʀ]	쐬흐	ⓕ 누나, 언니; 비슷한 것
	Ma sœur aime le chiot. 누나는 강아지를 좋아한다.		
soi	[swa]	쑤와	자기 (자신)
soi-disant	[swadizɑ̃]	쑤와디쟝	자칭의, 이른바
soie	[swa]	쑤와	ⓜ 비단, 견사
soif	[swaf]	쑤와프	ⓕ (~에 대한) 갈증
soigner	[swaɲe]	쑤와녜	돌보다, 소중히 다루다
soigneur	[swaɲœːʀ]	쑤와뇌흐	트레이너
soi-même	[swamɛm]	쑤와멤므	자기 자신, 그 자체
soin	[swɛ̃]	쑤앵	걱정, 배려, 간호, 돌봄
soir	[swaːʀ]	스와흐	ⓜ 저녁, 밤
soirée	[swaʀe]	스와헤	ⓕ 저녁, 밤(일몰에서 취침까지)
soit	[swa]	스와	~이든지, ~라고 가정하자
soixante-dix	[swasɑ̃tdis]	수와쌍뜨-디스	70
soixante	[swasɑ̃ːt]	스와상뜨	60
soja	[sɔʒa]	쏘자	ⓜ 콩
sol	[sɔl]	쏠	ⓜ 바닥, 지면, 토양
soldat	[sɔlda]	쏠다	ⓜ 군인, 병사

solde	[sɔld]	쏠드	바겐세일, 특매품
	Il y a un solde dans le grand magasin. 백화점에서 바겐세일한대.		
soleil	[sɔlɛj]	쏠레이으	ⓜ 맑음, 태양
solennel	[sɔlanɛl]	쏠라넬	성대한, 정식의
solidarité	[sɔlidaʀite]	쏠리다히떼	ⓕ 연대, 단결, 상호 관계
solide	[sɔlid]	쏠리드	ⓜ 고체; 단단한, 튼튼한
solitaire	[sɔlitɛːʀ]	쏠리떼흐	쓸쓸한, 고독한
solitude	[sɔlityd]	쏠리뛰드	ⓕ 고독, 은거, 인기척이 없음
solliciter	[sɔ(l)lisite]	쏠리씨떼	간청하다, 관심을 끌다
solution	[sɔlysjɔ̃]	쏠뤼씨옹	ⓕ 해답, 해결책
sombre	[sɔ̃bʀ]	쏭브흐	어두운, 우울한
somme	[sɔm]	쏨므	ⓕ 금액, 합계, 총액
sommeil	[sɔmɛj]	쏘메이으	ⓜ 수면, 잠, 중단
sommeiller	[sɔmɛ[e]je]	쏘메이예	졸다, 활동을 쉬다
	Une vieille femme sommeille. 어떤 할머니가 졸고 있다.		
sommet	[sɔ(m)mɛ]	쏘메	ⓜ 정상, 꼭대기, 절정
son	[sɔ̃]	쏭	ⓜ 소리, 음향
songer	[sɔ̃ʒe]	쏭제	생각하다, 생각이 떠오르다
sonner	[sɔne]	쏘네	(시계, 종이) 울리다

	Quelqu'un sonne. 초인종 소리가 나네.		
sonnette	[sɔnɛt]	쏘네뜨	ⓕ 초인종
sonore	[sɔnɔːʀ]	쏘노흐	소리를 내는, 소리가 울려 퍼지는
sort	[sɔːʀ]	쏘흐	ⓜ 운명, 귀추, 경우
sorte	[sɔʀt]	쏘흐뜨	ⓜ 종류, 부류
sortie	[sɔʀti]	쏘흐띠	ⓕ 출구, 퇴장
sortir	[sɔʀtiːʀ]	쏘흐띠흐	나가다, 외출하다, 졸업하다
	Sortons avec moi samedi. 토요일에 나랑 같이 놀러가요.		
sot	[so]	쏘	어리석은, 당황한
sou	[su]	쑤	ⓜ 돈
souci	[susi]	쑤씨	걱정, 큰 관심
soudain	[sudɛ̃]	쑤뎅	돌연히, 갑자기
souffle	[sufl]	쑤플르	ⓜ 숨, 호흡, 바람
soufflé	[sufle]	쑤플레	ⓜ 부푼, 과장된
souffler	[sufle]	쑤플레	숨을 토하다, 바람이 불다, 헐떡이다
souffrance	[sufʀɑ̃ːs]	쑤프항스	ⓕ 고민, 고통
souffrir	[sufʀiːʀ]	쑤프히흐	고통을 겪다, 견디다
souhaiter	[swɛ[e]te]	쑤에떼	바라다, 소망하다
soûl	[su]	쑤	술 취한

N O P Q R S T U V W X Y Z

S

	On se soûle la gueule. 우리 너무 많이 마신 거 같아.			
soulager	[sulaʒe]	쑬라제		부담을 덜다, 마음을 편하게 하다
soulever	[sul(ə)ve]	쑬르베		들어올리다, 일으키다
soulier	[sulje]	쑬리에	*m*	구두, 단화
souligner	[suliɲe]	쑬리녜		밑줄을 긋다, 강조하다
soumettre	[sumɛtʀ]	쑤메뜨흐		정복하다, 복종시키다
soupçon	[supsɔ̃]	쑵쏭	*m*	의심, 의혹, 예감
soupçonner	[supsɔne]	쑵쏘네		의심하다, 혐의를 두다
soupe	[sup]	쑤쁘	*f*	수프
soupir	[supiːʀ]	쑤삐흐	*m*	한숨, 탄식
soupirer	[supiʀe]	쑤삐헤		한숨 쉬다, 한숨짓다
souple	[supl]	쑤플르		유연한, 융통성이 있는
source	[suʀs]	쑤흐스	*f*	샘, 근원, 정보원
sourcil	[suʀsi]	쑤흐시	*m*	눈썹
sourd	[suːʀ]	쑤흐		귀가 안 들리는, 청력이 약한
souriant	[suʀjɑ̃]	쑤히앙		미소 짓는, 붙임성 있는
sourire	[suʀiːʀ]	쑤히흐		미소 짓다, (남의) 마음에 들다
souris	[suʀi]	쑤히	*f*	마우스
sous	[su]	쑤		아래, 속에, ~기간에

sous-directeur	[sudiʀɛktœ:ʀ]	쑤-디헥뙤흐	*n* 부사장
sous-sol	[susɔl]	쑤쏠	*m* 지하실
soustraction	[sustʀaksjɔ̃]	쑤스트학시옹	*f* 뺄셈
soutenir	[sut(ə)ni:ʀ]	쑤뜨니흐	지지하다, 지원하다, 활력을 주다
souterrain	[sutɛ(ʀ)ʀɛ̃]	쑤떼행	지하의, 은밀한
soutien-gorge	[sutjɛ̃gɔʀʒ]	쑤띠엥-고흐쥬	*m* 브래지어
souvenir	[suvni:ʀ]	쑤브니흐	*m* 기념품
souvent	[suvɑ̃]	쑤방	자주, 흔히
	On me le dit souvent. 그런 얘기 자주 들어.		
spaghetti	[spagɛ(t)ti]	스파게띠	*m* 스파게티
spécial	[spesjal]	스뻬시알	특별한, 전문적인, 예외적인
spécialement	[spesjalmɑ̃]	스뻬시알르망	특별히, 일부러
spécialiste	[spesjalist]	스뻬시알리스뜨	전문가
spécialité	[spesjalite]	스뻬시알리떼	*f* 전문, 전공, 특산품
spectacle	[spɛktakl]	스뻭따끌르	*m* 광경, 양상, 구경거리
spectateur	[spɛktatœ:ʀ]	스뻭따뙤흐	관객, 구경꾼
sphère	[sfɛ:ʀ]	스페흐	*f* 구(球)
	La terre sur laquelle on vit est une sphère. 우리가 사는 지구는 구체이다.		

N O P Q R S T U V W X Y Z

spirituel	[spiʀitɥɛl]	스삐히뛰엘	재미있는, 재기가 넘치는
splendide	[splɑ̃did]	스쁠랑디드	빛나는, 화려한
spontané	[spɔ̃tane]	스뽕따네	자발적인, 임의의
sport	[spɔːʀ]	스뽀흐	ⓜ 스포츠, 경기
sportif	[spɔʀtif]	스뽀흐띠프	스포츠의, 공정한
stable	[stabl]	스따블르	안정된, 흔들리지 않는
stade	[stad]	스따드	ⓜ 경기장, 단계
stage	[staːʒ]	스따쥬	ⓜ 연수 (기간), 단기 강습
station	[sta[ɑ]sjɔ̃]	스따씨옹	ⓕ 역, 정류장, 방송국
stationnement	[stasjɔnmɑ̃]	스따씨온느망	ⓜ 주차(장), 점거
statue	[staty]	스따뛰	ⓕ 상, 초상
steak	[stɛk]	스떼끄	ⓜ 스테이크 Nous allons prendre deux steaks. 스테이크 2인분 주세요.
structure	[stʀyktyːʀ]	스트휙뛰흐	ⓕ 구조, 조직, 기구
studieux	[stydiø]	스뛰디외	부지런한, 열심히 공부하는
studio	[stydjo]	스뛰디오	ⓜ 원룸 아파트, 촬영소
stupide	[stypid]	스뛰삐드	어리석은
style	[stil]	스띨르	ⓜ 문체, 말씨, 방법
stylo	[stilo]	스띨로	ⓜ 만년필

subalterne	[sybaltɛʀn]	쒸발떼흔느	ⓝ 부하; 하위의
subir	[sybiːʀ]	쒸비흐	겪다, 감내하다, 치르다
subjectif	[sybʒɛktif]	쒸브젝띠프	주어의, 주관적인
subsistance	[sybzistɑ̃s]	쒸브지스땅스	ⓕ 생계, 생활의 유지
subsister	[sybziste]	쒸브지스떼	존속하다, 남다
substance	[sypstɑ̃ːs]	쒸브스땅스	ⓕ 물질, 실체, 요점
succéder	[syksede]	쒹쎄데	~의 뒤를 잇다, 후임이 되다
succès	[syksɛ]	쒹쎄	ⓜ 성공, 승리
succursale	[sykyʀsal]	쒸뀌흐쌀르	ⓕ 지사, 지점
sucer	[syse]	쒸쎄	핥다, 빨아들이다
sucre	[sykʀ]	쒸크흐	ⓜ 설탕, 당
	C'est du sucre. 그런 건 식은 죽 먹기다.		
sucré(e)	[sykʀ]	쒸크헤	달콤한, 알랑거리는
sucrer	[sykʀe]	쒸크헤	설탕을 넣다, 달게 하다
sud	[syd]	쒸드	ⓜ 남쪽
suer	[sɥe]	쒸에	땀 흘리다, 고생하다
sueur	[sɥœːʀ]	쒸외흐	땀, 고생
suffire	[syfiːʀ]	쒸피흐	충분하다, ~에 족하다
suffisamment	[syfizamɑ̃]	쒸피자망	충분히

suffisant	[syfizɑ̃]	쒸피장	충분한, 자만한
suggérer	[sygʒeʀe]	쒸그제헤	암시하다, 제안하다
suicider	[sɥiside]	쒸이씨데	자살하다
Suisse	[sɥis]	쉬이스	Ⓕ 스위스
suite	[sɥit]	쒸이뜨	Ⓕ 계속, 다음에 오는 것, 속편
suivant	[sɥivɑ̃]	쒸이방	~에 따라서, ~에 의하면
suivre	[sɥiːvʀ]	쒸이브흐	뒤따르다, 따라다니다
sujet	[syʒɛ]	쒸제	Ⓜ 주제, 화제
super	[sypɛːʀ]	쒸뻬흐	멋진, 우수한
superbe	[sypɛʀb]	쒸뻬흐브	아주 아름다운, 화려한
superficiel	[sypɛʀfisjɛl]	쒸뻬흐피시엘	표면적인, 피상적인
supérieur	[sypeʀjœːʀ]	쒸뻬히외흐	Ⓜ 상사; 상부의, 위쪽의
supermarché	[sypɛʀmaʀʃe]	쒸뻬흐마흐셰	Ⓜ 슈퍼마켓
supplément	[syplemɑ̃]	쒸쁠레망	Ⓜ 추가, 보충
supplémentaire	[syplemɑ̃tɛːʀ]	쒸쁠레망떼흐	추가의, 여분의
supplier	[syplije]	쒸쁠리에	애원하다, 간청하다
supporter	[sypɔʀte]	쒸뽀흐떼	받치다, 감당하다, 견디다 Je ne supporte plus ce mal de tête. 이 두통을 더 이상 견딜 수가 없어요.
supposer	[sypoze]	쒸뽀제	가정하다, 추측하다

supposition	[sypozisjɔ̃]	쒸뽀지씨옹	Ⓕ 추측, 가정
supprimer	[sypʀime]	쒸프히메	삭제하다, 말살하다, 폐지하다
suprême	[sypʀɛm]	쒸프헴므	최고의, 최상의, 최후의
sur	[syʀ]	쒸흐	위에, 표면에
sûr	[sy:ʀ]	쒸흐	확신하는, 믿을 만한
	Tu es sûr? Tu le peux? 진짜야? 네가 할 수 있어?		
sûrement	[syʀmɑ̃]	쒸흐망	확실하게, 틀림없이
sûreté	[syʀte]	쒸흐떼	Ⓕ 안전(성), 안보
surf	[sœʀf]	쒸흐프	Ⓜ 서핑
surface	[syʀfas]	쒸흐파스	Ⓕ 표면, 외관, 면적
surgelé	[syʀʒəle]	쒸흐즐레	Ⓜ 냉동식품
surmonter	[syʀmɔ̃te]	쒸흐몽떼	극복하다, 뛰어넘다
surprenant	[syʀpʀənɑ̃]	쒸흐프흐낭	놀랄 만한, 의외의
surprendre	[syʀpʀɑ̃:dʀ]	쒸흐프항드흐	놀라게 하다, 의표를 찌르다, 기습하다
surpris	[syʀpʀi]	쒸흐프히	놀란, 뜻밖의
surtout	[syʀtu]	쒸흐뚜	특히, 무엇보다
surveiller	[syʀvɛ[e]je]	쒸흐베이예	지켜보다, 감시하다
survenir	[syʀvəni:ʀ]	쒸흐브니흐	불시에 생기다, 갑자기 찾아오다
survivre	[syʀvi:vʀ]	쒸흐비브흐	살아남다, 존속하다

susceptible	[sysɛptibl]	쒸셉띠블르	상처 받기 쉬운, 쉽게 삐치는
susciter	[sysite]	쒸씨떼	불러일으키다, 야기하다
suspect	[syspɛ(kt)]	쒸스뻬	의심이 가는, 수상쩍은
suspendre	[syspɑ̃:dʀ]	쒸스빵드흐	중단하다, 매달리다
sûtra	[sytʀa]	쒸트하	ⓜ 불경
symbole	[sɛ̃bɔl]	쌩볼르	ⓜ 상징, 상징적인 사람
symétrie	[simetʀi]	씨메트히	ⓕ 좌우 대칭, 균형
sympathie	[sɛ̃pati]	쌩빠띠	호감, 친근감, 동정
sympathique	[sɛ̃patik]	쌩빠띠끄	호감을 주는, 멋진, 분위기 좋은
symphonie	[sɛ̃fɔni]	쌩포니	ⓕ 교향곡
syndical	[sɛ̃dikal]	쌩디깔	노동조합의
syndicat	[sɛ̃dika]	쌩디꺄	ⓜ 노동조합, 동업자 조합
système	[sistɛm]	씨스뗌므	ⓜ 체계, 제도, 조직

T

ta	[ta]	따	너의
tabac	[taba]	따바	ⓜ 담배 (가게)
table	[tabl]	따블르	ⓕ 탁자, 테이블
tableau	[tablo]	따블로	ⓜ 그림, 광경, 장면
tablier	[tablije]	따블리에	ⓜ 앞치마, 보호판
tacaud	[tako]	따꼬	ⓜ 대구(생선)
tache	[taʃ]	따슈	ⓕ 얼룩, 결점
tâche	[tɑːʃ]	따슈	ⓕ 일, 과업
tacher	[taʃe]	따셰	더럽히다, 얼룩을 묻히다
tâcher	[tɑʃe]	따셰	~하려고 애쓰다, 노력하다
taille	[tɑːj]	따이으	ⓕ 키, 신장
tailler	[tɑje]	따이예	자르다, 깎다, 베다
	Ce vieux taille du jade pour en faire des perles. 그 노인은 옥을 갈아 구슬을 만든다.		
tailleur	[tɑjœːʀ]	따이외흐	재단사, 재봉사
taire	[tɛːʀ]	떼흐	말하지 않다, 침묵을 지키다

T

talent	[talɑ̃]	딸랑	ⓜ 재능 (있는 사람), 인재
talon	[talɔ̃]	딸롱	ⓜ 뒤꿈치
talons hauts	[talɔ̃ o]	딸롱 오	ⓜⓟⓛ 하이힐
tambour	[tɑ̃buːʀ]	땅부흐	ⓜ 드럼
tampon	[tɑ̃pɔ̃]	땅뽕	ⓜ 마개, 뚜껑, 완충기
tandis que	[tɑ̃dik(ə)]	땅디끄	~하는 동안
tant	[tɑ̃]	땅	그다지, 무척, 얼마나
tante	[tɑ̃ːt]	땅뜨	ⓕ 아주머니, 이모, 고모
tantôt	[tɑ̃to]	땅또	(오늘) 오후
taper	[tape]	따뻬	때리다, 입력하다, 타이핑하다
tapis	[tapi]	따삐	ⓜ 카펫, 양탄자
tard	[taːʀ]	따흐	늦게, 나중에, 밤늦게
tarder	[taʀde]	따흐데	늦다, 늑장 부리다
tarif	[taʀif]	따히프	ⓜ 가격표
tarif postal	[taʀif pɔstal]	따히프 뽀스딸	ⓜ 우편요금
tartine	[taʀtin]	따흐띤느	ⓕ 버터를 바른 빵, 장광설
tas	[tɑ]	따	ⓜ 산더미, 무더기, 건축 현장
tasse	[tɑːs]	따스	ⓕ 컵

Je veux acheter une belle tasse en la regardant.
나는 예쁜 컵만 보면 사고 싶다.

tâter	[tɑte]	따떼	손으로 만지다, 더듬다
taureau	[tɔʀo]	또호	ⓜ 수소(소의 수컷)
taxe	[taks]	딱스	ⓕ 세금, 공공요금
taxi	[taksi]	딱씨	ⓜ 택시
te	[t(ə)]	뜨	너를, 너에게
technicien	[tɛknisjɛ̃]	떼끄니씨엥	기능공, 전문가
technique	[tɛknik]	떼끄니끄	기술적인, 전문적인
teindre	[tɛ̃:dʀ]	뗑드흐	물들이다, 염색하다
teint	[tɛ̃]	뗑	ⓜ 안색, 염색된 색감
tel	[tɛl]	뗄	그러한, 그 정도의
télé	[tele]	뗄레	ⓕ 텔레비전
téléphone	[telefɔn]	뗄레폰느	ⓜ 전화기
téléphoner	[telefɔne]	뗄레포네	전화 걸다
télévision	[televizjɔ̃]	뗄레비지옹	ⓕ 텔레비전
	Je mangeais des chips en regardant la télévision. 나는 TV를 보면서 감자 칩을 먹었다.		
tellement	[tɛlmɑ̃]	뗄르망	대단히, 무척, 그렇게나
témoignage	[temwaɲa:ʒ]	떼무아냐쥬	ⓜ 증거
témoin	[temwɛ̃]	떼무앵	ⓜ 목격자

N O P Q R S **T** U V W X Y Z

tempérament	[tãpeʀamã]	땅뻬하망	ⓜ 성질, 체질, (호색적인) 기질
température	[tãpeʀaty:ʀ]	땅뻬하뛰흐	ⓕ 기온, 체온, 열
tempête	[tãpɛt]	땅뻬뜨	ⓕ 폭풍우, 격정
temple	[tã:pl]	땅쁠르	ⓜ 신전, 성당
temporaire	[tãpɔʀɛ:ʀ]	땅뽀헤흐	일시적인, 임시의
temps	[tã]	땅	시간, 시기, 시절
tendance	[tãdã:s]	땅당스	ⓕ 성향, 경향, 추세
tendre	[tã:dʀ]	땅드흐	부드러운, 약한, 섬세한
tendresse	[tãdʀɛs]	땅드헤스	ⓕ 애정, 부드러움
tenir	[təni:ʀ]	뜨니흐	장악하다, 잡다, 쥐다
tennis	[tenis]	떼니스	ⓜ 테니스
tension	[tãsjɔ̃]	땅씨옹	ⓕ 팽팽함, 수축, 압력
tentative	[tãtati:v]	땅따띠브	ⓕ 시도, 기획, 미수
tente	[tã:t]	땅뜨	ⓕ 텐트
tenter	[tãte]	땅떼	시도하다, 유혹하다
tenue	[təny]	뜨뉘	ⓕ 유지, 관리
terme	[tɛʀm]	떼흠므	ⓜ 기한, 기일, 집세
terminer	[tɛʀmine]	떼흐미네	끝내다, 마치다
terminus	[tɛʀminys]	떼흐미뉘스	ⓜ 종착역

terrain [tɛʀɛ̃] 떼헹 *m* 토양

Le terrain est de plus en plus pollué.
토양은 점점 오염되고 있다.

terrasse [tɛʀas] 떼하스 *f* 테라스, 옥상

terre [tɛːʀ] 떼흐 *f* 지구, 지면, 토지

terreur [tɛʀœːʀ] 떼회흐 *f* 공포 (정치), 공포를 주는 존재

terrible [tɛʀibl] 떼히블르 무서운, 지독한

terriblement [tɛʀibləmɑ̃] 떼히블르망 지독하게, 심하게

territoire [tɛʀitwaːʀ] 떼히뚜와흐 *m* 영토, 관할구역

testament [tɛstamɑ̃] 떼스따망 *m* 유언, 유서

Grand-père est mort sans testament.
할아버지는 유언 없이 돌아가셨다.

tête [tɛt] 떼뜨 *f* 머리, 얼굴, 표정, 두뇌

têtu [tɛ[e]ty] 떼뛰 완고한, 고집불통의

texte [tɛkst] 떽스뜨 *m* 텍스트, 본문, 원본

textile [tɛkstil] 떽스띨르 섬유의, 방직의

thé [te] 떼 *m* 홍차, 오후 간식, 차나무

théâtre [teɑːtʀ] 떼아트흐 *m* 연극, 극장, 공연

thème [tɛm] 뗌므 *m* 주제, 작문

théorie [teɔʀi] 떼오히 *f* 이론, 학설, 이치

théorique [teɔʀik] 떼오히끄 이론적인, 이론만의

T

thon	[tɔ̃]	똥	ⓜ 참치
ticket	[tikɛ]	띠께	ⓜ 표, 티켓
tiède	[tjɛd]	띠에드	미지근한, 열의가 없는
tien	[tjɛ̃]	띠엥	너의, 자네의, 네 것
tiens	[tjɛ̃]	띠엥	앗!, 저런!, 어머나!
tiers	[tjɛːʀ]	띠에흐	제3의, 세 번째의
tige	[tiːʒ]	띠쥬	ⓕ 줄기(덩굴)
tigre	[tigʀ]	띠그흐	ⓜ 호랑이
timbre	[tɛ̃ːbʀ]	땡브흐	ⓜ 우표
timide	[timid]	띠미드	얌전한, 내성적인
tir	[tiːʀ]	띠흐	발사, 사격
tirer	[tiʀe]	띠헤	당기다, 뽑다, 당겨서 열다
tiroir	[tiʀwaːʀ]	띠후와흐	ⓜ 서랍
tissu	[tisy]	띠쒸	ⓜ 옷감, 조직
titre	[titʀ]	띠트흐	ⓜ 제목, 표제, 직함
toast	[toːst]	또스뜨	ⓜ 토스트, 건배
toboggan	[tɔbɔgɑ̃]	또보강	ⓜ 미끄럼틀
toi	[twa]	뚜와	너, 자네
toile	[twal]	뚜왈르	ⓕ 베, 직물, 포목, 유화

toilettes	[twalɛt]	뚜왈레뜨	*fpl* 화장실
toi-même	[twamɛm]	뚜와멤므	toi의 강조형
toit	[twa]	뚜와	*m* 지붕, 집
Tokyo	[tokjo]	또꾜	도쿄
tolérer	[tɔleʀe]	똘레헤	봐주다, 허용하다
tomate	[tɔmat]	또마뜨	*f* 토마토
tombe	[tɔ̃:b]	똥브	*f* 무덤
tomber	[tɔ̃be]	똥베	무너지다, 떨어지다, 하락하다
	La climatisation a tombé en panne. 에어컨이 고장났어.		
tome	[tɔm]	똠므	(책) ~권
ton	[tɔ̃]	똥	*m* 말투
tondre	[tɔ̃:dʀ]	똥드흐	깎다, 깎아내다
tonne	[tɔn]	똔느	*f* 톤(t)
tonneau	[tɔno]	또노	*m* 큰 통, 술통
tonnerre	[tɔnɛ:ʀ]	또네흐	*m* 천둥
top	[tɔp]	똡	*m* (시작, 끝을 알리는) 신호
torchon	[tɔʀʃɔ̃]	또흐숑	*m* 행주, 걸레
tordre	[tɔʀdʀ]	또흐드흐	비틀다, 짜다
torrent	[tɔʀɑ̃]	또항	*m* 급류, 쏟아부음

N O P Q R S **T** U V W X Y Z

tort	[tɔːʀ]	또흐	잘못, 오류
tortue	[tɔʀty]	또흐뛰	ⓕ 거북이
tôt	[to]	또	(아침) 일찍
touche	[tuʃ]	뚜슈	ⓕ 건반, 버튼, 문제
toucher	[tuʃe]	뚜셰	닿다, 만지다
toujours	[tuʒuːʀ]	뚜쥬흐	언제나, 변함없이
	C'est toujours autant de fait pris! 이 정도만 해도 나는 감지덕지야!		
tour	[tuːʀ]	뚜흐	ⓜ 차례, 순번, 회전
tourisme	[tuʀism]	뚜히슴므	ⓜ 관광
touriste	[tuʀist]	뚜히스뜨	ⓝ 관광객
tournée	[tuʀnɛ]	뚜흐네	ⓕ 출장, 순회
tourner	[tuʀne]	뚜흐네	돌다, 선회하다, 조업하다
tournesol	[tuʀnəsɔl]	뚜흐느쏠	ⓜ 해바라기
tournevis	[tuʀnəvis]	뚜흐느비스	ⓜ 드라이버
tousser	[tuse]	뚜쎄	기침하다
	Il tousse tous les jours. 그는 매일 기침을 한다.		
tout	[tu]	뚜	전부의, ~전체, 어떤 ~라도
toutefois	[tutfwa]	뚜뜨푸와	그렇지만, 그래도
toux	[tu]	뚜	ⓕ 기침

toxique	[tɔksik]	똑씨끄	유해한, 독성의
trace	[tʀas]	트하스	ⓕ 흔적, 발자취
tradition	[tʀadisjɔ̃]	트하디씨옹	ⓕ 전통, 관습, 전승
traduction	[tʀadyksjɔ̃]	트하뒥씨옹	ⓕ 번역, 번역서
traduire	[tʀadɥiːʀ]	트하뒤이흐	번역하다, 통역하다
trafic	[tʀafik]	트하픽	ⓜ 부정 거래, 밀매
trafiquer	[tʀafike]	트하피께	부정 거래를 하다, 부당 이득을 얻다
tragédie	[tʀaʒedi]	트하제디	ⓕ 비극
tragique	[tʀaʒik]	트하지끄	ⓜ 비극적인, 비참한
trahir	[tʀaiːʀ]	트하이흐	배신하다, 등 돌리다
train	[tʀɛ̃]	트행	ⓜ 열차, 행렬, 한 세트
	Voyons notre horaire des trains. 열차 시간표 좀 보자.		
traîner	[tʀɛ[e]ne]	트헤네	끌다, 끌고가다, 데려가다
trait	[tʀɛ]	트헤	ⓜ 선(線), 윤곽, 표현 방법
traité	[tʀɛ[e]te]	트헤떼	ⓜ 조약, 개론
traitement	[tʀɛtmɑ̃]	트헤뜨망	ⓜ 대우, 취급, 치료
traiter	[tʀɛ[e]te]	트헤떼	다루다, 취급하다
traître	[tʀɛtʀ]	트헤트흐	배신하는, 믿을 수 없는; 배반자
trajet	[tʀaʒɛ]	트하제	ⓜ 여정, 코스

tranche	[tʀɑ̃:ʃ]	트항슈	Ⓕ 얇게 자름, 절단면, 구분
trancher	[tʀɑ̃ʃe]	트항셰	절단하다, 해결하다
tranquille	[tʀɑ̃kil]	트항낄르	고요한, 침착한, 온화한
tranquillement	[tʀɑ̃kilmɑ̃]	트항낄르망	조용히, 침착하게
transformer	[tʀɑ̃sfɔʀme]	트항스포흐메	바꾸다, 변화시키다
transmettre	[tʀɑ̃smɛtʀ]	트항스메뜨흐	전달하다, 옮기다
transparent	[tʀɑ̃spaʀɑ̃]	트항스빠항	투명한, 명백한
transpirer	[tʀɑ̃spiʀe]	트항스삐헤	땀 흘리다, 악전고투하다
	Pourquoi je transpire ainsi beaucoup? 왜 이렇게 땀이 많이 나지?		
transport	[tʀɑ̃spɔ:ʀ]	트항스뽀흐	Ⓜ 교통, 수송, 교통비
transporter	[tʀɑ̃spɔʀte]	트항스뽀흐떼	운반하다, 수송하다
travail	[tʀavaj]	트하바이으	일, 노동, 공부
travailler	[tʀavaje]	트하바이예	일하다, 공부하다
travailleur	[tʀavajœ:ʀ]	트하바이외흐	부지런한, 일을 잘하는
travers	[tʀavɛ:ʀ]	트하베흐	결점, 나쁜 버릇
traverser	[tʀavɛʀse]	트하베흐쎄	횡단하다, 통과하다
trèfle	[tʀɛfl]	트헤플르	Ⓜ 클로버(포커)
treize	[tʀɛ:z]	트헤즈	13
trekking	[tʀɛ[e]kiŋ]	트헤낑그	Ⓜ 등산

tremblement	[tʀɑ̃bləmɑ̃]	트항블르망	(m) 진동, 떨림
trembler	[tʀɑ̃ble]	트항블레	진동하다, 흔들리다
tremper	[tʀɑ̃pe]	트항뻬	적시다, 담그다
trench-coat	[tʀɛnʃkot]	트헹슈-꼬뜨	(m) 트렌치코트
trentaine	[tʀɑ̃tɛn]	트항뗀느	(f) 약 30, 30세, 30대
trente	[tʀɑ̃:t]	트항뜨	30
très	[tʀɛ]	트헤	대단히, 무척
trésor	[tʀezɔ:ʀ]	트헤조흐	(m) 보물, 소중한 사람
triangle	[tʀijɑ̃:gl]	트히앙글르	(m) 삼각형
	Le triangle est une figure qui relie trois points. 삼각형은 세 점을 연결해 만든 도형이다.		
tribunal	[tʀibynal]	트히뷔날	(m) 법원, 법정
tricher	[tʀiʃe]	트히셰	속이다, 속임수를 쓰다
tricot	[tʀiko]	트히꼬	(m) 편물, 니트 웨어
tricotage	[tʀikɔta:ʒ]	트히꼬따쥬	(m) 뜨개질
trier	[tʀije]	트히에	선별하다, 분류하다
trimestre	[tʀimɛstʀ]	트히메스트흐	(m) 3개월, 4반기
triomphe	[tʀijɔ̃:f]	트히옹프	(m) 대성공, 대승, 갈채
triple	[tʀipl]	트히쁠르	3배의, 3중의

triste	[tʀist]	트히스뜨		슬퍼하는, 상심한
tristesse	[tʀistɛs]	트히스떼스	ⓕ	슬픔, 쓸쓸함
trois	[tʀwɑ]	트후아		3
troisième	[tʀwɑzjɛm]	트후아지엠므		3번째의, 제3의
tromper	[tʀɔ̃pe]	트홍뻬		속이다, 사기 치다, 바람 피우다
tronc	[tʀɔ̃]	트홍	ⓜ	나무줄기, 동체
trop	[tʀo]	트호		너무나, 지나치게
trotteur	[tʀɔtœːʀ]	트호뙤흐	ⓜ	보행기
trottoir	[tʀɔtwaːʀ]	트호뚜와흐	ⓜ	인도, 보도
trou	[tʀu]	트후	ⓜ	구멍, 공백, 결손
trouble	[tʀubl]	트후블르	ⓜ	동요, 불안, 내분
troubler	[tʀuble]	트후블레		흐리게 하다, 혼란을 일으키다
trouer	[tʀue]	트후에		구멍을 뚫다, (빛이) 통과하다
troupe	[tʀup]	트후쁘	ⓕ	집단, 그룹, 부대
troupeau	[tʀupo]	트후뽀	ⓜ	무리, 군중
trousse	[tʀus]	트후스	ⓕ	필통
trouver	[tʀuve]	트후베		찾아내다, 만나다
	bureau des objets trouvés 분실물 센터			
truc	[tʀyk]	트휙	ⓜ	요령, 비결, 장치

truite	[tʀɥit]	트휘이뜨	(f) 송어
tu	[ty]	뛰	너, 당신
tube	[tyb]	뛰브	(m) 관, 파이프
tuer	[tɥe]	뛰에	살인하다, 소멸시키다
tuile	[tɥil]	뛰일르	(f) 기와; 뜻밖의 재난
tulipe	[tylip]	뛸리쁘	(f) 튤립
tunnel	[tynɛl]	뛰넬	(m) 터널, 곤경
turc	[tyʀk]	뛰흐끄	터키의
tuyau	[tɥijo]	뛰이요	(m) 관, 파이프, 호스
type	[tip]	띠쁘	(m) 타입, 유형, 전형

| 프랑스어 필수 단어 |

U

un(e)	[œ̃] [yn]	엥, 윈느	하나, 1
uniforme	[ynifɔʀm]	위니포흠르	같은 모양의, 단조로운
union	[ynjɔ̃]	위니옹	Ⓕ 연결, 결합, 결혼
unique	[ynik]	위니끄	유일한, 통합된
uniquement	[ynikmɑ̃]	위니끄망	오로지, 다만
unir	[yniːʀ]	위니흐	결혼시키다, 하나로 만들다
unité	[ynite]	위니떼	Ⓕ 통일, 단일성, 일치
univers	[ynivɛːʀ]	위니베흐	우주, 전 세계
universel	[ynivɛʀsɛl]	위니베흐쎌	세계적인, 우주의
université	[ynivɛʀsite]	위니베흐씨떼	Ⓕ (종합)대학교
urbain	[yʀbɛ̃]	위흐뱅	도시의, 도회적인
urgence	[yʀʒɑ̃ːs]	위흐쟝스	Ⓕ 긴급, 절박
urgent	[yʀʒɑ̃]	위흐쟝	긴급한, 절박한
urologie	[yʀɔlɔʒi]	위홀로지	Ⓕ 비뇨기과
usage	[yzaːʒ]	위자쥬	Ⓜ 사용, 용도
usé	[yze]	위제	낡은, 헌, 소모된

user	[yze]	위제	소비하다, 사용하다
usine	[yzin]	위진느	ⓕ 공장
utile	[ytil]	위띨르	도움이 되는, 유용한
utilisation	[ytilizɑsjɔ̃]	위띨리자씨옹	ⓕ 사용, 이용
utiliser	[ytilize]	위띨리제	사용하다, 이용하다

Je peux utiliser ce duplicateur ici?
여기 복사기 좀 써도 될까요?

utilité	[ytilite]	위띨리떼	ⓕ 유용성, 효용, 이익

| 프랑스어 필수 단어 |

V

vacance	[vakɑ̃:s]	바깡스	ⓕ 휴가, 휴식
vaccin	[vaksɛ̃]	박쌩	ⓜ 백신
vacciner	[vaksine]	박씨네	예방접종 하다
vache	[vaʃ]	바슈	ⓕ 암소(고기)
vague	[vag]	바그	ⓕ 파도
vain	[vɛ̃]	뱅	헛된, 효과 없는
vaincre	[vɛ̃:kʀ]	뱅크흐	무찌르다, 극복하다
vainqueur	[vɛ̃kœ:ʀ]	뱅꾀흐	ⓜ 승리자, 정복자
vaisselle	[vɛsɛl]	베쎌르	ⓕ 식기, 그릇
	Je suis en train de faire la vaisselle. 난 지금 설거지하고 있어.		
valable	[valabl]	발라블르	유효한, 정규적인
valeur	[valœ:ʀ]	발뢰흐	ⓕ 가격, 가치, 중요성
valise	[vali:z]	발리즈	ⓕ 여행 가방
vallée	[vale]	발레	ⓕ 계곡
valoir	[valwa:ʀ]	발루와흐	~의 가치가 있다, 유효하다
vanné(e)	[vane]	바네	녹초가 된

vanter	[vɑ̃te]	방떼	칭찬하다, 자기 자랑하다
vapeur	[vapœːʀ]	바뾔흐	*f* 증기, 김
variable	[baʀjabl]	바히아블르	변하기 쉬운, 불안정한
varié	[vaʀje]	바히에	다채로운, 변화가 많은
varier	[vaʀje]	바히에	변하다, 변화하다, 다르다
variété	[vaʀjete]	바히에떼	*f* 다양성, 품종
vase	[vɑːz]	바즈	*m* 꽃병, 항아리
vaste	[vast]	바스뜨	광대한, 넓은
veau	[vo]	보	*m* 송아지(의 고기, 가죽)
vedette	[vədɛt]	브데뜨	*f* 연예인
végétal	[veʒetal]	베제딸	식물성의
véhicule	[veikyl]	베이뀔르	*m* (모든) 탈것, 교통수단
veille	[vɛj]	베이으	*f* 전날; 깨어 있음; 야간 감시
veiller	[vɛ[e]je]	베이예	철야하다, 불침번을 서다 J'ai veillé toute la nuit en préparant un examen. 시험 공부하느라 철야했어요.
veine	[vɛn]	벤느	*f* 혈관
vélo	[velo]	벨로	*m* 자전거
velours	[v(ə)luːʀ]	블루흐	비로드, 벨벳, 부드러운 것

N O P Q R S T U V W X Y Z

vendange	[vɑ̃dɑ̃:ʒ]	방당쥬	ⓕ 포도 수확
vendeur	[vɑ̃dœ:ʀ]	방되흐	점원, 판매원
vendre	[vɑ̃:dʀ]	방드흐	팔다, 판매하다, 배신하다
vendredi	[vɑ̃dʀədi]	방드흐디	ⓜ 금요일
	De ce vendredi à ce dimanche. 이번 금요일부터 일요일까지요.		
vengeance	[vɑ̃ʒɑ̃:s]	방쟝스	보복, 복수
venger	[vɑ̃ʒe]	방제	보복하다, 만회하다
venir	[v(ə)ni:ʀ]	브니흐	(누가) 찾아오다, (상대에게) 가다
vent	[vɑ̃]	방	ⓜ 바람
vente	[vɑ̃:t]	방뜨	판매, 매상
venter	[vɑ̃te]	방떼	바람이 불다
ventre	[vɑ̃:tʀ]	방트흐	ⓜ 배, 복부, 위
venu	[v(ə)ny]	브뉘	발육이 좋은; 도래한
ventilateur	[vɑ̃tilatœ:ʀ]	방띨라뙤흐	ⓜ 선풍기
ventre	[vɑ̃:tʀ]	방트흐	ⓜ 배(腹)
Vénus	[venys]	베뉘스	ⓕ 금성
ver	[vɛ:ʀ]	베흐	ⓜ 벌레, 지렁이
verbe	[vɛʀb]	베흐브	ⓜ 동사, 어조
véranda	[veʀɑ̃da]	베항다	ⓕ 베란다

vérifier	[veʀifje]	베히피에	확인하다, 점검하다
véritable	[veʀitabl]	베히따블르	진짜의, 진품의
vérité	[veʀite]	베히떼	*f* 진실, 진리, 성실
verre	[vɛːʀ]	베흐	*m* 유리(잔), 유리 뚜껑
verrou	[vɛ(ʀ)ʀu]	베후	*m* 빗장, 걸쇠
vers	[vɛːʀ]	베흐	(방향) ~쪽으로, (시간) ~쯤에 Vers dix heures du matin 오전 10시쯤
verser	[vɛʀse]	베흐쎄	붓다, 따르다, 흘러들어 가다
version	[vɛʀsjɔ̃]	베흐씨옹	*f* 번역(연습), (영화, 문학의) 판(版), 설명
vert	[vɛːʀ]	베흐	*m* 녹색
vertical	[vɛʀtikal]	베흐띠꺌	수직의, 계급제의
vertige	[vɛʀtiːʒ]	베흐띠쥬	*m* 현기증, 어지러움, 도취
vertu	[vɛʀty]	베흐뛰	*f* 미덕, 덕성
vessie	[vesi]	베씨	*f* 방광
veste	[vɛst]	베스뜨	*f* 자켓, 윗도리
vestibule	[bɛstibyl]	베스띠뷜르	*m* 현관
vestige	[vɛstiːʒ]	베스띠쥬	*m* 유적지
veston	[vɛstɔ̃]	베스똥	*m* 상의, 윗도리
vêtement	[vɛtmɑ̃]	베뜨망	*m* 옷, 의류

N O P Q R S T U **V** W X Y Z

	Quel vêtement je dois mettre, aujourd'hui? 오늘은 어떤 옷을 입을까?		
veuf	[vœf]	뵈프	과부의, 홀아비의
veuve	[vœ:v]	뵈브	*f* 미망인
vexer	[vɛkse]	벡쎄	자존심을 상하게 하다, 화나게 하다
viande	[vjɑ̃:d]	비앙드	*f* (식용) 고기
vice	[vis]	비스	*m* 악덕, 악습, 결함
victime	[viktim]	빅띰므	*f* 피해자
victoire	[viktwa:ʀ]	빅뚜와흐	*f* 승리
vidange	[vidɑ̃:ʒ]	비당쥬	*f* 배수구
vide	[vid]	비드	텅 빈, 아무것도 없는
vider	[vide]	비데	비우다, 버리다
vie	[vi]	비	*f* 인생, 생활
vieillard	[vjɛja:ʀ]	비에이야흐	*m* 노인
	On doit respecter les vieillards. 우리는 노인을 공경해야 한다.		
vieillesse	[vjɛjɛs]	비에이예스	*f* 노년, 노화
vieillir	[vjɛ[e]ji:ʀ]	비에이이흐	나이를 먹다, 늙다
vieux(vieille)	[vjø] [vjɛj]	비외(비에이으)	낡은, 나이 먹은, 연장의
vif	[vif]	비프	활발한, 생생한, 예리한
vigne	[viɲ]	비뉴	*f* 포도나무[밭]

vigoureux	[viguʀø]	비구회	건장한, 강렬한
villa	[vi(l)la]	빌라	*f* 별장, 빌라
village	[vilaːʒ]	빌라쥬	*m* 마을 (사람들)
ville	[vil]	빌르	*f* 도시
	La ville pullule de touristes. 그 도시는 관광객으로 붐빈다.		
vin	[vɛ̃]	뱅	*m* 와인, 포도주
vinaigre	[vinɛgʀ]	비네그흐	*m* 식초
vingt	[vɛ̃]	뱅	20
vingtaine	[vɛ̃tɛn]	뱅뗀느	*f* 약 20
vingtième	[vɛ̃tjɛm]	뱅띠엠므	20번째의
violence	[vjɔlɑ̃ːs]	비올랑스	*f* 폭행, 폭력
violent	[vjɔlɑ̃]	비올랑	난폭한, 강렬한
violet	[vjɔlɛ]	비올레	*m* 보라색
violette	[vjɔlɛt]	비올레뜨	*f* 제비꽃
violon	[vjɔlɔ̃]	비올롱	*m* 바이올린 (연주자)
virage	[viʀaːʒ]	비하쥬	*m* 방향 전환, 커브
virgule	[viʀgyl]	비흐귈르	*f* 쉼표, 콤마
vis	[vis]	비스	*f* 나사, 나선형 계단
visa	[viza]	비자	*m* 비자

visage	[viza:ʒ]	비자쥬	*m* 얼굴, 안색
	Elle a un beau visage. 그녀는 예쁜 얼굴을 가졌어요.		
viser	[vize]	비제	노리다, 겨냥하다
visible	[vizibl]	비지블르	눈에 보이는, 명백한
vision	[vizjɔ̃]	비지옹	*f* 시력, 시각, 보는 것
visite	[vizit]	비지뜨	*f* 방문, 견학, 진찰
visiter	[vizite]	비지떼	방문하다, 병문안 가다
visiteur	[vizitœ:ʀ]	비지뙤흐	방문자, 면회자, 문병객
vite	[vit]	비뜨	신속하게, 서둘러
vitesse	[vitɛs]	비떼스	*f* 속도, 속력
vitre	[vitʀ]	비트흐	*f* (창문 따위의) 유리
vitrine	[vitʀin]	비트힌느	*f* 쇼윈도, 진열장
vivant	[vivɑ̃]	비방	살아 있는, 생생한
vivement	[vivmɑ̃]	비브망	빠르게, 강렬하게
vivre	[vi:vʀ]	비브흐	살다, 생활하다, 존속하다
vocabulaire	[vɔkabylɛ:ʀ]	보꺄뷜레흐	*m* 어휘, 용어
vodka	[vɔdka]	보드꺄	*f* 보드카
vœu	[vø]	뵈	*m* (신에 대한) 맹세, 기원, 소망
voici	[vwasi]	부와씨	여기 ~이 있다, 이것이 ~이다

voie	[vwa]	부와	ⓕ 도로, 선로, 차선
voilà	[vwala]	부알라	거기에 ~이 있다, 그것이 ~이다
voir	[vwa:ʀ]	부와흐	보다, 보이다, 면회하다, 생각이 떠오르다
voisin	[vwazɛ̃]	부와쟁	ⓜ 이웃 (남자)
vos	[vɔ]	보	너의, 너희의
voisine	[vwazin]	부와진느	ⓕ 이웃 (여자)
voiture	[vwaty:ʀ]	부아뛰흐	자동차, 마차
voix	[vwa[ɑ]]	부와	ⓕ 목소리
	Je n'ai entendu que ta voix. 난 네 목소리만 들리는데.		
vol	[vɔl]	볼	ⓕ 비행, 항공편, 비상
volant	[vɔlɑ̃]	볼랑	ⓜ 핸들, 운전대
volcan	[vɔlkɑ̃]	볼깡	ⓜ 화산
voler	[vɔle]	볼레	훔치다, 날다
volet	[vɔlɛ]	볼레	ⓜ 덧문, 겉창
voleur(se)	[vɔlœ:ʀ] [vɔlø:z]	볼뢰흐(즈)	ⓝ 도둑, 폭리를 취하는 사람
volley-ball	[vɔlɛbo:l]	볼레볼	ⓜ 배구
volontaire	[vɔlɔ̃tɛ:ʀ]	볼롱떼흐	자발적인, 고의의
volonté	[vɔlɔ̃te]	볼롱떼	ⓕ 의지, 의욕, 의사
volontiers	[vɔlɔ̃tje]	볼롱띠에	기꺼이, 자진하여

N O P Q R S T U V W X Y Z

volubilis	[vɔlybilis]	볼뤼빌리스	ⓜ 나팔꽃
volume	[vɔlym]	볼륌므	ⓜ 부피, 크기, ~권, 음량
vomir	[vɔ[o]mi:ʀ]	보미흐	토하다, 분출하다
vote	[vɔt]	보뜨	ⓜ 투표, 표결
voter	[vɔte]	보떼	투표하다, 투표로 결정하다
votre	[vɔtʀ]	보트흐	당신(들)의
	Quelle est votre taille? 키가 얼마나 되세요?		
vôtre	[vo:tʀ]	보트흐	당신(들)의 것
vouloir	[vulwa:ʀ]	불루와흐	바라다, 원하다
	Je voudrais réserver une chambre libre. 방을 예약하고 싶어요.		
vous	[vu]	부	당신(들)은[을, 에게]
vous-même	[vumɛm]	부멤므	당신(들) 자신
voyage	[vwaja:ʒ]	부아야쥬	ⓜ 여행, 왕복
voyage d'affaires	[vwaja:ʒ dafɛ:ʀ]	부아야쥬다페흐	ⓜ 출장
voyager	[vwajaʒe]	부아야제	여행하다, 이동하다
voyageur	[vwajaʒœ:ʀ]	부아야죄흐	여행자, 승객
vrai(e)	[vʀɛ]	브해	진실한, 진짜의
vraiment	[vʀɛmɑ̃]	브해망	정말로, 실제로

	Ma mère est vraiment jolie. 우리 엄마는 진짜 예쁘다.
vraisemblable	[vʀɛsɑ̃blabl] 브해쌍블라블르 **진짜 같은, 있을 법한**
vue	[vy] 뷔 ⓕ **시각, 시력, 눈, 전망**
vulgaire	[vylgɛːʀ] 뷜게흐 **저속한, 통속적인**

W

wagon	[vagɔ̃]	바공	m 차량, 화물차
wagon-lit	[vagɔ̃li]	바공리	m 침대차
waters	[watɛːʀ]	와떼흐	m 변기
W.-C.	[dubləvese]	두블르베쎄	화장실
week-end	[wikɛnd]	위껜드	m 주말
whisky	[wiski]	위스끼	m 위스키

Y

y	[i]	이	**거기에, 그것을**
yacht	[jɔt]	요뜨	*m* **요트**
yaourt	[jauʀt]	야우흐뜨	*m* **요구르트**
yeux	[jø]	이외	*mpl* **눈(복수)**

J'aime beaucoup ses yeux de cristal.
나는 그녀의 수정 같은 눈을 사랑한다.

| 프랑스어 필수 단어 |

Z

zèbre	[zɛbʀ]	제브흐	*m* 얼룩말
zéro	[zeʀo]	제호	0
zip	[zip]	지쁘	*m* 지퍼
zone	[zoːn]	존느	*f* 지역, 영역, 지대
zoo	[zɔo]	조	*m* 동물원

| SECTION 02 |

한국어 + 프랑스어 단어

| 프랑스어 필수 단어 |

ㄱ

가게 (다방, 미용실)	*f* **boutique**	[butik]	부띠끄
	m **magasin**	[magazɛ̃]	마갸쟁
	m **salon**	[salɔ̃]	쌀롱
가격	*m* **prix**	[pʀi]	프히
	f **valeur**	[valœːʀ]	발뢰흐
가격이 ~이다	**coûter**	[kute]	꾸떼
가격 인상	*f* **hausse**	[oːs]	오쓰
가격표	*f* **étiquette**	[etikɛt]	에띠께뜨
	m **tarif**	[taʀif]	따히프
가공의	**imaginaire**	[imaʒinɛːʀ]	이마지네흐
가공할 만한	**horrible**	[ɔʀibl]	오히블르
	redoutable	[ʀədutabl]	흐두따블르
가구	*m* **meuble**	[mœbl]	뫼블르
가구를 비치하다	**meubler**	[mœble]	뫼블레
가까운	**proche**	[pʀɔʃ]	프호슈
가까이(에)	**près**	[pʀɛ]	프헤
가끔	**parfois**	[paʀfwa]	빠흐푸와

한국어	성	프랑스어	발음	한글 발음
		quelquefois	[kɛlkəfwa]	껠끄푸와
가난	f	pauvreté	[povʀəte]	뽀브흐떼
가난한		misérable	[mizeʀabl]	미제하블르
		pauvre	[poːvʀ]	뽀브흐
가내 수공업		artisanat	[aʀtizana]	아흐띠자나
가는		mince	[mɛ̃ːs]	맹스
가능한		possible	[pɔsibl]	뽀씨블르
가다		aller	[ale]	알레
가동성의		mobile	[mɔbil]	모빌르
가두다		renfermer	[ʀɑ̃fɛʀme]	항페흐메
가득 찬		plein	[plɛ̃]	쁠렝
가득 채우다		remplir	[ʀɑ̃pliːʀ]	항쁠리흐
가디건	m	cardigan	[kaʀdigɑ̃]	꺄흐디강
가로	f	largeur	[laʀʒœːʀ]	라흐죄흐
가로등	m	lampadaire	[lɑ̃padɛːʀ]	랑빠데흐
가로막다		boucher	[buʃe]	부셰
가로수	m	arbre d'alignement	[aʀbʀ daliɲmɑ̃]	아흐브흐 달리뉴망
가루	f	poudre	[pudʀ]	뿌드흐
가르마		raie	[ʀɛ]	헤
가르치다		indiquer	[ɛ̃dike]	앵디께

ㄱ

	renseigner	[ʀɑ̃sɛ[e]ɲe]	항쎄녜
가리다	masquer	[maske]	마스께
가리키다	désigner	[deziɲe]	데지녜
	indiquer	[ɛ̃dike]	앵디께
가문	*f* maison	[mɛzɔ̃]	메종
가뭄	*f* sécheresse	[sɛ[e]ʃʀɛs]	쎄슈헤스
가방	*m* sac	[sak]	싹
가벼운	léger(ère)	[leʒe] [leʒɛːʀ]	레제(흐)
가벼움	*f* légèreté	[leʒɛʀte]	레제흐떼
가볍게	légèrement	[leʒɛʀmɑ̃]	레제흐망
가속하다	accélérer	[akseleʀe]	악쎌레헤
가수	*n* chanteur(se)	[ʃɑ̃tœːʀ] [ʃɑ̃tøːz]	샹뙤흐(즈)
가스	*m* gaz	[gɑːz]	갸즈
가슴	*m* sein	[sɛ̃]	쎙
가슴 부분	*f* poitrine	[pwatʀin]	뿌아트힌느
가시	*m* aiguillon	[egɥijɔ̃]	에귀이용
가시 돋힌	aigre	[ɛgʀ]	에그흐
가엾은	malheureux	[malœʀø]	말뢰회
	minable	[minabl]	미나블르
가요	*f* chanson	[ʃɑ̃sɔ̃]	샹송

가운데	m milieu	[miljø]	밀리외
가위	m ciseau	[sizo]	씨조
가을	m automne	[ɔ[o]tɔn]	오똔느
가이드	m guide	[gid]	기드
가입	f adhésion	[adezjɔ̃]	아데지옹
가입 계약	m abonnement	[abɔnmɑ̃]	아본느망
가입 신청하다	abonner	[abɔne]	아보네
가입하다	entrer	[ɑ̃tʀe]	앙뜨헤
가장 작은	moindre	[mwɛ̃:dʀ]	무앵드흐
가장 중요한	capital	[kapital]	까삐딸
가장자리(장식)	m bord	[bɔ:ʀ]	보흐
	f bordure	[bɔʀdy:ʀ]	보흐뒤흐
가전제품	m électroménager	[elɛktʀɔmenaʒe]	엘렉트호 메나제
가정	f famille	[famij]	파미이으
	m foyer	[fwaje]	푸와예
가정(假定)	f supposition	[sypozisjɔ̃]	쒸뽀지씨옹
가정의	domestique	[dɔmɛstik]	도메스띠끄
가정주부	f femme au foyer	[famo fwaje]	팜므 오 푸와예
가정하다	imaginer	[imaʒine]	이마지네
	supposer	[sypoze]	쒸뽀제

한국어	성	프랑스어	발음	한글 발음
가져가다		emporter	[ɑ̃pɔʀte]	앙뽀흐떼
		remporter	[ʀɑ̃pɔʀte]	항뽀흐떼
가져오다[가다]		apporter	[apɔʀte]	아뽀흐떼
가족	f	famille	[famij]	파미이으
가족의		familial	[familjal]	파밀리알
가죽(제품)	m	cuir	[kɥiːʀ]	뀌이흐
가지(채소)	f	aubergine	[obɛʀʒin]	오베흐진느
가지다		avoir	[avwaːʀ]	아부아흐
가짜의		faux	[fo]	포
		frauduleux(se)	[fʀodylø] [fʀodyl øːz]	프호뒬뢰(즈)
가차 없는		brutal(ale)	[bʀytal]	브휘딸(르)
가축(집합적)	m	bétail	[betaj]	베따이으
가치	m	prix	[pʀi]	프히
	f	valeur	[valœːʀ]	발뢰흐
가치가 같다		équivaloir	[ekivalwaːʀ]	에끼발루아흐
가혹한		sévère	[sevɛːʀ]	쎄베흐
각각의		chaque	[ʃak]	샤끄
각도	m	angle	[ɑ̃ːgl]	앙글르
	m	coin	[kwɛ̃]	꾸앵
각료	m	ministère	[ministɛːʀ]	미니스떼흐

가족

□ grand-père [gʀɑ̃pɛːʀ] 그항 빼흐 m 할아버지

□ grand-mère [gʀɑ̃mɛːʀ] 그항 메흐 f 할머니

□ père [pɛːʀ] 빼흐 m 아버지

□ mère [mɛːʀ] 메흐 f 어머니

□ oncle [ɔ̃ːkl] 옹끌르 m 아저씨, 삼촌

□ tante [tɑ̃ːt] 땅뜨 f 아주머니, 이모, 고모

□ fils [fis] 피스 m 아들

□ fille [fij] 피으 f 딸

□ frère [fʀɛːʀ] 프헤흐 m 형, 오빠

□ soeur [soeːʀ] 쐬흐 f 누나, 언니

□ cousin [kuzɛ̃] 꾸쟁 m 사 촌(남)

□ cousine [kuzin] 꾸진느 f 사촌(여)

□ neveu [nəvø] 느뵈 f 조카 (남)

□ nièce [njɛs] 니에스 f 조카 (여)

각오	ⓕ préparation	[pʀepaʀɑsjɔ̃]	프헤빠하씨옹
각자	chacun(e)	[ʃakœ̃]	샤꺵
간(肝)	ⓜ foie	[fwa]	푸와
간격	ⓜ écart	[ekaːʀ]	에꺄흐
	ⓜ intervalle	[ɛ̃tɛʀval]	앵떼흐발르
간단한	bref	[bʀɛf]	브헤프
	brève	[bʀɛv]	브헤브
	facile	[fasil]	파실르
간섭	ⓕ intervention	[ɛ̃tɛʀvɑ̃sjɔ̃]	앵떼흐방씨옹
간섭하다	intervenir	[ɛ̃tɛʀvəniːʀ]	앵떼흐브니흐
간식(거리)	ⓕ collation	[kɔ(l)lɑsjɔ̃]	꼴라씨옹
간염	ⓕ hépatite	[epatit]	에빠띠뜨
간접적인	indirect	[ɛ̃diʀɛkt]	앵디헥뜨
	lointain	[lwɛ̃tɛ̃]	루앵땡
간질이는	chatouiller	[ʃatuje]	샤뚜이예
간청	prière	[pʀijɛːʀ]	프히에흐
간청하다	réclamer	[ʀekla[ɑ]me]	헤끌라메
	solliciter	[sɔ(l)lisite]	쏠리씨떼
	supplier	[syplije]	쒸쁠리에
간파하다	deviner	[dəvine]	드비네

간판	m	panneau	[pano]	빠노
간편함	f	facilité	[fasilite]	파실리떼
간호		soin	[swɛ̃]	수앵
간호사	n	infirmier(ère)	[ɛ̃fiʀmje] [ɛ̃fiʀmjɛːʀ]	앵피흐미에(흐)
갈기(사자, 말의)		crinière	[kʀinjɛːʀ]	크히니에흐
갈다		labourer	[labuʀe]	라부헤
갈대	m	roseau	[ʀozo]	호조
갈등	m	conflit	[kɔ̃fli]	꽁플리
갈매기	f	mouette	[mwɛt]	무에뜨
갈비뼈	f	côte	[koːt]	꼬뜨
갈색	m	brun(e)	[brœ̃]	브횅
갈증(추상적)	f	soif	[swaf]	쑤와프
갈증을 풀다		rafraîchir	[ʀafʀɛ[e]ʃiːʀ]	하프헤쉬흐
갈채		bravo	[bʀavo]	브하보
갈퀴	m	râteau	[ʀɑto]	하또
갉아먹다		ronger	[ʀɔ̃ʒe]	홍제
감	m	kaki	[kaki]	까끼
감각	m	sens	[sɑ̃ːs]	쌍스
감격	m	enthousiasme	[ɑ̃tuzjasm]	앙뚜지아슴므
감금하다		boucler	[bukle]	부끌레

	enfermer	[ɑ̃fɛʀme]	앙페흐메
감기	m rhume	[ʀym]	휨므
감기 걸리다	enrhumer	[ɑ̃ʀyme]	앙휘메
감내하다	subir	[sybiːʀ]	쒸비흐
감당하다	supporter	[sypɔʀte]	쒸뽀흐떼
감독	m évêque	[evɛk]	에베끄
감독하다	diriger	[diʀiʒe]	디히제
감동	f impression	[ɛ̃pʀɛsjɔ̃]	앵프헤씨옹
감동시키다	émouvoir	[emuvwaːʀ]	에무부아흐
감동을 주는	sensationnel	[sɑ̃sasjɔnɛl]	쌍사씨오넬
감동적인	dramatique	[dʀamatik]	드하마띠끄
감사	gré	[gʀe]	그헤
	f reconnaissance	[ʀəkɔnɛsɑ̃ːs]	흐꼬네쌍스
	remerciement	[ʀəmɛʀsimɑ̃]	흐메흐씨망
감사하는	reconnaissant	[ʀəkɔnɛsɑ̃]	흐꼬네쌍
감사하다	remercier	[ʀəmɛʀsje]	흐메흐씨에
감사합니다	m merci	[mɛʀsi]	메흐씨
감소	f diminution	[diminysjɔ̃]	디미뉘씨옹
	f réduction	[ʀedyksjɔ̃]	헤뒥씨옹
감시	m contrôle	[kɔ̃tʀoːl]	꽁트홀르

한국어	성	프랑스어	발음	한글 발음
감시자		gardien	[gaʀdjɛ̃]	갸흐디엥
감시하다		surveiller	[syʀvɛ[e]je]	쒸흐베이예
감싸다		entourer	[ɑ̃tuʀe]	앙뚜헤
		excuser	[ɛkskyze]	엑스뀌제
감염시키다		contaminer	[kɔ̃tamine]	꽁따미네
감옥	m	cachot	[kaʃo]	꺄쇼
	f	prison	[pʀizɔ̃]	프히종
감자	f	pomme de terre	[pɔmdətɛʀ]	뽐므 드 떼흐
감자튀김	fpl	frites	[fʀit]	프히뜨
감정	f	émotion	[emosjɔ̃]	에모씨옹
	m	sentiment	[sɑ̃timɑ̃]	쌍띠망
감정의		sentimental	[sɑ̃timɑ̃tal]	쌍띠망딸
감추다		cacher	[kaʃe]	꺄셰
		dissimuler	[disimyle]	디씨뮐레
감춰진		caché	[kaʃe]	꺄셰
		secret	[s(ə)kʀɛ]	스크헤
감탄	f	admiration	[admiʀɑsjɔ̃]	아드미하씨옹
감탄하다		admirer	[admiʀe]	아드미헤
		s'émerveiller	[semɛʀvɛ[e]je]	쎄메흐베이예
감탄할 만한		admirable	[admiʀabl]	아드미하블르

감히 ~하다	**oser**	[oze]	오제
갑(岬)	*m* **cap**	[kap]	꺕
갑자기	**brusquement**	[bʀyskəmɑ̃]	브휘스끄망
	soudain	[sudɛ̃]	쑤뎅
갑판	*m* **pont**	[pɔ̃]	뽕
값비싼	**cher(ère)**	[ʃɛːʀ]	쉐흐
	précieux	[pʀesjø]	프헤씨외
강	*m* **fleuve**	[flœːv]	플뢰브
	f **rivière**	[ʀivjɛːʀ]	히비에흐
강국	*f* **puissance**	[pɥisɑ̃ːs]	쀠이쌍스
강낭콩	*m* **haricot**	[aʀiko]	아히꼬
강도(强盜)	*m* **bandit**	[bɑ̃di]	방디
	n **cambrioleur(se)**	[kɑ̃bʀijɔlœːʀ] [kɑ̃bʀijɔløːz]	깡브히올뢰흐(즈)
강력한	**énergique**	[enɛʀʒik]	에네흐지끄
	puissant	[pɥisɑ̃]	쀠이쌍
강렬하게	**vivement**	[vivmɑ̃]	비브망
강렬한	**fort(e)**	[fɔːʀ] [fɔʀt]	포흐(뜨)
	vigoureux	[viguʀø]	비구회
강변	**rive**	[ʀiːv]	히브
강세	*m* **accent**	[aksɑ̃]	악쌍

강연	m **discours**	[diskuːʀ]	디스꾸흐
강요된	**forcé**	[fɔʀse]	포흐쎄
강요하다	**forcer**	[fɔʀse]	포흐쎄
강의	m **cours**	[kuːʀ]	꾸흐
강제	m **forcement**	[fɔʀsemɑ̃]	포흐쓰망
강제적인	**impératif**	[ɛ̃peʀatif]	앵뻬하띠프
	obligatoire	[ɔbligatwaːʀ]	오블리꺄뚜와흐
강제하다	**contraindre**	[kɔ̃tʀɛ̃ːdʀ]	꽁뜨헹드흐
	forcer	[fɔʀse]	포흐쎄
	imposer	[ɛ̃poze]	앵뽀제
	obliger	[ɔbliʒe]	오블리제
강조하다	**exagérer**	[ɛgzaʒeʀe]	에그자제헤
	insister	[ɛ̃siste]	앵시스떼
	souligner	[suliɲe]	쑬리녜
강철	m **acier**	[asje]	아씨에
강하게	**fortement**	[fɔʀtəmɑ̃]	포흐뜨망
강한	**fort(e)**	[fɔːʀ] [fɔʀt]	포흐(뜨)
갖고 가다	**amener**	[amne]	아므네
	prendre	[pʀɑ̃ːdʀ]	프항드흐
같은 모양의	**uniforme**	[ynifɔʀm]	위니포흠므

ㄱ

Korean	Gender	French	IPA	Pronunciation
같은 (사람)		identique	[idɑ̃tik]	이당띠끄
		même	[mɛm]	멤므
같음	f	égalité	[egalite]	에갈리떼
개	m	chien	[ʃjɛ̃]	쉬엥
개나리	m	forsythia	[fɔʀsis[t]ja]	포흐씨씨아
개념	f	notion	[nosjɔ̃]	노씨옹
개다		plier	[plije]	쁠리에
개똥벌레	f	luciole	[lysjɔl]	뤼씨올르
개막[취임]식을 하다		inaugurer	[inɔ[o]gyʀe]	이노귀헤
개미	f	fourmi	[fuʀmi]	푸흐미
개발	f	exploitation	[ɛksplwatɑsjɔ̃]	엑스쁠루아따씨옹
개발하다		exploiter	[ɛksplwate]	엑스쁠루아떼
개별적으로		séparément	[sepaʀemɑ̃]	쎄빠헤망
개선	f	amélioration	[ameljɔʀɑsjɔ̃]	아멜리오하씨옹
	f	réforme	[ʀefɔʀm]	헤포흠므
개선하다		améliorer	[ameljɔʀe]	아멜리오헤
		remédier	[ʀəmedje]	흐메디에
개성	f	personnalité	[pɛʀsɔnalite]	뻬흐소날리떼
개성[인간미]이 없는		impersonnel	[ɛ̃pɛʀsɔnɛl]	앵뻬흐소넬
개성적인		individuel	[ɛ̃dividɥɛl]	앵디비뒤엘

	original	[ɔʀiʒinal]	오히지날
개요	ⓜ aperçu	[apɛʀsy]	아뻬흐쒸
	ⓜ schéma	[ʃema]	셰마
개울	ⓜ ruisseau	[ʀɥiso]	휘이쏘
개인	ⓜ individu	[ɛ̃dividy]	앵디비뒤
개인의	individuel	[ɛ̃dividɥɛl]	앵디비뒤엘
	personnel	[pɛʀsɔnɛl]	뻬흐쏘넬
개인적으로	particulièrement	[paʀtikyljɛʀmɑ̃]	빠흐띠뀔리에흐망
	personnellement	[pɛʀsɔnɛlmɑ̃]	뻬흐소넬르망
개인적인	particulier	[paʀtikylje]	빠흐띠뀔리에
개입하다	intervenir	[ɛ̃tɛʀvəniːʀ]	앵떼흐브니흐
개점하다	ouvrir	[uvʀiːʀ]	우브히흐
개조	ⓕ réfection	[ʀefɛksjɔ̃]	헤펙씨옹
개조하다	remanier	[ʀəmanje]	흐마니에
개찰하다	composter	[kɔ̃pɔste]	꽁뽀스떼
개척(지)	ⓕ exploitation	[ɛksplwatɑsjɔ̃]	엑스쁠루아따씨옹
개척하다	exploiter	[ɛksplwate]	엑스쁠루아떼
개축하다	reconstruire	[ʀəkɔ̃stʀɥiːʀ]	흐꽁스트휘이흐
개표원	contrôleur	[kɔ̃tʀolœːʀ]	꽁트홀뢰흐
개혁	ⓕ réforme	[ʀefɔʀm]	헤포흠므

ㄱ

개혁하다	innover	[i(n)nɔve]	이노베
	réformer	[ʀefɔʀme]	헤포흐메
	rénover	[ʀenɔve]	헤노베
객관적인	objectif	[ɔbʒɛktif]	오브젝띠프
객실	m compartiment	[kɔ̃paʀtimɑ̃]	꽁빠흐띠망
거기	là	[la]	라
거기에	là-dedans	[laddɑ̃]	라드당
	y	[i]	이
거기에 ~이 있다	voilà	[vwala]	부알라
거대한	énorme	[enɔʀm]	에노흠므
	formidable	[fɔʀmidabl]	포흐미다블르
거둬들이다	moissonner	[mwasɔne]	무와쏘네
거듭 말하다	répéter	[ʀepete]	헤뻬떼
거래	m commerce	[kɔmɛʀs]	꼬메흐스
거론하다	citer	[site]	씨떼
거르다	filtrer	[filtʀe]	필트헤
거리	f distance	[distɑ̃:s]	디스땅스
	m écart	[eka:ʀ]	에꺄흐
거만한	fier	[fjɛ:ʀ]	피에흐
	orgueilleux	[ɔʀgœjø]	오흐괴이외

한국어	성	프랑스어	발음	한글 발음
거미	f	**araignée**	[arɛ[e]ɲe]	아헤녜
거부	m	**refus**	[Rəfy]	흐퓌
거부하는		**négatif**	[negatif]	네갸띠프
거부하다		**exclure**	[ɛkskly:R]	엑스끌뤼흐
		refuser	[Rəfyze]	흐퓌제
거북이	f	**tortue**	[tɔRty]	또흐뛰
거슬리는		**rude**	[Ryd]	휘드
거시기	m	**machin**	[maʃɛ̃]	마섕
거실	m	**salon**	[salɔ̃]	쌀롱
거울	m	**miroir**	[miRwa:R]	미후와흐
거의 ~없다		**guère**	[gɛ:R]	게흐
거절	m	**refus**	[Rəfy]	흐퓌
거절하다		**refuser**	[Rəfyze]	흐퓌제
		repousser	[Rəpuse]	흐뿌세
거주	f	**habitation**	[abitɑsjɔ̃]	아비따씨옹
	m	**logement**	[lɔʒmɑ̃]	로쥬망
거주자		**habitant**	[abitɑ̃]	아비땅
	f	**résidence**	[Rezidɑ̃:s]	헤지당스
거주하다		**habiter**	[abite]	아비떼
거즈	f	**gaze**	[gɑ:z]	가즈

ㄱ ㄴ ㄷ ㄹ ㅁ ㅂ ㅅ ㅇ ㅈ ㅊ ㅋ ㅌ ㅍ ㅎ

ㄱ

거지	mendiant	[mɑ̃djɑ̃]	망디앙
거짓	ⓜ mensonge	[mɑ̃sɔ̃:ʒ]	망쏭쥬
거짓말쟁이	menteur	[mɑ̃tœ:ʀ]	망뙤흐
거짓말하다	mentir	[mɑ̃ti:ʀ]	망띠흐
거친	rude	[ʀyd]	휘드
거푸집	ⓜ moule	[mul]	물르
거품	ⓕ écume	[ekym]	에뀜므
	ⓕ mousse	[mus]	무쓰
걱정	ⓕ alarme	[alaʀm]	알라흠므
	ⓕ crainte	[kʀɛ̃:t]	끄행뜨
	ⓜ ennui	[ɑ̃nɥi]	앙뉘이
	inquiétude	[ɛ̃kjetyd]	앵끼에뛰드
	soin	[swɛ̃]	수앵
	souci	[susi]	쑤씨
걱정되는	inquiet	[ɛ̃kjɛ]	앵끼에
걱정시키다	accabler	[akɑble]	아꺄블레
	ennuyer	[ɑ̃nɥije]	앙뉘이예
	inquiéter	[ɛ̃kjete]	앵끼에떼
	préoccuper	[pʀeɔkype]	프헤오뀌뻬
걱정하는	anxieux(se)	[ɑ̃ksjø] [ɑ̃ksjø:z]	앙끄씨외(즈)

걱정하다		craindre	[kʀɛ̃ːdʀ]	크행드흐
		redouter	[ʀədute]	흐두떼
		s'inquiéter	[sɛ̃kjete]	쌩끼에떼
건강	f	santé	[sɑ̃te]	쌍떼
건강한		debout	[dəbu]	드부
		sain	[sɛ̃]	쎙
건너편	m	autre côté	[oːtʀ kote]	오트흐꼬떼
건너편의		opposé	[ɔpoze]	오뽀제
건물	m	bâtiment	[bɑtimɑ̃]	바띠망
건반	f	touche	[tuʃ]	뚜슈
건배	m	toast	[toːst]	또스뜨
	f	santé	[sɑ̃te]	쌍떼
건설하다		élever	[ɛ[e]lve]	엘르베
건장한		vigoureux	[viguʀø]	비구회
건져내다		retirer	[ʀətiʀe]	흐띠헤
건조시키다		sécher	[seʃe]	쎄셰
건조한		sec(sèche)	[sɛk] [seʃ]	쎅(쎄슈)
건초	m	foin	[fwɛ̃]	푸앵
건축	f	construction	[kɔ̃stʀyksjɔ̃]	꽁스트휙씨옹
건축가	m	architecte	[aʀʃitɛkt]	아흐쉬떽뜨

ㄱ ㄴ ㄷ ㄹ ㅁ ㅂ ㅅ ㅇ ㅈ ㅊ ㅋ ㅌ ㅍ ㅎ

ㄱ

건축물	(m) **bâtiment**	[batimɑ̃]	바띠망
건축하다	**bâtir**	[batiːʀ]	바띠흐
	construire	[kɔ̃stʀɥiːʀ]	꽁스트휘이흐
건포도	(m) **raisin sec**	[ʀɛzɛ̃ sɛk]	해쟁 쎅
걷다	**marcher**	[maʀʃe]	마흐셰
걸다	**accrocher**	[akʀɔʃe]	아크호셰
	pendre	[pɑ̃ːdʀ]	빵드흐
걸레	(m) **chiffon**	[ʃifɔ̃]	쉬퐁
	(m) **torchon**	[tɔʀʃɔ̃]	또흐숑
걸음	(f) **marche**	[maʀʃ]	마흐슈
걸작	(m) **chef-d'œuvre**	[ʃɛdœːvʀ]	셰되브흐
	(f) **merveille**	[mɛʀvɛj]	메흐베이으
걸출한	**remarquable**	[ʀəmaʀkabl]	흐마흐꺄블르
검(劍)	(f) **lame**	[lam]	람므
검사	(m) **contrôle**	[kɔ̃tʀoːl]	꽁트홀르
	(f) **inspection**	[ɛ̃spɛksjɔ̃]	앵스뻭씨옹
검사관	**contrôleur**	[kɔ̃tʀolœːʀ]	꽁트홀뢰흐
	inspecteur	[ɛ̃spɛktœːʀ]	앵스뻭뙤흐
검사하다	**inspecter**	[ɛ̃spɛkte]	앵스뻭떼
검역	(f) **quarantaine**	[kaʀɑ̃tɛn]	꺄항뗀느

검정	ⓜ **noir**	[nwaːʀ]	누아흐
검찰	ⓜ **parquet**	[paʀkɛ]	빠흐께
검토	ⓕ **revue**	[ʀəvy]	흐뷔
검토하다	**considérer**	[kɔ̃sideʀe]	꽁시데헤
	discuter	[diskyte]	디스뀌떼
	envisager	[ɑ̃vizaʒe]	앙비자제
	examiner	[ɛgzamine]	에그자미네
겁 많은	**peureux(se)**	[pœʀø] [pœʀøːz]	뾔회(즈)
것	ⓕ **chose**	[ʃoːz]	쇼즈
게	ⓜ **crabe**	[kʀɑːb]	크하브
게다가	**davantage**	[davɑ̃taːʒ]	다방따쥬
게시문	ⓜ **placard**	[plakaːʀ]	쁠라꺄흐
게시판	ⓜ **panneau**	[pano]	빠노
게으른	**endormi(e)**	[ɑ̃dɔʀmi]	앙도흐미
	négligent	[negliʒɑ̃]	네글리쟝
	paresseux(se)	[paʀɛsø] [paʀɛsøːz]	빠헤쐬(즈)
게임	ⓜ **jeu**	[ʒø]	죄
게임하다	**jouer**	[ʒwe]	쥬에
겨냥하다	**destiner**	[dɛstine]	데스띠네
	viser	[vize]	비제

ㄱ

겨루다	rivaliser	[ʀivalize]	히발리제
겨울	m hiver	[ivɛ:ʀ]	이베흐
격노	f fureur	[fyʀœ:ʀ]	퓌회흐
	f rage	[ʀa:ʒ]	하쥬
격노한	furieux	[fyʀjø]	퓌히외
격려하다	pousser	[puse]	뿌세
	réconforter	[ʀekɔ̃fɔʀte]	헤꽁포흐떼
격렬하게	fortement	[fɔʀtəmɑ̃]	포흐뜨망
격리시키다	isoler	[izɔle]	이졸레
격언	m proverbe	[pʀɔvɛʀb]	프호베흐브
격정	f tempête	[tɑ̃pɛt]	땅뻬뜨
격차	m fossé	[fose]	포쎄
격퇴하다	refouler	[ʀəfule]	흐풀레
격투하다	lutter	[lyte]	뤼떼
겪다	subir	[sybi:ʀ]	쒸비흐
견디다	souffrir	[sufʀi:ʀ]	쑤프히흐
	supporter	[sypɔʀte]	쒸뽀흐떼
견본	f exécution	[ɛgzekysjɔ̃]	에그제뀌씨옹
	m modèle	[mɔdɛl]	모델르
견습 (기간)	m apprentissage	[apʀɑ̃tisa:ʒ]	아프항띠사쥬

견실한		**robuste**	[ʀɔbyst]	호뷔스뜨
견적하다		**estimer**	[ɛstime]	에스띠메
		évaluer	[evalɥe]	에발뤼에
견학	f	**visite**	[vizit]	비지뜨
견해	f	**opinion**	[ɔpinjɔ̃]	오삐니옹
결과	m	**aboutissement**	[abutismɑ̃]	아부띠스망
	f	**conséquence**	[kɔ̃sekɑ̃:s]	꽁세깡스
	m	**effet**	[efɛ]	에페
	m	**produit**	[pʀɔdɥi]	프호뒤이
	m	**résultat**	[ʀezylta]	헤쥘따
결국		**finalement**	[finalmɑ̃]	피날르망
결근하다		**s'absenter**	[sapsɑ̃te]	쌉쌍떼
결단	f	**décision**	[desizjɔ̃]	데씨지옹
결론	f	**conclusion**	[kɔ̃klyzjɔ̃]	꽁끌뤼지옹
결론을 내다		**conclure**	[kɔ̃kly:ʀ]	꽁끌뤼흐
결말		**fin**	[fɛ̃]	팽
결백한		**innocent**	[inɔsɑ̃]	이노상
		propre	[pʀɔpʀ]	프호프흐
결산하다		**liquider**	[likide]	리끼데
결석	f	**absence**	[apsɑ̃:s]	압쌍스

한국어	성	프랑스어	발음기호	한글 발음
결석한		absent(e)	[apsɑ̃] [apsɑ̃:t]	압쌍(트)
결승전	f	belle	[bɛl]	벨르
	f	finale	[final]	피날르
결심	f	décision	[desizjɔ̃]	데씨지옹
	f	résolution	[ʀezɔlysjɔ̃]	헤졸뤼씨옹
결연한		résolu	[ʀezɔly]	헤졸뤼
결의	f	résolution	[ʀezɔlysjɔ̃]	헤졸뤼씨옹
결점	m	défaut	[defo]	데포
	f	tache	[taʃ]	따슈
		travers	[tʀavɛ:ʀ]	트하베흐
결정	f	décision	[desizjɔ̃]	데씨지옹
결정적으로		définitivement	[definitivmɑ̃]	데피니띠브망
결정적인		définitif	[definitif]	데피니띠프
결정하다		décider	[deside]	데시데
		définir	[defini:ʀ]	데피니흐
		déterminer	[detɛʀmine]	데떼흐미네
결제	m	règlement	[ʀɛgləmɑ̃]	헤글르망
결핍	f	crise	[kʀi:z]	크히즈
결함	m	vice	[vis]	비스
결합	f	réunion	[ʀeynjɔ̃]	헤위니옹

	f union	[ynjɔ̃]	위니옹
결합시키다	marier	[maʀje]	마히에
	réunir	[ʀeyniːʀ]	헤위니흐
결혼	*m* mariage	[maʀjaːʒ]	마히아쥬
	f union	[ynjɔ̃]	위니옹
결혼 상대	*m* parti	[paʀti]	빠흐띠
결혼시키다	marier	[maʀje]	마히에
	unir	[yniːʀ]	위니흐
결혼하다	épouser	[epuze]	에뿌제
결혼한	*m* marié	[maʀje]	마히에
겸비하다	mêler	[mɛ[e]le]	멜레
겸손한	humble	[œ̃ːbl]	엥블르
	modeste	[mɔdɛst]	모데스뜨
겹치다	croiser	[kʀwaze]	크흐와제
경건한	pieux	[pjø]	삐외
경계	*f* frontière	[fʀɔ̃tjɛːʀ]	프홍띠에흐
경계석	*f* borne	[bɔʀn]	보흔느
경고하다	avertir	[avɛʀtiːʀ]	아베흐띠흐
경기	*m* match	[matʃ]	마취
	m sport	[spɔːʀ]	스뽀흐

한국어	성	프랑스어	발음	한글 발음
경기장	m	**stade**	[stad]	스따드
경기하다		**faire**	[fɛːʀ]	페흐
경도(硬度)	f	**dureté**	[dyʀte]	뒤흐떼
경력	f	**carrière**	[ka[ɑ]ʀjɛːʀ]	꺄히에흐
	m	**parcours**	[paʀkuːʀ]	빠흐꾸흐
경로		**chemin**	[ʃ(ə)mɛ̃]	슈맹
	m	**itinéraire**	[itineʀɛːʀ]	이띠네헤흐
경리	f	**finance**	[finɑ̃ːs]	피낭스
경마장	m	**hippodrome**	[ipɔdʀoː[ɔ]m]	이뽀드홈므
경멸	m	**mépris**	[mepʀi]	메프히
경멸하다		**cracher**	[kʀaʃe]	크하셰
		mépriser	[mepʀize]	메프리제
경박함	f	**légèreté**	[leʒɛʀte]	레제흐떼
경범죄자		**délinquant**	[delɛ̃kɑ̃]	델랭깡
경보(警報)	f	**alarme**	[alaʀm]	알라흠므
경비(警備)		**concierge**	[kɔ̃sjɛʀʒ]	꽁씨에흐쥬
경사	f	**pente**	[pɑ̃ːt]	빵뜨
경솔한		**étourdi**	[etuʀdi]	에뚜흐디
		imprudent(e)	[ɛ̃pʀydɑ̃] [ɛ̃pʀydɑ̃ːt]	앵프휘당(뜨)
		maladroit	[maladʀwa]	말라드후와

한국어	성	프랑스어	발음기호	한글 발음
경솔함	f	**bêtise**	[bɛ[e]ti:z]	베띠즈
경악	m	**étonnement**	[etɔnmɑ̃]	에똔느망
경악한		**étonné**	[etɔne]	에또네
경영	f	**administration**	[administʀɑsjɔ̃]	아드미니스트하씨옹
경영자		**patron**	[patʀɔ̃]	빠트홍
경우	m	**cas**	[kɑ]	까
	f	**circonstance**	[siʀkɔ̃stɑ̃:s]	씨흐꽁스땅스
	f	**occasion**	[ɔka[ɑ]zjɔ̃]	오까지옹
경유	m	**gazole**	[ga[ɑ]zɔl]	갸졸르
경의	m	**respect**	[ʀɛspɛ]	헤스뻬
경의를 표하다		**saluer**	[salɥe]	쌀뤼에
경이	f	**merveille**	[mɛʀvɛj]	메흐베이으
	m	**miracle**	[miʀɑ:kl]	미하끌르
경이로운		**merveilleux**	[mɛʀvɛjø]	메흐베이외
경작하다		**cultiver**	[kyltive]	뀔띠베
		labourer	[labuʀe]	라부헤
경쟁	f	**compétition**	[kɔ̃petisjɔ̃]	꽁뻬띠씨옹
		concours	[kɔ̃ku:ʀ]	꽁꾸흐
	f	**concurrence**	[kɔ̃kyʀɑ̃:s]	꽁뀌항스
	m	**match**	[matʃ]	마츄

경쟁자		**rival**	[ʀival]	히발
경쟁하는		**rival**	[ʀival]	히발
경쟁하다		**rivaliser**	[ʀivalize]	히발리제
경적	m	**klaxon**	[klaksɔn]	끌락쏭
경제학	f	**économie**	[ekɔnɔmi]	에꼬노미
경주	f	**course**	[kuʀs]	꾸흐스
경직된		**raide**	[ʀɛd]	헤드
경질	m	**renouvellement**	[ʀənuvɛlmɑ̃]	흐누벨르망
경질하다		**renouveler**	[ʀənuvle]	흐누블레
경찰	f	**police**	[pɔlis]	뽈리스
경찰관	n	**policier(ère)**	[pɔlisje] [pɔlisjɛːʀ]	뽈리씨에(흐)
경찰서	m	**commissariat**	[kɔmisaʀja]	꼬미싸히아
경찰서장	m	**commissaire**	[kɔmisɛːʀ]	꼬미쎄흐
경첩	f	**charnière**	[ʃaʀnjɛːʀ]	샤흐니에흐
경청하다		**entendre**	[ɑ̃tɑ̃ːdʀ]	앙땅드흐
경치 좋은		**pittoresque**	[pitɔʀɛsk]	삐또헤스끄
경향	f	**tendance**	[tɑ̃dɑ̃ːs]	땅당스
경험	f	**expérience**	[ɛkspeʀjɑ̃ːs]	엑스뻬히앙스
곁에		**auprès**	[opʀɛ]	오프헤
계곡	m	**ravin**	[ʀavɛ̃]	하뱅

	ⓕ vallée	[vale]	발레
계급	ⓜ rang	[Rɑ̃]	랑
계급제의	vertical	[vɛRtikal]	베흐띠꺌
계단	ⓜ escalier	[ɛskalje]	에스꺌리에
계란	ⓜ œuf	[œf]	외프
계산	ⓜ calcul	[kalkyl]	꺌뀔
계산기	ⓕ calculatrice	[kalkylatRis]	꺌뀔라트히스
계산대	ⓕ caisse	[kɛs]	께쓰
	ⓜ comptoir	[kɔ̃twa:R]	꽁뚜와흐
계산원	ⓝ caissier(ère)	[kɛ[e]sje] [kɛ[e]sjɛ:R]	께씨에(흐)
계산하다	calculer	[kalkyle]	꺌뀔레
	computer	[kɔ̃pyte]	꽁쀠떼
계속	continuellement	[kɔ̃tinɥɛlmɑ̃]	꽁띠뉘엘르망
	ⓕ suite	[sɥit]	쒸이뜨
계속하다	continuer	[kɔ̃tinɥe]	꽁띠뉘에
계약	contrat	[kɔ̃tRa]	꽁트하
	ⓜ engagement	[ɑ̃gaʒmɑ̃]	앙갸주망
	ⓕ promesse	[pRɔmɛs]	프호메스
계약하다	conclure	[kɔ̃kly:R]	꽁끌뤼흐
계절	ⓕ saison	[sɛzɔ̃]	쎄종

ㄱ

한국어	프랑스어	발음기호	발음
계좌번호	m numéro de compte	[nymeʀodəkɔ̃:t]	뉘메호 드 꽁뜨
계피 (껍질, 향)	f cannelle	[kanɛl]	까넬르
계획	f organisation	[ɔʀganizɑsjɔ̃]	오흐갸니자씨옹
	m projet	[pʀɔʒɛ]	프호제
계획을 짜다	méditer	[medite]	메디떼
고가의	précieux	[pʀesjø]	프헤씨외
고갈시키다	épuiser	[epɥize]	에쀠이제
고객	client(e)	[klijɑ̃] [klijɑ̃:t]	끌리앙(뜨)
	f clientèle	[klijɑ̃tɛl]	끌리앙뗄르
고구마	f patate douce	[patat dus]	빠따뜨 두스
고귀한	noble	[nɔbl]	노블르
고급의	haut(e)	[o] [o:t]	오(뜨)
고기(식용)	f viande	[vjɑ̃:d]	비앙드
고난	f épreuve	[epʀœ:v]	에프회브
	f misère	[mizɛ:ʀ]	미제흐
고뇌	douloureux	[duluʀø]	둘루회
고도	f altitude	[altityd]	알띠뛰드
고도의	élevé	[ɛ[e]lve]	엘르베
고독	f solitude	[sɔlityd]	쏠리뛰드
고독한	solitaire	[sɔlitɛ:ʀ]	쏠리떼흐

한국어	성	프랑스어	발음	한글 발음
고등어	m	maquereau	[makʀo]	마끄호
고등학교	m	lycée	[lise]	리쎄
고래	f	baleine	[balɛn]	발렌느
고려	f	considération	[kɔ̃sideʀɑsjɔ̃]	꽁시데하씨옹
	m	égard	[ega:ʀ]	에갸흐
고려하다		envisager	[ɑ̃vizaʒe]	앙비자제
고령의		âgé(e)	[aʒe]	아제
고르다		choisir	[ʃwazi:ʀ]	슈와지흐
고리	m	cercle	[sɛʀkl]	쎄흐끌르
고리 바구니	m	cageot	[kaʒo]	꺄죠
고리쇠	f	boucle	[bukl]	부끌르
고릴라	m	gorille	[gɔʀij]	고히으
고립된		isolé	[izɔle]	이졸레
고립시키다		isoler	[izɔle]	이졸레
고무(제품)	m	caoutchouc	[kautʃu]	까우츄
고무시키다		encourager	[ɑ̃kuʀaʒe]	앙꾸하제
고문하다		gêner	[ʒɛ[e]ne]	제네
고민	f	souffrance	[sufʀɑ̃:s]	쑤프항스
고백	f	déclaration	[deklaʀɑsjɔ̃]	데끌라하씨옹
고백하다		avouer	[avwe]	아부에

ㄱ ㄴ ㄷ ㄹ ㅁ ㅂ ㅅ ㅇ ㅈ ㅊ ㅋ ㅌ ㅍ ㅎ

ㄱ

고상한	**élégant**	[elegɑ̃]	엘레강
	noble	[nɔbl]	노블르
고상함	ⓕ **élégance**	[elegɑ̃:s]	엘레강스
고생	**sueur**	[sɥœ:ʀ]	쒸외흐
고생하다	**suer**	[sɥe]	쒸에
고소하다	**accuser**	[akyze]	아뀌제
고속도로	ⓕ **autoroute**	[ɔ[o]tɔʀut]	오또후뜨
고아(의)	**orphelin**	[ɔʀfəlɛ̃]	오흐플랭
고양이	ⓜ **chat**	[ʃa]	샤
고요한	**calme**	[kalm]	깔므
	tranquille	[tʀɑ̃kil]	트항낄르
고용하다	**employer**	[ɑ̃plwaje]	앙쁠루아예
	occuper	[ɔkype]	오뀌뻬
고원	ⓜ **plateau**	[plato]	쁠라또
고의	ⓕ **intention**	[ɛ̃tɑ̃sjɔ̃]	앵땅씨옹
고의의	**volontaire**	[vɔlɔ̃tɛ:ʀ]	볼롱떼흐
고장	ⓕ **panne**	[pan]	빤느
고전적인	**classique**	[klasik]	끌라시끄
고정관념에 사로잡힌	**maniaque**	[manjak]	마니아끄
고정(固定)하다	**caler**	[kale]	깔레

한국어		프랑스어	발음기호	발음
		fixer	[fikse]	픽세
고정시키다		clouer	[klue]	끌루에
고집불통의		têtu	[tɛ[e]ty]	떼뛰
고집하다		insister	[ɛ̃siste]	앵시스떼
고찰하다		considérer	[kɔ̃sideʀe]	꽁시데헤
고체	m	solide	[sɔlid]	쏠리드
고추	m	poivron	[pwavʀɔ̃]	뿌아브홍
고치다		corriger	[kɔʀiʒe]	꼬히제
		remédier	[ʀəmedje]	흐메디에
고통		douloureux	[duluʀø]	둘루회
	f	peine	[pɛn]	뻰느
	f	plaie	[plɛ]	쁠레
	f	souffrance	[sufʀɑ̃:s]	쑤프항스
고통을 겪다		souffrir	[sufʀi:ʀ]	쑤프히흐
고통을 주다		déchirer	[deʃiʀe]	데쉬헤
고향	f	patrie	[patʀi]	빠트히
	m	pays(natal)	[pei] [natal]	뻬이(나딸)
고혈압	f	hypertension	[ipɛʀtɑ̃sjɔ̃]	이뻬흐땅시옹
곡괭이	f	pioche	[pjɔʃ]	삐오슈
곡물	m	blé	[ble]	블레

	ⓜ **grain**	[gʀɛ̃]	그헹
곡물 창고	ⓜ **grenier**	[gʀənje]	그흐니에
곤경	ⓜ **embarras**	[ɑ̃baʀa]	앙바하
	ⓜ **tunnel**	[tynɛl]	뛰넬
곤란	**difficulté**	[difikylte]	디피뀔떼
곤란하게 하다	**désoler**	[dezɔle]	데졸레
곤란한	**difficile**	[difisil]	디피실르
	embarrassé	[ɑ̃baʀase]	앙바하쎄
	ennuyé	[ɑ̃nɥije]	앙뉘예
곤봉	ⓜ **casse-tête**	[kɑstɛt]	꺄스떼뜨
곤충	**insecte**	[ɛ̃sɛkt]	앵쎅뜨
골목	ⓕ **ruelle**	[ʀɥɛl]	휘엘르
골반	ⓜ **pelvis**	[pɛlvis]	뻴비스
골프	ⓜ **golf**	[gɔlf]	골프
곰	ⓜ **ours**	[uʀs]	우흐쓰
곰팡내 나는	**moisi**	[mwazi]	무와지
곰팡이 슬다	**moisir**	[mwazi:ʀ]	무와지흐
곱셈	ⓕ **multiplication**	[myltiplikɑsjɔ̃]	뮐띠쁠리꺄씨옹
공 (스포츠의)	ⓕ **balle**	[bal]	발르
	ⓜ **ballon**	[balɔ̃]	발롱

공간	m espace	[ɛspa[ɑ:]s]	에스빠스
공개된	public	[pyblik]	쀠블릭
공격	f agression	[agʀɛsjɔ̃]	아그헤씨옹
	f attaque	[atak]	아따끄
공격적인	agressif(ve)	[agʀɛ[e]sif] [agʀɛ[e]s i:v]	아그헤시프(브)
공격하다	attaquer	[atake]	아따께
공고	f publication	[pyblikɑsjɔ̃]	쀠블리꺄시옹
공공요금	f taxe	[taks]	딱스
공교롭게도	malheureusement	[malœʀøzmɑ̃]	말뢰회즈망
공급하다	pourvoir	[puʀvwa:ʀ]	뿌흐부와흐
공기	m air	[ɛ:ʀ]	에흐
공기의	aérien(e)	[aeʀjɛ̃] [aeʀjɛn]	아에히엥
공동체	f communauté	[kɔmynote]	꼬뮈노떼
공무원	fonctionnaire	[fɔ̃ksjɔnɛ:ʀ]	퐁끄씨오네흐
	officier	[ɔfisje]	오피시에
공백	m trou	[tʀu]	트후
공부	f étude	[etyd]	에뛰드
	travail	[tʀavaj]	트하바이으
공부하다	étudier	[etydje]	에뛰디에
	travailler	[tʀavaje]	트하바이예

공산주의	m **communisme**	[kɔmynism]	꼬뮈니슴므
공상	f **imagination**	[imaʒinɑsjɔ̃]	이마지나씨옹
공상력	f **fantaisie**	[fɑ̃tɛ[e]zi]	팡떼지
공상에 빠지다	**rêver**	[ʀɛ[e]ve]	헤베
공상의	**fantastique**	[fɑ̃tastik]	팡따스띠끄
공업	f **industrie**	[ɛ̃dystʀi]	앵뒤스트히
공업의	**industriel**	[ɛ̃dystʀijɛl]	앵뒤스트히엘
공연	m **théâtre**	[teɑːtʀ]	떼아트흐
공원	m **parc**	[paʀk]	빠흐끄
공유하다	**partager**	[paʀtaʒe]	빠흐따제
공장	m **établissement**	[etablismɑ̃]	에따블리스망
	f **usine**	[yzin]	위진느
공적인	**officiel**	[ɔfisjɛl]	오피시엘
공정한	**sportif**	[spɔʀtif]	스뽀흐띠프
공주	f **princesse**	[pʀɛ̃sɛs]	프행세스
공직	m **office**	[ɔfis]	오피스
공책	m **cahier**	[kaje]	꺄이예
공통의	**commun**	[kɔmœ̃]	꼬뮁
공통점	m **rapport**	[ʀapɔːʀ]	하뽀흐
	f **communauté**	[kɔmynote]	꼬뮈노떼

한국어		프랑스어	발음기호	발음
공평	f	justice	[ʒystis]	쥐스띠스
공평한		impersonnel	[ɛ̃pɛʀsɔnɛl]	앵뻬흐소넬
		juste	[ʒyst]	쥐스뜨
		neutre	[nø:tʀ]	뇌트흐
		objectif	[ɔbʒɛktif]	오브젝띠프
공포 (~정치)	f	angoisse	[ɑ̃gwas]	앙구아쓰
	f	terreur	[tɛʀœ:ʀ]	떼회흐
공항	m	aéroport	[aeʀɔpɔ:ʀ]	아에호뽀흐
공항 여객터미널	f	aérogare	[aeʀɔga:ʀ]	아에호갸흐
공해	f	pollution	[pɔ(l)lysjɔ̃]	뽈뤼씨옹
공헌	f	contribution	[kɔ̃tʀibysjɔ̃]	꽁뜨히뷔씨옹
공헌하는		contribuer	[kɔ̃tʀibɥe]	꽁뜨히뷔에
공화국	f	république	[ʀepyblik]	헤쀠블리끄
공화국의		républicain	[ʀepyblikɛ̃]	헤퓌블리껭
공화제	f	république	[ʀepyblik]	헤쀠블리끄
공황	f	crise	[kʀi:z]	크히즈
과거	m	passé	[pɑse]	빠쎄
과목		matière	[matjɛ:ʀ]	마띠에흐
과반수		majorité	[maʒɔʀite]	마죠히떼
과부의		veuf	[vœf]	뵈프

ㄱ ㄴ ㄷ ㄹ ㅁ ㅂ ㅅ ㅇ ㅈ ㅊ ㅋ ㅌ ㅍ ㅎ

과시	m	**étalage**	[etala:ʒ]	에딸라쥬
과시하다		**afficher**	[afiʃe]	아피셰
과오를 범하다		**faillir**	[faji:ʀ]	파이이흐
과일	m	**fruit**	[fʀɥi]	프휘이
과잉	m	**luxe**	[lyks]	뤽스
과자	m	**biscuit**	[biskɥi]	비스뀌이
	m	**gâteau**	[gɑto]	갸또
	f	**pâtisserie**	[pɑ[a]tisʀi]	빠띠스히
과장(課長)	m	**chef de bureau**	[ʃɛf də byʀo]	쉐프 드 뷔호
과장된	m	**soufflé**	[sufle]	쑤플레
과장하다		**exagérer**	[ɛgzaʒeʀe]	에그자제헤
		gonfler	[gɔ̃fle]	공플레
과학	f	**science**	[sjɑ̃:s]	씨앙스
과학적인		**scientifique**	[sjɑ̃tifik]	씨앙띠피끄
관(棺)	m	**cercueil**	[sɛʀkœj]	쎄흐뀌에이으
관(管)	m	**tuyau**	[tɥijo]	뛰이요
	m	**tube**	[tyb]	뛰브
관객		**spectateur**	[spɛktatœ:ʀ]	스뻭따뙤흐
관계	f	**relation**	[ʀəlɑ[a]sjɔ̃]	흘라씨옹
관계 서류	m	**dossier**	[dosje]	도씨에

한국어	프랑스어	발음	한글 발음
관계 있는	relatif	[Rəlatif]	흘라띠프
관계하다	concerner	[kɔ̃sɛRne]	꽁쎄흐네
	intéresser	[ɛ̃teRɛ[e]se]	앵떼헤쎄
관광	*m* tourisme	[tuRism]	뚜히슴므
관광객	*n* touriste	[tuRist]	뚜히스뜨
관광버스	*m* autocar	[ɔ[o]tɔkaːR]	오또꺄흐
관념	*f* notion	[nosjɔ̃]	노씨옹
관능적인	amoureux(se)	[amuRø] [amuRøːz]	아무회(즈)
	sensuel	[sɑ̃sɥɛl]	쌍쉬엘
관대한	généreux(se)	[ʒeneRø] [ʒeneRøːz]	제네회(즈)
	indulgent	[ɛ̃dylʒɑ̃]	앵뒬쟝
	libéral	[libeRal]	리베할
관련	*f* liaison	[ljɛzɔ̃]	리에종
관련 짓다	lier	[lje]	리에
관리	*f* direction	[diRɛksjɔ̃]	디헥씨옹
	f tenue	[təny]	뜨뉘
관리인	garde	[gaRd]	갸흐드
	gérant	[ʒeRɑ̃]	제항
관리하다	entretenir	[ɑ̃tRətniːR]	앙트흐뜨니흐
	gérer	[ʒeRe]	제헤

관습	ⓕ **tradition**	[tʀadisjɔ̃]	트하디씨옹
관심	ⓕ **attention**	[atɑ̃sjɔ̃]	아땅씨옹
	ⓕ **curiosité**	[kyʀjozite]	뀌히오지떼
	ⓜ **intérêt**	[ɛ̃teʀɛ]	앵떼헤
관심이 없는	**indifférent**	[ɛ̃difeʀɑ̃]	앵디페랑
관저	ⓜ **palais**	[palɛ]	빨레
관찰	ⓕ **observation**	[ɔpsɛʀvɑsjɔ̃]	옵쎄흐바씨옹
관찰하다	**observer**	[ɔpsɛʀve]	옵쎄흐베
관할구역	ⓜ **territoire**	[tɛʀitwa:ʀ]	떼히뚜와흐
관현악단	ⓜ **orchestre**	[ɔʀkɛstʀ]	오흐께스트흐
광견병	ⓕ **rage**	[ʀa:ʒ]	하쥬
광경	ⓜ **spectacle**	[spɛktakl]	스뻭따끌르
	ⓜ **tableau**	[tablo]	따블로
광고	ⓕ **publicité**	[pyblisite]	쀠블리시떼
	ⓕ **réclame**	[ʀekla[ɑ:]m]	헤끌람므
광기	ⓕ **folie**	[fɔli]	폴리
광대한	**vaste**	[vast]	바스뜨
광물의	**minéral**	[mineʀal]	미네할
광부	ⓜ **mineur**	[minœ:ʀ]	미뇌흐
괜찮은	**bien**	[bjɛ̃]	비엥

	d'accord	[dakɔ:ʀ]	다꼬흐
괴로운	dur(e)	[dy:ʀ]	뒤흐
	lourd	[lu:ʀ]	루흐
	peiné(e)	[pɛ[e]ne]	뻬네
	pénible	[penibl]	뻬니블르
괴상한	extravagant	[ɛkstʀavagɑ̃]	엑스뜨하바강
굉장한	épatant	[epatɑ̃]	에빠땅
	formidable	[fɔʀmidabl]	포흐미다블르
교과서	*m* manuel	[manɥɛl]	마뉘엘
교대하다	relayer	[ʀəlɛ[e]je]	흘레이예
교묘한	habile	[abil]	아빌르
교사	enseignant(e)	[ɑ̃sɛɲɑ̃] [ɑ̃sɛɲɑ̃:t]	앙쎄냥(뜨)
	instituteur	[ɛ̃stitytœ:ʀ]	앵스띠뛰뙤흐
교살하다	étrangler	[etʀɑ̃gle]	에트항글레
교섭	*f* démarche	[demaʀʃ]	데마흐슈
	négociation	[negɔsjasjɔ̃]	네고시아씨옹
교수	*n* professeur	[pʀɔfɛsœ:ʀ]	프호페쐬흐
교수법	*m* enseignement	[ɑ̃sɛɲmɑ̃]	앙쎄뉴망
교실	*f* classe	[klɑ:s]	끌라쓰
교양	*f* instruction	[ɛ̃stʀyksjɔ̃]	앵스트휙씨옹

교양의	culturel	[kyltyʀɛl]	뀔뛰헬
교외	ⓕ banlieue	[bɑ̃ljø]	방리외
교육	ⓕ éducation	[edykɑsjɔ̃]	에뒤꺄씨옹
	ⓜ enseignement	[ɑ̃sɛɲmɑ̃]	앙쎄뉴망
	ⓕ instruction	[ɛ̃stʀyksjɔ̃]	앵스트휙씨옹
교육하다	instruire	[ɛ̃stʀɥi:ʀ]	앵스트휘이흐
교장	ⓜ principal	[pʀɛ̃sipal]	프행시빨
교정	ⓕ correction	[kɔʀɛksjɔ̃]	꼬헥씨옹
교정자	correcteur	[kɔʀɛktœ:ʀ]	꼬헥뙤흐
교정하다	réformer	[ʀefɔʀme]	헤포흐메
교제	ⓜ contact	[kɔ̃takt]	꽁딱뜨
	ⓕ relation	[ʀəla[a]sjɔ̃]	흘라씨옹
교직	ⓜ enseignement	[ɑ̃sɛɲmɑ̃]	앙쎄뉴망
교차로	ⓜ carrefour	[kaʀfu:ʀ]	꺄흐푸흐
교차시키다	croiser	[kʀwaze]	크흐와제
교차점	ⓜ croisement	[kʀwazmɑ̃]	크흐와즈망
교체	ⓜ relais	[ʀəlɛ]	흘레
교체하다	remplacer	[ʀɑ̃plase]	항쁠라세
교통	ⓕ circulation	[siʀkylasjɔ̃]	씨흐뀔라씨옹
	ⓜ transport	[tʀɑ̃spɔ:ʀ]	트항스뽀흐

교통비	m transport	[tʀɑ̃spɔːʀ]	트항스뽀흐
	frais de transport	[fʀɛ də tʀɑ̃spɔːʀ]	프헤 드 트항스뽀흐
교통사고	m accident	[aksidɑ̃]	악씨당
교통수단	m véhicule	[veikyl]	베이뀔르
교통체증	m bouchon	[buʃɔ̃]	부숑
	m embouteillage	[ɑ̃butɛjaːʒ]	앙부떼이야쥬
교향곡	f symphonie	[sɛ̃fɔni]	쌩포니
교환	échange	[eʃɑ̃ːʒ]	에샹쥬
	m change	[ʃɑ̃ːʒ]	샹쥬
교환하다	échanger	[eʃɑ̃ʒe]	에샹제
교활한 (사람)	rusé	[ʀyze]	휘제
교활함	f astuce	[astys]	아스뛰스
교황	m pape	[pap]	빠쁘
교회	f chapelle	[ʃapɛl]	샤뻴르
	f église	[egliːz]	에글리즈
9	neuf	[nœf]	뇌프
구(區)	m arrondissement	[aʀɔ̃dismɑ̃]	아홍디스망
구(球)	f sphère	[sfɛːʀ]	스페흐
구경거리	f attraction	[atʀaksjɔ̃]	아트학씨옹
	m spectacle	[spɛktakl]	스뻭따끌르

ㄱ ㄴ ㄷ ㄹ ㅁ ㅂ ㅅ ㅇ ㅈ ㅊ ㅋ ㅌ ㅍ ㅎ

ㄱ

구경꾼		spectateur	[spɛktatœːʀ]	스뻭따뙤흐
구급차	f	ambulance	[ɑ̃bylɑ̃ːs]	앙뷜랑스
구내식당	f	cafétéria	[kafeteʀja]	까페떼히아
	f	cantine	[kɑ̃tin]	깡띤느
구덩이	f	fosse	[foːs]	포스
구두	f	chaussure	[ʃosyːʀ]	쇼쒸흐
	m	soulier	[sulje]	쑬리에
구두 밑창	f	semelle	[s(ə)mɛl]	스멜르
구두 수선인		cordonnier	[kɔʀdɔnje]	꼬흐도니에
구두의		oral	[ɔʀal]	오할
구두창을 갈다		ressemeler	[ʀəsəmle]	흐쓰믈레
구름	m	nuage	[nɥaːʒ]	뉘아쥬
구름 낀		couvert	[kuvɛːʀ]	꾸베흐
구리	m	cuivre	[kɥiːvʀ]	뀌이브흐
구매		achat	[aʃa]	아샤
구매자		acheteur(teuse)	[aʃtœːʀ] [aʃtœːøːz]	아슈뙤흐(뙤즈)
구멍	m	trou	[tʀu]	트후
구멍 뚫다		percer	[pɛʀse]	뻬흐쎄
		trouer	[tʀue]	트후에
구별	f	distinction	[distɛ̃ksjɔ̃]	디스땡끄씨옹

구별하다	distinguer	[distɛ̃ge]	디스땡게
구분	ⓕ section	[sɛksjɔ̃]	섹씨옹
구분하다	distribuer	[distʀibɥe]	디스트히뷔에
	limiter	[limite]	리미떼
구비시키다	équiper	[ekipe]	에끼뻬
구성	ⓕ constitution	[kɔ̃stitysjɔ̃]	꽁스띠뛰씨옹
	ⓕ construction	[kɔ̃stʀyksjɔ̃]	꽁스트휙씨옹
구성하다	composer	[kɔ̃poze]	꽁뽀제
	constituer	[kɔ̃stitɥe]	꽁스띠뛰에
구속하다	détenir	[det(ə)tniːʀ]	데뜨니흐
	engager	[ɑ̃gaʒe]	앙갸제
	garder	[gaʀde]	갸흐데
구술하다	dicter	[dikte]	딕떼
구슬	ⓕ boule	[bul]	불르
90	quatre-vingt-dix	[katʀəvɛ̃dis]	꺄트흐-뱅-디스
구애	ⓕ poursuite	[puʀsɥit]	뿌흐쒸이뜨
구역	ⓕ aire	[ɛːʀ]	에흐
구운	brûlé(e)	[bʀyle]	브휠레
구운 고기	ⓜ rôti	[ʀoti]	호띠
9월	ⓜ septembre	[sɛptɑ̃ːbʀ]	셉땅브흐

한국어	성	프랑스어	발음	한글 발음
구조(構造)	f	**machine**	[maʃin]	마쉰느
	m	**mécanisme**	[mekanism]	메꺄니슴므
	f	**structure**	[stʀykty:ʀ]	스트휙뛰흐
구조(救助)	m	**salut**	[saly]	쌀뤼
	m	**secours**	[s(ə)ku:ʀ]	스꾸흐
구조물	f	**construction**	[kɔ̃stʀyksjɔ̃]	꽁스트휙씨옹
구조하다		**secourir**	[s(ə)kuʀi:ʀ]	스꾸히흐
구체적인		**concret**	[kɔ̃kʀɛ]	꽁크헤
		matériel	[mateʀjɛl]	마떼히엘
구출하다		**dégager**	[degɑʒe]	데갸졔
		secourir	[s(ə)kuʀi:ʀ]	스꾸히흐
구하다		**sauver**	[sove]	소베
구획	f	**circonscription**	[siʀkɔ̃skʀipsjɔ̃]	씨흐꽁스크힙씨옹
국가	f	**nation**	[na[ɑ]sjɔ̃]	나씨옹
	m	**pays**	[pei]	뻬이
국가의		**national**	[nasjɔnal]	나씨오날
국경(國境)	f	**frontière**	[fʀɔ̃tjɛ:ʀ]	프홍띠에흐
국기	m	**drapeau**	[dʀapo]	드하뽀
국내의		**intérieur**	[ɛ̃teʀjœ:ʀ]	앵떼히외흐
		national	[nasjɔnal]	나씨오날

국면	ⓕ face	[fas]	파스
국민	citoyen	[sitwajɛ̃]	씨뚜아옝
	ⓕ nation	[na[ɑ]sjɔ̃]	나씨옹
	peuple	[pœpl]	뾔쁠르
국민성	ⓕ nationalité	[nasjɔnalite]	나씨오날리떼
국왕	ⓜ roi	[ʀwa]	후아
국유화하다	nationaliser	[nasjɔnalize]	나씨오날리제
국자	ⓕ louche	[luʃ]	루슈
국적	ⓕ nationalité	[nasjɔnalite]	나씨오날리떼
국제적인	international	[ɛ̃tɛʀnasjɔnal]	앵떼흐나씨오날
국지적인	local	[lɔkal]	로깔
국화(菊花)	ⓜ chrysanthème	[kʀizɑ̃tɛm]	크히장뗌므
국회의원	député	[depyte]	데쀠떼
군(郡)	ⓜ arrondissement	[aʀɔ̃dismɑ̃]	아홍디스망
군대	armée	[aʀme]	아흐메
	ⓜ régiment	[ʀeʒimɑ̃]	헤지망
군림하다	régner	[ʀeɲe]	헤녜
군사적인	militaire	[militɛ:ʀ]	밀리떼흐
군인	ⓜ soldat	[sɔlda]	쏠다
군중	ⓕ foule	[ful]	풀르

ㄱ ㄴ ㄷ ㄹ ㅁ ㅂ ㅅ ㅇ ㅈ ㅊ ㅋ ㅌ ㅍ ㅎ

한국어	성	프랑스어	발음	한글 발음
	m	troupeau	[tʀupo]	트후뽀
굴(해산물)	f	huître	[ɥitʀ]	위트흐
굴뚝	f	cheminée	[ʃ(ə)mine]	슈미네
굴리다		rouler	[ʀule]	훌레
굴욕	f	gifle	[ʒifl]	지플르
굶주림	f	faim	[fɛ̃]	팽
굽다 (석쇠로)		cuire	[kɥiːʀ]	뀌이흐
		rôtir	[ʀo[ɔ]tiːʀ]	호띠흐
		griller	[gʀije]	그히예
굽은		courbe	[kuʀb]	꾸흐브
굽히다		plier	[plije]	쁠리에
궁전	m	palais	[palɛ]	빨레
궁지	m	embarras	[ɑ̃baʀa]	앙바하
	f	impasse	[ɛ̃pɑːs]	앵빠스
권(券)	m	exemplaire	[ɛgzɑ̃plɛːʀ]	에그장쁠레흐
		tome	[tɔm]	똠므
권력	f	autorité	[ɔ[o]tɔʀite]	오또히떼
권력자	f	puissance	[pɥisɑ̃ːs]	쀠이상스
권리 주장	f	prétention	[pʀetɑ̃sjɔ̃]	프헤땅씨옹
권위	f	autorité	[ɔ[o]tɔʀite]	오또히떼

	m **bâton**	[bɑtɔ̃]	바똥
권위적인	**autoritaire**	[ɔ[o]tɔʀitɛːʀ]	오또히떼흐
권유하다	**inviter**	[ɛ̃vite]	앵비떼
권총	m **pistolet**	[pistɔlɛ]	삐스똘레
	m **revolver**	[ʀevɔlvɛːʀ]	헤볼베흐
권투	f **boxe**	[bɔks]	복스
궤도	f **route**	[ʀut]	후뜨
귀	f **oreille**	[ɔʀɛj]	오헤이으
귀가 안 들리는	**sourd**	[suːʀ]	쑤흐
귀가	m **retour**	[ʀətuːʀ]	흐뚜흐
귀가하다	**rentrer**	[ʀɑ̃tʀe]	항뜨헤
귀금속	m **bijou**	[biʒu]	비쥬
귀뚜라미	m **grillon**	[gʀijɔ̃]	그히용
귀여운	**mignon(ne)**	[miɲɔ̃] [miɲɔn]	미뇽(느)
귀족	**seigneur**	[sɛɲœːʀ]	쎄뇌흐
귀족의	**noble**	[nɔbl]	노블르
귀찮게 굴다	**embêter**	[ɑ̃bɛ[e]te]	앙베떼
	importuner	[ɛ̃pɔʀtyne]	앵뽀흐뛰네
귀찮은	**ennuyeux(se)**	[ɑ̃nɥijø] [ɑ̃nɥij øːz]	앙뉘이외(즈)
귀찮은 사람	m **casse-pieds**	[kaspje]	꺄스삐에

귀찮음	m ennui	[ɑ̃nɥi]	앙뉘이
귀추	m sort	[sɔːʀ]	쏘흐
귀하(남성)	m monsieur	[məsjø]	므씨외
귀화시키다	naturaliser	[natyʀalize]	나뛰할리제
귀환	m retour	[ʀətuːʀ]	흐뚜흐
규모	m calibre	[kalibʀ]	깔리브흐
	f grandeur	[gʀɑ̃dœːʀ]	그항되흐
규율	f discipline	[disiplin]	디시쁠린느
규정	m règlement	[ʀɛgləmɑ̃]	헤글르망
규칙	f règle	[ʀɛgl]	헤글르
규칙적으로	régulièrement	[ʀegyljɛʀmɑ̃]	헤귈리에흐망
규칙적인	régulier	[ʀegylje]	헤귈리에
규탄하다	réprouver	[ʀepʀuve]	헤프후베
균열	f lézarde	[lezaʀd]	레자흐드
균열을 만들다	lézarder	[lezaʀde]	레자흐데
균형	f balance	[balɑ̃ːs]	발랑스
	m équilibre	[ekilibʀ]	에낄리브흐
	f harmonie	[aʀmɔni]	아흐모니
	f proportion	[pʀɔpɔʀsjɔ̃]	프호뽀흐씨옹
	f symétrie	[simetʀi]	씨메트히

귤	*f* **clémentine**	[klemɑ̃tin]	끌레망띤느
그	**ces**	[se]	쎄
	cet	[sɛt]	쎄뜨
	cette	[sɛt]	쎄뜨
	dont	[dɔ̃]	동
그 만큼	**autant**	[otɑ̃]	오땅
그 밑에	**là-dessous**	[ladsu]	라드쑤
그 사람	**celui**	[səlɥi]	슬뤼이
그 위에	**là-dessus**	[ladsy]	라드쒸
그 이상으로	**au-dessus**	[odsy]	오드쒸
그 이하에	**au-dessous**	[odsu]	오드쑤
그 자신	**lui-même**	[lɥimɛm]	뤼이멤므
그 자체	**soi-même**	[swamɛm]	스와멤므
그(것)들은	**ils**	[il]	일
그(것)들을	**les**	[le]	레
그(녀)에게	**lui**	[lɥi]	뤼이
그(녀)의	**sa**	[sa]	싸
	ses	[se]	쎄
그(녀)의 것	**sien**	[sjɛ̃]	씨엥
그것	**ça**	[sa]	싸

	cela	[s(ə)la]	슬라
	celui	[səlɥi]	슬뤼이
	elle	[ɛl]	엘르
	le	[lə]	르
	ⓜ **machin**	[maʃɛ̃]	마섕
그것은	**ce**	[s(ə)]	스
	il	[il]	일
그것을	**la**	[la]	라
	y	[i]	이
그것이 ~이다	**voilà**	[vwala]	부알라
그네	ⓕ **balançoire**	[balɑ̃swaːʀ]	발랑수와흐
그녀	**elle**	[ɛl]	엘르
	le	[lə]	르
그녀 자신	**elle-même**	[ɛlmɛm]	엘르멤므
그녀를	**la**	[la]	라
그는	**il**	[il]	일
그늘	ⓕ **ombre**	[ɔ̃ːbʀ]	옹브흐
그들	**eux**	[ø]	외
그들에게	**leur**	[lœ(ː)ʀ]	뢰흐
그때	**là**	[la]	라

	lorsque	[lɔːʀsk(ə)]	로흐스끄
그라탱	m gratin	[gʀatɛ̃]	그라땡
그래서	alors	[alɔːʀ]	알로흐
	donc	[dɔ̃(ː)k)]	동
그램(g)	m gramme	[gʀam]	그람므
그러한	pareil	[paʀɛj]	빠레이으
	tel	[tɛl]	뗄
그런데	mais	[mɛ]	메
그럼에도 불구하고	cependant	[s(ə)pɑ̃dɑ̃]	스빵당
그렇게	ainsi	[ɛ̃si]	엥씨
그렇지 않으면	sinon	[sinɔ̃]	씨농
그렇지만	cependant	[s(ə)pɑ̃dɑ̃]	스빵당
	néanmoins	[neɑ̃mwɛ̃]	네앙무앵
	toutefois	[tutfwa]	뚜뜨푸와
그릇	m récipient	[ʀesipjɑ̃]	헤씨피앙
	f vaisselle	[vɛsɛl]	베쎌르
그리고	et	[e]	에
그리다	dessiner	[desine]	데씨네
	figurer	[figyʀe]	피귀헤
그림	f image	[imaːʒ]	이마쥬

ㄱ ㄴ ㄷ ㄹ ㅁ ㅂ ㅅ ㅇ ㅈ ㅊ ㅋ ㅌ ㅍ ㅎ

ㄱ

	f **peinture**	[pɛ̃tyːʀ]	뼁뛰흐
	m **tableau**	[tablo]	따블로
그림자	*f* **ombre**	[ɔ̃ːbʀ]	옹브흐
그만두다	**cesser**	[sese]	쎄세
	quitter	[kite]	끼떼
그물	*m* **filet**	[filɛ]	필레
	m **réseau**	[ʀezo]	헤조
그을리다	**rôtir**	[ʀo[ɔ]tiːʀ]	호띠흐
그저께	**avant-hier**	[avɑ̃tjɛːʀ]	아방띠에흐
그중에	**là-dedans**	[laddɑ̃]	라드당
극도의	**extrême**	[ɛkstʀɛm]	엑스트헴므
극복하다	**franchir**	[fʀɑ̃ʃiːʀ]	프항쉬흐
	surmonter	[syʀmɔ̃te]	쒸흐몽떼
	vaincre	[vɛ̃ːkʀ]	뱅크흐
극장	*m* **théâtre**	[teɑːtʀ]	떼아트흐
극적인	**dramatique**	[dʀamatik]	드하마띠끄
극적인 사건	*m* **drame**	[dʀam]	드함므
극히	**extrêmement**	[ɛkstʀɛmmɑ̃]	엑스트헴므망
근거	*m* **lieu**	[ljø]	리외
근거 없는	**gratuit**	[gʀatɥi]	그하뛰이

근무	*m* **service**	[sɛʀvis]	쎄흐비스
근본적으로	**profondément**	[pʀɔfɔ̃demɑ̃]	프호퐁데망
근사한	**magnifique**	[maɲifik]	마니피끄
근시안적인	**myope**	[mjɔp]	미요쁘
근원	*f* **fontaine**	[fɔ̃tɛn]	퐁뗀느
	f **racine**	[ʀasin]	하씬느
	f **source**	[suʀs]	쑤흐스
근육	*f* **muscle**	[myskl]	뮈스끌르
글라스	*f* **coupe**	[kup]	꾸프
글자	**écriture**	[ekʀity:ʀ]	에크히뛰흐
글자 수수께끼	*f* **charade**	[ʃaʀad]	샤하드
글자대로	**littéralement**	[liteʀalmɑ̃]	리떼할르망
긁다	**gratter**	[gʀate]	그하떼
금	*m* **or**	[ɔ:ʀ]	오흐
금리(소득)	*f* **rente**	[ʀɑ̃:t]	항뜨
금성	*f* **Vénus**	[venys]	베뉘스
금속	*m* **métal**	[metal]	메딸
금속공업	*f* **métallurgie**	[metalyʀʒi]	메딸뤼흐지
금속탐지기	*m* **détecteur**	[detɛktœ:ʀ]	데떽뙤흐
금액	*f* **somme**	[sɔm]	쏨므

ㄱ

한국어	성	프랑스어	발음기호	한글 발음
금요일	m	vendredi	[vɑ̃dʀədi]	방드흐디
금융의		financier	[finɑ̃sje]	피낭시에
금지	f	interdiction	[ɛ̃tɛʀdiksjɔ̃]	앵떼흐딕씨옹
금지된		interdit	[ɛ̃tɛʀdi]	앵떼흐디
금지하다		interdire	[ɛ̃tɛʀdiːʀ]	앵떼흐디흐
급류	m	torrent	[tɔʀɑ̃]	또항
급변	m	caprice	[kapʀis]	꺄프히스
급여 (지불)	m	salaire	[salɛːʀ]	쌀레흐
	f	paye	[pɛj]	뻬이
급증	f	explosion	[ɛksplozjɔ̃]	엑스쁠로지옹
급행열차	m	express	[ɛkspʀɛs]	엑스프헤스
급히 가다		courir	[kuʀiːʀ]	꾸히흐
		filer	[file]	필레
긍정	f	affirmation	[afiʀmɑsjɔ̃]	아피흐마씨옹
긍정하다		affirmer	[afiʀme]	아피흐메
긍지	m	orgueil	[ɔʀgœj]	오흐괴이으
기간	m	délai	[delɛ]	델레
	f	période	[peʀjɔd]	뻬히오드
기계	f	machine	[maʃin]	마쉰느
기계 장치	m	mécanisme	[mekanism]	메꺄니슴므

기계의	**mécanique**	[mekanik]	메까니끄
기관	ⓜ **organe**	[ɔʀgan]	오흐갼느
	ⓕ **organisation**	[ɔʀganizɑsjɔ̃]	오흐갸니자씨옹
기관차	ⓕ **locomotive**	[lɔkɔmɔtiːv]	로꼬모띠브
기교	ⓕ **habileté**	[abilte]	아빌르떼
기구	ⓕ **machine**	[maʃin]	마쉰느
	ⓜ **organe**	[ɔʀgan]	오흐갼느
	ⓜ **outil**	[uti]	우띠
기구(氣球)	ⓕ **montgolfière**	[mɔ̃gɔlfjɛːʀ]	몽골피에흐
기꺼이	**volontiers**	[vɔlɔ̃tje]	볼롱띠에
기념비	ⓕ **colonne**	[kɔlɔn]	꼴론느
	ⓜ **monument**	[mɔnymɑ̃]	모뉘망
기념일	ⓕ **fête**	[fɛt]	페뜨
기념품	ⓜ **souvenir**	[suvniːʀ]	수브니흐
기념할 만한	**mémorable**	[memɔʀabl]	메모하블르
기능	ⓕ **fonction**	[fɔ̃ksjɔ̃]	퐁끄씨옹
	ⓜ **fonctionnement**	[fɔ̃ksjɔnmɑ̃]	퐁끄씨온느망
	ⓜ **rôle**	[ʀoːl]	홀르
기능공	**technicien**	[tɛknisjɛ̃]	떼끄니씨엥
기능하다	**fonctionner**	[fɔ̃ksjɔne]	퐁끄씨오네

기다리다		attendre	[atɑ̃:dʀ]	아땅드흐
기다림	f	attente	[atɑ̃:t]	아땅뜨
기대	f	espérance	[ɛspeʀɑ̃:s]	에스뻬항스
기대하다		espérer	[ɛspeʀe]	에스뻬헤
기도		prière	[pʀijɛ:ʀ]	프히에흐
기도하다		invoquer	[ɛ̃vɔke]	앵보께
		prier	[pʀije]	프히에
기독교	m	christianisme	[kʀistjanism]	크히스띠아니슴므
기독교 신자	n	chrétien(ne)	[kʀetjɛ̃] [kʀetjɛn]	크헤띠엥(엔느)
기둥	m	pilier	[pilje]	삘리에
기러기	f	oie sauvage	[wa sova:ʒ]	우아 쏘바쥬
기록		record	[ʀəkɔ:ʀ]	흐꼬흐
기록하다		enregistrer	[ɑ̃ʀʒistʀe]	앙헤지스트헤
기름	f	graisse	[gʀɛs]	그헤스
	f	huile	[ɥil]	윌르
기린	f	girafe	[ʒiʀaf]	지하프
기묘한		étrange	[etʀɑ̃:ʒ]	에트항쥬
		marrant	[maʀɑ̃]	마랑
기발한		singulier	[sɛ̃gylje]	쌩귈리에
기병		cavalier	[kavalje]	꺄발리에

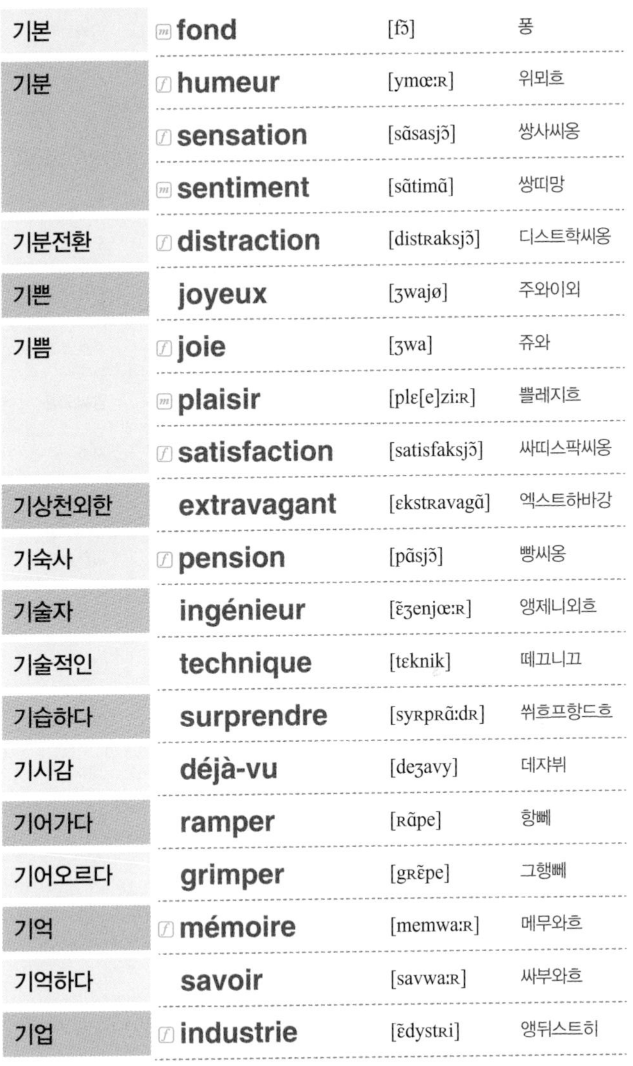

한국어	성	프랑스어	발음기호	발음
기본	m	**fond**	[fɔ̃]	퐁
기분	f	**humeur**	[ymœːʀ]	위뫼흐
	f	**sensation**	[sɑ̃sasjɔ̃]	쌍사씨옹
	m	**sentiment**	[sɑ̃timɑ̃]	쌍띠망
기분전환	f	**distraction**	[distʀaksjɔ̃]	디스트학씨옹
기쁜		**joyeux**	[ʒwajø]	주와이외
기쁨	f	**joie**	[ʒwa]	쥬와
	m	**plaisir**	[plɛ[e]ziːʀ]	쁠레지흐
	f	**satisfaction**	[satisfaksjɔ̃]	싸띠스팍씨옹
기상천외한		**extravagant**	[ɛkstʀavagɑ̃]	엑스트하바강
기숙사	f	**pension**	[pɑ̃sjɔ̃]	빵씨옹
기술자		**ingénieur**	[ɛ̃ʒenjœːʀ]	앵제니외흐
기술적인		**technique**	[tɛknik]	떼끄니끄
기습하다		**surprendre**	[syʀpʀɑ̃ːdʀ]	쒸흐프항드흐
기시감		**déjà-vu**	[deʒavy]	데쟈뷔
기어가다		**ramper**	[ʀɑ̃pe]	항뻬
기어오르다		**grimper**	[gʀɛ̃pe]	그행뻬
기억	f	**mémoire**	[memwaːʀ]	메무와흐
기억하다		**savoir**	[savwaːʀ]	싸부와흐
기업	f	**industrie**	[ɛ̃dystʀi]	앵뒤스트히

기온	*f*	**température**	[tãpeʀaty:ʀ]	땅뻬하뛰흐
기와	*f*	**tuile**	[tɥil]	뛰일르
기울다		**pencher**	[pãʃe]	빵셰
기울이다		**pencher**	[pãʃe]	빵셰
기원	*f*	**origine**	[ɔʀiʒin]	오히진느
기입하다		**enregistrer**	[ãʀʒistʀe]	앙흐지스트헤
기자		**journaliste**	[ʒuʀnalist]	주흐날리스뜨
기재하다		**mentionner**	[mãsjɔne]	망씨오네
기저귀	*f*	**couche**	[kuʃ]	꾸슈
기적	*m*	**miracle**	[miʀɑ:kl]	미하끌르
기적(汽笛)	*m*	**sifflement**	[sifləmã]	씨플르망
기적적인		**miraculeux**	[miʀakylø]	미하뀔뢰
기절하다		**évanouir**	[evanwi:ʀ]	에바누이흐
기중기	*f*	**chèvre**	[ʃɛ:vʀ]	쉐브흐
기지개	*m*	**étirement**	[etiʀmã]	에띠흐망
기질	*m*	**caractère**	[kaʀaktɛ:ʀ]	까학떼흐
기체	*m*	**gaz**	[gɑ:z]	갸즈
기초	*f*	**base**	[bɑ:z]	바즈
기침	*f*	**toux**	[tu]	뚜
기침하다		**tousser**	[tuse]	뚜쎄

기타	f	**guitare**	[gitaːʀ]	기따흐
기하학	f	**géométrie**	[ʒeɔmetʀi]	제오메트히
기한	m	**délai**	[delɛ]	델레
	m	**terme**	[tɛʀm]	떼흠므
기호(嗜好)	f	**élection**	[elɛksjɔ̃]	엘렉씨옹
기회	f	**chance**	[ʃɑ̃ːs]	샹스
	f	**occasion**	[ɔka[ɑ]zjɔ̃]	오까지옹
기획	f	**entreprise**	[ɑ̃tʀəpʀiːz]	앙트흐프히즈
긴		**long**	[lɔ̃]	롱
긴급	f	**urgence**	[yʀʒɑ̃ːs]	위흐쟝스
긴급한		**urgent**	[yʀʒɑ̃]	위흐쟝
긴장 완화	f	**détente**	[detɑ̃ːt]	데땅뜨
긴축하다		**resserrer**	[ʀəsɛʀe]	흐쎄헤
길	m	**chemin**	[ʃ(ə)mɛ̃]	슈맹
	f	**rue**	[ʀy]	휘
길가	m	**bord**	[bɔːʀ]	보흐
길게 하다		**allonger**	[alɔ̃ʒe]	알롱제
		rallonger	[ʀalɔ̃ʒe]	할롱제
길들여지지 않은		**sauvage**	[sovaːʒ]	쏘바쥬
길들여진		**domestique**	[dɔmɛstik]	도메스띠끄

김	*f* **vapeur**	[vapœ:ʀ]	바뾔흐
깁스	*m* **plâtre**	[plɑ:tʀ]	쁠라트흐
깃대	*m* **mât**	[mɑ]	마
깃발	*m* **drapeau**	[dʀapo]	드하뽀
깃털	*f* **plume**	[plym]	쁠륌므
깊은	**profond**	[pʀɔfɔ̃]	프호퐁
깊은 곳	*f* **profondeur**	[pʀɔfɔ̃dœ:ʀ]	프호퐁되흐
깊이	*f* **profondeur**	[pʀɔfɔ̃dœ:ʀ]	프호퐁되흐
깊이 있게	**profondément**	[pʀɔfɔ̃demɑ̃]	프호퐁데망
까다로운	**exigeant**	[ɛgziʒɑ̃]	에그지장
까마귀	*m* **corbeau**	[kɔʀbo]	꼬흐보
까불다	**plaisanter**	[plɛzɑ̃te]	쁠레장떼
	rigoler	[ʀigɔle]	히골레
	rire	[ʀi:ʀ]	히흐
까치	*f* **pie**	[pi]	삐
까칠까칠한	**rêche**	[ʀɛʃ]	헤슈
깎(아내)다	**tondre**	[tɔ̃:dʀ]	똥드흐
	raser	[ʀɑze]	하제
	tailler	[taje]	따이예
깔보다	**moquer**	[mɔke]	모께

깜박하다	oublier	[ublije]	우블리에
깨끗한	propre	[pʀɔpʀ]	프호프흐
깨다	briser	[bʀize]	브히제
깨닫다	apercevoir	[apɛʀsəvwaːʀ]	아뻬흐스부아흐
깨물다	mordre	[mɔʀdʀ]	모흐드흐
깨우다	réveiller	[ʀevɛ[e]je]	헤베이예
꺼내다	retirer	[ʀətiʀe]	흐띠헤
껍질을 벗기다	éplucher	[eplyʃe]	에쁠뤼셰
껴안다	presser	[pʀɛ[e]se]	프헤쎄
꼬리	ⓕ queue	[kø]	꾀
꼬마	gosse	[gɔs]	고쓰
꼬집다	pincer	[pɛ̃se]	뺑세
꼭대기	ⓜ sommet	[sɔ(m)mɛ]	쏘메
꼴사나운	laid(e)	[lɛ] [lɛd]	레(드)
꼼꼼한	ordonné	[ɔʀdɔne]	오흐도네
꽃	fleur	[flœːʀ]	플뢰흐
꽃가루	ⓜ pollen	[pɔ(l)lɛn]	뽈렌
꽃다발	ⓜ bouquet	[bukɛ]	부께
꽃병	ⓜ vase	[vɑːz]	바즈
꽃잎	ⓜ pétale	[petal]	뻬딸르

ㄱ ㄴ ㄷ ㄹ ㅁ ㅂ ㅅ ㅇ ㅈ ㅊ ㅋ ㅌ ㅍ ㅎ

ㄱ

꾸짖다	**blâmer**	[blɑme]	블라메
꿈	ⓜ **rêve**	[ʀɛːv]	헤브
꿈꾸다	**rêver**	[ʀɛ[e]ve]	헤베
꿰매다	**coudre**	[kudʀ]	꾸드흐
끄다(전원을)	**éteindre**	[etɛ̃ːdʀ]	에뗑드흐
끈	ⓕ **ficelle**	[fisɛl]	피셀르
	ⓜ **lien**	[ljɛ̃]	리엥
끊다	**rompre**	[ʀɔ̃ːpʀ]	홍프흐
끌고가다	**traîner**	[tʀɛ[e]ne]	트헤네
	entraîner	[ɑ̃tʀe[ɛ]ne]	앙트헤네
끌다	**traîner**	[tʀɛ[e]ne]	트헤네
끌어당기다	**attirer**	[atiʀe]	아띠헤
끓다	**bouillir**	[bujiːʀ]	부이이흐
끔찍한	**affreux(se)**	[a[ɑ]fʀø] [a[ɑ]fʀøːz]	아프회(즈)
끝	ⓜ **bout**	[bu]	부
끝나다	**finir**	[finiːʀ]	피니흐
끝내다	**achever**	[aʃve]	아슈베
	arrêter	[aʀɛ[e]te]	아헤떼
	terminer	[tɛʀmine]	떼흐미네

ㄴ

나		**moi**	[mwa]	무와
나 자신		**moi-même**	[mwamɛm]	무와멤므
나가다		**sortir**	[sɔʀtiːʀ]	쏘흐띠흐
나누기	f	**séparation**	[sepaʀɑsjɔ̃]	쎄빠하씨옹
나누다		**diviser**	[divize]	디비제
		partager	[paʀtaʒe]	빠흐따제
		répartir	[ʀepaʀtiːʀ]	헤빠흐띠흐
		séparer	[sepaʀe]	쎄빠헤
나눗셈	f	**division**	[divizjɔ̃]	디비지옹
나는		**je**	[ʒ(ə)]	쥬
나룻배	m	**bac**	[bak]	박
나르다		**porter**	[pɔʀte]	뽀흐떼
나를		**me**	[m(ə)]	므
나막신	m	**sabot**	[sabo]	싸보
나머지	m	**reste**	[ʀɛst]	헤스뜨
나무	m	**arbre**	[aʀbʀ]	아흐브흐
나무껍질	f	**écorce**	[ekɔʀs]	에꼬흐스

ㄴ

나무줄기	*m* **tronc**	[tʀɔ̃]	트홍
나뭇가지	*f* **branche**	[bʀɑ̃:ʃ]	브항슈
나비	*m* **papillon**	[papijɔ̃]	빠삐용
나쁜	**mauvais(e)**	[mo[ɔ]vɛ] [mo[ɔ]vɛ:z]	모베(즈)
나사	*f* **vis**	[vis]	비스
나의	**ma**	[ma]	마
	mes	[me]	메
	mon	[mɔ̃]	몽
나이	*m* **âge**	[ɑ[a]:ʒ]	아쥬
나이테	*m* **cerne**	[sɛʀn]	쎄흔느
나이프	*m* **couteau**	[kuto]	꾸또
나일론	*m* **nylon**	[nilɔ̃]	닐롱
나중에	**après**	[apʀɛ]	아프헤
	tard	[ta:ʀ]	따흐
나타나다	**apparaître**	[apaʀɛtʀ]	아빠헤트흐
	paraître	[paʀɛtʀ]	빠헤트흐
나타내다	**figurer**	[figyʀe]	피귀헤
	marquer	[maʀke]	마흐께
	représenter	[ʀəpʀezɑ̃te]	흐프헤장떼
	signifier	[siɲifje]	씨니피에

나팔꽃	*m* **volubilis**	[vɔlybilis]	볼뤼빌리스
낙관적인	**optimiste**	[ɔptimist]	옵띠미스뜨
낙담	*m* **abattement**	[abatmɑ̃]	아바뜨망
낙담시키다	**décourager**	[dekuʀaʒe]	데꾸하졔
	effrayer	[efʀɛ[e]je]	에프헤이예
낙담한	**découragé**	[dekuʀaʒe]	데꾸하졔
낙제시키다	**recaler**	[ʀəkale]	흐꺌레
낙타	*m* **chameau**	[ʃamo]	샤모
낙하	*f* **chute**	[ʃyt]	쉬뜨
낙하산	*m* **parachute**	[paʀaʃyt]	빠하쉬뜨
낚시	*f* **pêche**	[pɛʃ]	뻬슈
낚시꾼	**pêcheur**	[pɛʃœːʀ]	뻬쇠흐
낚시하다	**pêcher**	[pɛʃe]	뻬셰
난방(장치)	*m* **chauffage**	[ʃofaːʒ]	쇼파쥬
난방기	*m* **radiateur**	[ʀadjatœːʀ]	하디아뙤흐
난점	*m* **problème**	[pʀɔblɛm]	프호블렘므
난처하게 하다	**ennuyer**	[ɑ̃nɥije]	앙뉘이예
난처한	**contrarié**	[kɔ̃tʀaʀje]	꽁트하리에
	embarrassé	[ɑ̃baʀase]	앙바하쎄
	ennuyé	[ɑ̃nɥije]	앙뉘이예

ㄴ

난초	*f* **orchidée**	[ɔʀkide]	오흐끼데
난폭한	**brusque**	[bʀysk]	브휘스끄
	brutal(ale)	[bʀytal]	브휘딸(르)
	violent	[vjɔlɑ̃]	비올랑
난해한	**abstrait(e)**	[apstʀɛ] [apstʀɛt]	압스트헤(트)
날개 (새, 곤충의)	*f* **aile**	[ɛl]	엘르
날것의	**cru**	[kʀy]	크휘
날씨	**climat**	[klima[ɑ]]	끌리마
날아가다	**envoler**	[ɑ̃vɔle]	앙볼레
날조하다	**fabriquer**	[fabʀike]	파브히께
날짜	*f* **date**	[dat]	다뜨
날카로운	**pointu**	[pwɛ̃ty]	뿌앵뛰
낡은	**vieux(vieille)**	[vjø] [vjɛj]	비외 (비에이으)
남극	*m* **pôle sud**	[poːl syd]	뽈르 쉬드
남기다	**laisser**	[lɛ[e]se]	레쎄
	léguer	[lege]	레게
남녀 한 쌍	*m* **couple**	[kupl]	꾸플르
남녀공학	*f* **mixité**	[miksite]	믹시떼
남용하다	**abuser**	[abyze]	아뷔제
남자	*m* **homme**	[ɔm]	옴므

남자 같은		**masculin**	[maskylɛ̃]	마스뀔랭
남자 배우	m	**acteur**	[aktœːʀ]	악뙤흐
남자 주인공	m	**héros**	[eʀo]	에호
남자 조카	f	**neveu**	[nəvø]	느뵈
남자아이	m	**moutard**	[mutaːʀ]	무따흐
남자의	m	**mâle**	[maːl]	말르
		masculin	[maskylɛ̃]	마스뀔랭
남쪽	m	**sud**	[syd]	쉬드
남편		**époux**	[epu]	에뿌
	m	**mari**	[maʀi]	마히
납	m	**plomb**	[plɔ̃]	쁠롱
납득하다		**comprendre**	[kɔ̃pʀɑ̃ːdʀ]	꽁프항드흐
납세자		**contribuable**	[kɔ̃tʀibɥabl]	꽁트히뷔아블르
낫다 (질병이)		**guéri**	[geʀi]	게히
낭만적인		**romantique**	[ʀɔmɑ̃tik]	호망띠끄
낭비하다		**gaspiller**	[gaspije]	갸스삐예
		perdre	[pɛʀdʀ]	뻬흐드흐
낮	m	**jour**	[ʒuːʀ]	주흐
	f	**journée**	[ʒuʀne]	주흐네
낮은		**bas(se)**	[bɑ] [bɑːs]	바(스)

낮추다	abaisser	[abɛ[e]se]	아베쎄
	baisser	[bɛ[e]se]	베쎄
	descendre	[desɑ̃:dʀ]	데쌍드흐
낯을 붉히다	rougir	[ʀuʒi:ʀ]	후지흐
낱알	m grain	[gʀɛ̃]	그헹
낳다	accoucher	[akuʃe]	아꾸셰
내 것	mien	[mjɛ̃]	미엥
내각	m ministère	[ministɛ:ʀ]	미니스떼흐
내게	me	[m(ə)]	므
내기하다	parier	[paʀje]	빠히에
내던지다	projeter	[pʀɔʒte]	프호쥬떼
내리다	baisser	[bɛ[e]se]	베쎄
	descendre	[desɑ̃:dʀ]	데쌍드흐
내면의	intime	[ɛ̃tim]	앵띰므
내밀다	donner	[dɔne]	도네
내버려두다	laisser	[lɛ[e]se]	레쎄
내부의	intérieur	[ɛ̃teʀjœ:ʀ]	앵떼히외흐
내성적인	timide	[timid]	띠미드
내용이 없는	creux(se)	[kʀø] [kʀø:z]	크회(즈)
내일	demain	[dəmɛ̃]	드맹

냄비	f **casserole**	[kasʀɔl]	까스홀르
	f **marmite**	[maʀmit]	마흐미뜨
냄새	f **odeur**	[ɔdœ:ʀ]	오되흐
냅킨	f **serviette**	[sɛʀvjɛt]	쎄흐비에뜨
냉각시키다	**rafraîchir**	[ʀafʀɛ[e]ʃi:ʀ]	하프헤쉬흐
	réfroidir	[ʀəfʀwadi:ʀ]	헤프후와디흐
냉담한	**glacé**	[glase]	글라쎄
	impassible	[ɛ̃pasibl]	앵빠씨블르
냉동고	m **congélateur**	[kɔ̃ʒelatœ:ʀ]	꽁젤라뙤흐
냉동된	**glacé**	[glase]	글라쎄
냉동식품	m **surgelé**	[syʀʒəle]	쒸흐즐레
냉장고	m **frigidaire**	[fʀiʒidɛ:ʀ]	프히지데흐
	m **réfrigérateur**	[ʀefʀiʒeʀatœ:ʀ]	헤프히제하뙤르
너	**toi**	[twa]	뚜와
	tu	[ty]	뛰
너(희)의	**vos**	[vɔ]	보
너그러운	**indulgent**	[ɛ̃dylʒɑ̃]	앵뒬쟝
너를	**te**	[t(ə)]	뜨
너무나	**trop**	[tʀo]	트호
너에게	**te**	[t(ə)]	뜨

ㄴ

너의	ta	[ta]	따
	tien	[tjɛ̃]	띠엥
넉넉하게	largement	[laʀʒəmɑ̃]	라흐쥬망
넉넉한	large	[laʀʒ]	라흐쥬
넓게	largement	[laʀʒəmɑ̃]	라흐쥬망
넓이	*f* étendu	[etɑ̃dy]	에땅뒤
	f mesure	[məzy:ʀ]	므쥐흐
넓히다	élargir	[elaʀʒi:ʀ]	엘라흐지흐
넘겨주다	livrer	[livʀe]	리브헤
넘치다	déborder	[debɔʀde]	데보흐데
넙치	carrelet	[ka[ɑ]ʀlɛ]	꺄흘레
넣어 두다	enfermer	[ɑ̃fɛʀme]	앙페흐메
네 것	tien	[tjɛ̃]	띠엥
네 번째의	quatrièmement	[katʀijɛmmɑ̃]	꺄뜨히엠므망
네티즌	*n* internaute	[ɛ̃tɛʀnot]	앵떼흐노뜨
넥타이	*f* cravate	[kʀavat]	크하바뜨
노 (배의)	*m* aviron	[aviʀɔ̃]	아비홍
	f rame	[ʀam]	함므
노년	*f* vieillesse	[vjɛjɛs]	비에이예스
노동	travail	[tʀavaj]	트하바이으

한국어	성	프랑스어	발음기호	한글 발음
노동자	f	**main-d'œuvre**	[mɛ̃dœːvʀ]	맹되브흐
		ouvrier	[uvʀije]	우브히에
노동조합	m	**syndicat**	[sɛ̃dika]	쌩디꺄
노랑	m	**jaune**	[ʒoːn]	존느
노래	f	**chanson**	[ʃɑ̃sɔ̃]	샹송
	m	**chant**	[ʃɑ̃]	샹
노래하다		**chanter**	[ʃɑ̃te]	샹떼
노력	m	**effort**	[efɔːʀ]	에포흐
	f	**main-d'œuvre**	[mɛ̃dœːvʀ]	맹되브흐
노력하다		**efforcer**	[efɔʀse]	에포흐쎄
		essayer	[esɛ[e]je]	에쎄이예
		tâcher	[tɑʃe]	따셰
노리다		**viser**	[vize]	비제
노선	f	**ligne**	[liɲ]	리뉴
노선도	m	**plan**	[plɑ̃]	쁠랑
노인	m	**vieillard**	[vjɛjaːʀ]	비에이야흐
노출된		**découvert**	[dekuvɛːʀ]	데꾸베흐
노출시키다		**découvrir**	[dekuvʀiːʀ]	데꾸브히흐
노화	f	**vieillesse**	[vjɛjɛs]	비에이예스
녹색	m	**vert**	[vɛːʀ]	베흐

녹이다	fondre	[fɔ̃:dʀ]	퐁드흐
녹초가 된	vanné(e)	[vane]	바네
논	(f) rizière	[ʀizjɛ:ʀ]	히지에흐
논리	(f) logique	[lɔʒik]	로지끄
논리 정연한	méthodique	[metɔdik]	메또디끄
논쟁	(f) discussion	[diskysjɔ̃]	디스뀌씨옹
	(f) querelle	[kəʀɛl]	끄헬르
놀다	jouer	[ʒwe]	쥬에
놀라게 하다	étonner	[etɔne]	에또네
	surprendre	[syʀpʀɑ̃:dʀ]	쒸흐프항드흐
놀라운	étonnant(e)	[etɔnɑ̃] [etɔnɑ̃:t]	에또낭(트)
	incroyable	[ɛ̃kʀwajabl]	앵크후와야블르
놀란	étonné	[etɔne]	에또네
	surpris	[syʀpʀi]	쒸흐프히
놀랄 만한	inouï	[inwi]	이누이
	surprenant	[syʀpʀənɑ̃]	쒸흐프흐낭
놀리기	(f) plaisanterie	[plɛzɑ̃tʀi]	쁠레장뜨히
놀리다	railler	[ʀɑje]	하이예
놀이	(m) jeu	[ʒø]	죄
농구	(m) basket(ball)	[baskɛt(bo:l)]	바스께뜨볼

한국어	성	프랑스어	발음기호	한글발음
농담	f	plaisanterie	[plɛzɑ̃tʀi]	쁠레장뜨히
농담하다		plaisanter	[plɛzɑ̃te]	쁠레장떼
		rigoler	[ʀigɔle]	히골레
		rire	[ʀiːʀ]	히흐
농민		agriculteur(trice)	[agʀikyltœːʀ] [agʀikyltʀis]	아그히뀔뙤흐 (트히스)
		paysan	[pe(j)izɑ̃]	뻬이장
	n	fermier(ère)	[fɛʀmje] [fɛʀmjɛːʀ]	페흐미에(흐)
농업	f	agriculture	[agʀikyltyːʀ]	아그히뀔뛰흐
	f	charrue	[ʃaʀy]	샤휘
농업의		agricole	[agʀikɔl]	아그히꼴르
농촌 (사람)의		campagnard	[kɑ̃paɲaːʀ]	깡빠냐흐
		rural	[ʀyʀal]	휘랄
높은		élevé	[ɛ[e]lve]	엘르베
		haut(e)	[o] [oːt]	오(뜨)
높이	f	hauteur	[otœːʀ]	오뙤흐
	m	niveau	[nivo]	니보
높이다		élever	[ɛ[e]lve]	엘르베
		hausser	[ose]	오쎄
		relever	[ʀəlve]	흘르베
놓치다 (탈것, 기회를)		manquer	[mɑ̃ke]	망께

ㄱ ㄴ ㄷ ㄹ ㅁ ㅂ ㅅ ㅇ ㅈ ㅊ ㅋ ㅌ ㅍ ㅎ

뇌	m	**cerveau**	[sɛʀvo]	쎄흐보
뇌물	m	**pot-de-vin**	[podvɛ̃]	뽀드뱅
뇌우		**orage**	[ɔʀa:ʒ]	오하쥬
누가		**qui est-ce qui**	[kɛɛski]	끼-에스 끼
		qui	[ki]	끼
누구		**lequel**	[ləkɛl]	르껠
누구나		**chacun(e)**	[ʃakœ̃]	샤깽
누구를		**qui est-ce que**	[kɛsk(ə)]	끼-에스 끄
누나	f	**sœur**	[sœ:ʀ]	쐬흐
누르기	f	**pression**	[pʀɛsjɔ̃]	프헤씨옹
누리다		**jouir**	[ʒwi:ʀ]	쥬이흐
누설하다		**bavarder**	[bavaʀde]	바바흐데
눅눅해진 (빵이)		**rassis**	[ʀasi]	하씨
눈	f	**vue**	[vy]	뷔
(단수)	m	**œil**	[œj]	외이으
(복수)	m	**yeux**	[jø]	이외
눈(雪)	f	**neige**	[nɛ:ʒ]	네쥬
눈길	m	**regard**	[ʀəga:ʀ]	흐갸흐
눈동자	f	**prunelle**	[pʀynɛl]	프휘넬르
눈물		**larme**	[laʀm]	라흠므

눈썹	ⓜ **sourcil**	[suʀsi]	쑤흐씨
눈에 보이는	**visible**	[vizibl]	비지블르
눈이 내리다	**neiger**	[nɛ[e]ʒe]	네제
눈치채다	**sentir**	[sɑ̃tiːʀ]	쌍띠흐
눌러 부수다	**écraser**	[ekʀɑze]	에크하제
눕히다	**coucher**	[kuʃe]	꾸셰
뉘우치다	**repentir**	[ʀ(ə)pɑ̃tiːʀ]]	흐빵띠흐
뉴스 보도	ⓕ **information**	[ɛ̃fɔʀmasjɔ̃]	앵포흐마씨옹
느긋하게	**lentement**	[lɑ̃tmɑ̃]	랑뜨망
느끼기 쉬운	**sensible**	[sɑ̃sibl]	쌍시블르
느끼다	**sentir**	[sɑ̃tiːʀ]	쌍띠흐
느린	**lent(e)**	[lɑ̃] [lɑ̃ːt]	랑(뜨)
느슨한	**lâche**	[lɑːʃ]	라슈
늑대	ⓜ **loup**	[lu]	루
늑장 부리다	**tarder**	[taʀde]	따흐데
늘리다	**multiplier**	[myltiplije]	뮐띠쁠리에
늘어뜨리다	**pendre**	[pɑ̃ːdʀ]	빵드흐
늘이다	**élargir**	[elaʀʒiːʀ]	엘라흐지흐
늙다	**vieillir**	[vjɛ[e]jiːʀ]	비에이이흐
능가하다	**devancer**	[dəvɑ̃se]	드방쎄

능력	capacité	[kapasite]	까빠시떼
	ⓕ faculté	[fakylte]	파뀔떼
	ⓕ force	[fɔʀs]	포흐쓰
능력이 없는	insuffisant(e)	[ɛ̃syfizɑ̃] [ɛ̃sy-fizɑ̃:t]	앵쒸피장(뜨)
능률적인	efficace	[efikas]	에피꺄스
능선	ⓕ arête	[aʀɛt]	아헤뜨
능숙한	entendu	[ɑ̃tɑ̃dy]	앙땅뒤
능숙함	ⓕ habileté	[abilte]	아빌르떼
늦게	tard	[ta:ʀ]	따흐
늦음	ⓜ retard	[ʀəta:ʀ]	흐따흐
늦추다	détendre	[detɑ̃:dʀ]	데땅드흐
	lâcher	[lɑʃe]	라셰
	relâcher	[ʀəlɑʃe]	흘라셰
	retarder	[ʀətaʀde]	흐따흐데
니트 웨어	ⓜ tricot	[tʀiko]	트히꼬

ㄷ

다가가다	approcher	[apʀɔʃe]	아프호셰
	rapprocher	[ʀapʀɔʃe]	하프호셰
다니다	aller	[ale]	알레
다락방	*m* mansarde	[mɑ̃saʀd]	망사흐드
	m grenier	[gʀənje]	그흐니에
다량	*f* abondance	[abɔ̃dɑ̃:s]	아봉당스
	m monceau	[mɔ̃so]	몽쏘
다량의	massif	[masif]	마씨프
다루다	traiter	[tʀɛ[e]te]	트헤떼
다르다	varier	[vaʀje]	바히에
다른	différent	[difeʀɑ̃]	디페랑
	divers(e)	[divɛ:ʀ]	디베흐
다리(脚)	*f* jambe	[ʒɑ̃:b]	쟝브
	f patte	[pat]	빠뜨
	m pied	[pje]	삐에
다리(橋)	*m* pont	[pɔ̃]	뽕
다리미질	*m* repassage	[ʀəpɑsa:ʒ]	흐빠사쥬

다발	*f*	**grappe**	[gʀap]	그하쁘
다수	*m*	**beaucoup**	[boku]	보꾸
다시 갖다놓다		**reporter**	[ʀəpɔʀte]	흐뽀흐떼
다시 닫다[막다]		**refermer**	[ʀəfɛʀme]	흐페흐메
다시 덮다		**recouvrir**	[ʀəkuvʀiːʀ]	흐꾸브히흐
다시 데려가다		**ramener**	[ʀamne]	하므네
다시 만나다		**revoir**	[ʀəvwaːʀ]	흐부와흐
다양성	*f*	**variété**	[vaʀjete]	바히에떼
다양한	*f*	**différent**	[difeʀɑ̃]	디페랑
		divers(e)	[divɛːʀ]	디베흐
		multiple	[myltipl]	뮐띠쁠르
다음에		**ensuite**	[ɑ̃sɥit]	앙쒸이뜨
		puis	[pɥi]	쀠이
다이빙하다		**plonger**	[plɔ̃ʒe]	쁠롱제
다이아몬드 (포커)	*m*	**diamant**	[djamɑ̃]	디아망
	m	**carreau**	[ka[ɑ]ʀo]	꺄호
다이어리	*m*	**agenda**	[aʒɛ̃da]	아장다
다정다감한		**affectueux(se)**	[afɛktɥø] [afɛktɥøːz]	아펙뛰외(즈)
다정하게		**affectueusement**	[afɛktɥøzmɑ̃]	아펙뛰외즈망
다채로운		**varié**	[vaʀje]	바히에

다치게 하다		**blesser**	[blɛ[e]se]	블레쎄
다친		**blessé(e)**	[blɛ[e]se]	블레쎄
닦다		**essuyer**	[esɥije]	에쒸이예
		frotter	[fʀɔte]	프호떼
단결	*f*	**solidarité**	[sɔlidaʀite]	쏠리다히떼
단계	*m*	**degré**	[dəgʀe]	드그헤
	m	**stade**	[stad]	스따드
단기 강습	*m*	**stage**	[sta:ʒ]	스따쥬
단념하다		**renoncer**	[ʀənɔ̃se]	흐농세
단단한		**ferme**	[fɛʀm]	페흠므
		solide	[sɔlid]	쏠리드
단독의		**isolé**	[izɔle]	이졸레
		singulier	[sɛ̃gylje]	쌩귈리에
단순성		**simplicité**	[sɛ̃plisite]	쌩쁠리씨떼
단순하게		**simplement**	[sɛ̃pləmɑ̃]	쌩쁠르망
단순한		**simple**	[sɛ̃:pl]	쌩쁠르
단순화하다		**simplifier**	[sɛ̃plifje]	쌩쁠리피에
단어	*m*	**mot**	[mo]	모
단언	*f*	**affirmation**	[afiʀmasjɔ̃]	아피흐마씨옹
단언하다		**affirmer**	[afiʀme]	아피흐메

	assurer	[asyʀe]	아쒸헤
단일성	*f* unité	[ynite]	위니떼
단절	*m* fossé	[fose]	포쎄
단점	*m* défaut	[defo]	데포
단조로운	monotone	[mɔnɔtɔn]	모노뜬느
	uniforme	[ynifɔʀm]	위니포흠므
단축하다	diminuer	[diminɥe]	디미뉘에
	raccourcir	[ʀakuʀsi:ʀ]	하꾸흐씨흐
	réduire	[ʀedɥi:ʀ]	헤뒤이흐
단풍나무	*m* érable	[eʀabl]	에하블르
단호하게	franchement	[fʀɑ̃ʃmɑ̃]	프항슈망
단호한	résolu	[ʀezɔly]	헤졸뤼
닫다	fermer	[fɛʀme]	페흐메
닫힌	fermé	[fɛʀme]	페흐메
달	*f* lune	[lyn]	륀느
	m mois	[mwa[ɑ]]	무아
달게 하다	sucrer	[sykʀe]	쒸크헤
달려오다	accourir	[akuʀi:ʀ]	아꾸히흐
달력	*m* calendrier	[kalɑ̃dʀije]	꺌랑드히에
달아나다	fuir	[fɥi:ʀ]	퓌이흐

달콤한	doux	[du]	두
	sucré(e)	[sykʀe]	쒸크헤
담그다	baigner	[bɛ[e]ɲe]	베녜
	tremper	[tʀɑ̃pe]	트항뻬
담배 (가게)	ⓕ cigarette	[sigaʀɛt]	씨갸헤뜨
	ⓜ tabac	[taba]	따바
담보	ⓕ garantie	[gaʀɑ̃ti]	갸항띠
담요	ⓕ couverture	[kuvɛʀty:ʀ]	꾸베흐뛰흐
담장	clôture	[kloty:ʀ]	끌로뛰흐
담쟁이덩굴	ⓜ lierre	[ljɛ:ʀ]	리에흐
당(糖)	ⓜ sucre	[sykʀ]	쒸크흐
당구	ⓜ billard	[bija:ʀ]	비야흐
당근	ⓕ carotte	[kaʀɔt]	캬호뜨
당기다	tirer	[tiʀe]	띠헤
당뇨병	ⓜ diabète	[djabɛt]	디아베뜨
당신	tu	[ty]	뛰
당신(들) 자신	vous-même	[vumɛm]	부멤므
당신(들)에게	vous	[vu]	부
당신(들)은[을]	vous	[vu]	부
당신(들)의	votre	[vo:tʀ]	보트흐

당신(들)의 것	vôtre	[vo:tʀ]	보트흐
당연한	naturel	[natyʀɛl]	나뛰헬
당연히	évidemment	[evidamɑ̃]	에비다망
	forcément	[fɔʀsemɑ̃]	포흐쎄망
당파	m parti	[paʀti]	빠흐띠
당황	f panique	[panik]	빠니끄
당황한	confus(e)	[kɔ̃fy] [kɔ̃fy:z]	꽁퓌(즈)
	interdit	[ɛ̃tɛʀdi]	앵떼흐디
	sot	[so]	쏘
닻	f ancre	[ɑ̃:kʀ]	앙크흐
닿다	toucher	[tuʃe]	뚜셰
대가	f récompense	[ʀekɔ̃pɑ̃:s]	헤꽁빵스
대개	probablement	[pʀɔbabləmɑ̃]	프호바블르망
대구(생선)	m tacaud	[tako]	따꼬
대기(大氣)	f atmosphère	[atmɔsfɛ:ʀ]	아뜨모스페흐
대기업가	m roi	[ʀwa]	후아
대꾸하다	répliquer	[ʀeplike]	헤쁠리께
대나무	m bambou	[bɑ̃bu]	방부
대다수	f plupart	[plypa:ʀ]	쁠뤼빠흐
대단한	grand(e)	[gʀɑ̃] [gʀɑ̃:d]	그항(드)

대단히	m beaucoup	[boku]	보꾸
	tellement	[tɛlmɑ̃]	뗄르망
	très	[tʀɛ]	트헤
대담성	f audace	[odas]	오다스
대담한 (사람)	audacieux(se)	[odasjø] [odasjø:z]	오다씨외(즈)
대답	f réponse	[ʀepɔ̃:s]	헤뽕스
대답하다	répondre	[ʀepɔ̃:dʀ]	헤뽕드흐
대략	approximativement	[apʀɔksimativmɑ̃]	아프혹시마띠브망
	environ	[ɑ̃viʀɔ̃]	앙비홍
대량	m beaucoup	[boku]	보꾸
대륙	m continent	[kɔ̃tinɑ̃]	꽁띠낭
대리석	m marbre	[maʀbʀ]	마흐브흐
대리인	m agent	[aʒɑ̃]	아장
대리점	f agence	[aʒɑ̃:s]	아장스
대립	m choc	[ʃɔk]	쇼끄
	f lutte	[lyt]	뤼뜨
	f opposition	[ɔpozisjɔ̃]	오뽀지씨옹
대립하는	opposé	[ɔpoze]	오뽀제
대립하다	combattre	[kɔ̃batʀ]	꽁바트흐
대명사	m pronom	[pʀɔnɔ̃]	프호농

ㄱ ㄴ ㄷ ㄹ ㅁ ㅂ ㅅ ㅇ ㅈ ㅊ ㅋ ㅌ ㅍ ㅎ

한국어	성	프랑스어	발음	한글 발음
대변동	f	**catastrophe**	[katastʀɔf]	까따스트호프
대부분	f	**plupart**	[plypa:ʀ]	쁠뤼빠흐
		presque	[pʀɛɛsk]	프헤스끄
대사(大使)	m	**ambassadeur**	[ɑ̃basadœ:ʀ]	앙바싸되흐
대사관	f	**ambassade**	[ɑ̃basad]	앙바싸드
대상	m	**objet**	[ɔbʒɛ]	오브제
대상(隊商)	f	**caravane**	[kaʀavan]	까하반느
대성공	m	**triomphe**	[tʀijɔ̃:f]	트히옹프
대수(代數)	f	**algèbre**	[alʒɛbʀ]	알제브흐
대승	m	**triomphe**	[tʀijɔ̃:f]	트히옹프
대양	m	**océan**	[ɔseɑ̃]	오세앙
대우	m	**traitement**	[tʀɛtmɑ̃]	트헤뜨망
대위		**capitaine**	[kapitɛn]	까삐뗀느
대응하다		**correspondre**	[kɔʀɛspɔ̃:dʀ]	꼬헤스뽕드흐
대저택	m	**château**	[ʃɑto]	샤또
대접	m	**accueil**	[akœj]	아꿰이으
대접하다		**accueillir**	[akœji:ʀ]	아꿰이이흐
대조	f	**comparaison**	[kɔ̃paʀɛzɔ̃]	꽁빠레종
대중	m	**public**	[pyblik]	쀠블릭
대중적인		**populaire**	[pɔpylɛ:ʀ]	뽀쀨레흐

대체하다	remplacer	[Rɑ̃plase]	항쁠라세
대추	m jujube	[ʒyʒyb]	쥐쥐브
대출(금)	m crédit	[kRedi]	크헤디
대통령	n président(e)	[pRezidɑ̃] [pRezidɑ̃:t]	프헤지당(뜨)
대포	m canon	[kanɔ̃]	까농
대표	député	[depyte]	데쀠떼
	f représentation	[RəpRezɑ̃tɑsjɔ̃]	흐프헤장따씨옹
대표자	représentant	[RəpRezɑ̃tɑ̃]	흐프헤장땅
대표하다	représenter	[RəpRezɑ̃te]	흐프헤장떼
대피소	f cabane	[kaban]	까반느
대학교(종합)	f université	[yniveRsite]	위니베흐씨떼
대학생	étudiant	[etydjɑ̃]	에뛰디앙
대합	m clam	[klam]	끌람
대항하는	rival	[Rival]	히발
대형 트럭	f malle	[mal]	말르
대화	f conversation	[kɔ̃vɛRsɑsjɔ̃]	꽁베흐사씨옹
	m dialogue	[djalɔg]	디알로그
대화하다	converser	[kɔ̃vɛRse]	꽁베흐쎄
더 나쁜	pire	[pi:R]	삐흐
더 작은	moindre	[mwɛ̃:dR]	무앵드흐

더 잘	**mieux**	[mjø]	미외
더 좋아하다	**préférer**	[pʀefeʀe]	프헤페헤
더 좋은	**meilleur**	[mɛjœːʀ]	메이외흐
	préférable	[pʀefeʀabl]	프헤페하블르
더구나	**d'ailleurs**	[dajœːʀ]	다이외흐
더듬다 (손으로)	**tâter**	[tɑte]	따떼
더듬이	(f) **antenne**	[ɑ̃tɛn]	앙뗀느
	(f) **corne**	[kɔʀn]	꼬흔느
더러운	**dégoûtant**	[degutɑ̃]	데구땅
	sale	[sal]	쌀르
더러움	**saleté**	[salte]	쌀르떼
더럽히다	**salir**	[saliːʀ]	쌀리흐
	tacher	[taʃe]	따셰
더욱	**encore**	[ɑ̃kɔːʀ]	앙꼬흐
	plus	[ply(s)]	쁠뤼
더운	**chaud(e)**	[ʃo] [ʃoːd]	쇼(드)
더위	(f) **chaleur**	[ʃalœːʀ]	샬뢰흐
더하다	**ajouter**	[aʒute]	아주떼
던지기	(m) **lancement**	[lɑ̃smɑ̃]	랑스망
던지다	**jeter**	[ʒ(ə)te]	쥬떼

	lancer	[lɑ̃se]	랑세
덤벼들다	**sauter**	[sote]	쏘떼
덧문	*m* **volet**	[vɔlɛ]	볼레
덧셈	*f* **addition**	[adisjɔ̃]	아디씨옹
덩어리	*m* **bloc**	[blɔk]	블록
덫	*m* **piège**	[pjɛːʒ]	삐에쥬
덮개	*m* **manteau**	[mɑ̃to]	망또
덮다	**couvrir**	[kuvʀiːʀ]	꾸브히흐
덮힌	**couvert**	[kuvɛːʀ]	꾸베흐
데려가다	**entraîner**	[ɑ̃tʀe[ɛ]ne]	앙트헤네
	mener	[məne]	므네
	traîner	[tʀɛ[e]ne]	트헤네
	emmener	[ɑ̃mne]	앙므네
데모	*f* **manifestation**	[manifɛstɑsjɔ̃]	마니페스따씨옹
데생하다	**dessiner**	[desine]	데씨네
데우다 (몸을)	**chauffer**	[ʃofe]	쇼페
	réchauffer	[ʀeʃofe]	헤쇼페
데이트	*m* **rendez-vous**	[ʀɑ̃devu]	항데부
도(道, 행정구역)	*m* **département**	[depaʀtəmɑ̃]	데빠흐뜨망
도구 (세트)	*m* **instrument**	[ɛ̃stʀymɑ̃]	앵스트휘망

한국어	성	프랑스어	발음기호	발음
	m	**outil**	[uti]	우띠
	m	**outillage**	[utija:ʒ]	우띠야쥬
도끼	f	**hache**	[aʃ]	아슈
도난방지 장치	m	**antivol**	[ɑ̃tivɔl]	앙띠볼
도넛	m	**beignet**	[bɛɲɛ]	베녜
도달	m	**accès**	[aksɛ]	악쎄
도달점	m	**aboutissement**	[abutismɑ̃]	아부띠스망
도달하다		**aborder**	[abɔʀde]	아보흐데
		atteindre	[atɛ̃:dʀ]	아뗑드흐
		parvenir	[paʀvəni:ʀ]	빠흐브니흐
도덕	f	**éthique**	[etik]	에띠끄
	f	**morale**	[mɔʀal]	모할르
도덕적인		**moral**	[mɔʀal]	모할
도둑	n	**voleur(se)**	[vɔlœ:ʀ] [vɔlø:z]	볼뢰흐(즈)
도랑	m	**fossé**	[fose]	포쎄
도래한		**venu**	[v(ə)ny]	브뉘
도로	m	**chemin**	[ʃ(ə)mɛ̃]	슈맹
	f	**route**	[ʀut]	후뜨
	f	**rue**	[ʀy]	휘
	f	**voie**	[vwa]	부와

도로 가져가다		reporter	[Rəpɔrte]	흐뽀흐떼
도마뱀	m	lézard	[leza:R]	레자흐
도망가다		évader	[evade]	에바데
		fuir	[fɥi:R]	퓌이흐
		échapper	[eʃape]	에샤뻬
도발하다		agacer	[agase]	아갸쎄
		provoquer	[pRɔvɔke]	프호보께
도서관	f	bibliothèque	[biblijɔtɛk]	비블리오떼끄
도시	f	cité	[site]	씨떼
	f	ville	[vil]	빌르
도시의		urbain	[yRbɛ̃]	위흐뱅
도약	m	élan	[elɑ̃]	엘랑
	m	saut	[so]	쏘
도움이 안 되는		inutile	[inytil]	이뉘띨르
도입	f	introduction	[ɛ̃tRɔdyksjɔ̃]	앵트호뒥씨옹
도입하다		importer	[ɛ̃pɔRte]	앵뽀흐떼
		introduire	[ɛ̃tRɔdɥi:R]	앵트호뒤이흐
도주	f	fuite	[fɥit]	퓌이뜨
도지사	m	préfet	[pRefɛ]	프헤페
도착	f	arrivée	[aRive]	아히베

ㄱ ㄴ ㄷ ㄹ ㅁ ㅂ ㅅ ㅇ ㅈ ㅊ ㅋ ㅌ ㅍ ㅎ

도착하다		**arriver**	[aʀive]	아히베
		atteindre	[atɛ̃:dʀ]	아뗑드흐
		parvenir	[paʀvəni:ʀ]	빠흐브니흐
		aboutir	[abuti:ʀ]	아부띠흐
도처에서		**partout**	[paʀtu]	빠흐뚜
도청 (소재지)	f	**préfecture**	[pʀefɛkty:ʀ]	프헤펙뛰흐
도취시키다		**enivrer**	[ɑ̃nivʀe]	앙니브헤
도표	m	**schéma**	[ʃema]	셰마
도형	f	**figure**	[figy:ʀ]	피귀흐
독감	f	**grippe**	[gʀip]	그히쁘
독립	f	**indépendance**	[ɛ̃depɑ̃dɑ̃:s]	앵데빵당스
독립심이 강한		**indépendant**	[ɛ̃depɑ̃dɑ̃]	앵데빵당
독립한		**indépendant**	[ɛ̃depɑ̃dɑ̃]	앵데빵당
독방	m	**cachot**	[kaʃo]	꺄쇼
독서	f	**lecture**	[lɛkty:ʀ]	렉뛰흐
독수리	m	**aigle**	[ɛgl]	에글르
독약	m	**poison**	[pwazɔ̃]	뿌와종
독일	f	**Allemagne**	[almaɲ]	알르마뉴
독일(인)의		**allemand(e)**	[almɑ̃] [almɑ̃:d]	알르망(드)
독자		**lecteur**	[lɛktœ:ʀ]	렉뙤흐

독재적인	autoritaire	[ɔ[o]tɔʀitɛːʀ]	오또히떼흐
독점하다	monopoliser	[mɔnɔpɔlize]	모노뽈리제
독창성	ⓕ fantaisie	[fɑ̃tɛ[e]zi]	팡떼지
	ⓕ invention	[ɛ̃vɑ̃sjɔ̃]	앵방씨옹
독창적인	original	[ɔʀiʒinal]	오히지날
독특한	singulier	[sɛ̃gylje]	쌩귈리에
독해하다	lire	[liːʀ]	리흐
돈	ⓜ argent	[aʀʒɑ̃]	아흐쟝
	ⓜ sou	[su]	쑤
돈주머니	ⓕ bourse	[buʀs]	부흐스
돌다	tourner	[tuʀne]	뚜흐네
돌려주다	rendre	[ʀɑ̃ːdʀ]	항드흐
돌발적인	imprévu	[ɛ̃pʀevy]	앵프헤뷔
돌보다	garder	[gaʀde]	갸흐데
	soigner	[swaɲe]	쑤와녜
돌아가다	rentrer	[ʀɑ̃tʀe]	항뜨헤
	repartir	[ʀəpaʀtiːʀ]	흐빠흐띠흐
돌아감	ⓜ retour	[ʀətuːʀ]	흐뚜흐
돌아다니다	parcourir	[paʀkuʀiːʀ]	빠흐꾸히흐
돌아오다	revenir	[ʀəvniːʀ]	흐브니흐

돌연히	soudain	[sudɛ̃]	쑤뎅
돌진하다	élancer	[elɑ̃se]	엘랑세
돌파하다	franchir	[fʀɑ̃ʃiːʀ]	프항쉬흐
돌판	*f* ardoise	[aʀdwaːz]	아흐두아즈
돕다	aider	[ɛ[e]de]	에데
	sauver	[sove]	쏘베
동 (아파트)	*m* pavillon	[pavijɔ̃]	빠비용
동결 방지제	antigel	[ɑ̃tiʒɛl]	앙띠젤
동굴	*f* caverne	[kavɛʀn]	꺄베흔느
	f grotte	[gʀɔt]	그호뜨
동그라미	rond	[ʀɔ̃]	홍
동기	*m* motif	[mɔtif]	모띠프
동등하게	également	[egalmɑ̃]	에갈르망
동등한	égal	[egal]	에갈
	équivalent	[ekivalɑ̃]	에끼발랑
동료	camarade	[kamaʀad]	꺄마하드
	n collègue	[kɔ(l)lɛg]	꼴레그
	m confrère	[kɔ̃fʀɛːʀ]	꽁프헤흐
	copain	[kɔpɛ̃]	꼬뺑
	m pair	[pɛːʀ]	뻬흐

동맹	f	**alliance**	[aljɑ̃:s]	알리앙스
동물	m	**animal**	[animal]	아니말
	f	**bête**	[bɛt]	베뜨
동물원	m	**zoo**	[zɔo]	조
동반	f	**compagnie**	[kɔ̃paɲi]	꽁빠니
	m	**compagnon**	[kɔ̃paɲɔ̃]	꽁빠뇽
동반하다		**accompagner**	[akɔ̃paɲe]	아꽁빠녜
동사	m	**verbe**	[vɛʀb]	베흐브
동생		**cadet(te)**	[kadɛ] [kadɛt]	꺄데(뜨)
동시대의		**contemporain**	[kɔ̃tɑ̃pɔʀɛ̃]	꽁땅뽀헹
동시에	m	**ensemble**	[ɑ̃sɑ̃:bl]	앙쌍블르
~동안		**dans**	[dɑ̃]	당
동양	m	**orient**	[ɔʀjɑ̃]	오히앙
동양의		**oriental**	[ɔʀjɑ̃tal]	오히앙딸
동업자	m	**confrère**	[kɔ̃fʀɛ:ʀ]	꽁프헤흐
동영상 카메라	m	**caméscope**	[kameskɔp]	꺄메스꼬프
동요	f	**agitation**	[aʒitasjɔ̃]	아지따씨옹
	m	**trouble**	[tʀubl]	트후블르
동요시키다		**affoler**	[afɔle]	아폴레
		secouer	[s(ə)kwe]	스꾸에

ㄱ ㄴ ㄷ ㄹ ㅁ ㅂ ㅅ ㅇ ㅈ ㅊ ㅋ ㅌ ㅍ ㅎ

동물

□ tigre [tigʀ] 띠그흐
ⓜ 호랑이

□ éléphant [elefɑ̃]
엘레팡 ⓜ 코끼리

□ serpent [sɛʀpɑ̃]
쎄흐빵 ⓜ 뱀

□ ours [uʀs]
우흐쓰 ⓜ 곰

□ girafe [ʒiʀaf]
지하프 ⓕ 기린

□ crocodile [kʀɔkɔdil]
크호꼬딜르 ⓜ 악어

□ renard [ʀənaːʀ]
흐나흐 ⓜ 여우

□ cerf [sɛːʀ]
쎄흐 ⓜ 사슴

□ cheval [ʃ(ə)val]
슈발 ⓜ 말

□ singe [sɛ̃ː ʒ]
쌩쥬 ⓜ 원숭이

□ cochon [kɔʃɔ̃]
꼬숑 ⓜ 돼지

□ lapin [lapɛ̃]
라뺑 ⓜ 토끼

동요하는	agité(e)	[aʒite]	아지떼
동원하다	mobiliser	[mɔbilize]	모빌리제
동의	m accord	[akɔːʀ]	아꼬흐
	f adhésion	[adezjɔ̃]	아데지옹
동의하다	approuver	[apʀuve]	아프후베
	consentir	[kɔ̃sɑ̃tiːʀ]	꽁쌍띠흐
동일한	identique	[idɑ̃tik]	이당띠끄
	même	[mɛm]	멤
	semblable	[sɑ̃blabl]	쌍블라블르
동전	f monnaie	[mɔnɛ]	모네
동전 지갑	m porte-monnaie	[pɔʀtəmɔnɛ]	뽀흐뜨모네
동정	f pitié	[pitje]	삐띠에
	f sympathie	[sɛ̃pati]	쌩빠띠
동정하다	plaindre	[plɛ̃ːdʀ]	쁠렝드흐
동쪽	m est	[ɛst]	에스뜨
돛대	m mât	[mɑ]	마
돼지 (고기)	m cochon	[kɔʃɔ̃]	꼬숑
	m porc	[pɔːʀ]	뽀흐
돼지고기(제품)	f charcuterie	[ʃaʀkytʀi]	샤흐뀌뜨리
되다	consister	[kɔ̃siste]	꽁시스떼

ㄱ ㄴ ㄷ ㄹ ㅁ ㅂ ㅅ ㅇ ㅈ ㅊ ㅋ ㅌ ㅍ ㅎ

되던지다		rejeter	[ʀəʒte]	흐쥬떼
되돌리기	f	remise	[ʀəmi:z]	흐미즈
되살아나다		revivre	[ʀəvi:vʀ]	흐비브흐
되찾다		récupérer	[ʀekypeʀe]	헤뀌뻬헤
되풀이	f	répétition	[ʀepetisjɔ̃]	헤뻬띠씨옹
두 배	n	deux fois	[dø fwa]	되 푸와
두 배로 하다		doubler	[duble]	두블레
두 번째로		deuxièmement	[døzjɛmmɑ̃]	되지엠므망
두 번째의		deuxième	[døzjɛm]	되지엠므
두개골	m	crâne	[kʀɑ:n]	크한느
두꺼운		épais	[epɛ]	에뻬
두께	f	épaisseur	[epɛsœ:ʀ]	에뻬쐬흐
두뇌	f	tête	[tɛt]	떼뜨
두다		déposer	[depoze]	데뽀제
		mettre	[mɛtʀ]	메트흐
		placer	[plase]	쁠라세
		poser	[poze]	뽀제
두려운		épouvantable	[epuvɑ̃tabl]	에뿌방따블르
	f	crainte	[kʀɛ̃:t]	크핸뜨
	f	peur	[pœ:ʀ]	뾔흐

두려워하다	craindre	[kʀɛ̃:dʀ]	크행드흐
	redouter	[ʀədute]	흐두떼
두루미	*f* grue	[gʀy]	그휘
둔한	émoussé(e)	[emuse]	에무쎄
둘러싸다	entourer	[ɑ̃tuʀe]	앙뚜헤
둥지	*m* nid	[ni]	니
뒤꿈치	*m* talon	[talɔ̃]	딸롱
뒤따르다	suivre	[sɥi:vʀ]	쒸이브흐
뒤섞다	brouiller	[bʀuje]	브후이예
	confondre	[kɔ̃fɔ̃:dʀ]	꽁퐁드흐
뒤엎다	bouleverser	[bulvɛʀse]	불르베흐세
뒤에	arrière	[aʀjɛ:ʀ]	아히에흐
뒤지다	fouiller	[fuje]	푸이예
뒤집다	bousculer	[buskyle]	부스뀔레
	renverser	[ʀɑ̃vɛʀse]	항베흐쎄
	retourner	[ʀətuʀne]	흐뚜흐네
드디어	enfin	[ɑ̃fɛ̃]	앙팽
드라이버	*m* tournevis	[tuʀnəvis]	뚜흐느비스
드러내다	dévoiler	[devwale]	데부알레
드럼	*m* tambour	[tɑ̃bu:ʀ]	땅부흐

한국어	성	프랑스어	발음 기호	한글 발음
드문		rare	[ʀa[ɑ]:ʀ]	하흐
드물게		rarement	[ʀa[ɑ]ʀmɑ̃]	하흐망
듣다		écouter	[ekute]	에꾸떼
들르다		passer	[pɑse]	빠세
들리다		entendre	[ɑ̃tɑ̃:dʀ]	앙땅드흐
들어가다		entrer	[ɑ̃tʀe]	앙트헤
들어올리다		enlever	[ɑ̃lve]	앙르베
		soulever	[sul(ə)ve]	술르베
들판	f	plaine	[plɛn]	쁠렌느
등	m	dos	[do]	도
등기	f	recommandation	[ʀəkɔmɑ̃dɑsjɔ̃]	흐꼬망다씨옹
등나무	m	rotin	[ʀɔtɛ̃]	호땡
등대		phare	[fa:ʀ]	파흐
등록	f	inscription	[ɛ̃skʀipsjɔ̃]	앵스크힙씨옹
등록하다		inscrire	[ɛ̃skʀi:ʀ]	앵스크히흐
등산	f	ascension	[asɑ̃sjɔ̃]	아쌍씨옹
	m	trekking	[tʀɛ[e]kiŋ]	트헤낑그
등산가		alpiniste	[alpinist]	알삐니스뜨
등장인물	m	personnage	[pɛʀsɔna:ʒ]	뻬흐소나쥬
디저트	m	dessert	[desɛ:ʀ]	데쎄흐

따귀	ⓕ gifle	[ʒifl]	지플르
따끔따끔한	piquant	[pikɑ̃]	삐깡
따다 (과일을)	cueillir	[kœjiːʀ]	꿰이이흐
따라가다 (가장자리를)	longer	[lɔ̃ʒe]	롱제
따라다니다	suivre	[sɥiːvʀ]	쒸이브흐
따라잡다	rattraper	[ʀatʀape]	하트하뻬
딱딱한	raide	[ʀɛd]	헤드
	rigide	[ʀiʒid]	히지드
딸	ⓕ fille	[fij]	피으
딸기	ⓕ fraise	[fʀɛːz]	프헤즈
딸꾹질	ⓜ hoquet	[ɔkɛ]	오께
땀	sueur	[sɥœːʀ]	쒸외흐
땀 흘리다	transpirer	[tʀɑ̃spiʀe]	트항스삐헤
	suer	[sɥe]	쒸에
땅콩	ⓕ arachide	[aʀaʃid]	아하쉬드
	ⓕ cacahouète	[kakawɛt]	꺄꺄우에뜨
때때로	parfois	[paʀfwa]	빠흐푸와
	quelquefois	[kɛlkəfwa]	껠끄푸와
때려 넣다	enfoncer	[ɑ̃fɔ̃se]	앙퐁세
때리다	battre	[batʀ]	바트흐

		frapper	[fʀape]	프하뻬
		taper	[tape]	따뻬
떠나다		**partir**	[paʀtiːʀ]	빠흐띠흐
		quitter	[kite]	끼떼
떠돌다		**flotter**	[flɔte]	플로떼
떠들썩한		**bruyant(e)**	[bʀɥijɑ̃] [bʀɥijɑ̃ːt]	브휘이양(뜨)
떡갈나무	m	**chêne**	[ʃɛn]	쉔느
떨림	m	**frisson**	[fʀisɔ̃]	프히쏭
	m	**tremblement**	[tʀɑ̃bləmɑ̃]	트항블르망
떨어뜨리다		**précipiter**	[pʀesipite]	프헤시삐떼
떨어져 있는		**distant**	[distɑ̃]	디스땅
떨어지다		**tomber**	[tɔ̃be]	똥베
떫은		**rêche**	[ʀɛʃ]	헤쉬
떼어내다		**décrocher**	[dekʀɔʃe]	데크호셰
		ôter	[ɔte]	오떼
		retrancher	[ʀətʀɑ̃ʃe]	흐트랑셰
떼어놓다		**détacher**	[detaʃe]	데따셰
또는		**ou**	[u]	우
똑바로		**directement**	[diʀɛktəmɑ̃]	디헥뜨망
똑바른		**direct**	[diʀɛkt]	디헥뜨

뚜껑	ⓜ chapiteau	[ʃapito]	샤삐또
	ⓜ couvercle	[kuvɛʀkl]	꾸베흐끌르
	ⓜ tampon	[tɑ̃pɔ̃]	땅뽕
뚜렷한	distinct	[distɛ̃(:kt)]	디스땡
뚫고 들어가다	pénétrer	[penetʀe]	뻬네트헤
뚱뚱한 (사람)	gras	[gʀɑ]	그하
	gros(se)	[gʀo] [gʀo:s]	그호(스)
	obèse	[ɔbɛ:z]	오베즈
뛰어난	excellent	[ɛksɛlɑ̃]	엑셀랑
	extraordinaire	[ɛkstʀaɔʀdinɛ:ʀ]	엑스트하오흐디네흐
뛰어내리다	retomber	[ʀətɔ̃be]	흐똥베
뛰어내림	ⓜ saut	[so]	쏘
뛰어넘다	surmonter	[syʀmɔ̃te]	쒸흐몽떼
뛰어오르[내리]다	sauter	[sote]	쏘떼
뛰어[튀어]오르다	bondir	[bɔ̃di:ʀ]	봉디흐
뛰어오름	ⓜ bond	[bɔ̃]	봉
뜨개질	ⓜ tricotage	[tʀikɔta:ʒ]	트히꼬따쥬
뜨다	flotter	[flɔte]	플로떼
뜻밖의	surpris	[syʀpʀi]	쒸흐프히

| 프랑스어 필수 단어 |

ㄹ

~라고 가정하다	**soit**	[swa]	쑤와
~라고 생각되다	**sembler**	[sɑ̃ble]	쌍블레
라디오	*f* **radio**	[ʀadjo]	하디오
라이터	*m* **briquet**	[bʀikɛ]	브히께
라켓	*f* **raquette**	[ʀakɛt]	하께뜨
라틴어의	**latin**	[latɛ̃]	라땡
래프팅	*m* **rafting**	[ʀaftiŋ]	하프띵그
러시아	**Russie**	[ʀysi]	휘씨
럭비	*m* **rugby**	[ʀygbi]	휙비
런던	**Londres**	[lɔ̃dʀ]	롱드흐
럼주	*m* **rhum**	[ʀɔm]	홈
레몬	*m* **citron**	[sitʀɔ̃]	씨트홍
레스토랑	**restaurant**	[ʀɛstɔʀɑ̃]	헤스또항
레어 (살짝 익힌)	**saignant**	[sɛɲɑ̃]	쎄냥
레이스	*f* **dentelle**	[dɑ̃tɛl]	당뗄르
레인코트	*m* **imper**	[ɛ̃pɛːʀ]	앵뻬흐
로션	*f* **lotion**	[losjɔ̃]	로씨옹

로켓	*f* **fusée**	[fyze]	퓌제
롤러	*m* **rouleau**	[ʀulo]	훌로
루비	*m* **rubis**	[ʀybi]	휘비
르포	*m* **reportage**	[ʀəpɔʀta:ʒ]	흐뽀흐따쥬
리듬	*f* **cadence**	[kadɑ̃:s]	꺄당스
	m **rythme**	[ʀitm]	히뜸므
리본	*m* **ruban**	[ʀybɑ̃]	휘방
리스트	*f* **liste**	[list]	리스뜨
리터(ℓ)	*m* **litre**	[litʀ]	리트흐

ㅁ

마개	m bouchon	[buʃɔ̃]	부숑
	m tampon	[tɑ̃pɔ̃]	땅뽕
마개를 닫다	boucher	[buʃe]	부셰
마늘	m ail	[aj]	아이으
마더보드	f planche	[plɑ̃:ʃ]	쁠랑슈
마련하다	préparer	[pʀepaʀe]	프헤빠헤
마련해 주다	pourvoir	[puʀvwa:ʀ]	뿌흐부와흐
	procurer	[pʀɔkyʀe]	프호뀌헤
마루	m plancher	[plɑ̃ʃe]	쁠랑쉐
마름모	m losange	[lɔzɑ̃:ʒ]	로장쥬
마법에 걸린	enchanté	[ɑ̃ʃɑ̃te]	앙샹떼
마법의	magique	[maʒik]	마지끄
	merveilleux	[mɛʀvɛjø]	메흐베이외
마비시키다	asphyxier	[asfiksje]	아스픽시에
	paralyser	[paʀalize]	빠할리제
마스크	m masque	[mask]	마스끄
마시다	boire	[bwa:ʀ]	부아흐
마실 수 있는	potable	[pɔtabl]	뽀따블르

마요네즈	*f* **mayonnaise**	[majɔnɛ:z]	마요네즈
마우스	*f* **souris**	[suʀi]	수히
마을 (사람들)	*m* **village**	[vila:ʒ]	빌라쥬
마음	*f* **âme**	[a:m]	암므
	m **esprit**	[ɛspʀi]	에스프히
마음에 드는	**favori(te)**	[favɔʀi] [favɔʀit]	파보히
마음에 들다	**plaire**	[plɛ:ʀ]	쁠레흐
마음이 통하다	**s'entendre**	[sɑ̃tɑ̃:dʀ]	쌍땅드흐
마이크	*m* **micro**	[mikʀo]	미크호
마일	*m* **mile**	[majl]	마일
마지막	*m* **bout**	[bu]	부
	fin	[fɛ̃]	팽
마지막으로	**finalement**	[finalmɑ̃]	피날르망
마지막의	**final**	[final]	피날
마차	**voiture**	[vwaty:ʀ]	부아뛰흐
마찬가지로	**également**	[egalmɑ̃]	에갈르망
마치다	**terminer**	[tɛʀmine]	떼흐미네
마침	**justement**	[ʒystəmɑ̃]	쥐스뜨망
	précisement	[pʀesizemɑ̃]	프헤시제망
마침내	**enfin**	[ɑ̃fɛ̃]	앙팽

ㄱ ㄴ ㄷ ㄹ ㅁ ㅂ ㅅ ㅇ ㅈ ㅊ ㅋ ㅌ ㅍ ㅎ

마카롱(쿠키)	*m* **macaron**	[makaʀɔ̃]	마까홍
막간	*m* **entracte**	[ɑ̃tʀakt]	앙트학뜨
막내의	**cadet(te)**	[kadɛ] [kadɛt]	꺄데(뜨)
막다른 곳	*f* **impasse**	[ɛ̃pɑːs]	앵빠스
막대기	*f* **barre**	[ba[ɑ]ːʀ]	바흐
막대한	**énorme**	[enɔʀm]	에노흠므
	immense	[i(m)mɑ̃ːs]	이망스
막연한	**indéfini**	[ɛ̃defini]	앵데피니
만(萬)	**dix mille**	[dimil]	디밀르
만(灣)	*m* **golfe**	[gɔlf]	골프
만나다	**rencontrer**	[ʀɑ̃kɔ̃tʀe]	항꽁트헤
	trouver	[tʀuve]	트후베
만날 약속 (장소)	*m* **rendez-vous**	[ʀɑ̃devu]	항데부
만남	**rencontre**	[ʀɑ̃kɔ̃ːtʀ]	항꽁트흐
만년필	*m* **stylo**	[stilo]	스띨로
만들다	**former**	[fɔʀme]	포흐메
	sculpter	[skylte]	스뀔떼
만들어 내다	**forger**	[fɔʀʒe]	포흐제
만류하다	**retenir**	[ʀət(ə)niːʀ]	흐뜨니흐
만일 ~라면	**si**	[si]	씨

만족	ⓕ satisfaction	[satisfaksjɔ̃]	싸띠스팍씨옹
만족스러운	content(e)	[kɔ̃tɑ̃] [kɔ̃tɑ̃:t]	꽁땅(뜨)
만족시키다	contenter	[kɔ̃tɑ̃te]	꽁땅떼
	satisfaire	[satisfɛ:ʀ]	싸띠스페흐
만족한	enchanté	[ɑ̃ʃɑ̃te]	앙샹떼
만지다	toucher	[tuʃe]	뚜셰
만회하다	venger	[vɑ̃ʒe]	방제
많은	abondant(e)	[abɔ̃dɑ̃] [abɔ̃dɑ̃:t]	아봉당(뜨)
	nombreux(se)	[nɔ̃bʀø] [nɔ̃bʀø:z]	농브회(즈)
많음	ⓕ abondance	[abɔ̃dɑ̃:s]	아봉당스
말(馬)	ⓜ cheval	[ʃ(ə)val]	슈발
말(言)	ⓜ mot	[mo]	모
말걸기	ⓜ abord	[abɔ:ʀ]	아보흐
말다 (둥글게)	rouler	[ʀule]	훌레
말다툼	ⓕ dispute	[dispyt]	디스쀠뜨
말다툼하다	disputer	[dispyte]	디스쀠떼
말단	ⓜ bout	[bu]	부
	ⓕ extrémité	[ɛkstʀemite]	엑스트헤미떼
말단의	extrême	[ɛkstʀɛm]	엑스트헴므
말대꾸하다	répondre	[ʀepɔ̃:dʀ]	헤뽕드흐

ㄱ ㄴ ㄷ ㄹ ㅁ ㅂ ㅅ ㅇ ㅈ ㅊ ㅋ ㅌ ㅍ ㅎ

말로 표현할 수 없는	indicible	[ɛ̃disibl]	앵디씨블르
말리다	sécher	[seʃe]	쎄셰
말살하다	supprimer	[sypʀime]	쒸프히메
말씨	*m* style	[stil]	스띨르
말장난	*m* calembour	[kalɑ̃bu:ʀ]	깔랑부흐
말투	*m* ton	[tɔ̃]	똥
말하기	*f* parole	[paʀɔl]	빠홀르
말하다	dire	[di:ʀ]	디흐
	parler	[paʀle]	빠흘레
	raconter	[ʀakɔ̃te]	하꽁떼
말하자면	c'est-à-dire	[sɛtadiʀ]	쎄따디흐
맛	*m* goût	[gu]	구
맛보다	goûter	[gute]	구떼
맛있는	délicieux(se)	[delisjø] [delisjø:z]	델리시외(즈)
망가뜨리다	casser	[kɑse]	꺄쎄
망각	*m* oubli	[ubli]	우블리
망고	*f* mangue	[mɑ̃:g]	망그
망명	*m* exil	[ɛgzil]	에그질
망명하다	réfugier	[ʀefyʒje]	헤퓌지에
망설이는	incertain	[ɛ̃sɛʀtɛ̃]	앵세흐뗑

망설이다		**hésiter**	[ezite]	에지떼
망설임	f	**hésitation**	[ezitɑsjɔ̃]	에지따씨옹
망치	m	**marteau**	[maʀto]	마흐또
망치다		**bouleverser**	[bulvɛʀse]	불르베흐세
맞서다		**opposer**	[ɔpoze]	오뽀제
맞아들이다		**admettre**	[admɛtʀ]	아드메트흐
맞이하다		**recevoir**	[ʀəsvwa:ʀ]	흐스부와흐
맡기다		**confier**	[kɔ̃fje]	꽁피에
매	m	**faucon**	[fokɔ̃]	포꽁
매끈한		**lisse**	[lis]	리스
매달다		**accrocher**	[akʀɔʃe]	아크호셰
		attacher	[ataʃe]	아따셰
매달리다		**suspendre**	[syspɑ̃:dʀ]	쒸스빵드흐
매듭(장식)	m	**nœud**	[nø]	뇌
매력	f	**charme**	[ʃaʀm]	샤흠므
	f	**grâce**	[gʀɑ:s]	그하스
매력 넘치는		**exquis**	[ɛkski]	엑스끼
매력적인		**charmant(e)**	[ʃaʀmɑ̃] [ʃaʀmɑ̃:t]	샤흐망(뜨)
매료된		**ravi(e)**	[ʀavi]	하비
매료시키다		**charmer**	[ʃaʀme]	샤흐메

매수하다	capter	[kapte]	깝떼
매스컴	*m* média	[medja]	메디아
매월의	mensuel	[mɑ̃sɥɛl]	망쒸엘
매장	*m* enterrement	[ɑ̃tɛʀmɑ̃]	앙떼흐망
매장하다	enterrer	[ɑ̃tɛʀe]	앙떼헤
매점	*f* boutique	[butik]	부띠끄
	f échoppe	[eʃɔp]	에쇼쁘
	m kiosque	[kjɔsk]	끼오스끄
매트리스	matelas	[matla]	마뜰라
매표소	*m* guichet	[giʃɛ]	기셰
매혹적인	captivant(e)	[kaptivɑ̃] [kaptivɑ̃:t]	깝띠방(뜨)
	ravissant	[ʀavisɑ̃]	하비쌍
매혹하다	séduire	[sedɥi:ʀ]	쎄뒤이흐
맥주	*f* bière	[bjɛ:ʀ]	비에흐
맹목적인	aveugle	[avœgl]	아뵈글르
맹세 (신에 대한)	*m* vœu	[vø]	뵈
머나먼	lointain	[lwɛ̃tɛ̃]	루앵땡
머리	*f* tête	[tɛt]	떼뜨
머리끈	*m* chouchou	[ʃuʃu]	슈슈
머리카락	*mpl* cheveux	[ʃ(ə)vø]	슈뵈

머리핀	f **barrette**	[ba[ɑ]ʀɛt]	바헤뜨
머무르다	**demeurer**	[dəmœʀe]	드뫼헤
머물다	**rester**	[ʀɛste]	헤스떼
머핀	m **muffin**	[my[œ]fin]	뮈팽
먹다	**manger**	[mɑ̃ʒe]	망제
먹어 치우다	**avaler**	[avale]	아발레
먹음직한	**appétissant(e)**	[apetisɑ̃] [apetisɑ̃:t]	아뻬티쌍(뜨)
먼	**loin**	[lwɛ̃]	루앵
먼지	f **poussière**	[pusjɛ:ʀ]	뿌씨에흐
멀리하다	**écarter**	[ekaʀte]	에꺄흐떼
	éloigner	[elwaɲe]	엘루아녜
멈추다	**arrêter**	[aʀɛ[e]te]	아헤떼
	interrompre	[ɛ̃tɛʀɔ̃:pʀ]	앵떼홍프흐
멋	f **élégance**	[elegɑ̃:s]	엘레강스
멋지게	**bien**	[bjɛ̃]	비엥
멋진	**épatant**	[epatɑ̃]	에빠땅
	étonnant(e)	[etɔnɑ̃] [etɔnɑ̃:t]	에또낭(트)
	super	[sypɛ:ʀ]	쒸뻬흐
메뉴	**menu**	[məny]	므뉘
메달	f **médaille**	[medaj]	메다이으

ㄱ ㄴ ㄷ ㄹ ㅁ ㅂ ㅅ ㅇ ㅈ ㅊ ㅋ ㅌ ㅍ ㅎ

메뚜기	*f* **sauterelle**	[sotʀɛl]	쏘뜨헬르
메아리치다	**retentir**	[ʀətɑ̃tiːʀ]	흐땅띠흐
메추리	*f* **caille**	[kɑːj]	꺄이으
멜론	*m* **melon**	[məlɔ̃]	믈롱
며느리	*f* **belle-fille**	[bɛlfij]	벨르피으
면도날	**rasoir**	[ʀɑzwaːʀ]	하주와흐
면도하다	**raser**	[ʀɑze]	하제
면류	*f* **pâte**	[pɑːt]	빠뜨
면밀한	**minutieux**	[minysiø]	미뉘시외
면적	*f* **étendu**	[etɑ̃dy]	에땅뒤
	f **surface**	[syʀfas]	쒸흐파스
면접	*m* **examen oral**	[ɛgzamɛ̃ ɔʀal]	에그자멩 오할
면접 받는 사람	*n* **interviewé(e)**	[ɛ̃tɛʀvjuve]	앵떼흐뷔베
면접관	**examinateur (trice)**	[ɛgzaminatœːʀ] [ɛgzaminatʀis]	에그자미나뙤흐(트히스)
면허증	*m* **permis**	[pɛʀmi]	뻬흐미
면회자	**visiteur**	[vizitœːʀ]	비지뙤흐
면회하다	**voir**	[vwaːʀ]	부와흐
멸망	*f* **ruine**	[ʀɥin]	휘인느
멸치류	*m* **anchois**	[ɑ̃ʃwa]	앙슈와
명랑함	*f* **gaieté**	[gete]	게떼

명령하는	impératif	[ɛ̃peʀatif]	앵뻬하띠프
명령하다	commander	[kɔmɑ̃de]	꼬망데
	dire	[diːʀ]	디흐
명료하게	clairement	[klɛʀmɑ̃]	끌레흐망
	nettement	[nɛtmɑ̃]	네뜨망
명료한	intelligible	[ɛ̃te[ɛl]liʒibl]	앵뗄리지블르
명료함	ⓕ netteté	[nɛtte]	네뜨떼
명백한	évident	[evidɑ̃]	에비당
	exprès	[ɛkspʀɛ(s)]	엑스프헤
	manifeste	[manifɛst]	마니페스뜨
	transparent	[tʀɑ̃spaʀɑ̃]	트항스빠항
	visible	[vizibl]	비지블르
명석한	lumineux	[lyminø]	뤼미뇌
명석함	ⓕ netteté	[nɛtte]	네뜨떼
명성	ⓜ prestige	[pʀɛstiːʒ]	프헤스띠쥬
	ⓕ réputation	[ʀepytasjɔ̃]	헤퓌따씨옹
명예	ⓕ gloire	[glwaːʀ]	글루와흐
	ⓜ honneur	[ɔnœːʀ]	오뇌흐
명절	ⓕ fête	[fɛt]	페뜨
명찰	ⓕ étiquette	[etikɛt]	에띠께뜨

ㅁ

한국어	성	프랑스어	발음	한글 발음
명칭	m	nom	[nɔ̃]	농
명쾌한		limpide	[lɛ̃pid]	랭삐드
명확함	f	précision	[pʀesizjɔ̃]	프헤시지옹
명확히		certainement	[sɛʀtɛnmɑ̃]	쎄흐뗀느망
몇 개의		plusieurs	[plyzjœːʀ]	쁠뤼지외흐
몇 명의		quelque	[kɛlk(ə)]	껠끄
모기	m	moustique	[mustik]	무스띠끄
모니터	m	écran	[ekʀɑ̃]	에크항
모란	f	pivoine	[pivwan]	삐부완느
모래	m	sable	[sɑːbl]	싸블르
모레		après-demain	[apʀɛdmɛ̃]	아프헤드맹
모르다		ignorer	[iɲɔʀe]	이뇨헤
모면하다		échapper	[eʃape]	에샤뻬
모방하다		imiter	[imite]	이미떼
모범	m	exemple	[ɛgzɑ̃ːpl]	에그장쁠르
	m	modèle	[mɔdɛl]	모델르
모사	m	calque	[kalk]	깔끄
모색하다		chercher	[ʃɛʀʃe]	셰흐셰
모서리	f	arête	[aʀɛt]	아헤뜨
	m	coin	[kwɛ̃]	꾸앵

모성의	maternel	[matɛʀnɛl]	마떼흐넬
모순	ⓕ contradiction	[kɔ̃tʀadiksjɔ̃]	꽁트하딕씨옹
모습	ⓜ aspect	[aspɛ]	아스뻬
모시다	servir	[sɛʀvi:ʀ]	쎄흐비르
모욕	ⓜ mépris	[mepʀi]	메프히
모욕하다	blesser	[blɛ[e]se]	블레쎄
	diminuer	[diminɥe]	디미뉘에
	insulter	[ɛ̃sylte]	앵쉴떼
	mépriser	[mepʀize]	메프히제
모으다	grouper	[gʀupe]	그후뻬
	ramasser	[ʀamɑse]	하마쎄
	rassembler	[ʀasɑ̃ble]	하쌍블레
	recueillir	[ʀəkœji:ʀ]	흐꾀이이흐
	réunir	[ʀeyni:ʀ]	헤위니흐
모임	ⓕ assemblée	[asɑ̃ble]	아쌍블레
	ⓕ association	[asɔsjɑsjɔ̃]	아소씨아씨옹
	ⓕ réunion	[ʀeynjɔ̃]	헤위니옹
모자	ⓜ chapeau	[ʃapo]	샤뽀
	ⓕ coiffure	[kwafy:ʀ]	꾸와퓌흐
모자 쓴	couvert	[kuvɛ:ʀ]	꾸베흐

모조품	ⓕ imitation	[imitasjɔ̃]	이미따시옹
모직물	ⓜ lainage	[lɛna:ʒ]	레나쥬
	ⓕ laine	[lɛn]	렌느
모집하다	recruter	[ʀəkʀyte]	흐크휘떼
모친	ⓕ maman	[mamɑ̃]	마망
모퉁이	ⓜ angle	[ɑ̃:gl]	앙글르
	ⓜ coin	[kwɛ̃]	꾸앵
모피	ⓕ fourrure	[fuʀy:ʀ]	푸휘흐
모험	ⓕ aventure	[avɑ̃ty:ʀ]	아방뛰흐
모험가	aventurier (ère)	[avɑ̃tyʀje] [avɑ̃tyʀjɛ:ʀ]	아방뛰히에(흐)
목	ⓜ cou	[ku]	꾸
목(구멍)	ⓕ gorge	[gɔʀʒ]	고흐쥬
목걸이	ⓜ collier	[kɔlje]	꼴리에
목격자	ⓜ témoin	[temwɛ̃]	떼무앵
목격하다	assister	[asiste]	아씨스떼
목덜미	ⓕ nuque	[nyk]	뉘끄
목도리	ⓜ cache-nez	[kaʃne]	까슈네
	ⓕ écharpe	[eʃaʀp]	에샤흐쁘
목록	ⓜ catalogue	[katalɔg]	까딸로그
목발	ⓕ béquille	[bekij]	베끼으

목사	m **clergyman**	[klɛʀʒiman]	끌레흐지만
	m **pasteur**	[pastœːʀ]	빠스뙤흐
목소리	f **voix**	[vwa[ɑ]]	부와
목수	m **charpentier**	[ʃaʀpɑ̃tje]	샤흐빵띠에
목요일	m **jeudi**	[ʒødi]	죄디
목욕	m **bain**	[bɛ̃]	벵
목욕 가운	m **peignoir**	[pɛɲwaːʀ]	뻬뉴와흐
목을 조르다	**étrangler**	[etʀɑ̃gle]	에트항글레
목장	m **pré**	[pʀe]	프헤
목적	**but**	[by]	뷔
	m **objet**	[ɔbʒɛ]	오브제
목적지	f **destination**	[destinɑsjɔ̃]	데스띠나씨옹
목책	f **barrière**	[ba[ɑ]ʀjɛːʀ]	바히에흐
목표	**but**	[by]	뷔
몫	f **part**	[paːʀ]	빠흐
몰두하게 하다	**préoccuper**	[pʀeɔkype]	프헤오뀌뻬
몸	f **chair**	[ʃɛːʀ]	쉐흐
몸값	f **rançon**	[ʀɑ̃sɔ̃]	항쏭
못	m **clou**	[klu]	끌루
	f **fiche**	[fiʃ]	피슈

ㄱ ㄴ ㄷ ㄹ ㅁ ㅂ ㅅ ㅇ ㅈ ㅊ ㅋ ㅌ ㅍ ㅎ

못 믿는	méfier	[mefje]	메피에
몽둥이	m bâton	[bɑtɔ̃]	바똥
묘사	f description	[dɛskʀipsjɔ̃]	데스크힙씨옹
묘사하다	décrire	[dekʀiːʀ]	데크히흐
묘지	m cimetière	[simtjɛːʀ]	씨므띠에흐
무	m navet	[navɛ]	나베
무(無)의	nul	[nyl]	뉠
무가치한	nul	[nyl]	뉠
무감동	f indifférence	[ɛ̃difeʀɑ̃ːs]	앵디페랑스
무감동의	impassible	[ɛ̃pasibl]	앵빠씨블르
무거운	lourd	[luːʀ]	루흐
무게	m poids	[pwa[ɑ]]	뿌아
무게를 달다	peser	[pəze]	뻐제
무관심	f indifférence	[ɛ̃difeʀɑ̃ːs]	앵디페랑스
무관함	f indépendance	[ɛ̃depɑ̃dɑ̃ːs]	앵데빵당스
무기	f arme	[aʀm]	아흠므
무기질의	minéral	[mineʀal]	미네할
무너뜨리다	ruiner	[ʀɥine]	휘이네
무너지다	tomber	[tɔ̃be]	똥베
무능한	impuissant	[ɛ̃pɥisɑ̃]	앵쀠이상

		incapable	[ɛ̃kapabl]	앵까빠블르
무당벌레	f	**coccinelle**	[kɔksinɛl]	꼭씨넬르
무대 (장치)	f	**scène**	[sɛn]	쎈느
	m	**décor**	[dekɔːʀ]	데꼬흐
무더기	m	**monceau**	[mɔ̃so]	몽소
	m	**tas**	[tɑ]	따
무덤	f	**tombe**	[tɔ̃ːb]	똥브
무도회	m	**bal**	[bal]	발
무뚝뚝한		**maussade**	[mosad]	모싸드
무례한		**impoli(e)**	[ɛ̃pɔli]	앵뽈리
		incongru	[ɛ̃kɔ̃gʀy]	앵꽁그휘
무료의		**gracieux**	[gʀasjø]	그하씨외
		gratuit	[gʀatɥi]	그하뛰이
무릎	m	**genou**	[ʒ(ə)nu]	즈누
무리	m	**groupe**	[gʀup]	그후쁘
	f	**masse**	[mas]	마스
	m	**troupeau**	[tʀupo]	트후뽀
무명의		**obscur**	[ɔpskyːʀ]	옵스뀌흐
무분별한		**fou**	[fu]	푸
		inconscient	[ɛ̃kɔ̃sjɑ̃]	앵꽁씨앙

ㄱ ㄴ ㄷ ㄹ ㅁ ㅂ ㅅ ㅇ ㅈ ㅊ ㅋ ㅌ ㅍ ㅎ

무사한	indemne	[ɛ̃dɛmn]	앵뎀느
무서운	affreux(se)	[a[ɑ]fʀø] [a[ɑ]fʀøːz]	아프회(즈)
	horrible	[ɔʀibl]	오히블르
	terrible	[tɛʀibl]	떼히블르
무수	(m) milliard	[miljaːʀ]	밀리아흐
무수한	infini	[ɛ̃fini]	앵피니
무시하다	ignorer	[iɲɔʀe]	이뇨헤
	négliger	[negliʒe]	네글리제
무식한	ignorant	[iɲɔʀɑ̃]	이뇨항
무언의	muet	[mɥɛ]	뮈에
무엇(을)	quoi	[kwa]	꾸와
무엇보다	surtout	[syʀtu]	쒸흐뚜
무엇을	qu'est-ce que	[kɛsk(ə)]	께스끄
무엇이	qu'est-ce qui	[kɛski]	께스끼
무역	(m) échange	[eʃɑ̃ːʒ]	에샹쥬
무역의	commercial	[kɔmɛʀsjal]	꼬메흐시알
무용	(m) ballet	[balɛ]	발레
	(f) danse	[dɑ̃ːs]	당스
무의식의	inconscient	[ɛ̃kɔ̃sjɑ̃]	앵꽁씨앙
	involontaire	[ɛ̃vɔlɔ̃tɛːʀ]	앵볼롱떼흐

무의식적인	instinctif	[ɛ̃stɛ̃ktif]	앵스땡끄띠프
무장시키다	armer	[aʀme]	아흐메
무죄	ⓕ innocence	[inɔsɑ̃:s]	이노쌍스
무죄의	innocent	[inɔsɑ̃]	이노쌍
무지개	ⓜ arc-en-ciel	[aʀkɑ̃sjɛl]	아흐깡씨엘
무지한	ignorant	[iɲɔʀɑ̃]	이뇨랑
무질서	ⓜ chaos	[kao]	까오스
	ⓜ désordre	[dezɔʀdʀ]	데조흐드흐
무찌르다	vaincre	[vɛ̃:kʀ]	뱅크흐
무척	tant	[tɑ̃]	땅
	tellement	[tɛlmɑ̃]	뗄르망
	très	[tʀɛ]	트헤
무한의	infini	[ɛ̃fini]	앵피니
무화과	ⓕ figue	[fig]	피그
묵다	loger	[lɔʒe]	로졔
묵직한	massif	[masif]	마씨프
묶다	lier	[lje]	리에
문	ⓕ porte	[pɔʀt]	뽀흐뜨
문명	ⓕ civilisation	[sivilizɑsjɔ̃]	씨빌리자씨옹
문방구	ⓕ papeterie	[papt(ə)ʀi]	빠쁘트히

문법(서)	*f* **grammaire**	[gʀa(m)mɛːʀ]	그하메흐
문병 가다	**visiter**	[vizite]	비지떼
문서	*f* **note**	[nɔt]	노뜨
문서에 의한	**écrit**	[ekʀi]	에크히
문어	*f* **pieuvre**	[pjœːvʀ]	삐외브흐
문자	*f* **lettre**	[lɛtʀ]	레트흐
문자판 (시계의)	*m* **cadran**	[kadʀɑ̃]	꺄드항
문장	*f* **phrase**	[fʀɑːz]	프하즈
문제	*f* **affaire**	[afɛːʀ]	아페흐
	f **question**	[kɛstjɔ̃]	께스띠옹
	m **problème**	[pʀɔblɛm]	프호블렘므
문지르다	**frotter**	[fʀɔte]	프호떼
	gratter	[gʀate]	그하떼
문체	*m* **style**	[stil]	스띨르
문턱	*m* **seuil**	[sœj]	쐬이으
문학	*f* **littérature**	[liteʀatyːʀ]	리떼하뛰흐
문학자	*m* **littérateur**	[liteʀatœːʀ]	리떼하뙤흐
문학적인	**littéraire**	[liteʀɛːʀ]	리떼헤흐
문헌	**document**	[dɔkymɑ̃]	도뀌망
문화	*f* **civilisation**	[sivilizɑsjɔ̃]	씨빌리자씨옹

	f **culture**	[kylty:ʀ]	뀔뛰흐
문화의	**culturel**	[kyltyʀɛl]	뀔뛰헬
묻다	**interroger**	[ɛ̃tɛʀɔʒe]	앵떼호제
물	*f* **eau**	[o]	오
물건	*m* **objet**	[ɔbʒɛ]	오브제
물결	*f* **marée**	[maʀe]	마헤
물고기	*m* **poisson**	[pwasɔ̃]	뿌와쏭
물들이다	**teindre**	[tɛ̃:dʀ]	뗑드흐
물론	**certes**	[sɛʀt]	쎄흐뜨
물리치다	**rejeter**	[ʀəʒte]	흐쥬떼
물리학	*f* **physique**	[fizik]	피지끄
물방울	*f* **goutte**	[gut]	구뜨
물병	*f* **carafe**	[kaʀaf]	까하프
물뿌리개	*m* **arrosoir**	[aʀozwa:ʀ]	아호주아흐
물약	*f* **potion**	[posjɔ̃]	뽀씨옹
물을 주다 [뿌리다]	**arroser**	[aʀoze]	아호제
물질	*f* **substance**	[sypstɑ̃:s]	쒸브스땅스
물질적인	**matériel**	[mateʀjɛl]	마떼히엘
물집	*f* **ampoule**	[ɑ̃pul]	앙뿔르
뭐라고?	**hein**	[ɛ̃]	엥

ㅁ

뭔가		**quelque chose**	[kɛlkəʃoːz]	껠끄 쇼즈
미결정의		**indécis**	[ɛ̃desi]	앵데시
미국		**États-Unis**	[etazyni]	에따쥐니
미국의		**américain(e)**	[ameʀikɛ̃] [ameʀikɛn]	아메히켕(켄느)
미끄럼틀	m	**toboggan**	[tɔbɔgɑ̃]	또보강
미덕	f	**vertu**	[vɛʀty]	베흐뛰
미디엄 (스테이크 굽기)		**à point**	[apwɛ̃]	아 뿌엥
미래	m	**avenir**	[avniːʀ]	아브니흐
	m	**futur**	[fytyːʀ]	퓌뛰흐
미련	m	**regret**	[ʀəgʀɛ]	흐그헤
미리		**auparavant**	[opaʀavɑ̃]	오빠하방
미립자	f	**poussière**	[pusjɛːʀ]	뿌시에흐
미망인	f	**veuve**	[vœːv]	뵈브
미묘한 차이	f	**nuance**	[nɥɑ̃ːs]	뉘앙스
미사	f	**messe**	[mɛs]	메스
미성년	f	**minorité**	[minɔʀite]	미노히떼
미세한		**invisible**	[ɛ̃vizibl]	앵비지블르
미소짓는		**souriant**	[suʀjɑ̃]	쑤히앙
미소짓다		**sourire**	[suʀiːʀ]	쑤히흐
미수	f	**tentative**	[tɑ̃tatiːv]	땅따띠브

미숙한	imparfait	[ɛ̃paʀfɛ]	앵빠흐페
미술	(m) art	[aːʀ]	아흐
	(m) beaux-arts	[bozaːʀ]	보자흐
미식가	(m) gourmet	[guʀmɛ]	구흐메
미용사	coiffeur(se)	[kwafœːʀ] [kwaføːz]	꾸와푀흐(즈)
미인	(f) beauté	[bote]	보떼
	(f) belle	[bɛl]	벨르
미지근한	tiède	[tjɛd]	띠에드
미지의	inconnu	[ɛ̃kɔny]	앵꼬뉘
미친	fou	[fu]	푸
미터(m)	(m) mètre	[mɛtʀ]	메트흐
미혼의	célibataire	[selibatɛːʀ]	쎌리바떼흐
미화하다	embellir	[ɑ̃bɛ[e]liːʀ]	앙벨리흐
	flatter	[flate]	플라떼
민간(인)의	civil(e)	[sivil]	씨빌
	privé	[pʀive]	프히베
민감한	sensible	[sɑ̃sibl]	쌍시블르
민들레	(m) pissenlit	[pisɑ̃li]	삐쌍리
민족	(m) peuple	[pœpl]	뾔쁠르
	race	[ʀas]	하스

한국어	성	프랑스어	발음기호	한글 발음
민주국가	f	démocratie	[demɔkʀasi]	데모크하씨
민주적인		démocratique	[demɔkʀatik]	데모크하띠끄
민주주의	f	démocratie	[demɔkʀasi]	데모크하씨
민중	m	peuple	[pœpl]	뾔쁠르
믿어 버리다		croire	[kʀwa[ɑ]:ʀ]	크흐와흐
믿어지지 않는		incroyable	[ɛ̃kʀwajabl]	앵크루와야블르
믿을 수 없는		traître	[tʀɛtʀ]	트헤트흐
믿을 수 있는		crédible	[kʀedibl]	크헤디블르
		sûr	[sy:ʀ]	쒸흐
밀	m	blé	[ble]	블레
밀가루	f	farine	[faʀin]	파힌느
밀고하다		livrer	[livʀe]	리브헤
밀리미터(mm)	m	millimètre	[mi(l)limɛtʀ]	밀리메트흐
밀어내다		repousser	[ʀəpuse]	흐뿌세
밀어주다		pousser	[puse]	뿌세
밀접한		intime	[ɛ̃tim]	앵띰므
밀집된		dense	[dɑ̃:s]	당스
		serré(e)	[sɛʀe]	쎄헤
밑에		dessous	[dəsu]	드쑤
밑줄을 긋다		souligner	[suliɲe]	쑬리녜

ㅂ

바겐세일		**solde**	[sɔld]	쏠드
바구니	m	**panier**	[panje]	빠니에
바깥	m	**dehors**	[dəɔːʀ]	드오흐
바꾸다		**changer**	[ʃɑ̃ʒe]	샹제
		transformer	[tʀɑ̃sfɔʀme]	트항스포흐메
바나나	f	**banane**	[banan]	바난느
바느질	f	**couture**	[kutyːʀ]	꾸뛰흐
바늘	f	**aiguille**	[egɥij]	에귀으
바다	f	**mer**	[mɛːʀ]	메흐
바다의		**marin**	[maʀɛ̃]	마행
바닥	m	**fond**	[fɔ̃]	퐁
	m	**plancher**	[plɑ̃ʃe]	쁠랑쉐
	m	**sol**	[sɔl]	쏠
바닷가재	m	**homard**	[ɔmaːʀ]	오마흐
바둑	m	**go**	[go]	고
바라다		**désirer**	[deziʀe]	데지헤
		prétendre	[pʀetɑ̃ːdʀ]	프헤땅드흐
		souhaiter	[swɛ[e]te]	쑤에떼

한국어	프랑스어	발음기호	한글 발음
	vouloir	[vulwa:ʀ]	불루와흐
바람	*m* **souffle**	[sufl]	쑤플르
	m **vent**	[vɑ̃]	방
바람이 불다	**souffler**	[sufle]	쑤플레
	venter	[vɑ̃te]	방떼
바람 피우다	**tromper**	[tʀɔ̃pe]	트홍뻬
바람직한	**recommandé**	[ʀəkɔmɑ̃de]	흐꼬망데
바래다	**déteindre**	[detɛ̃:dʀ]	데뗑드흐
바비큐	*m* **barbecue**	[baʀbəkju[ky]]	바흐브뀌
바보	*m* **âne**	[ɑ:n]	안느
바보 같은	**ridicule**	[ʀidikyl]	히디뀔르
	idiot	[idjo]	이디오
바위	*m* **rocher**	[ʀɔʃe]	호쉐
	m **caillou**	[kaju]	꺄이유
바이올린 (연주자)	*m* **violon**	[vjɔlɔ̃]	비올롱
바지	*m* **pantalon**	[pɑ̃talɔ̃]	빵딸롱
바코드	*m* **code bar**	[kɔd ba:ʀ]	꼬드 바흐
바퀴	*f* **roue**	[ʀu]	후
바퀴벌레	*m* **cafard**	[kafa:ʀ]	꺄파흐
바탕천	*m* **canevas**	[kanva]	꺄느바

바텐더	m **barman**	[baʀman]	바흐만
박두한	**prochain**	[pʀɔʃɛ̃]	프호섕
박물관	m **musée**	[myze]	뮈제
박사	m **docteur**	[dɔktœːʀ]	독뙤흐
박수갈채	m **applaudissement**	[aplodismɑ̃]	아쁠로디스망
박자	f **cadence**	[kadɑ̃ːs]	꺄당스
	m **rythme**	[ʀitm]	히뜸므
박자를 맞추다	**rythmer**	[ʀitme]	히뜨메
박쥐	f **chauve-souris**	[ʃovsuʀi]	쇼브-수히
박탈하다	**retirer**	[ʀətiʀe]	흐띠헤
반(班)	f **équipe**	[ekip]	에끼쁘
반 시간	f **demi-heure**	[dəmiœːʀ]	드미외흐
반년	m **semestre**	[s(ə)mɛstʀ]	스메스트흐
반대말	**antonyme**	[ɑ̃tɔnim]	앙또님므
반대의	**contraire**	[kɔ̃tʀɛːʀ]	꽁뜨헤흐
	inverse	[ɛ̃vɛʀs]	앵베흐스
반대자	**adversaire**	[advɛʀsɛːʀ]	아드베흐쎄흐
반대측의	**opposé**	[ɔpoze]	오뽀제
반대하다	**désapprouver**	[dezapʀuve]	데자프후베
	objecter	[ɔbʒɛkte]	오브젝떼

	protester	[pRɔteste]	프호떼스떼
반도	ⓕ **péninsule**	[penɛ̃syl]	뻬냉쉴르
반동적인	**réactionnaire**	[Reaksjɔnɛ:R]	헤악씨오네흐
반드시	**absolument**	[apsɔlymɑ̃]	압쏠뤼망
	nécessairement	[nesesɛRmɑ̃]	네쎄세흐망
	régulièrement	[Regyljɛrmɑ̃]	헤귈리에흐망
반란	**révolte**	[Revɔlt]	헤볼뜨
반론	ⓕ **contradiction**	[kɔ̃tRadiksjɔ̃]	꽁뜨하딕씨옹
	ⓕ **objection**	[ɔbʒɛksjɔ̃]	오브젝씨옹
반바지	ⓜ **bermuda**	[bɛRmyda]	베흐뮈다
	ⓕ **culotte**	[kylɔt]	뀔로뜨
반박할 수 없는	**irréfutable**	[i(R)Refytabl]	이헤퓌따블르
반발	ⓕ **réaction**	[Reaksjɔ̃]	헤악씨옹
반복	ⓕ **répétition**	[Repetisjɔ̃]	헤뻬띠씨옹
	ⓕ **reprise**	[RəpRi:z]	흐프히즈
반복 구절	ⓜ **refrain**	[RəfRɛ̃]	흐프렝
반복하다	**recommencer**	[Rəkɔmɑ̃se]	흐꼬망세
	refaire	[Rəfɛ:R]	흐페흐
(말을)	**redire**	[Rədi:R]	흐디흐
반사	ⓜ **reflet**	[Rəflɛ]	흐플레

	f réflexion	[ʀeflɛksjɔ̃]	헤플렉씨옹
반사운동	m réflexe	[ʀeflɛks]	헤플렉스
반사하다	réfléchir	[ʀefleʃiːʀ]	헤플레쉬흐
	répercuter	[ʀepɛʀkyte]	헤뻬흐뀌떼
반성	f réflexion	[ʀeflɛksjɔ̃]	헤플렉씨옹
반어	f ironie	[iʀɔni]	이호니
반역	révolte	[ʀevɔlt]	헤볼뜨
반영	m reflet	[ʀəflɛ]	흐플레
반영하다	refléter	[ʀəflete]	흐플레떼
반응	f réaction	[ʀeaksjɔ̃]	헤악씨옹
반응하다	réagir	[ʀeaʒiːʀ]	헤아지흐
반지	m anneau	[ano]	아노
	f bague	[bag]	바그
반품하다	renvoyer	[ʀɑ̃vwaje]	항부와예
반(대)하여	contre	[kɔ̃(ː)tʀ]	꽁트흐
반항	f résistance	[ʀezistɑ̃ːs]	헤지스땅스
반향	f réaction	[ʀeaksjɔ̃]	헤악씨옹
	f répercussion	[ʀepɛʀkysjɔ̃]	헤뻬흐뀌씨옹
반향시키다	répercuter	[ʀepɛʀkyte]	헤뻬흐뀌떼
반환 청구	f revendication	[ʀəvɑ̃dikasjɔ̃]	흐방디꺄씨옹

ㄱ ㄴ ㄷ ㄹ ㅁ ㅂ ㅅ ㅇ ㅈ ㅊ ㅋ ㅌ ㅍ ㅎ

반환하다	rendre	[ʀɑ̃:dʀ]	항드흐
	restituer	[ʀɛstitɥe]	헤스띠뛰에
받다	recevoir	[ʀəsvwa:ʀ]	흐스부와흐
받아들이다	accepter	[aksɛpte]	악셉떼
	introduire	[ɛ̃tʀɔdɥi:ʀ]	앵트호뒤이흐
받아쓰기	*f* dictée	[dikte]	딕떼
받치다	appuyer	[apɥije]	아쀠이예
	supporter	[sypɔʀte]	쒸뽀흐떼
발	*f* patte	[pat]	빠뜨
	m pied	[pje]	삐에
발가락	*m* orteil	[ɔʀtɛj]	오흐떼이으
발견된	découvert	[dekuvɛ:ʀ]	데꾸베흐
발견하다	découvrir	[dekuvʀi:ʀ]	데꾸브히흐
발굽	*m* sabot	[sabo]	싸보
발달한	développé	[dev(ə)lɔpe]	데블로뻬
발레	*m* ballet	[balɛ]	발레
발명(품)	*f* invention	[ɛ̃vɑ̃sjɔ̃]	앵방씨옹
발명가	inventeur	[ɛ̃vɑ̃tœ:ʀ]	앵방뙤흐
발명하다	inventer	[ɛ̃vɑ̃te]	앵방떼
발목	*f* cheville	[ʃ(ə)vij]	슈비이으

발사	m	coup	[ku]	꾸
	m	lancement	[lɑ̃smɑ̃]	랑스망
		tir	[tiːʀ]	띠흐
발사하다		lancer	[lɑ̃se]	랑쎄
발생	f	production	[pʀɔdyksjɔ̃]	프호뒥씨옹
발송	m	envoi	[ɑ̃vwa]	앙부와
발송하다		adresser	[adʀɛ[e]se]	아드헤쎄
		envoyer	[ɑ̃vwaje]	앙부아예
		expédier	[ɛkspedje]	엑스뻬디에
발신	f	émission	[emisjɔ̃]	에미씨옹
발언	m	propos	[pʀɔpo]	프호뽀
발언권	f	parole	[paʀɔl]	빠홀르
발언자		orateur	[ɔʀatœːʀ]	오하뙤흐
발을 들이다		marcher	[maʀʃe]	마흐셰
발음	f	prononciation	[pʀɔnɔ̃sjasjɔ̃]	프호농시아씨옹
발음하다		prononcer	[pʀɔnɔ̃se]	프호농쎄
발자취	f	trace	[tʀas]	트하스
발전	m	développement	[dev(ə)lɔpmɑ̃]	데블로쁘망
	f	évolution	[evɔlysjɔ̃]	에볼뤼씨옹
	f	expansion	[ɛkspɑ̃sjɔ̃]	엑스빵씨옹

한국어		프랑스어	발음기호	한글 발음
발전시키다		**développer**	[dev(ə)lɔpe]	데블로뻬
발전하다		**décoller**	[dekɔle]	데꼴레
		évoluer	[evɔlɥe]	에볼뤼에
발차하다		**démarrer**	[demaʀe]	데마헤
발췌	m	**extrait**	[ɛkstʀɛ]	엑스트헤
발코니	m	**balcon**	[balkɔ̃]	발꽁
발톱 (짐승의)	f	**griffe**	[gʀif]	그히프
	f	**serre**	[sɛːʀ]	쎄흐
발포하다		**décharger**	[deʃaʀʒe]	데샤흐제
발표	f	**déclaration**	[deklaʀɑsjɔ̃]	데끌라하씨옹
	m	**exposé**	[ɛkspoze]	엑스뽀제
발표하다		**publier**	[pyblije]	쀠블리에
발하다		**jaillir**	[ʒajiːʀ]	쟈이이흐
발행	f	**édition**	[edisjɔ̃]	에디씨옹
	f	**publication**	[pyblikɑsjɔ̃]	쀠블리꺄시옹
밝게 하다		**allumer**	[alyme]	알뤼메
		éclaircir	[eklɛʀsiːʀ]	에끌레흐시흐
밝기	f	**clarté**	[klaʀte]	끌라흐떼
밝은		**clair(e)**	[klɛːʀ]	끌레흐
밝은 성격의		**rieur**	[ʀjœːʀ]	히외흐

밝히다		**révéler**	[ʀevele]	헤벨레
밤	m	**soir**	[swaːʀ]	스와흐
(일몰에서 취침까지)	f	**soirée**	[swaʀe]	스와헤
밤(夜)	f	**nuit**	[nɥi]	뉘이
밤(栗)	m	**marron**	[ma[ɑ]ʀɔ̃]	마홍
밤나무	m	**châtaignier**	[ʃɑtɛ[e]ɲje]	샤테녜
밤색의		**châtain**	[ʃɑtɛ̃]	샤뗑
밥	m	**riz**	[ʀi]	히
밧줄	f	**corde**	[kɔʀd]	꼬흐드
방	f	**chambre**	[ʃɑ̃ːbʀ]	샹브흐
	f	**salle**	[sal]	쌀르
방광	f	**vessie**	[vesi]	베씨
방귀		**pet**	[pɛ]	뻬
방귀 뀌다		**péter**	[pete]	뻬떼
방문	f	**visite**	[vizit]	비지뜨
방문자		**visiteur**	[vizitœːʀ]	비지뙤흐
방문하다		**visiter**	[vizite]	비지떼
방법	f	**façon**	[fasɔ̃]	파쏭
	f	**manière**	[manjɛːʀ]	마니에흐
	m	**procédé**	[pʀɔsede]	프호쎄데

ㄱ ㄴ ㄷ ㄹ ㅁ ㅂ ㅅ ㅇ ㅈ ㅊ ㅋ ㅌ ㅍ ㅎ

	ⓜ **style**	[stil]	스띨르
방법(론)	ⓕ **méthode**	[metɔd]	메또드
방송	ⓕ **émission**	[emisjɔ̃]	에미씨옹
방송국	ⓕ **station**	[sta[ɑ]sjɔ̃]	스따씨옹
방수의	ⓜ **imperméable**	[ɛ̃pɛʀmeabl]	앵뻬흐메아블르
방심	ⓕ **distraction**	[distʀaksjɔ̃]	디스트학씨옹
방심한	**distrait(e)**	[distʀɛ] [distʀɛt]	디스트헤(트)
방어하는	**défensif(ve)**	[defɑ̃sif] [defɑ̃si:v]	데팡시프
방어하다	**défendre**	[defɑ̃:dʀ]	데팡드흐
방위	ⓕ **défense**	[defɑ̃:s]	데팡스
방직의	**textile**	[tɛkstil]	떽스띨르
방해	ⓜ **embarras**	[ɑ̃baʀa]	앙바하
	ⓜ **obstacle**	[ɔpstakl]	옵스따끌르
방해 받은	**contrarié**	[kɔ̃tʀaʀje]	꽁트하리에
방해되는	**gênant**	[ʒɛnɑ̃]	제낭
방해하다	**déranger**	[deʀɑ̃ʒe]	데항제
	embarrasser	[ɑ̃baʀase]	앙바하쎄
	empêcher	[ɑ̃pɛ[e]ʃe]	앙뻬셰
	gêner	[ʒɛ[e]ne]	제네
	interdire	[ɛ̃tɛʀdi:ʀ]	앵떼흐디흐

방향	f	direction	[diʀɛksjɔ̃]	디헥씨옹
	m	sens	[sɑ̃:s]	쌍스
방향 전환	f	déviation	[devjɑsjɔ̃]	데비아씨옹
방향을 바꾸다		retourner	[ʀəturne]	흐뚜흐네
	m	virage	[viʀa:ʒ]	비하쥬
밭	m	champ	[ʃɑ̃]	샹
배(腹)	m	ventre	[vɑ̃:tʀ]	방트흐
배(船)	m	bateau	[bato]	바또
	m	navire	[navi:ʀ]	나비흐
배경	m	décor	[dekɔ:ʀ]	데꼬흐
배구	m	volley-ball	[vɔlɛbo:l]	볼레볼
배꼽	m	nombril	[nɔ̃bʀi(l)]	농브히
배려	f	attention	[atɑ̃sjɔ̃]	아땅씨옹
	f	considération	[kɔ̃sideʀɑsjɔ̃]	꽁시데하씨옹
		soin	[swɛ̃]	쑤앵
배반자		traître	[tʀɛtʀ]	트헤트흐
배부른		rassasié(e)	[ʀasazje]	하싸지에
배상		réparation	[ʀepaʀasjɔ̃]	헤빠하씨옹
배상하다		indemniser	[ɛ̃dɛmnize]	앵뎀니제
		réparer	[ʀepaʀe]	헤빠헤

배수구	m	caniveau	[kanivo]	꺄니보
	m	cassis	[kasis]	꺄시스
	f	vidange	[vidɑ̃:ʒ]	비당쥬
배신하는		traître	[tʀɛtʀ]	트헤트흐
배신하다		trahir	[tʀai:ʀ]	트하이흐
배역	m	rôle	[ʀo:l]	홀르
배열하다		arranger	[aʀɑ̃ʒe]	아랑제
		disposer	[dispoze]	디스뽀제
배우다		apprendre	[apʀɑ̃:dʀ]	아프항드흐
		étudier	[etydje]	에뛰디에
배우자		époux	[epu]	에뿌
배웅하다		raccompagner	[ʀakɔ̃paɲe]	하꽁빠녜
배척하다		réprouver	[ʀepʀuve]	헤프후베
배추	m	chou	[ʃu]	슈
배치	f	distribution	[distʀibysjɔ̃]	디스트히뷔씨옹
배치하다		placer	[plase]	쁠라세
배터리	m	batterie	[batʀi]	바뜨히
배합	f	combinaison	[kɔ̃binɛzɔ̃]	꽁비네종
백(100)		cent	[sɑ̃]	쌍
백년의		centenaire	[sɑ̃tnɛ:ʀ]	쌍뜨네흐

한국어	성	프랑스어	발음기호	한글 발음
백만		**million**	[miljɔ̃]	밀리옹
백분의 1의		**centième**	[sɑ̃tjɛm]	쌍티엠므
백세	f	**centaine**	[sɑ̃tɛn]	쌍텐느
백신	m	**vaccin**	[vaksɛ̃]	박생
백조	m	**cygne**	[siɲ]	씨뉴
백합	m	**lis**	[lis]	리스
백화점	m	**grand magasin**	[gʀɑ̃ magazɛ̃]	그랑 마가쟁
뱀	m	**serpent**	[sɛʀpɑ̃]	쎄흐빵
뱃머리	f	**proue**	[pʀu]	프후
버너	m	**réchaud**	[ʀeʃo]	헤쇼
버드나무	m	**saule**	[so:l]	쏠르
버릇	f	**habitude**	[abityd]	아비뛰드
	f	**manie**	[mani]	마니
버리다		**abandonner**	[abɑ̃dɔne]	아방도네
		déposer	[depoze]	데뽀제
		jeter	[ʒ(ə)te]	쥬떼
		vider	[vide]	비데
버섯	m	**champignon**	[ʃɑ̃piɲɔ̃]	샹삐뇽
버스 (시내)	m	**bus**	[bys]	뷔스
	m	**autobus**	[ɔ[o]tɔbys]	오또뷔스

버찌	*f* **cerise**	[s(ə)ʀi:z]	스히즈
버클	*f* **boucle**	[bukl]	부끌르
버클을 채우다	**boucler**	[bukle]	부끌레
버터	*m* **beurre**	[bœ:ʀ]	뵈흐
버터 바른 빵	*f* **tartine**	[taʀtin]	따흐띤느
버튼	*f* **touche**	[tuʃ]	뚜슈
번개	*m* **éclair**	[eklɛ:ʀ]	에끌레흐
번거로운	**compliqué**	[kɔ̃plike]	꽁플리께
번득임	*f* **inspiration**	[ɛ̃spiʀɑsjɔ̃]	앵스삐하씨옹
번역(서)	*f* **traduction**	[tʀadyksjɔ̃]	트하뒥씨옹
번역하다	**traduire**	[tʀadɥi:ʀ]	트하뒤흐
번호	**numéro**	[nymeʀo]	뉘메호
번화가	*m* **centre**	[sɑ̃:tʀ]	쌍트흐
벌(蜂)	*f* **abeille**	[abɛj]	아베이으
벌거벗은	**nu**	[ny]	뉘
벌금	*f* **amende**	[amɑ̃:d]	아망드
벌꿀	*m* **miel**	[mjɛl]	미엘
벌레	*m* **ver**	[vɛ:ʀ]	베흐
벌이	*m* **bénéfice**	[benefis]	베네피스
범람하다	**déborder**	[debɔʀde]	데보흐데

범인	*n*	coupable	[kupabl]	꾸빠블르
범죄	*m*	crime	[kRim]	크힘므
법규	*m*	code	[kɔd]	꼬드
법률상의		légal	[legal]	레걀
법원	*m*	tribunal	[tRibynal]	트히뷔날
법전	*m*	code	[kɔd]	꼬드
법정	*f*	chambre	[ʃɑ̃:bR]	샹브흐
	m	tribunal	[tRibynal]	트히뷔날
법칙	*f*	loi	[lwa]	루와
벗기다		décrocher	[dekRɔʃe]	데크호셰
베	*f*	toile	[twal]	뚜왈르
베개	*m*	oreiller	[ɔRɛ[e]je]	오헤이예
베다		tailler	[tɑje]	따이예
베란다	*f*	véranda	[veRɑ̃da]	베항다
베레모	*m*	béret	[beRɛ]	베헤
베이지색	*m*	beige	[bɛ:ʒ]	베쥬
베이징, 북경		Pékin	[pekɛ̃]	뻬껭
벨기에	*f*	Belgique	[bɛlʒik]	벨지끄
벨벳		velours	[v(ə)lu:R]	블루흐
벼락		foudre	[fudR]	푸드흐

ㄱ ㄴ ㄷ ㄹ ㅁ ㅂ ㅅ ㅇ ㅈ ㅊ ㅋ ㅌ ㅍ ㅎ

벽	*m* **mur**	[myːʀ]	뮈흐
벽돌	*f* **brique**	[bʀik]	브히끄
벽시계	*f* **horloge**	[ɔʀlɔːʒ]	오흘로쥬
변기	*f* **selle**	[sɛl]	쎌르
	m **waters**	[watɛːʀ]	와떼흐
변덕	*m* **caprice**	[kapʀis]	꺄프히스
	f **fantaisie**	[fɑ̃tɛ[e]zi]	팡떼지
변비	*f* **constipation**	[kɔ̃stipɑsjɔ̃]	꽁스띠빠씨옹
변치 않는	**permanent**	[pɛʀmanɑ̃]	뻬흐마낭
변하기 쉬운	**changeant(e)**	[ʃɑ̃ʒɑ̃]	샹쟝
	variable	[baʀjabl]	바히아블르
변함 없이	**toujours**	[tuʒuːʀ]	뚜쥬흐
변형시키다	**déformer**	[defɔʀme]	데포흐메
변호	*f* **défense**	[defɑ̃ːs]	데팡스
변호사	*n* **avocat**	[avɔka]	아보꺄
변호하다	**justifier**	[ʒystifje]	쥐스띠피에
	plaider	[plɛ[e]de]	쁠레데
변화	*m* **changement**	[ʃɑ̃ʒmɑ̃]	샹쥬망
	f **évolution**	[evɔlysjɔ̃]	에볼뤼씨옹
변화시키다	**modifier**	[mɔdifje]	모디피에

	transformer	[tʀɑ̃sfɔʀme]	트항스포흐메
변화하다	changer	[ʃɑ̃ʒe]	샹제
	évoluer	[evɔlɥe]	에볼뤼에
	varier	[vaʀje]	바히에
별	*f* étoile	[etwal]	에뚜왈르
별개의	autre	[o:tʀ]	오트흐
	différent	[difeʀɑ̃]	디페랑
별장	chalet	[ʃalɛ]	샬레
	villa	[vi(l)la]	빌라
병	*f* bouteille	[butɛj]	부떼이으
병균	*m* microbe	[mikʀɔb]	미크호브
병든	malade	[malad]	말라드
병사	*m* soldat	[sɔlda]	쏠다
병아리	*m* poulet	[pulɛ]	뿔레
병원	*m* hôpital	[ɔ[o]pital]	오삐딸
보강하다	garnir	[gaʀni:ʀ]	갸흐니흐
보고서	*m* bulletin	[byltɛ̃]	뷜르땡
보급하다	généraliser	[ʒeneʀalize]	제네할리제
보내다	adresser	[adʀɛ[e]se]	아드헤쎄
	envoyer	[ɑ̃vwaje]	앙부아예

	expédier	[ɛkspedje]	엑스뻬디에
보너스	ⓕ prime	[pʀim]	프힘므
보닛(자동차)	ⓜ capot	[kapo]	꺄뽀
보다	regarder	[ʀəgaʀde]	흐갸흐데
	voir	[vwaːʀ]	부와흐
보답	ⓕ récompense	[ʀekɔ̃pɑ̃ːs]	헤꽁빵스
보답하다	récompenser	[ʀekɔ̃pɑ̃se]	헤꽁빵세
보도	ⓜ trottoir	[tʀɔtwaːʀ]	트호뚜와흐
보드카	ⓕ vodka	[vɔdka]	보드꺄
보라색	ⓜ violet	[vjɔlɛ]	비올레
보물	ⓜ trésor	[tʀezɔːʀ]	트헤조흐
보복	ⓕ revanche	[ʀəvɑ̃ːʃ]	흐방쉬
	vengeance	[vɑ̃ʒɑ̃ːs]	방쟝스
보복하다	venger	[vɑ̃ʒe]	방제
보상금	ⓕ indemnité	[ɛ̃dɛmnite]	앵뎀니떼
보상하다	indemniser	[ɛ̃dɛmnize]	앵뎀니제
보석	ⓜ bijou	[biʒu]	비쥬
보수	ⓕ récompense	[ʀekɔ̃pɑ̃ːs]	헤꽁빵스
보여 주다	démontrer	[demɔ̃tʀe]	데몽트헤
	montrer	[mɔ̃tʀe]	몽트헤

보완하다		compléter	[kɔ̃plete]	꽁쁠레떼
보유하다		détenir	[det(ə)tniːʀ]	데뜨니흐
보이다		voir	[vwaːʀ]	부와흐
보이지 않는		imperceptible	[ɛ̃pɛʀsɛptibl]	앵뻬흐셉띠블르
		invisible	[ɛ̃vizibl]	앵비지블르
보일러	f	chaudière	[ʃodjɛːʀ]	쇼디에흐
보조개	f	fossette	[fosɛt]	포쎄트
보존	m	entretien	[ɑ̃tʀətjɛ̃]	앙트흐띠엥
보존하다		conserver	[kɔ̃sɛʀve]	꽁세흐베
보증	f	assurance	[asyʀɑ̃ːs]	아쒸항스
	f	garantie	[gaʀɑ̃ti]	갸항띠
보증금	f	caution	[kosjɔ̃]	꼬씨옹
보증하다		certifier	[sɛʀtifje]	쎄흐띠피에
		confirmer	[kɔ̃fiʀme]	꽁피흐메
		garantir	[gaʀɑ̃tiːʀ]	갸항띠흐
보충	m	complément	[kɔ̃plemɑ̃]	꽁쁠레망
	m	supplément	[syplemɑ̃]	쒸쁠레망
보통 열차	m	omnibus	[ɔmnibys]	옴니뷔스
보통 이하의		médiocre	[medjɔkʀ]	메디오크흐
보트	m	canot	[kano]	까노

보행기	m	trotteur	[tʀɔtœːʀ]	트호뙤흐
보행자		piéton	[pjetɔ̃]	삐에똥
보험	f	assurance	[asyʀɑ̃ːs]	아쒸항스
보호(자)	f	protection	[pʀɔtɛksjɔ̃]	프호떽씨옹
보호판	m	tablier	[tablije]	따블리에
보호하다		abriter	[abʀite]	아브히떼
		garantir	[gaʀɑ̃tiːʀ]	갸항띠흐
		protéger	[pʀɔteʒe]	프호떼제
복구하다		restituer	[ʀɛstitɥe]	헤스띠뛰에
복권	f	loterie	[lɔtʀi]	로뜨히
복도	m	corridor	[kɔʀidɔːʀ]	꼬히도흐
	m	couloir	[kulwaːʀ]	꿀루와흐
		galerie	[galʀi]	갤르히
복면	f	cagoule	[kagul]	꺄굴르
복사기	m	duplicateur	[dyplikatœːʀ]	뒤쁠리꺄뙤흐
복사하다		copier	[kɔpje]	꼬삐에
복수		vengeance	[vɑ̃ʒɑ̃ːs]	방쟝스
복수(複數)의		pluriel	[plyʀjɛl]	쁠뤼히엘
복숭아(나무)	f	pêche	[pɛʃ]	뻬슈
	m	pêcher	[pɛʃe]	뻬셰

복습하다	répéter	[Repete]	헤뻬떼
	revoir	[Rəvwa:R]	흐부와흐
복원하다	restaurer	[REstɔRe]	헤스또헤
복잡하게 만들다	compliquer	[kɔ̃plike]	꽁쁠리께
복잡한	compliqué	[kɔ̃plike]	꽁쁠리께
	pluriel	[plyRjɛl]	쁠뤼히엘
복제	*f* copie	[kɔpi]	꼬삐
복종시키다	soumettre	[sumɛtR]	쑤메뜨흐
복종하다	obéir	[ɔbei:R]	오베이흐
본국 송환하다	rapatrier	[RapatRije]	하빠트히에
본능	*m* instinct	[ɛ̃stɛ̃]	앵스땡
본능적인	instinctif	[ɛ̃stɛ̃ktif]	앵스땡끄띠프
본문	*m* texte	[tɛkst]	떽스뜨
본사	*m* siège	[sjɛ:ʒ]	씨에쥬
본성	*f* nature	[naty:R]	나뛰흐
본질적인	élémentaire	[elemɑ̃tɛ:R]	엘레망떼흐
	essentiel	[esɑ̃sjɛl]	에쌍씨엘
본체	corps	[kɔ:R]	꼬흐
볼	*f* joue	[ʒu]	쥬
볼링	*m* bowling	[bɔliŋ]	볼링그

봄	*m* **printemps**	[pʀɛ̃tɑ̃]	프행땅
봉쇄하다	**bloquer**	[blɔke]	블로께
봉오리	*m* **bouton**	[butɔ̃]	부똥
봉합하다	**coudre**	[kudʀ]	꾸드흐
봐주다	**pardonner**	[paʀdɔne]	빠흐도네
	tolérer	[tɔleʀe]	똘레헤
부(富)	*f* **richesse**	[ʀiʃɛs]	히셰스
부(部, 행정조직)	*m* **département**	[depaʀtəmɑ̃]	데빠흐뜨망
부과하다	**imposer**	[ɛ̃poze]	앵뽀제
부끄러워하는	**honteux(se)**	[ɔ̃tø] [ɔ̃tø:z]	옹뙤(즈)
부담	*f* **charge**	[ʃaʀʒ]	샤흐쥬
부담을 덜다	**soulager**	[sulaʒe]	술라제
부당 이득을 얻다	**trafiquer**	[tʀafike]	트하피께
부당한	**injuste**	[ɛ̃ʒyst]	앵쥐스뜨
부대	*f* **troupe**	[tʀup]	트후쁘
부도덕한	**immoral**	[i(m)mɔʀal]	이모할
부두	**quai**	[ke]	께
부드러운	**doux**	[du]	두
	mou	[mu]	무
	tendre	[tɑ̃:dʀ]	땅드흐

한국어	성	프랑스어	발음기호	발음
부드러움	f	**douceur**	[dusœ:ʀ]	두쐬흐
	f	**tendresse**	[tɑ̃dʀɛs]	땅드헤스
부드럽게		**doucement**	[dusmɑ̃]	두스망
		gentiment	[ʒɑ̃timɑ̃]	장띠망
부러워하다		**envier**	[ɑ̃vje]	앙비에
부류	f	**catégorie**	[kategɔʀi]	까떼고히
	m	**sorte**	[sɔʀt]	쏘흐뜨
부리 (새의)	m	**bec**	[bɛk]	벡
부모	m	**parent**	[paʀɑ̃]	빠항
부분	f	**part**	[pa:ʀ]	빠흐
	f	**partie**	[paʀti]	빠흐띠
부사	m	**adverbe**	[advɛʀb]	아드베흐브
부사장	n	**sous-directeur**	[sudiʀɛktœ:ʀ]	쑤-디헥뙤흐
부속물		**sauce**	[so:s]	쏘스
부수다		**briser**	[bʀize]	브히제
		casser	[kɑse]	꺄세
		démolir	[demɔli:ʀ]	데몰리흐
부양	m	**entretien**	[ɑ̃tʀətjɛ̃]	앙트흐띠엥
부엉이	f	**chouette**	[ʃwɛt]	슈에뜨
	m	**hibou**	[ibu]	이부

한국어	성	프랑스어	발음기호	한글 발음
부유한		riche	[Riʃ]	히슈
부인	f	dame	[dam]	담
부자가 되다		enrichir	[ɑ̃Riʃi:R]	앙히쉬흐
부자연스러운		artificiel(le)	[aRtifisjɛl]	아흐띠피시엘
부재	f	absence	[apsɑ̃:s]	압쌍스
부재의		absent(e)	[apsɑ̃] [apsɑ̃:t]	압쌍(뜨)
부정 거래	m	trafic	[tRafik]	트하픽
부정 거래하다		trafiquer	[tRafike]	트하피께
부정사(의)		infinitif	[ɛ̃finitif]	앵피니띠프
부정적인		négatif	[negatif]	네갸띠프
부정하다		nier	[nje]	니에
부정확한 것	m	à-peu-prés	[apøpRɛ]	아뾔프헤
부족(不足)	m	manque	[mɑ̃:k]	망끄
	m	déficit	[defisit]	데피시뜨
	f	absence	[apsɑ̃:s]	압쌍스
부족한		insuffisant(e)	[ɛ̃syfizɑ̃] [ɛ̃syfizɑ̃:t]	앵쒸피장(뜨)
부주의한		imprudent(e)	[ɛ̃pRydɑ̃] [ɛ̃pRydɑ̃t]	앵프휘당(뜨)
부지런한		diligent(e)	[diliʒɑ̃] [diliʒɑ̃t]	딜리쟝(뜨)
		studieux	[stydiø]	스뛰디외
		travailleur	[tRavajœ:R]	트하바이외흐

부진한	malade	[malad]	말라드
부차적인	secondaire	[s(ə)gɔ̃dɛːʀ]	스공데흐
부채	*f* dette	[dɛt]	데뜨
	f obligation	[ɔbligasjɔ̃]	오블리갸씨옹
부처	*m* Bouddha	[buda]	부다
부추기다	provoquer	[pʀɔvɔke]	프호보께
부츠	*fpl* bottes	[bɔt]	보뜨
부친의	paternel	[patɛʀnɛl]	빠떼흐넬
부탁하다	confier	[kɔ̃fje]	꽁피에
	prier	[pʀije]	프히에
	m recourir	[ʀəkuʀiːʀ]	흐꾸히흐
부팅하다	démarrer	[demaʀe]	데마헤
부푼	*m* soufflé	[sufle]	쑤플레
부풀리다	gonfler	[gɔ̃fle]	공플레
부품	*f* pièce	[pjɛs]	삐에스
부피	*m* volume	[vɔlym]	볼륌므
부하	*n* subalterne	[sybaltɛʀn]	쒸발떼흔느
부활시키다	restaurer	[ʀɛstɔʀe]	헤스또헤
부흥하다	reconstruire	[ʀəkɔ̃stʀɥiːʀ]	흐꽁스트휘흐
북극	*m* pôle nord	[poːl nɔːʀ]	뽈르 노흐

ㄱ ㄴ ㄷ ㄹ ㅁ ㅂ ㅅ ㅇ ㅈ ㅊ ㅋ ㅌ ㅍ ㅎ

북돋우다	réchauffer	[ʀeʃofe]	헤쇼페
북쪽	*m* nord	[nɔːʀ]	노흐
분(分)	*f* minute	[minyt]	미뉘뜨
분기시키다	réveiller	[ʀevɛ[e]je]	헤베이예
분노	*f* colère	[kɔlɛːʀ]	꼴레흐
분담	*f* part	[paːʀ]	빠흐
분담금	*f* contribution	[kɔ̃tʀibysjɔ̃]	꽁트히뷔씨옹
분담하다	participer	[paʀtisipe]	빠흐띠시뻬
분량	*f* quantité	[kɑ̃tite]	깡띠떼
분류	*m* genre	[ʒɑ̃ːʀ]	장흐
분류하다	classer	[klase]	끌라쎄
	trier	[tʀije]	트히에
분리	*f* séparation	[sepaʀɑsjɔ̃]	쎄빠하씨옹
분리된	séparé	[sepaʀe]	쎄빠헤
분리시키다	déboîter	[debwate]	데부아떼
	séparer	[sepaʀe]	쎄빠헤
분리[독립]주의	*m* séparatisme	[sepaʀatism]	쎄빠하띠슴므
분명한	net	[nɛt]	네
분배	*f* distribution	[distʀibysjɔ̃]	디스트히뷔씨옹
	m partage	[paʀtaːʒ]	빠흐따쥬

분배하다	distribuer	[distʀibɥe]	디스트히뷔에
	répartir	[ʀepaʀti:ʀ]	헤빠흐띠흐
분별	*f* raison	[ʀɛzɔ̃]	헤종
분별 있는	judicieux	[ʒydisjø]	쥐디시외
	raisonnable	[ʀɛzɔnabl]	헤조나블르
분석하다	analyser	[analize]	아날리제
분수(分數)	*f* fraction	[fʀaksjɔ̃]	프락씨옹
분식	*m* casse-croûte	[kɑskʀut]	꺄스-크후뜨
분실	*f* perte	[pɛʀt]	뻬흐뜨
분야	*m* champ	[ʃɑ̃]	샹
	m genre	[ʒɑ̃:ʀ]	쟝흐
분위기	*m* air	[ɛ:ʀ]	에흐
분위기 좋은	sympathique	[sɛ̃patik]	쌩빠띠끄
분쟁	*m* conflit	[kɔ̃fli]	꽁플리
분지	*m* bassin	[basɛ̃]	바쌩
분출하다	projeter	[pʀɔʒte]	프호쥬떼
	vomir	[vɔ[o]mi:ʀ]	보미흐
분필	*f* craie	[kʀɛ]	크헤
분할	*m* partage	[paʀta:ʒ]	빠흐따쥬
분할하다	diviser	[divize]	디비제

ㅂ

분홍색	*f* **rose**	[ʀoːz]	호즈
불	*m* **feu**	[fø]	푀
불가결한	**nécessaire**	[nesesɛːʀ]	네쎄세흐
불가능한	**impossible**	[ɛ̃pɔsibl]	앵뽀시블르
불가사의한	**mystérieux**	[misteʀjø]	미스떼히외
불경	*m* **sûtra**	[sytʀa]	쑤트하
불교	*m* **bouddhisme**	[budism]	부디슴므
불교 신자	*n* **bouddhiste**	[budist]	부디스뜨
불굴의	**inflexible**	[ɛ̃flɛksibl]	앵플렉시블르
불규칙한	**irrégulier**	[i(ʀ)ʀegylje]	이헤귈리에
불꽃	*f* **flamme**	[fla[ɑː]m]	플람므
불러내다	**appeler**	[aple]	아쁠레
불러들이다	**rappeler**	[ʀaple]	하쁠레
불러일으키다	**susciter**	[sysite]	쒸씨떼
불만스런	**mécontent**	[mekɔ̃tɑ̃]	메꽁땅
불멸의	**immortel**	[i(m)mɔʀtɛl]	이모흐뗄
불명료함	*f* **obscurité**	[ɔpskyʀite]	옵스뀌히떼
불법	*f* **injustice**	[ɛ̃ʒystis]	앵쥐스띠스
불법 침입하다	**cambrioler**	[kɑ̃bʀijɔle]	깡브히올레
불법의	**injuste**	[ɛ̃ʒyst]	앵쥐스뜨

불변의	constant	[kɔ̃stɑ̃]	꽁스땅
	éternel	[etɛʀnɛl]	에떼흐넬
	fixe	[fiks]	픽스
	immobile	[i(m)mɔbil]	이모빌르
불시에 생기다	survenir	[syʀvəniːʀ]	쒸흐브니흐
불안	inquiétude	[ɛ̃kjetyd]	앵끼에뛰드
	f panique	[panik]	빠니끄
	m trouble	[tʀubl]	트후블르
불안정한	variable	[baʀjabl]	바히아블르
불안하게 하다	agiter	[aʒite]	아지떼
불안한	agité(e)	[aʒite]	아지떼
	changeant(e)	[ʃɑ̃ʒɑ̃]	샹쟝
	inquiet	[ɛ̃kjɛ]	앵끼에
불에 구운	rôti	[ʀoti]	호띠
불완전한	imparfait	[ɛ̃paʀfɛ]	앵빠흐페
불운한	malheureux	[malœʀø]	말뢰회
불의의	inattendu	[inatɑ̃dy]	이나땅뒤
불충분	f faiblesse	[fɛblɛs]	페블레스
불치의 (환자)	incurable	[ɛ̃kyʀabl]	앵뀌하블르
불침번을 서다	veiller	[vɛ[e]je]	베이예

한국어	프랑스어	발음기호	한글 발음
불쾌감	(m) dégoût	[degu]	데구
불쾌하게 하다	incommoder	[ɛ̃kɔmɔde]	앵꼬모데
불쾌한	antipathique	[ɑ̃tipatik]	앙띠빠띠끄
	déplaisant	[deplɛzɑ̃]	데쁠레장
	désagréable	[dezagʀeabl]	데자그헤아블르
	mauvais(e)	[mo[ɔ]vɛ] [mo[ɔ]vɛːz]	모베(즈)
불타는	brûlant(e)	[bʀylɑ̃] [bʀylɑ̃ːt]	브휠랑(뜨)
불투명한	opaque	[ɔpak]	오빠끄
불편	(m) inconvénient	[ɛ̃kɔ̃venjɑ̃]	앵꽁베니앙
불편한	gêné	[ʒɛ[e]ne]	제네
불평	(f) plainte	[plɛ̃ːt]	쁠렝뜨
불평하다	rouspéter	[ʀuspete]	후스뻬떼
불행	(m) deuil	[dœj]	되이으
	mal	[mal]	말
	(m) malheur	[malœːʀ]	말뢰흐
불확실성	(f) incertitude	[ɛ̃sɛʀtityd]	앵세흐띠뛰드
불확실한	éventuel	[evɑ̃tɥɛl]	에방뛰엘
	incertain	[ɛ̃sɛʀtɛ̃]	앵세흐뗑
	indistinct	[ɛ̃distɛ̃(ːkt)]	앵디스뗑
붉어지다	rougir	[ʀuʒiːʀ]	후지흐

붓	m **pinceau**	[pɛ̃so]	뺑소
붓꽃	m **iris**	[iʀis]	이히스
붓다	**verser**	[vɛʀse]	베흐쎄
붕대	f **bande**	[bɑ̃:d]	방드
	m **pansement**	[pɑ̃smɑ̃]	빵스망
붙여 넣다	**coller**	[kɔle]	꼴레
붙임성 있는	**souriant**	[suʀjɑ̃ -ɑ̃:t]	쑤히앙
붙잡다	**attraper**	[atʀape]	아뜨하빼
	rattraper	[ʀatʀape]	하뜨하빼
	saisir	[sɛ[e]zi:ʀ]	쎄지흐
브래지어	m **soutien-gorge**	[sutjɛ̃gɔʀʒ]	쑤티엥–고흐쥬
브랜드	f **marque**	[maʀk]	마흐끄
브러시	f **brosse**	[bʀɔs]	브호쓰
	m **pinceau**	[pɛ̃so]	뺑소
브레이크	m **frein**	[fʀɛ̃]	프행
브로치	f **broche**	[bʀɔʃ]	브호슈
브로콜리	m **brocoli**	[bʀɔkɔli]	브호꼴리
블라우스	m **chemisier**	[ʃ(ə)mizje]	슈미지에
블로그	m **blog**	[blɔg]	블로그
비(雨)	f **pluie**	[plɥi]	쁠뤼이

비가 오다		pleuvoir	[pløvwa:ʀ]	쁠뢰부아흐
비겁한		lâche	[lɑ:ʃ]	라슈
비결	f	clé	[kle]	끌레
	f	recette	[ʀəsɛt]	흐세뜨
	m	truc	[tʀyk]	트휙
비공식의		privé	[pʀive]	프히베
비교	f	comparaison	[kɔ̃paʀɛzɔ̃]	꽁빠레종
		parallèle	[paʀa(l)lɛl]	빠할렐르
비교적		relativement	[ʀəlativmɑ̃]	흘라띠브망
비교하다		comparer	[kɔ̃paʀe]	꽁빠레
비극	m	drame	[dʀam]	드함므
	f	tragédie	[tʀaʒedi]	트하제디
비극적인	m	tragique	[tʀaʒik]	트하지끄
비난	f	attaque	[atak]	아따끄
	m	blâme	[blɑ:m]	블람므
	f	critique	[kʀitik]	크히띠끄
	m	reproche	[ʀəpʀɔʃ]	흐프호슈
	m	scandale	[skɑ̃dal]	스깡달르
비난하다		abîmer	[abime]	아비메
		accuser	[akyze]	아뀌제

		attaquer	[atake]	아따께
		blâmer	[blɑme]	블라메
		crier	[kʀije]	크히에
		critiquer	[kʀitike]	크히띠케
		désapprouver	[dezapʀuve]	데자프후베
		punir	[pyniːʀ]	쀠니흐
		reprocher	[ʀəpʀɔʃe]	흐프호셰
비뇨기과	f	urologie	[yʀɔlɔʒi]	위홀로지
비누	m	savon	[savɔ̃]	싸봉
비늘(생선)	f	écaille	[ekɑːj]	에꺄이으
비닐봉지	m	plastique	[plastik]	쁠라스띠끄
비단	f	soie	[swa]	쑤와
비둘기	m	pigeon	[piʒɔ̃]	삐종
비만	f	obésité	[ɔbezite]	오베지떼
비명을 지르다		gémir	[ʒemiːʀ]	제미흐
비밀	m	mystère	[mistɛːʀ]	미스떼흐
	m	secret	[s(ə)kʀɛ]	스크헤
비밀번호	m	code secret	[kɔd s(ə)kʀɛ]	꼬드 스크헤
비밀의		secret	[s(ə)kʀɛ]	스크헤
비버(의 모피)	m	castor	[kastɔːʀ]	꺄스또흐

비상금	*f* **cagnotte**	[kaɲɔt]	꺄뇨뜨
비상식적인	**absurde**	[apsyʀd]	압쒸흐드
	incongru	[ɛ̃kɔ̃gʀy]	앵꽁그휘
비서	*n* **secrétaire**	[s(ə)kʀetɛːʀ]	스크헤떼흐
비슷하게	**aussi**	[osi]	오씨
비슷한 두 개	*f* **sœur**	[sœːʀ]	쐬흐
비슷한	**pareil**	[paʀɛj]	빠레이으
	ressembler	[ʀəsɑ̃ble]	흐쌍블레
	semblable	[sɑ̃blabl]	쌍블라블르
비슷함	*f* **ressemblance**	[ʀəsɑ̃blɑ̃ːs]	흐쌍블랑스
비약	*m* **élan**	[elɑ̃]	엘랑
비어 있는	**disponible**	[dispɔnibl]	디스뽀니블르
	libre	[libʀ]	리브흐
비용	*m* **coût**	[ku]	꾸
	f **dépense**	[depɑ̃ːs]	데빵스
비우다	**vider**	[vide]	비데
비웃다	**moquer**	[mɔke]	모께
	railler	[ʀɑje]	하이예
비위를 맞추다	**flatter**	[flate]	플라떼
비유	*f* **comparaison**	[kɔ̃paʀɛzɔ̃]	꽁빠레종

한국어	성	프랑스어	발음	한글 발음
비율	f	proportion	[pʀɔpɔʀsjɔ̃]	프호뽀흐씨옹
비자	m	visa	[viza]	비자
비참한		lamentable	[lamɑ̃tabl]	라망따블르
		minable	[minabl]	미나블르
		misérable	[mizeʀabl]	미제하블르
	m	tragique	[tʀaʒik]	트하지끄
비추다		éclairer	[eklɛ[e]ʀe]	에끌레헤
		illuminer	[i(l)lymine]	일뤼미네
		réfléchir	[ʀefleʃiːʀ]	헤플레쉬흐
		refléter	[ʀəflete]	흐플레떼
비축	f	provision	[pʀɔvizjɔ̃]	프호비지옹
	f	réserve	[ʀezɛʀv]	헤제흐브
비축하다		réserver	[ʀezɛʀve]	헤제흐베
비취	m	jade	[ʒad]	쟈드
비탈	f	pente	[pɑ̃ːt]	빵뜨
비통한		navrant	[navʀɑ̃]	나브랑
비틀다		tordre	[tɔʀdʀ]	또흐드흐
비판	f	critique	[kʀitik]	크히띠끄
	f	observation	[ɔpsɛʀvasjɔ̃]	옵세흐바씨옹
비판하다		critiquer	[kʀitike]	크히띠께

ㄱ ㄴ ㄷ ㄹ ㅁ ㅂ ㅅ ㅇ ㅈ ㅊ ㅋ ㅌ ㅍ ㅎ

ㅂ

비포장도로	*f* **piste**	[pist]	삐스뜨
비행	*f* **vol**	[vɔl]	볼
비행기	*m* **avion**	[avjɔ̃]	아비옹
비흡연자	**non-fumeur**	[nɔ̃fymœːʀ]	농퓌뫼흐
빈곤	*f* **misère**	[mizɛːʀ]	미제흐
빈번한	**fréquent**	[fʀekɑ̃]	프헤깡
빈약한	**pauvre**	[poːvʀ]	뽀브흐
빈정거리는	**ironique**	[iʀɔnik]	이호니끄
빈정거림	*f* **ironie**	[iʀɔni]	이호니
빈틈 없는	**astucieux(se)**	[astysjø] [astysjøːz]	아스뛰시외(즈)
빈혈	*f* **anémie**	[anemi]	아네미
빌딩	*m* **immeuble**	[i(m)mœbl]	이뫼블르
빌라	*f* **villa**	[vi(l)la]	빌라
빌려주다	**prêter**	[pʀɛ[e]te]	프헤떼
빌리다	**emprunter**	[ɑ̃pʀœ̃te]	앙프횡떼
빗	*m* **peigne**	[pɛɲ]	뻬뉴
빗자루	*m* **balai**	[balɛ]	발레
빗장	*f* **barre**	[ba[ɑ]ːʀ]	바흐
	m **verrou**	[vɛ(ʀ)ʀu]	베후
빗질하다	*m* **coiffer**	[kwafe]	꾸와페

	peigner	[pɛ[e]ɲe]	뻬녜
빚	ⓕ dette	[dɛt]	데뜨
빛	ⓕ clarté	[klaʀte]	끌라흐떼
	ⓕ lampe	[lɑ̃:p]	랑쁘
	ⓕ lumière	[lymjɛ:ʀ]	뤼미에흐
빛나는	brillant(e)	[bʀijɑ̃] [bʀijɑ̃:t]	브히양(뜨)
	éclatant	[eklatɑ̃]	에끌라땅
	splendide	[splɑ̃did]	스쁠랑디드
빛나다	briller	[bʀije]	브히예
	lumineux	[lyminø]	뤼미뇌
빠르게	vivement	[vivmɑ̃]	비브망
빠른	rapide	[ʀapid]	하삐드
빨강	ⓜ rouge	[ʀu:ʒ]	후쥬
빨대	ⓕ paille	[pɑ:j]	빠이으
빨래하다	nettoyer	[nɛtwaje]	네뚜와예
빨아들이다	sucer	[syse]	쒸쎄
빵	ⓜ pain	[pɛ̃]	빵
빵 장수	boulanger	[bulɑ̃ʒe]	불랑제
	ⓕ boulangerie	[bulɑ̃ʒʀi]	불랑주히
빵가루	ⓕ chapelure	[ʃaply:ʀ]	샤쁠뤼흐

ㄱ ㄴ ㄷ ㄹ ㅁ ㅂ ㅅ ㅇ ㅈ ㅊ ㅋ ㅌ ㅍ ㅎ

빼내다	**déboîter**	[debwate]	데부아떼
빼앗기	*f* **prise**	[pʀiːz]	프히즈
빼앗다	**arracher**	[aʀaʃe]	아라셰
	priver	[pʀive]	프히베
뺄셈	*f* **soustraction**	[sustʀaksjɔ̃]	쑤스트학시옹
뺨	*f* **joue**	[ʒu]	쥬
뻔뻔함	*f* **audace**	[odas]	오다스
뻗다 (몸의 일부를)	**étendre**	[etɑ̃ːdʀ]	에땅드흐
뼈	*f* **os**	[ɔs]	오스
뽑다	**tirer**	[tiʀe]	띠헤
뽑아내다	**arracher**	[aʀaʃe]	아라셰
	extraire	[ɛkstʀɛːʀ]	엑스트헤흐
뾰족한	**pointu**	[pwɛ̃ty]	뿌앵뛰
뿌리	*m* **racinage**	[ʀasinaːʒ]	하씨나쥬
	f **racine**	[ʀasin]	하씬느
뿔	*f* **corne**	[kɔʀn]	꼬흔느
뿜어내다	**jaillir**	[ʒajiːʀ]	쟈이이흐
삐치다	**bouder**	[bude]	부데

ㅅ

4	quatre	[katʀ]	카트흐
사각팬티	*m* caleçon	[kalsɔ̃]	깔르송
사각형	*f* case	[kɑːz]	꺄즈
사거리	*m* carrefour	[kaʀfuːʀ]	꺄흐푸흐
사건	*m* événement	[evɛnmɑ̃]	에벤느망
사격	tir	[tiːʀ]	띠흐
사고방식	*f* mentalité	[mɑ̃talite]	망딸리떼
	f opinion	[ɔpinjɔ̃]	오삐니옹
사고하다	raisonner	[ʀɛ[e]zɔne]	헤조네
사과	*f* pomme	[pɔm]	뽐므
사과나무	*m* pommier	[pɔmje]	뽀미에
사과하다	s'excuser	[sɛkskyze]	쎅스뀌제
사귀다	fréquenter	[fʀekɑ̃te]	프헤깡떼
사기	*f* fraude	[fʀoːd]	프호드
사기 치다	tromper	[tʀɔ̃pe]	트홍뻬
사냥꾼	chasseur(se)	[ʃasœːʀ] [ʃasøːz]	샤쐬흐
사냥하다	chasser	[ʃase]	샤쎄

사다	acheter	[aʃte]	아슈떼
사다리	(f) échelle	[eʃɛl]	에셸르
사라지다	disparaître	[disparɛtʀ]	디스빠헤뜨흐
	évanouir	[evanwiːʀ]	에바누이흐
	mourir	[muʀiːʀ]	무히흐
사람	(m) homme	[ɔm]	옴므
	(f) personne	[pɛʀsɔn]	뻬흐손느
사람들	gens	[ʒɑ̃]	쟝
	nous	[nu]	누
사랑	(m) amour	[amuːʀ]	아무르
사랑스러운	chéri(e)	[ʃeʀi]	쉐히
사랑하는	amoureux(se)	[amuʀø] [amuʀøːz]	아무회(즈)
사려 깊은	responsable	[ʀɛspɔ̃sabl]	헤스뽕사블르
사례	remerciement	[ʀəmɛʀsimɑ̃]	흐메흐씨망
사례하다	récompenser	[ʀekɔ̃pɑ̃se]	헤꽁빵세
사립병원	(f) clinique	[klinik]	끌리니끄
사막	(m) désert	[dezɛːʀ]	데제흐
	(m) sable	[sɑːbl]	싸블르
사명	(f) mission	[misjɔ̃]	미씨옹
사무실	(m) bureau	[byʀo]	뷔호

	m **cabinet**	[kabinɛ]	꺄비네
사발	*m* **bol**	[bɔl]	볼
사분의 1	*m* **quart**	[kaːʀ]	꺄흐
사상	*f* **pensée**	[pɑ̃se]	빵세
사소한	**mince**	[mɛ̃ːs]	맹스
사순절(가톨릭)	*m* **carême**	[kaʀɛm]	꺄헴므
사슴	*m* **cerf**	[sɛːʀ]	쎄흐
사슴벌레	*m* **cerf-volant**	[sɛʀvɔlɑ̃]	쎄흐볼랑
사실상	**pratiquement**	[pʀatikmɑ̃]	프하띠끄망
40	**quarante**	[kaʀɑ̃ːt]	꺄항뜨
사업	*f* **entreprise**	[ɑ̃tʀəpʀiːz]	앙트흐프히즈
사용	*m* **emploi**	[ɑ̃plwa]	앙쁠루아
	m **usage**	[yzaːʒ]	위자쥬
	f **utilisation**	[ytilizɑsjɔ̃]	위띨리자씨옹
사용 중	**occupé(e)**	[ɔkype]	오뀌뻬
사용하다	**employer**	[ɑ̃plwaje]	앙쁠루아예
	user	[yze]	위제
	utiliser	[ytilize]	위띨리제
4월	*m* **avril**	[avʀil]	아브힐
사위	*m* **beaufils**	[bofis]	보피스

ㄱ ㄴ ㄷ ㄹ ㅁ ㅂ ㅅ ㅇ ㅈ ㅊ ㅋ ㅌ ㅍ ㅎ

한국어	성	프랑스어	발음기호	한글 발음
	m	**gendre**	[ʒɑ̃:dʀ]	장드흐
사육	m	**élevage**	[ɛ[e]lva:ʒ]	엘르바쥬
사육제	m	**carnaval**	[kaʀnaval]	까흐나발
사육하다		**nourrir**	[nuʀi:ʀ]	누히흐
사이(틈)	m	**interstice**	[ɛ̃tɛʀstis]	앵떼흐스띠스
사이클 선수		**cycliste**	[siklist]	씨끌리스뜨
사인	f	**signature**	[siɲaty:ʀ]	씨냐뛰흐
사자	m	**lion**	[ljɔ̃]	리옹
사장	n	**directeur(trice)**	[diʀɛktœ:ʀ] [diʀɛktʀis]	디헥뙤흐 (트히스)
사적인		**privé**	[pʀive]	프히베
사전	m	**dictionnaire**	[diksjɔnɛ:ʀ]	딕씨오네흐
사절단	f	**mission**	[misjɔ̃]	미씨옹
사정	m	**cas**	[kɑ]	꺄
	f	**circonstance**	[siʀkɔ̃stɑ̃:s]	씨흐꽁스땅스
사주다		**payer**	[pɛ[e]je]	뻬이예
사직	f	**démission**	[demisjɔ̃]	데미씨옹
	m	**départ**	[depa:ʀ]	데빠흐
사직시키다		**démissionner**	[demisjɔne]	데미씨오네
사직하다		**démissionner**	[demisjɔne]	데미씨오네
		résigner	[ʀeziɲe]	헤지녜

사진	f **image**	[imaːʒ]	이마쥬
	f **photo**	[fɔto]	포또
사진 찍다	**photographier**	[fɔtɔgʀafje]	포또그하피에
사진 촬영	f **photographie**	[fɔtɔgʀafi]	포또그하피
사진의	**photographique**	[fɔtɔgʀafik]	포또그하피끄
사촌 (남)	m **cousin**	[kuzɛ̃]	꾸쟁
사촌 (여)	f **cousine**	[kuzɛin]	꾸진느
사치	m **luxe**	[lyks]	뤽스
사탕	m **bonbon**	[bɔ̃bɔ̃]	봉봉
사태	f **chose**	[ʃoːz]	쇼즈
사퇴하다	**résigner**	[ʀeziɲe]	헤지녜
사투리	m **patois**	[patwa]	빠뚜아
사파이어	m **saphir**	[safiːʀ]	싸피흐
사표	f **démission**	[demisjɔ̃]	데미씨옹
사회	f **société**	[sɔsjete]	쏘씨에떼
사회 활동 재개	f **rentrée**	[ʀɑ̃tʀe]	항뜨헤
사회복지의	**social**	[sɔsjal]	쏘씨알
사회적 지위	f **situation**	[sitɥasjɔ̃]	씨뛰아씨옹
사회적인	**social**	[sɔsjal]	쏘씨알
사회주의	m **socialisme**	[sɔsjalism]	쏘씨알리슴므

ㅅ

사회학	*f* **sociologie**	[sɔsjɔlɔʒi]	쏘씨올로지
삭제하다	**couper**	[kupe]	꾸뻬
	retrancher	[ʀətʀɑ̃ʃe]	흐뜨랑셰
	supprimer	[sypʀime]	쒸쁘히메
산	*f* **montagne**	[mɔ̃taɲ]	몽따뉴
산더미	**tas**	[tɑ]	따
산부인과	*f* **gynécologie**	[ʒinekɔlɔʒi]	지네꼴로지
산소	*m* **oxygène**	[ɔksiʒɛn]	옥시젠느
산악용 자전거	*m* **bicross**	[bikʀɔs]	비크호스
산장	**chalet**	[ʃalɛ]	샬레
산책(길)	*f* **promenade**	[pʀɔmnad]	프호므나드
산책시키다	**promener**	[pʀɔmne]	프호므네
산토끼	*m* **lièvre**	[ljɛːvʀ]	리에브흐
산호	*m* **corail**	[kɔʀaj]	꼬하이으
살(肉)	*f* **chair**	[ʃɛːʀ]	쉐흐
살구	*m* **abricot**	[abʀiko]	아브히꼬
살다	**habiter**	[abite]	아비떼
	occuper	[ɔkype]	오뀌뻬
	vivre	[viːvʀ]	비브흐
살아 있는	**vivant**	[vivɑ̃]	비방

살아남다	survivre	[syʀviːvʀ]	쒸흐비브흐
살인	ⓜ assassinat	[asasina]	아싸씨나
	ⓜ meurtre	[mœʀtʀ]	뫼흐트흐
살인하다	tuer	[tɥe]	뛰에
살포하다	semer	[s(ə)me]	스메
살해하다	assassiner	[asasine]	아싸씨네
3	trois	[tʀwɑ]	트후아
삼각팬티(여성)	ⓜ slip	[slip]	슬립
삼각형	ⓜ triangle	[tʀijɑ̃ːgl]	트히앙글르
3개월	ⓜ trimestre	[tʀimɛstʀ]	트히메스트흐
30	trente	[tʀɑ̃ːt]	트항뜨
3월	ⓜ mars	[maʀs]	마흐스
삼촌	ⓜ oncle	[ɔ̃ːkl]	옹끌르
삼키다	avaler	[avale]	아발레
삽	ⓕ pelle	[pɛl]	뻴르
삽화	ⓕ illustration	[i(l)lystʀasjɔ̃]	일뤼스트하씨옹
삽화(사진)가 들어간	illustré	[i(l)lystʀe]	일뤼스트헤
삽화(사진)를 넣다	illustrer	[i(l)lystʀe]	일뤼스트헤
상(像)	ⓕ statue	[staty]	스따뛰
상금	ⓜ prix	[pʀi]	프히

상기시키다		**évoquer**	[evɔke]	에보께
상담역	m	**conseil**	[kɔ̃sɛj]	꽁세이으
상담하다		**consulter**	[kɔ̃sylte]	꽁쉴떼
상당한		**du**	[dy]	뒤
		respectable	[ʀɛspɛktabl]	헤스뻭따블르
상당히		**assez**	[ase]	아쎄
상대방		**adversaire**	[advɛʀsɛːʀ]	아드베흐쎄흐
상대적으로		**relativement**	[ʀəlativmɑ̃]	흘라띠브망
상대적인		**relatif**	[ʀəlatif]	흘라띠프
상륙	m	**atterrissage**	[atɛʀisaːʒ]	아떼히싸쥬
상반되는		**antipathique**	[ɑ̃tipatik]	앙띠빠띠끄
		contraire	[kɔ̃tʀɛːʀ]	꽁트헤흐
상사(上司)		**patron**	[patʀɔ̃]	빠트홍
	m	**supérieur**	[sypeʀjœːʀ]	쒸뻬히외흐
상상	f	**imagination**	[imaʒinɑsjɔ̃]	이마지나씨옹
상상의		**imaginaire**	[imaʒinɛːʀ]	이마지네흐
상상하다		**imaginer**	[imaʒine]	이마지네
상세	m	**détail**	[detaj]	데따이으
상승	f	**ascension**	[asɑ̃sjɔ̃]	아쌍씨옹
	f	**hausse**	[oːs]	오쓰

	ⓕ **montée**	[mɔ̃te]	몽떼
상실	ⓕ **perte**	[pɛʀt]	뻬흐뜨
상심한	**triste**	[tʀist]	트히스트
상어	ⓜ **requin**	[ʀəkɛ̃]	흐깽
상업	ⓜ **commerce**	[kɔmɛʀs]	꼬메흐스
상업적인	**commercial**	[kɔmɛʀsjal]	꼬메흐시알
상원	ⓜ **Sénat**	[sena]	세나
상원의원	**sénateur**	[senatœːʀ]	세나뙤흐
상의	ⓜ **veston**	[vɛstɔ̃]	베스똥
상인	**commerçant**	[kɔmɛʀsɑ̃]	꼬메흐상
	marchand	[maʀʃɑ̃]	마흐샹
상자	ⓕ **boîte**	[bwat]	부아뜨
상점	ⓜ **magasin**	[magazɛ̃]	마갸쟁
상징	ⓜ **symbole**	[sɛ̃bɔl]	쌩볼르
상처	ⓕ **blessure**	[blɛ[e]syːʀ]	블레쒸흐
	ⓕ **plaie**	[plɛ]	쁠레
상처 받기 쉬운	**susceptible**	[sysɛptibl]	쒸셉띠블르
상처 주다	**abîmer**	[abime]	아비메
	nuire	[nɥiːʀ]	뉘이흐
	léser	[leze]	레제

상추	ⓕ laitue	[lety]	레뛰
상태	ⓕ condition	[kɔ̃disjɔ̃]	꽁디씨옹
	état	[eta]	에따
	ⓕ situation	[sitɥasjɔ̃]	씨뛰아씨옹
상표	ⓕ marque	[maʀk]	마흐끄
상품	ⓕ marchandise	[maʀʃɑ̃di:z]	마흐샹디즈
상호 관계	ⓕ solidarité	[sɔlidaʀite]	쏠리다히떼
상호성	réciprocité	[ʀesipʀɔsite]	헤씨프호시떼
상호의	mutuel	[mytɥɛl]	뮈뛰엘
	réciproque	[ʀesipʀɔk]	헤씨프호끄
상환하다	rembourser	[ʀɑ̃buʀse]	항부흐세
상황	ⓕ circonstance	[siʀkɔ̃stɑ̃:s]	씨흐꽁스땅스
	ⓕ passe	[pɑse]	빠쓰
새	ⓜ oiseau	[wazo]	우와조
새끼 양	ⓜ agneau	[aɲo]	아뇨
새끼 오리	ⓜ caneton	[kantɔ̃]	꺄느똥
새끼손가락	ⓜ auriculaire	[ɔ[o]ʀikylɛ:ʀ]	오히뀔레흐
새다	couler	[kule]	꿀레
새로운	neuf(ve)	[nœf][nœv]	뇌프(브)
	nouveau	[nuvo]	누보

한국어	프랑스어	발음기호	발음
	récent	[Resɑ̃]	헤상
새롭게 하다	moderniser	[mɔdɛRnize]	모데흐니제
새벽	ⓕ aube	[o:b]	오브
새우	ⓕ crevette	[kRəvɛt]	크흐베뜨
새장	ⓕ cage	[ka:ʒ]	까쥬
색깔	couleur	[kulœ:R]	꿀뢰흐
색칠하다	peindre	[pɛ̃:dR]	뻥드흐
샌드위치	ⓜ sandwich	[sɑ̃dwi(t)ʃ]	쌍드위치
샌들	ⓕ sandale	[sɑ̃dal]	쌍달르
샐러드	ⓕ salade	[salad]	쌀라드
샐러리맨	ⓝ salarié(e)	[salaRje]	쌀라히에
샘	ⓕ source	[suRs]	쑤흐스
	ⓕ fontaine	[fɔ̃tɛn]	퐁뗀느
생각	ⓕ pensée	[pɑ̃se]	빵세
생각이 떠오르다	songer	[sɔ̃ʒe]	쏭제
	voir	[vwa:R]	부와흐
생각하다	imaginer	[imaʒine]	이마지네
	penser	[pɑ̃se]	빵세
	songer	[sɔ̃ʒe]	쏭제
생각할 수 없는	impensable	[ɛ̃pɑ̃sabl]	앵빵사블르

과일 · 색깔

□ pomme [pɔm] 뽐므 *f* 사과
□ rouge [ʀuːʒ] 후쥬 *m* 빨간색

□ orange [ɔʀɑ̃ːʒ] 오항쥬 *f* 오렌지
□ orange [ɔʀɑ̃ːʒ] 오향쥬 *m* 주황색

□ citron [sitʀɔ̃] 씨트홍 *m* 레몬
□ jaune [ʒoːn] 존느 *m* 노란색

□ pastèque [pastɛk] 빠스테끄 *f* 수박
□ vert [vɛːʀ] 베흐 *m* 초록색

□ raisin [ʀɛzɛ̃] 해쟁 *m* 포도
□ bleu [blø] 블뢰 *m* 파란색

□ marron [ma[ɑ]ʀɔ̃] 마홍 *m* 밤
□ brun [brœ̃] 브횡 *m* 갈색

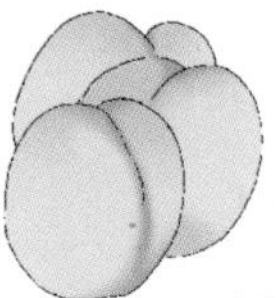

□ pêche [pɛʃ] 뻬슈 *f* 복숭아
□ rose [ʀoːz] 호즈 *m* 분홍색

생각해내다	concevoir	[kɔ̃svwaːʀ]	꽁쓰부아흐
	inventer	[ɛ̃vɑ̃te]	앵방떼
생강	m gingembre	[ʒɛ̃ʒɑ̃ːbʀ]	쟁장브흐
생계	f subsistance	[sybzistɑ̃s]	쒸브지스땅스
생기 있는	animé(e)	[anime]	아니메
생기다	résulter	[ʀezylte]	헤쥘떼
	naître	[nɛtʀ]	네뜨흐
생대구	m cabillaud	[kabijo]	까비요
생동감 있는	pittoresque	[pitɔʀɛsk]	삐또헤스끄
생물	f biologie	[bjɔlɔʒi]	비올로지
	m organisme	[ɔʀganism]	오흐갸니슴므
생산	f production	[pʀɔdyksjɔ̃]	프호뒥씨옹
생산품	m produit	[pʀɔdɥi]	프호뒤이
생산하다	produire	[pʀɔdɥiːʀ]	프호뒤이흐
생생한	vif	[vif]	비프
	vivant	[vivɑ̃]	비방
생선	m poisson	[pwasɔ̃]	뿌와쏭
생애	f destinée	[dɛstine]	데스띠네
생일	m anniversaire	[anivɛʀsɛːʀ]	아니베흐세흐
생활	f vie	[vi]	비

생활하다	vivre	[viːvʀ]	비브흐
샤워	ⓕ douche	[duʃ]	두슈
샤워기	ⓕ douchette	[duʃɛt]	두셰뜨
샴페인	ⓕ champagne	[ʃɑ̃paɲ]	샹빠뉴
샹들리에	ⓜ chandelier	[ʃɑ̃dəlje]	샹들리에
서 있는	debout	[dəbu]	드부
서늘한	frais	[fʀɛ]	프헤
서둘러	rapidement	[ʀapidmɑ̃]	하삐드망
서랍	ⓜ tiroir	[tiʀwaːʀ]	띠후와흐
서로의	mutuel	[mytɥɛl]	뮈뛰엘
서리	ⓜ givre	[ʒiːvʀ]	지브흐
서먹서먹한	distant	[distɑ̃]	디스땅
서명	ⓕ signature	[siɲatyːʀ]	씨냐뛰흐
서명하다	signer	[siɲe]	씨녜
서술	ⓕ description	[dɛskʀipsjɔ̃]	데스크힙씨옹
서술하다	décrire	[dekʀiːʀ]	데크히흐
서식	ⓕ formule	[fɔʀmyl]	포흐뮐르
서신 교환	ⓕ correspondance	[kɔʀɛspɔ̃dɑ̃ːs]	꼬헤스뽕당스
서양	ⓜ occident	[ɔksidɑ̃]	옥시당
서양 삼나무	ⓜ cèdre	[sɛdʀ]	쎄드흐

한국어	성	프랑스어	발음기호	발음
서양배(梨)	f	poire	[pwa:ʀ]	뿌아흐
서양배 나무	m	poirier	[pwaʀje]	뿌와히에
서양의		occidental	[ɔksidɑ̃tal]	옥시당딸
서울		Séoul	[seul]	쎄울
서적	m	livre	[li:vʀ]	리브흐
	m	ouvrage	[uvʀa:ʒ]	우브하쥬
서점 (주인)		libraire	[libʀɛ:ʀ]	리브레흐
서쪽	m	ouest	[wɛst]	웨스뜨
서커스(장)	m	cirque	[siʀk]	씨흐끄
서투른	f	gauche	[go:ʃ]	고슈
		maladroit	[maladʀwa]	말라드후와
서핑	m	surf	[sœʀf]	쒸흐프
석방	f	libération	[libeʀɑsjɔ̃]	리베하씨옹
석방하다		élargir	[elaʀʒi:ʀ]	엘라흐지흐
		relâcher	[ʀəlɑʃe]	흘라셰
석유	m	pétrole	[petʀɔl]	뻬트홀르
석탄	m	charbon	[ʃaʀbɔ̃]	샤흐봉
석회질의		calcaire	[kalkɛ:ʀ]	꺌께흐
섞다		mélanger	[melɑ̃ʒe]	멜랑제
		mêler	[mɛ[e]le]	멜레

ㄱ ㄴ ㄷ ㄹ ㅁ ㅂ ㅅ ㅇ ㅈ ㅊ ㅋ ㅌ ㅍ ㅎ

선(線)	*m* **trait**	[tʀɛ]	트헤
	f **ligne**	[liɲ]	리뉴
선거	*f* **élection**	[elɛksjɔ̃]	엘렉씨옹
선거구	*f* **circonscription**	[siʀkɔ̃skʀipsjɔ̃]	씨흐꽁스크힙씨옹
선고	*f* **prononciation**	[pʀɔnɔ̃sjɑsjɔ̃]	프호농시아씨옹
선로	*f* **voie**	[vwa]	부와
선망	*f* **envie**	[ɑ̃vi]	앙비
	f **jalousie**	[ʒaluzi]	쟐루지
선물	*m* **cadeau**	[kado]	꺄도
선박	*m* **navire**	[naviːʀ]	나비흐
선박 화물	*f* **cargaison**	[kaʀgɛzɔ̃]	꺄흐게종
선발 시험	**concours**	[kɔ̃kuːʀ]	꽁꾸흐
선별하다	**trier**	[tʀije]	트히에
선불	*f* **avance**	[avɑ̃ːs]	아방스
선생	**instituteur**	[ɛ̃stitytœːʀ]	앵스띠뛰뙤흐
선수권 시합	*m* **championnat**	[ʃɑ̃pjɔna]	샹삐오나
선실	*f* **cabine**	[kabin]	꺄빈느
선언	**manifeste**	[manifɛst]	마니페스뜨
선인장	*m* **cactus**	[kaktys]	꺅뛰쓰
선입견	*m* **préjugé**	[pʀeʒyʒe]	프헤쥐제

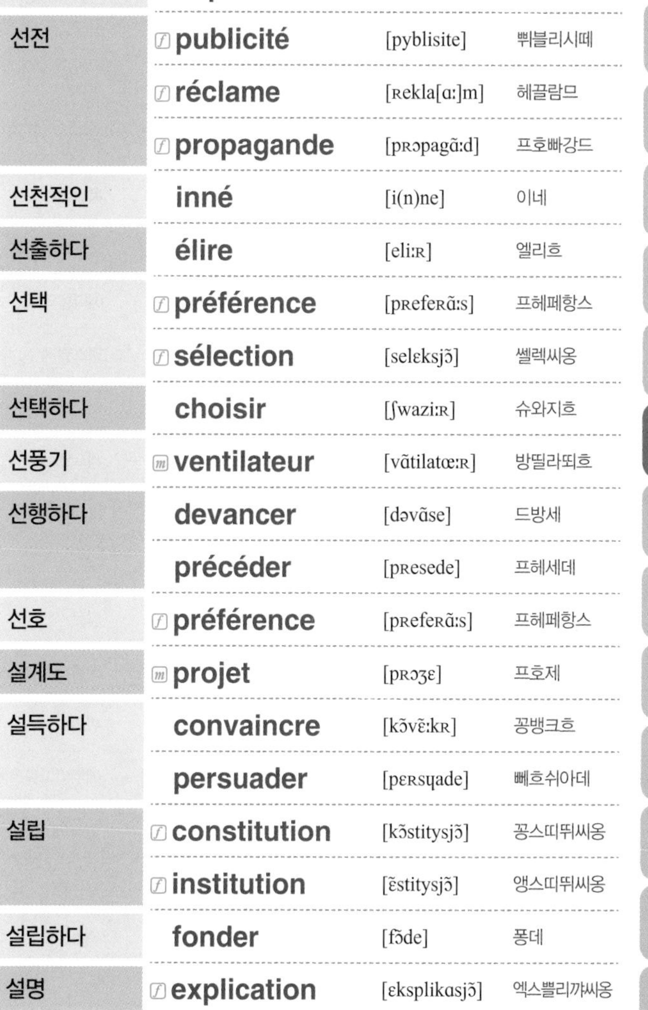

한국어	성	프랑스어	발음기호	발음
선장		**capitaine**	[kapitɛn]	꺄삐뗀느
선전	f	**publicité**	[pyblisite]	쀠블리시떼
	f	**réclame**	[ʀekla[ɑ:]m]	헤끌람므
	f	**propagande**	[pʀɔpagɑ̃:d]	프호빠강드
선천적인		**inné**	[i(n)ne]	이네
선출하다		**élire**	[eli:ʀ]	엘리흐
선택	f	**préférence**	[pʀefeʀɑ̃:s]	프헤페항스
	f	**sélection**	[selɛksjɔ̃]	쎌렉씨옹
선택하다		**choisir**	[ʃwazi:ʀ]	슈와지흐
선풍기	m	**ventilateur**	[vɑ̃tilatœ:ʀ]	방띨라뙤흐
선행하다		**devancer**	[dəvɑ̃se]	드방세
		précéder	[pʀesede]	프헤세데
선호	f	**préférence**	[pʀefeʀɑ̃:s]	프헤페항스
설계도	m	**projet**	[pʀɔʒɛ]	프호제
설득하다		**convaincre**	[kɔ̃vɛ̃:kʀ]	꽁뱅크흐
		persuader	[pɛʀsɥade]	뻬흐쉬아데
설립	f	**constitution**	[kɔ̃stitysjɔ̃]	꽁스띠뛰씨옹
	f	**institution**	[ɛ̃stitysjɔ̃]	앵스띠뛰씨옹
설립하다		**fonder**	[fɔ̃de]	퐁데
설명	f	**explication**	[ɛksplikɑsjɔ̃]	엑스쁠리꺄씨옹

설명하다	expliquer	[ɛksplike]	엑스쁠리께
설비	m équipement	[ekipmɑ̃]	에끼쁘망
설사	f chiasse	[ʃjas]	쉬아쓰
설욕	f revanche	[ʀəvɑ̃:ʃ]	흐방슈
설정하다	situer	[sitɥe]	씨뛰에
설치	f installation	[ɛ̃stalɑsjɔ̃]	앵스딸라씨옹
설치하다	établir	[etabli:ʀ]	에따블리흐
	installer	[ɛ̃stale]	앵스딸레
	ménager	[menaʒe]	메나제
	mettre	[mɛtʀ]	메트흐
	poser	[poze]	뽀제
설탕	m sucre	[sykʀ]	쉬크흐
섬	f île	[il]	일르
섬광	m éclat	[ekla]	에끌라
	f lueur	[lɥœ:ʀ]	뤼외흐
섬뜩한	épouvantable	[epuvɑ̃tabl]	에뿌방따블르
섬세한	délicat(e)	[delika] [delikat]	델리까(트)
	tendre	[tɑ̃:dʀ]	땅드흐
섬유의	textile	[tɛkstil]	떽스띨르
성(城)	m château	[ʃɑto]	샤또

한국어	성	프랑스어	발음	한글 발음
성(聖)~		saint	[sɛ̃]	쌩
성격	m	caractère	[kaʀaktɛ:ʀ]	꺄학떼흐
	f	humeur	[ymœ:ʀ]	위뫼흐
성경	f	bible	[bibl]	비블르
성공		succès	[syksɛ]	쒹쎄
성공하다		aboutir	[abuti:ʀ]	아부띠흐
		réussir	[ʀeysi:ʀ]	헤위씨흐
성과	f	œuvre	[œ:vʀ]	외브흐
	f	réalisation	[ʀealizɑsjɔ̃]	헤알리자씨옹
	m	résultat	[ʀezylta]	헤쥘따
성냥	f	allumette	[alymɛt]	알뤼메뜨
성당	f	cathédrale	[katedʀal]	꺄떼드할르
	m	temple	[tɑ̃:pl]	땅쁠르
성대한		solennel	[sɔlanɛl]	쏠라넬
성립하다		consister	[kɔ̃siste]	꽁시스떼
성벽	f	enceinte	[ɑ̃sɛ̃:t]	앙쌩뜨
성별	m	sexe	[sɛks]	쎅스
성분	m	élément	[elemɑ̃]	엘레망
성숙하다		mûrir	[myʀi:ʀ]	뮈히흐
성숙한		mûr	[my:ʀ]	뮈흐

성실하게	propremement	[pʀɔpʀəmɑ̃]	프호프흐망
성실한	consciencieux	[kɔ̃sjɑ̃sjø]	꽁시앙시외
	honnête	[ɔnɛt]	오네뜨
	loyal	[lwajal]	루와얄
	sérieux	[seʀjø]	쎄히외
	sincère	[sɛ̃sɛːʀ]	쌩쎄흐
성에	m givre	[ʒiːvʀ]	지브흐
성욕	m désir	[deziːʀ]	데지흐
성인(成人)	n adulte	[adylt]	아뒬뜨
성장	m développement	[dev(ə)lɔpmɑ̃]	데블로쁘망
성장하다	grandir	[gʀɑ̃diːʀ]	그랑디흐
성장한	développé	[dev(ə)lɔpe]	데블로뻬
성적(性的)인	sensuel	[sɑ̃sɥɛl]	쌍쉬엘
성직자	m ministre	[ministʀ]	미니스트흐
	m prêtre	[pʀɛtʀ]	프헤트흐
성질	m tempérament	[tɑ̃peʀamɑ̃]	땅뻬하망
성충	n imago	[imago]	이마고
세 배의	triple	[tʀipl]	트히쁠르
세 번째의	tiers	[tjɛːʀ]	띠에흐
	troisième	[tʀwazjɛm]	트후아지엠므

세계	*m* **monde**	[mɔ̃:d]	몽드
세계적인	**mondial**	[mɔ̃djal]	몽디알
	universel	[ynivɛʀsɛl]	위니베흐셀
세관	*f* **douane**	[dwan]	두안느
세관의	**douanier**	[dwanje]	두아니에
세금	*m* **impôt**	[ɛ̃po]	앵뽀
	f **taxe**	[taks]	딱스
세기(世紀)	*m* **siècle**	[sjɛkl]	씨에끌르
세다	**compter**	[kɔ̃te]	꽁떼
세대	*f* **génération**	[ʒeneʀɑsjɔ̃]	제네하씨옹
세련되게 하다	**raffiner**	[ʀafine]	하피네
세련된	**chic**	[ʃik]	쉬끄
세례명	*m* **prénom**	[pʀenɔ̃]	프헤농
세로	*f* **longueur**	[lɔ̃gœ:ʀ]	롱괴흐
세면기	*f* **cuvette**	[kyvɛt]	뀌베뜨
세면대	*m* **lavabo**	[lavabo]	라바보
세목	*m* **détail**	[detaj]	데따이으
세상을 모르는	**naïf(ve)**	[naif] [nai:v]	나이프(브)
세우다	**bâtir**	[bɑti:ʀ]	바띠흐
	dresser	[dʀɛ[e]se]	드헤쎄

한국어	성	프랑스어	발음	한글 발음
세입자	n	**locataire**	[lɔkatɛːʀ]	로까떼흐
세제	m	**détergent**	[detɛʀʒɑ̃]	데떼흐장
	f	**lessive**	[lesiːv]	레시브
세탁	f	**lessive**	[lesiːv]	레시브
	m	**nettoyage**	[nɛtwajaːʒ]	네뚜와야쥬
세탁물	m	**linge**	[lɛ̃ːʒ]	랭쥬
세탁하다		**blanchir**	[blɑ̃ʃiːʀ]	블랑쉬흐
		laver	[lave]	라베
세포	f	**cellule**	[selyl]	쎌륄르
섹스	m	**sexe**	[sɛks]	쎅스
섹시한		**sexy**	[sɛksi]	쎅시
센티미터(cm)	m	**centimètre**	[sɑ̃timɛtʀ]	쌍티메트흐
셀러리	m	**céleri**	[sɛlʀi]	쎌르히
셀프서비스(업소)	m	**libre-service**	[libʀəsɛʀvis]	리브흐세흐비스
셈하다		**compter**	[kɔ̃te]	꽁떼
소	m	**bœuf**	[bœf]	뵈프
소개	f	**introduction**	[ɛ̃tʀɔdyksjɔ̃]	앵트호뒥씨옹
소개하다		**introduire**	[ɛ̃tʀɔdɥiːʀ]	앵트호뒤이흐
		présenter	[pʀezɑ̃te]	프헤쟝떼
소굴	f	**caverne**	[kavɛʀn]	꺄베흔느

소극적인		passif	[pasif]	빠시프
소금	m	sel	[sɛl]	쎌
소금에 절이다		saler	[sale]	쌀레
소나기	f	averse	[avɛʀs]	아베흐스
소나무	m	pin	[pɛ̃]	뺑
소녀	f	fille	[fij]	피으
소년	m	garçon	[gaʀsɔ̃]	갸흐쏭
소다수	m	soda	[sɔda]	소다
소독하다		désinfecter	[dezɛ̃fɛkte]	데젱펙떼
소득	m	revenu	[ʀəvny]	흐브뉘
소란스러운		bruyant(e)	[bʀɥijɑ̃] [bʀɥijɑ̃:t]	브휘이양(뜨)
소리	m	bruit	[bʀɥi]	브휘이
	m	son	[sɔ̃]	쏭
소리를 내는		sonore	[sɔnɔ:ʀ]	쏘노흐
소리치다		crier	[kʀije]	크히에
소망하다		souhaiter	[swɛ[e]te]	쑤에떼
소매	f	manche	[mɑ̃:ʃ]	망슈
	m	poignet	[pwaɲɛ]	뿌와녜
소매 없는 망토	f	cape	[kap]	꺄쁘
소매 없는 외투	f	cagoule	[kagul]	꺄굴르

ㄱ ㄴ ㄷ ㄹ ㅁ ㅂ ㅅ ㅇ ㅈ ㅊ ㅋ ㅌ ㅍ ㅎ

소매치기	*m* **pickpocket**	[pikpɔkɛt]	삐끄뽀께뜨
소멸	*f* **disparition**	[dispaʀisjɔ̃]	디스빠히씨옹
소멸시키다	**détruire**	[detʀɥi:ʀ]	데트휘이흐
	tuer	[tɥe]	뛰에
소모된	**usé**	[yze]	위제
소묘	*m* **dessin**	[desɛ̃]	데쌩
소문	*f* **rumeur**	[ʀymœ:ʀ]	휘뫼흐
소박한	**modeste**	[mɔdɛst]	모데스뜨
	simple	[sɛ̃:pl]	쌩쁠르
소방관	*m* **pompier**	[pɔ̃pje]	뽕삐에
소비	*f* **consommation**	[kɔ̃sɔmɑsjɔ̃]	꽁소마씨옹
	f **dépense**	[depɑ̃:s]	데빵스
소비하다	**absorber**	[apsɔʀbe]	압쏘흐베
	consommer	[kɔ̃sɔme]	꽁소메
	user	[yze]	위제
소생하다	**revivre**	[ʀəvi:vʀ]	흐비브흐
소설(장편)	*m* **roman**	[ʀɔmɑ̃]	호망
소수(파)	*f* **minorité**	[minɔʀite]	미노리떼
소스	**sauce**	[so:s]	쏘스
소시지 (큰 것)	*f* **saucisse**	[sosis]	쏘시스
	m **saucisson**	[sosisɔ̃]	쏘시쏭

소식통의	informé	[ɛ̃fɔʀme]	앵포흐메
소심함	m scrupule	[skʀypyl]	스크휘쁼르
소아과	f pédiatrie	[pedjatʀi]	뻬디아트히
소유(물)	f possession	[pɔsɛsjɔ̃]	뽀세씨옹
소유권	f propriété	[pʀɔpʀijete]	프호프히에떼
소유물	f propriété	[pʀɔpʀijete]	프호프히에떼
소유자	maître	[mɛtʀ]	메트흐
소유하다	avoir	[avwaːʀ]	아부아흐
	posséder	[pɔsede]	뽀세데
소음	m bruit	[bʀɥi]	브휘이
	m casse-tête	[kɑstɛt]	꺄스떼뜨
소인(消印)	m cachet	[kaʃɛ]	까셰
소재	m matériau	[meteʀjo]	마떼히오
소중히 다루다	soigner	[swaɲe]	쑤와녜
소진하다	finir	[finiːʀ]	피니흐
소질	f aptitude	[aptityd]	압띠뛰드
소집하다	convoquer	[kɔ̃vɔke]	꽁보께
소총	f carabine	[kaʀabin]	꺄하빈느
	m fusil	[fyzi]	퓌지
소파	m canapé	[kanape]	꺄나뻬

ㄱ ㄴ ㄷ ㄹ ㅁ ㅂ ㅅ ㅇ ㅈ ㅊ ㅋ ㅌ ㅍ ㅎ

소포	ⓜ **colis**	[kɔli]	꼴리
	ⓜ **paquet**	[pakɛ]	빠께
소풍	ⓕ **excursion**	[ɛkskyʀsjɔ̃]	엑스뀌흐씨옹
소형 나이프(접이식)	ⓜ **canif**	[kanif]	꺄니프
소형 트럭	ⓕ **camionnette**	[kamjɔnɛt]	꺄미오네뜨
소홀히 하다	**négliger**	[negliʒe]	네글리제
소화불량	ⓕ **indigestion**	[ɛ̃diʒɛstjɔ̃]	앵디제스띠옹
소화하다	**digérer**	[diʒeʀe]	디제헤
소환하다	**appeler**	[aple]	아쁠레
	convoquer	[kɔ̃vɔke]	꽁보께
	rappeler	[ʀaple]	하쁠레
속눈썹	ⓜ **cil**	[sil]	씰
속담	ⓜ **proverbe**	[pʀɔvɛʀb]	프호베흐브
속도	ⓕ **allure**	[alyːʀ]	알뤼흐
	ⓕ **rapidité**	[ʀapidite]	하삐디떼
	ⓕ **vitesse**	[vitɛs]	비떼스
속도를 늦추다	**ralentir**	[ʀalɑ̃tiːʀ]	할랑띠흐
속력	ⓕ **vitesse**	[vitɛs]	비떼스
속바지(여성용)	ⓕ **culotte**	[kylɔt]	뀔로뜨
속삭이다	**murmurer**	[myʀmyʀe]	뮈흐뮈헤

한국어	성	프랑스어	발음	한글 발음
속어	m	argot	[aʀgo]	아흐고
속이 빈		creux(se) creux	[kʀø] [kʀø:z]	크회(즈)
속이다		mentir	[mɑ̃ti:ʀ]	망띠흐
		tricher	[tʀiʃe]	트히셰
		tromper	[tʀɔ̃pe]	트홍뻬
속임수	f	ruse	[ʀy:z]	휘즈
속치마	m	jupon	[ʒypɔ̃]	쥐뽕
속편	f	suite	[sɥit]	쒸이뜨
손	f	main	[mɛ̃]	맹
	m	poing	[pwɛ̃]	뿌앵
손가락	m	doigt	[dwa]	두와
손녀	f	petite-fille	[pətitfij]	쁘띠뜨피으
손님		invité	[ɛ̃vite]	앵비떼
손목	m	poignet	[pwaɲɛ]	뿌와녜
손목시계	f	montre	[mɔ̃:tʀ]	몽트흐
손바닥	f	paume	[po:m]	뽐므
손발	f	extrémité	[ɛkstʀemite]	엑스트헤미떼
손상된		gâté	[gɑte]	갸떼
손상시키다		gâter	[gɑte]	갸떼
손수 만든		artisanal(ale)	[aʀtizanal]	아흐띠자날

손수건	*m* **mouchoir**	[muʃwa:ʀ]	무슈와흐
손쉽게	**facilement**	[fasilmɑ̃]	파실르망
손아래의	**jeune**	[ʒœn]	죈느
손에 넣다	**obtenir**	[ɔptəni:ʀ]	옵뜨니흐
	récolter	[ʀekɔlte]	헤꼴떼
손위의	**aîné(e)**	[ɛ[e]ne]	에네
손자	*m* **petit-fils**	[pətifis]	쁘띠피스
손톱	*m* **ongle**	[ɔ̃:gl]	옹글르
손해	*m* **dommage**	[dɔma:ʒ]	도마쥬
솔직하게	**carrément**	[ka[ɑ]ʀemɑ̃]	까헤망
	franchement	[fʀɑ̃ʃmɑ̃]	프항슈망
	simplement	[sɛ̃pləmɑ̃]	쌩쁠르망
솔직한	**direct**	[diʀɛkt]	디헥뜨
	sincère	[sɛ̃sɛ:ʀ]	쌩쎄흐
솔직함	**simplicité**	[sɛ̃plisite]	쌩쁠리씨떼
솜	*m* **coton**	[kɔtɔ̃]	꼬똥
송아지(의 고기, 가죽)	**veau**	[vo]	보
송어	*f* **truite**	[tʀɥit]	트휘이뜨
송이	*f* **grappe**	[gʀap]	그하쁘
쇄신	*m* **renouvellement**	[ʀənuvɛlmɑ̃]	흐누벨르망

쇠격자	*f* **grille**	[gʀij]	그히으
쇠약	*m* **abattement**	[abatmɑ̃]	아바뜨망
쇠약해진	**abattu(e)**	[abaty]	아바뛰
쇼윈도	**devanture**	[dəvɑ̃ty:ʀ]	드방뛰흐
	f **vitrine**	[vitʀin]	비트힌느
쇼핑 바구니	*m* **cabas**	[kabɑ]	까바
숄	*m* **châle**	[ʃɑ:l]	샬르
수(數)	*m* **nombre**	[nɔ̃:bʀ]	농브흐
수갑	*fpl* **menottes**	[mənɔt]	므노뜨
수건	*f* **serviette**	[sɛʀvjɛt]	쎄흐비에뜨
수고	*m* **effort**	[efɔ:ʀ]	에포흐
수납	*f* **réception**	[ʀesɛpsjɔ̃]	헤셉씨옹
수녀	*f* **religieuse**	[ʀəliʒjø:z]	흘리지외즈
수다 떨다	**bavarder**	[bavaʀde]	바바흐데
수다스러운	**bavard(e)**	[bava:ʀ] [bavaʀd]	바바흐(드)
수단	*f* **arme**	[aʀm]	아흠므
	m **instrument**	[ɛ̃stʀymɑ̃]	앵스트휘망
수도	*f* **capital**	[kapital]	꺄삐딸
수도꼭지	*m* **robinet**	[ʀɔbinɛ]	호비네
수동적인	**passif**	[pasif]	빠시프

한국어	성	프랑스어	발음 기호	발음
수락하다		agréer	[agʀee]	아그헤에
수량	m	nombre	[nɔ̃:bʀ]	농브흐
	f	quantité	[kɑ̃tite]	깡띠떼
수렵	f	chasse	[ʃas]	샤쓰
수령	f	réception	[ʀesɛpsjɔ̃]	헤셉씨옹
수로	f	conduite	[kɔ̃dɥit]	꽁뒤이뜨
수리	m	raccommodage	[ʀakɔmɔda:ʒ]	하꼬모다쥬
	f	réfection	[ʀefɛksjɔ̃]	헤펙씨옹
		réparation	[ʀepaʀɑsjɔ̃]	헤빠하씨옹
수리하다		réparer	[ʀepaʀe]	헤빠헤
수면	m	sommeil	[sɔmɛj]	쏘메이으
수명	f	durée	[dyʀe]	뒤헤
수박	f	pastèque	[pastɛk]	빠스떼끄
수법	f	méthode	[metɔd]	메또드
수분	f	eau	[o]	오
수상(水上)의		nautique	[notik]	노띠끄
수상쩍은		suspect	[syspɛ(kt)]	쒸스뻬
수색	f	recherche	[ʀəʃɛʀʃ]	흐셰흐슈
수색하다		fouiller	[fuje]	푸이예
		rechercher	[ʀəʃɛʀʃe]	흐셰흐셰

수선	ⓜ raccommodage	[ʀakɔmɔda:ʒ]	하꼬모다쥬
	réparation	[ʀepaʀɑsjɔ̃]	헤빠하씨옹
수선하다	raccommoder	[ʀakɔmɔde]	하꼬모데
수소	ⓜ taureau	[tɔʀo]	또호
수송	ⓕ locomotion	[lɔkɔmɔsjɔ̃]	로꼬모씨옹
	ⓜ transport	[tʀɑ̃spɔ:ʀ]	트항스뽀흐
수송하다	transporter	[tʀɑ̃spɔʀte]	트항스뽀흐떼
수수께끼	ⓜ mystère	[mistɛ:ʀ]	미스떼흐
수수료	ⓕ commission	[kɔmisjɔ̃]	꼬미씨옹
수순	formalité	[fɔʀmalite]	포흐말리떼
수술	ⓕ opération	[ɔpeʀɑsjɔ̃]	오뻬하씨옹
수술하다	opérer	[ɔpeʀe]	오뻬헤
수신인	destinataire	[dɛstinatɛ:ʀ]	데스띠나떼흐
수업	ⓜ cours	[ku:ʀ]	꾸흐
	ⓕ leçon	[ləsɔ̃]	르쏭
수염	ⓕ moustache	[mustaʃ]	무스따슈
수염(뺨, 턱의)	ⓕ barbe	[baʀb]	바흐브
수영	ⓕ natation	[natɑsjɔ̃]	나따씨옹
수영복	ⓜ maillot	[majo]	마이요
수영장	ⓕ piscine	[pisin]	삐씬느

수영하다	nager	[naʒe]	나제
수요일	m mercredi	[mɛʀkʀədi]	메흐크흐디
수용소	m camp	[kɑ̃]	깡
수용하다	loger	[lɔʒe]	로제
	renfermer	[ʀɑ̃fɛʀme]	항페흐메
수위(守衛)	gardien	[gaʀdjɛ̃]	갸흐디엥
수위(水位)	m niveau	[nivo]	니보
수익성 있는	rentable	[ʀɑ̃tabl]	항따블르
수입(收入)	m revenu	[ʀəvny]	흐브뉘
수입(품)	f importation	[ɛ̃pɔʀtɑsjɔ̃]	앵뽀흐따씨옹
수입하다	importer	[ɛ̃pɔʀte]	앵뽀흐떼
수정(修正)	f correction	[kɔʀɛksjɔ̃]	꼬헥씨옹
수정(水晶)	m cristal	[kʀistal]	크히스딸
수정하다	modifier	[mɔdifje]	모디피에
	remanier	[ʀəmanje]	흐마니에
수준	m niveau	[nivo]	니보
수직의	droit	[dʀwa[ɑ]]	드후아
	vertical	[vɛʀtikal]	베흐띠깔
수집품	f collection	[kɔ(l)lɛksjɔ̃]	꼴렉씨옹
수집하다	recueillir	[ʀəkœjiːʀ]	흐꾀이이흐

수첩	m **calepin**	[kalpɛ̃]	꺌르뺑
	m **carnet**	[kaʀnɛ]	꺄흐네
수축	f **tension**	[tɑ̃sjɔ̃]	땅씨옹
수출(품)	f **exportation**	[ɛkspɔʀtɑsjɔ̃]	엑스뽀흐따시옹
수출하다	**exporter**	[ɛkspɔʀte]	엑스뽀흐떼
수컷	m **mâle**	[maːl]	말르
수탉	m **coq**	[kɔk]	꼬끄
수평선	m **horizon**	[ɔʀizɔ̃]	오히종
수평의	**horizontal**	[ɔʀizɔ̃tal]	오히종딸
수평적인	**horizontal**	[ɔʀizɔ̃tal]	오히종딸
수표	m **chèque**	[ʃɛk]	셰끄
수프	f **soupe**	[sup]	쑤쁘
수학	f **mathématique**	[matematik]	마떼마띠끄
수확	f **moisson**	[mwasɔ̃]	무와쏭
	f **récolte**	[ʀekɔlt]	헤꼴뜨
수확하다	**moissonner**	[mwasɔne]	무와쏘네
	récolter	[ʀekɔlte]	헤꼴떼
숙고	f **réflexion**	[ʀeflɛksjɔ̃]	헤플렉씨옹
숙녀	f **dame**	[dam]	담므
숙련된	**habile**	[abil]	아빌르

한국어	성	프랑스어	발음	한글 발음
숙면하다		ronfler	[Rɔ̃fle]	홍플레
숙박	f	étape	[etap]	에따쁘
	f	nuit	[nɥi]	뉘이
숙제	m	devoir	[dəvwa:R]	드부와흐
순간	m	instant	[ɛ̃stɑ̃]	앵스땅
	m	moment	[mɔmɑ̃]	모망
순서	m	ordre	[ɔRdR]	오흐드흐
	m	procédé	[pRɔsede]	프호쎄데
순수한		naïf(ve)	[naif] [nai:v]	나이프(브)
		pur	[py:R]	쀠흐
순식간의		passager	[pɑ[a]saʒe]	빠싸제
순위	m	rang	[Rɑ̃]	항
순진	f	innocence	[inɔsɑ̃:s]	이노상스
순화시키다		naturaliser	[natyRalize]	나뛰할리제
순환하다		circuler	[siRkyle]	씨흐뀔레
숟가락	f	cuiller	[kɥijɛ:R]	뀌이예
술	m	alcool	[alkɔl]	알꼴
	f	boisson	[bwasɔ̃]	부와쏭
술 취한		soûl	[su]	쑤
술집		bar	[ba:R]	바흐

술책	ⓕ **combinaison**	[kɔ̃binɛzɔ̃]	꽁비네종
술통	ⓜ **tonneau**	[tɔno]	또노
숨	**respiration**	[ʀɛspiʀɑsjɔ̃]	헤스삐하씨옹
	ⓜ **souffle**	[sufl]	쑤플르
숨기는 곳	ⓕ **cache**	[kaʃ]	꺄슈
숨기다	**cacher**	[kaʃe]	꺄셰
숨김 없이	**franchement**	[fʀɑ̃ʃmɑ̃]	프항슈망
숨다	**dissimuler**	[disimyle]	디씨뮐레
숨바꼭질	ⓜ **cache-cache**	[kaʃkaʃ]	꺄슈꺄슈
숨쉬다	**respirer**	[ʀɛspiʀe]	헤스삐헤
숨어들다	**glisser**	[glise]	글리쎄
숨을 토하다	**souffler**	[sufle]	쑤플레
숫자	**chiffre**	[ʃifʀ]	쉬프흐
숭배	ⓕ **adoration**	[adɔʀɑsjɔ̃]	아도하씨옹
숭배하다	**adorer**	[adɔʀe]	아도헤
숭배할 만한	**adorable**	[adɔʀabl]	아도하블르
숲	**bois**	[bwa[ɑ]]	부아
	ⓕ **forêt**	[fɔʀɛ]	포헤
쉬게 하다	**reposer**	[ʀəpoze]	흐뽀제
쉬운	**commode**	[kɔmɔd]	꼬모드

숫자

□ 0 zéro [zeʀo] 제호

□ 1 un [oẽ] 엥

□ 2 deux [dø] 되

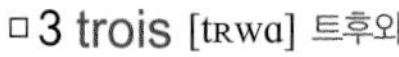

□ 3 trois [tʀwɑ] 트후와

□ 4 quatre [katʀ] 캬트흐

□ 5 cinq [sɛ̃(:k)] 쌩크

□ 6 six [sis] 씨스

□ 7 sept [sɛt] 쎄뜨

□ 8 huit [ɥit] 위뜨

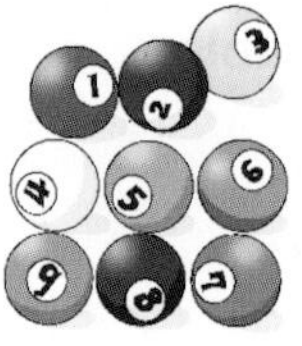

□ 9 neuf [noef] 눼프

□ 10 dix [dis] 디스

- □ 11 onze [ɔ̃:z] 옹즈
- □ 12 douze [du:z] 두즈
- □ 13 treize [tʀɛ:z] 트헤즈
- □ 14 quatorze [katɔʀz] 꺄또호즈
- □ 15 quinze [kɛ̃: z] 깽즈
- □ 16 seize [sɛ:z] 쎄즈
- □ 17 dix-sept [di(s)sɛt] 디-쎄뜨
- □ 18 dix-huit [dizɥi(t)] 디즈-위뜨
- □ 19 dix-neuf [diznoef] 디즈눼프
- □ 20 vingt [vɛ̃] 뱅
- □ 30 trente [tʀɑ̃:t] 트항뜨
- □ 40 quarante [kaʀɑ̃:t] 꺄항뜨
- □ 50 cinquante [sɛ̃k ɑ̃:t] 쌩깡뜨
- □ 60 soixante [swasɑ̃:t] 수와쌍뜨
- □ 70 soixante-dix [swasɑ̃t dis] 수와쌍뜨-디스
- □ 80 quatre-vingts [katʀəvɛ̃] 꺄트흐-뱅
- □ 90 quatre-vingt-dix [katʀəvɛ̃d is] 꺄트흐-뱅-디스
- □ 100 cent [sɑ̃] 쌍
- □ 1,000 mille [mil] 밀르 **(1천)**
- □ 10,000 dix mille [dimil] 디밀르 **(1만)**

	facile	[fasil]	파실르
쉼표	*f* virgule	[viʀgyl]	비흐귈르
슈퍼마켓	*m* supermarché	[sypɛʀmaʀʃe]	쉬뻬흐마흐셰
스노보드	*m* snowboard	[snobɔʀd]	스노보흐드
스무 번째의	vingtième	[vɛ̃tjɛm]	뱅띠엠므
스웨터	*m* pull-over	[pulɔvœːʀ]	뿔오베흐
스위스	*f* Suisse	[sɥis]	쉬이스
스카프	*m* foulard	[fulaːʀ]	풀라흐
스캐너	*m* scanner	[skanɛːʀ]	스까네흐
스캔들	*m* scandale	[skɑ̃dal]	스깡달르
스커트	*f* jupe	[ʒyp]	쥐쁘
스케이팅	*m* patinage	[patinaːʒ]	빠띠나쥬
스쿠터	*m* scooter	[skutœ[ɛ]ːʀ]	스꾸뙤흐
스키	*m* ski	[ski]	스끼
스타킹	*m* bas	[bɑ]	바
스턴트맨	cascadeur(se)	[kaskadœːʀ] [kaskadøːz]	까스까되흐(즈)
스테이크	*m* bifteck	[biftɛk]	비프떼끄
	m steak	[stɛk]	스떼끄
스테이플러	*f* agrafeuse	[agʀaføz]	아그하푀즈
스튜	*m* cassoulet	[kasulɛ]	까술레
스튜어디스	*f* hôtesse de l'air	[otɛs də lɛʀ]	오떼스 드 레흐

스파게티	m spaghetti	[spagɛ(t)ti]	스빠게띠
스펀지	f éponge	[epɔ̃:ʒ]	에뽕쥬
스페이드	m pique	[pik]	삐끄
스페인	Espagne	[ɛspaɲ]	에스빠뉴
스포츠	m sport	[spɔ:ʀ]	스뽀흐
스포츠의	sportif	[spɔʀtif]	스뽀흐띠프
슬리퍼	m chausson	[ʃosɔ̃]	쇼쏭
	f pantoufle	[pɑ̃tufl]	빵투플르
슬쩍 보다	entrevoir	[ɑ̃tʀəvwa:ʀ]	앙트흐부아흐
슬퍼하는	triste	[tʀist]	트히스트
슬픈	mélancolique	[melɑ̃kɔlik]	멜랑꼴리끄
	pénible	[penibl]	뻬니블르
슬픔	m chagrin	[ʃagʀɛ̃]	샤그랭
	f tristesse	[tʀistɛs]	트히스떼스
습관	f coutume	[kutym]	꾸뛰므
	f habitude	[abityd]	아비뛰드
	f mœurs	[mœ:ʀ]	뫼흐
습관 들이다	habituer	[abitɥe]	아비뛰에
습관적인	habituel	[abitɥɛl]	아비뛰엘
습기 찬	mouillé	[muje]	무이예
습득하다	attraper	[atʀape]	아트하뻬

ㅅ

습한		humide	[ymid]	위미드
승객		voyageur	[vwajaʒœːʀ]	부아야죄흐
승낙	f	autorisation	[ɔ[o]tɔʀizɑsjɔ̃]	오또히자씨옹
승려	m	bonze	[bɔ̃ːz]	봉즈
승리	m	succès	[syksɛ]	쒹쎄
	f	victoire	[viktwaːʀ]	빅뚜와흐
승리자	m	vainqueur	[vɛ̃kœːʀ]	뱅꾀흐
승인	f	admission	[admisjɔ̃]	아드미씨옹
승인하다		agréer	[agʀee]	아그헤에
승진	f	promotion	[pʀɔmosjɔ̃]	프호모씨옹
시(時)	f	heure	[œːʀ]	외흐
시(詩) (문학장르로서)	m	poème	[pɔɛm]	뽀엠므
	f	poésie	[pɔezi]	뽀에지
시각	f	vision	[vizjɔ̃]	비지옹
	f	vue	[vy]	뷔
시간		temps	[tɑ̃]	땅
시간(급)의		horaire	[ɔʀɛːʀ]	오헤흐
시골	f	campagne	[kɑ̃paɲ]	깡빠뉴
시골의		rural	[ʀyʀal]	휘할
시금치	mpl	épinard	[epinaːʀ]	에삐나흐
시기	f	saison	[sɛzɔ̃]	쎄종

	temps	[tɑ̃]	땅
시기적절한	opportun	[ɔpɔʀtœ̃]	오뽀흐뙹
시기하는	jaloux	[ʒalu]	쟐루
시기하다	envier	[ɑ̃vje]	앙비에
시누이	ⓕ belle-sœur	[bɛlsœːʀ]	벨쐬흐
시대	ⓜ âge	[ɑ[a]ːʒ]	아쥬
	ⓕ époque	[epɔk]	에뽀끄
	ⓕ période	[peʀjɔd]	뻬히오드
시도	ⓜ essai	[esɛ]	에쎄
	ⓕ tentative	[tɑ̃tatiːv]	땅따띠브
시도하다	entreprendre	[ɑ̃tʀəpʀɑ̃ːdʀ]	앙트흐프항드흐
	essayer	[esɛ[e]je]	에쎄이예
	tenter	[tɑ̃te]	땅떼
시동생	ⓜ beau-frère	[bofʀɛːʀ]	보프헤흐
시럽	ⓜ sirop	[siʀo]	씨호
시력	ⓕ vision	[vizjɔ̃]	비지옹
	ⓕ vue	[vy]	뷔
시련	ⓕ épreuve	[epʀœːv]	에프회브
시리얼	ⓕ céréale	[seʀeal]	쎄헤알르
시리즈	ⓕ série	[seʀi]	쎄히
시멘트	ⓜ ciment	[simɑ̃]	씨망

시민	**citoyen**	[sitwajɛ̃]	씨뚜아옝
시민의	**civil(e)**	[sivil]	씨빌(르)
시부모	*m* **beaux-parents**	[bopaʀɑ̃]	보빠항
시선	*m* **œil**	[œj]	외이으
	m **regard**	[ʀəgaːʀ]	흐갸흐
시설	*m* **équipement**	[ekipmɑ̃]	에끼쁘망
	m **établissement**	[etablismɑ̃]	에따블리스망
	f **installation**	[ɛ̃stalɑsjɔ̃]	앵스딸라씨옹
시아버지	*m* **beau-père**	[bopɛːʀ]	보뻬흐
시어머니	*f* **belle-mère**	[bɛlmɛːʀ]	벨르메흐
10월	*m* **octobre**	[ɔktɔbʀ]	옥또브흐
시위	*f* **manifestation**	[manifɛstɑsjɔ̃]	마니페스따씨옹
시(동네)의	**municipal**	[mynisipal]	뮈니시빨
시인	*m* **poète**	[pɔɛt]	뽀에뜨
시인하다	**admettre**	[admɛtʀ]	아드메트흐
시작	*m* **commencement**	[kɔmɑ̃smɑ̃]	꼬망스망
	f **naissance**	[nɛsɑ̃ːs]	네쌍스
시작하기	*f* **ouverture**	[uvɛʀtyːʀ]	우베흐뛰흐
시작하다	**commencer**	[kɔmɑ̃se]	꼬망쎄
시장(市長)	*m* **maire**	[mɛːʀ]	메흐
시장(市場)	*m* **marché**	[maʀʃe]	마흐셰

시절	temps	[tɑ̃]	땅
시청	*f* mairie	[mɛ[e]ʀi]	메히
시체	*m* cadavre	[kadɑːvʀ]	꺄다브흐
	corps	[kɔːʀ]	꼬흐
시초	*m* seuil	[sœj]	쐬이으
시합	*m* combat	[kɔ̃ba]	꽁바
시합하다	jouer	[ʒwe]	쥬에
시험	*m* essai	[esɛ]	에쎄
	m examen	[ɛgzamɛ̃]	에그자멩
식기	*f* vaisselle	[vɛsɛl]	베쎌르
식도락의	gourmand	[guʀmɑ̃]	구흐망
식량	*m* pain	[pɛ̃]	빵
식료품점	*f* épicerie	[episʀi]	에삐스히
식료품점 주인	épicier	[episje]	에삐시에
식림하다	peupler	[pœple]	뾔쁠레
식물	*f* herbe	[ɛʀb]	에흐브
	f plante	[plɑ̃ːt]	쁠랑뜨
식물성의	végétal	[veʒetal]	베제딸
식민지	*f* colonie	[kɔlɔni]	꼴로니
식별하다	distinguer	[distɛ̃ge]	디스땡게
	identifier	[idɑ̃tifje]	이당띠피에

식사	m	**repas**	[Rəpa]	흐빠
식사 대접을 하다		**servir**	[sɛRviːR]	쎄흐비르
식사하다		**manger**	[mɑ̃ʒe]	망제
식욕	m	**appétit**	[apeti]	아뻬띠
식용유	f	**huile**	[ɥil]	윌르
식용의		**potager**	[pɔtaʒe]	뽀따제
식초	m	**vinaigre**	[vinɛgR]	비네그흐
식품	m	**aliment**	[alimɑ̃]	알리망
식히다		**refroidir**	[RəfRwadiːR]	헤프후와디흐
신(神)	m	**dieu**	[djø]	디외
신경	m	**nerf**	[nɛːR]	네흐
신경성의		**nerveux**	[nɛRvø]	네흐뵈
신고하다		**déclarer**	[deklaRe]	데끌라헤
신교도(의)		**protestant**	[pRɔtɛstɑ̃]	프호떼스땅
신기한		**étrange**	[etRɑ̃ːʒ]	에트항쥬
		magique	[maʒik]	마지끄
신념	f	**conviction**	[kɔ̃viksjɔ̃]	꽁빅씨옹
	m	**principe**	[pRɛ̃sip]	프행시쁘
신다 (신발을)		**chausser**	[ʃose]	쇼쎄
신데렐라	f	**Cendrillon**	[sɑ̃dRijɔ̃]	쌍드히용

신랄한	acide	[asid]	아씨드
신랑	*m* marié	[maʀje]	마히에
신뢰	*f* confiance	[kɔ̃fjɑ̃:s]	꽁피앙스
신맛 나는	acide	[asid]	아씨드
	aigre	[ɛgʀ]	에그흐
신문	journal	[ʒuʀnal]	주흐날
신발	*f* chaussure	[ʃosy:ʀ]	쇼쒸흐
신발견	*f* révélation	[ʀevelɑsjɔ̃]	헤벨라씨옹
신봉자	*m* disciple	[disipl]	디시쁠르
신부(新婦)	*f* mariée	[maʀje]	마히에
신부(神父)	*m* prêtre	[pʀɛtʀ]	프헤트흐
신분	*f* identité	[idɑ̃tite]	이당띠떼
신비	*m* mystère	[mistɛ:ʀ]	미스떼흐
신비한	mystérieux	[misteʀjø]	미스떼히외
신선한	frais	[fʀɛ]	프헤
신성한	sacré	[sakʀe]	싸끄헤
	saint	[sɛ̃]	쎙
신속하게	vite	[vit]	비뜨
신속한	rapide	[ʀapid]	하삐드
신앙	*f* religion	[ʀəliʒjɔ̃]	흘리지옹

신앙심	*f* **piété**	[pjete]	삐에떼
신용	*f* **confiance**	[kɔ̃fjɑ̃:s]	꽁피앙스
	m **crédit**	[kʀedi]	크헤디
	f **foi**	[fwa]	푸와
	m **honneur**	[ɔnœ:ʀ]	오뇌흐
신용카드	*f* **carte bleue**	[kaʀt blø]	까흐뜨 블뢰
신원	*f* **identité**	[idɑ̃tite]	이당띠떼
신원을 확인하다	**identifier**	[idɑ̃tifje]	이당띠피에
신음하다	**gémir**	[ʒemi:ʀ]	제미흐
신인	**nouveau**	[nuvo]	누보
신장(腎腸)	*m* **rein**	[ʀɛ̃]	헹
신장(身長)	*f* **taille**	[tɑ:j]	따이으
신제품	*f* **nouveauté**	[nuvote]	누보떼
신중	*f* **précaution**	[pʀekosjɔ̃]	프헤꼬씨옹
신중한 (사람)	**discret**	[diskʀɛ]	디스크헤
	prudent	[pʀydɑ̃]	프휘당
신중함	*f* **prudence**	[pʀydɑ̃:s]	프휘당스
	f **sagesse**	[saʒɛs]	싸제스
신청	*f* **demande**	[dəmɑ̃:d]	드망드
	f **offre**	[ɔfʀ]	오프흐
	f **proposition**	[pʀɔpozisjɔ̃]	프호뽀지씨옹

신청서	ⓕ **formule**	[fɔʀmyl]	포흐뮐르
신청하다	**offrir**	[ɔfʀiːʀ]	오프히흐
신체	**corps**	[kɔːʀ]	꼬흐
	ⓕ **personne**	[pɛʀsɔn]	뻬흐손느
신학기	ⓕ **rentrée**	[ʀɑ̃tʀe]	항뜨헤
신호	ⓜ **signal**	[siɲal]	씨냘
(시작, 끝을 알리는)	ⓜ **signe**	[siɲ]	씨뉴
	ⓜ **top**	[tɔp]	똡
신호등	ⓜ **feu**	[fø]	푀
신호하다	**signaler**	[siɲale]	씨냘레
실	ⓜ **fil**	[fil]	필
실내복(여성)	ⓜ **déshabillé**	[dezabije]	데쟈비예
실례합니다	ⓜ **pardon**	[paʀdɔ̃]	빠흐동
실마리	ⓕ **clé**	[kle]	끌레
실망	ⓕ **déception**	[desɛpsjɔ̃]	데셉씨옹
	ⓕ **désillusion**	[dezi(l)lyzjɔ̃]	데질뤼지옹
실망시키다	**décevoir**	[des(ə)vwaːʀ]	데쓰부아흐
실망한	**découragé**	[dekuʀaʒe]	데꾸하제
	déçu(e)	[desy]	데쒸
실상	ⓕ **actualité**	[aktɥalite]	악뛰알리떼

ㄱ ㄴ ㄷ ㄹ ㅁ ㅂ ㅅ ㅇ ㅈ ㅊ ㅋ ㅌ ㅍ ㅎ

실시	ⓕ **exécution**	[ɛgzekysjɔ̃]	에그제뀌씨옹
	ⓕ **mise**	[mi:z]	미즈
실시하다	**exécuter**	[ɛgzekyte]	에그제뀌떼
실업 (수당)	ⓜ **chômage**	[ʃoma:ʒ]	쇼마쥬
실업자	**chômeur**	[ʃomœ:ʀ]	쇼뫼흐
실재	ⓕ **existence**	[ɛgzistɑ̃:s]	에그지스땅스
실제로	**pratiquement**	[pʀatikmɑ̃]	프하띠끄망
	réellement	[ʀeɛlmɑ̃]	헤엘르망
	vraiment	[vʀɛmɑ̃]	브해망
실제적인	**concret**	[kɔ̃kʀɛ]	꽁크헤
실종	ⓕ **fuite**	[fɥit]	퓌이뜨
실천하다	**pratiquer**	[pʀatike]	프하띠께
실체	ⓕ **substance**	[sypstɑ̃:s]	쒸브스땅스
실패	ⓜ **faute**	[fo:t]	포뜨
실패하다	**échouer**	[eʃwe]	에슈에
	manquer	[mɑ̃ke]	망께
	rater	[ʀate]	하떼
실행	ⓕ **exécution**	[ɛgzekysjɔ̃]	에그제뀌씨옹
	ⓕ **réalisation**	[ʀealizɑsjɔ̃]	헤알리자씨옹
실행하다	**effectuer**	[efɛktɥe]	에펙뛰에
	exécuter	[ɛgzekyte]	에그제뀌떼

	réaliser	[ʀealize]	헤알리제
실험	*f* expérience	[ɛkspeʀjɑ̃:s]	엑스뻬히앙스
실험실	*m* laboratoire	[labɔʀatwa:ʀ]	라보하뚜와흐
실현	*f* réalisation	[ʀealizɑsjɔ̃]	헤알리자씨옹
실현하다	accomplir	[akɔ̃pli:ʀ]	아꽁쁠리흐
	effectuer	[efɛktɥe]	에펙뛰에
	réaliser	[ʀealize]	헤알리제
싫어하다	détester	[detɛste]	데떼스떼
	répugner	[ʀepyɲe]	헤쀠녜
싫은	dégoûtant	[degutɑ̃]	데구땅
심각한	grave	[gʀa[ɑ]:v]	그하브
	profond	[pʀɔfɔ̃]	프호퐁
심다	planter	[plɑ̃te]	쁠랑떼
심리적인	psychologique	[psikɔlɔʒik]	쁘씨꼴로지끄
심리학	*f* psychologie	[psikɔlɔʒi]	쁘씨꼴로지
심리학의	psychologique	[psikɔlɔʒik]	쁘씨꼴로지끄
심술궂은	méchant	[meʃɑ̃]	메샹
심의	*f* séance	[seɑ̃:s]	쎄앙스
심장	*m* cœur	[kœ:ʀ]	꾀흐
심판	*m* arbitre	[aʀbitʀ]	아흐비뜨르
심하게	terriblement	[tɛʀibləmɑ̃]	떼히블르망

심한	cruel	[kʀyɛl]	크휘엘
10	dix	[dis]	디스
19	dix-neuf	[diznœf]	디즈뇌프
십만	cent mille	[sɑ̃mil]	쌍밀르
14	quatorze	[katɔʀz]	꺄또흐즈
13	treize	[tʀɛːz]	트헤즈
십억	(m) milliard	[miljaːʀ]	밀리아흐
16	seize	[sɛːz]	쎄즈
15	quinze	[kɛ̃ːz]	깽즈
15분	(m) quart	[kaːʀ]	꺄흐
12	douze	[duːz]	두즈
12월	(m) décembre	[desɑ̃ːbʀ]	데쌍브흐
11	onze	[ɔ̃ːz]	옹즈
11월	(m) novembre	[nɔvɑ̃ːbʀ]	노방브흐
십자가	(f) croix	[kʀwa]	크후와
십중팔구	probablement	[pʀɔbabləmɑ̃]	프호바블르망
17	dix-sept	[di(s)sɛt]	디–쎄뜨
18	dix-huit	[dizɥi(t)]	디즈–위뜨
싱크대	(m) évier	[evje]	에비에
싸다	envelopper	[ɑ̃vlɔpe]	앙블로뻬

싸우다	combattre	[kɔ̃batʀ]	꽁바트흐
	lutter	[lyte]	뤼떼
싸움	*f* bataille	[batɑ:j]	바따이으
	f guerre	[gɛ:ʀ]	게흐
	f querelle	[kəʀɛl]	끄헬르
싹	*m* bouton	[butɔ̃]	부똥
쌀	*m* riz	[ʀi]	히
쌍둥이의	jumeau	[ʒymo]	쥐모
썩게 하다	gâter	[gɑte]	갸떼
	pourrir	[puʀi:ʀ]	뿌히흐
썩은	gâté	[gɑte]	갸떼
쏘다 (벌레가)	mordre	[mɔʀdʀ]	모흐드흐
쐐기	*f* fiche	[fiʃ]	피슈
쓰다 (글씨)	écrire	[ekʀi:ʀ]	에크히흐
쓰다 (안경을)	chausser	[ʃose]	쇼쎄
쓰라린	*m* amer	[amɛ:ʀ]	아메흐
	navrant	[navʀɑ̃]	나브랑
쓰러뜨리다	abattre	[abatʀ]	아바트흐
	renverser	[ʀɑ̃vɛʀse]	항베흐쎄
쓰레기	*m* déchet	[deʃɛ]	데셰

	f **ordure**	[ɔʀdyːʀ]	오흐뒤흐
쓰레기통	*f* **poubelle**	[pubɛl]	뿌벨르
쓰여진	**écrit**	[ekʀi]	에크히
쓸데없는 것	*f* **merde**	[mɛʀd]	메흐드
쓸쓸한	**solitaire**	[sɔlitɛːʀ]	쏠리떼흐
	f **tristesse**	[tʀistɛs]	트히스떼스
~씨(남성)	*m* **monsieur**	[məsjø]	므씨외
씨디(CD)	*m* **disque**	[disk]	디스끄
씨를 뿌리다	**semer**	[s(ə)me]	스메
씨앗	*f* **graine**	[gʀɛn]	그헨느
	m **noyau**	[nwajo]	누와요
	f **semence**	[s(ə)mɑ̃ːs]	쓰망스
씹다	**mâcher**	[mɑʃe]	마셰
씻다	**essuyer**	[esɥije]	에쒸예
	laver	[lave]	라베
	rincer	[ʀɛ̃se]	행세

한국어	성	프랑스어	발음기호	발음
아!		las	[lɑːs]	라스
아가미	f	branchie	[bʀɑ̃ʃi]	브항쉬
아가씨	f	demoiselle	[dəmwazɛl]	드무와젤
아기	m	baby	[ba[e]bi]	바비
	m	bébé	[bebe]	베베
아는 사이	f	relation	[ʀəlɑ[a]sjɔ̃]	흘라씨옹
아니다		ne	[n(ə)]	느
아니면		autrement	[otʀəmɑ̃]	오트흐망
아니요		non	[nɔ̃]	농
아들	m	fils	[fis]	피스
아래로		en bas	[ɑ̃ bɑ]	앙바
아래의		inférieur	[ɛ̃feʀjœːʀ]	앵페히외흐
아령	m	haltère	[altɛːʀ]	알떼흐
아름다운		belle	[bɛl]	벨르
		joli(e)	[ʒɔli]	졸리
아름다움	f	beauté	[bote]	보떼
아마추어	m	amateur	[amatœːʀ]	아마뙤흐

ㅇ

아메리카	f	Amérique	[amerik]	아메히끄
아몬드	f	amande	[amɑ̃:d]	아망드
아무것도(~않다)		rien	[rjɛ̃]	히엥
아무것도 없는		vide	[vid]	비드
아무도(부정)		aucun(e)	[okœ̃] [okyn]	오껭(뀐느)
아버지	m	père	[pɛ:r]	뻬흐
아부하다		flatter	[flate]	플라떼
아빠	m	papa	[papa]	빠빠
아쉬워하다		regretter	[rəgrɛ[e]te]	흐그헤떼
아스파라거스	f	asperge	[aspɛrʒ]	아스뻬흐쥬
아시아	f	Asie	[azi]	아지
아시아의		asiatique	[azjatik]	아지아띠끄
아이		gosse	[gɔs]	고쓰
아이디어	f	idée	[ide]	이데
아이스크림	f	glace	[glas]	글라스
아이콘	f	icone	[iko:n]	이꼰느
아저씨	m	oncle	[ɔ̃:kl]	옹끌르
아주 비슷한		ressemblant	[rəsɑ̃blɑ̃]	흐쌍블랑
아주 아름다운		superbe	[sypɛrb]	쒸뻬흐브
아주머니	f	tante	[tɑ̃:t]	땅뜨

아직도	encore	[ãkɔːʀ]	앙꼬흐
아치	ⓕ arche	[aʀʃ]	아흐슈
아침	ⓜ matin	[matɛ̃]	마땡
	ⓕ matinée	[matine]	마띠네
아침 식사	ⓜ petit déjeuner	[pəti deʒœne]	쁘띠데죄네
아티초크(식물)	ⓜ artichaut	[aʀtiʃo]	아흐띠쇼
아파트	ⓜ appartement	[apaʀtəmɑ̃]	아빠흐뜨망
아프게 하다	abîmer	[abime]	아비메
아프리카	ⓕ Afrique	[afʀik]	아프히끄
아프리카의	africain(e)	[afʀikɛ̃] [afʀikɛn]	아프히깽(껜느)
아픈	pénible	[penibl]	뻬니블르
아픔	ⓕ douleur	[dulœːʀ]	둘뢰흐
악	mal	[mal]	말
악당	ⓜ bandit	[bɑ̃di]	방디
악덕	ⓜ vice	[vis]	비스
악마	ⓜ diable	[djɑːbl]	디아블르
악몽	ⓜ cauchemar	[kɔʃmaːʀ]	꼬슈마흐
악센트	ⓜ accent	[aksɑ̃]	악쌍
악습	travers	[tʀavɛːʀ]	트하베흐
	ⓜ vice	[vis]	비스

ㄱ ㄴ ㄷ ㄹ ㅁ ㅂ ㅅ ㅇ ㅈ ㅊ ㅋ ㅌ ㅍ ㅎ

악어	*m*	**crocodile**	[kʀɔkɔdil]	크호꼬딜르
악용	*m*	**abus**	[aby]	아뷔
악용하다		**abuser**	[abyze]	아뷔제
악전고투하다		**transpirer**	[tʀɑ̃spiʀe]	트항스삐헤
안개	*m*	**brouillard**	[bʀujaːʀ]	브후이야흐
안개 끼다		**brume**	[bʀym]	브휨므
안개꽃	*m*	**gypsophila**	[dʒipsɔfila]	집쏘필라
안경	*fpl*	**lunettes**	[lynɛt]	뤼네뜨
안경점		**lunetterie**	[lynɛtʀi]	뤼네뜨히
안과 의사		**oculiste**	[ɔkylist]	오뀔리스뜨
안구	*m*	**œil**	[œj]	외이으
안내	*m*	**accueil**	[akœj]	아꿰이으
안내소	*m*	**renseignement**	[ʀɑ̃sɛɲmɑ̃]	항쎄뉴망
안내자		**conducteur**	[kɔ̃dyktœːʀ]	꽁뒥뙤흐
	m	**pilote**	[pilɔt]	삘로뜨
안내하다		**conduire**	[kɔ̃dɥiːʀ]	꽁뒤이흐
		guider	[gide]	기데
안녕하세요! (아침 인사)	*m*	**bonjour**	[bɔ̃ʒuːʀ]	봉주흐
안녕하세요! (저녁 인사)	*m*	**bonsoir**	[bɔ̃swaːʀ]	봉수아흐
안락	*m*	**confort**	[kɔfɔːʀ]	꽁포흐

안락의자	m fauteuil	[fotœj]	포뙤이으
안락함	f aise	[ɛːz]	에즈
안마당	f cour	[kuːʀ]	꾸흐
안면이 있는	connaître	[kɔnɛtʀ]	꼬네트흐
안색	f mine	[min]	민느
	m teint	[tɛ̃]	뗑
	m visage	[vizaːʒ]	비자쥬
안식처	m foyer	fwaje]	푸와예
안심	f sécurité	[sekyʀite]	세뀌히떼
안심시키다	rassurer	[ʀasyʀe]	하쒸헤
안장(鞍裝)	f selle	[sɛl]	쎌르
안전	f sécurité	[sekyʀite]	세뀌히떼
	f sûreté	[syʀte]	쒸흐떼
안정된	assis(e)	[asi] [asiːz]	아씨(즈)
	stable	[stabl]	스따블르
알	m œuf	[œf]	외프
알고 있다	savoir	[savwaːʀ]	싸부와흐
알기 쉽게	simplement	[sɛ̃pləmɑ̃]	쌩쁠르망
알람시계	m réveil	[ʀevɛj]	헤베이으
알랑거리는	sucré(e)	[sykʀe]	쒸크헤

ㄱ ㄴ ㄷ ㄹ ㅁ ㅂ ㅅ ㅇ ㅈ ㅊ ㅋ ㅌ ㅍ ㅎ

알레르기 반응	*f* **allergie**	[alɛʀʒi]	알레흐지
알려지지 않은	**inconnu**	[ɛ̃kɔny]	앵꼬뉘
알려진	**connu**	[kɔny]	꼬뉘
알리다	**annoncer**	[anɔ̃se]	아농쎄
	avertir	[avɛʀtiːʀ]	아베흐띠흐
	informer	[ɛ̃fɔʀme]	앵포흐메
	prévenir	[pʀev(ə)niːʀ]	프헤브니흐
알리바이	*m* **alibi**	[alibi]	알리비
알림	*f* **annonce**	[anɔ̃ːs]	아농쓰
	f **nouvelle**	[nuvɛl]	누벨르
알아보다	**apercevoir**	[apɛʀsəvwaːʀ]	아뻬흐스부아흐
	reconnaître	[ʀəkɔnɛtʀ]	흐꼬네트흐
알아채다	**remarquer**	[ʀəmaʀke]	흐마흐께
알약	*m* **comprimé**	[kɔ̃pʀime]	꽁프히메
알제리	*f* **Algérie**	[alʒeʀi]	알제히
알코올	*m* **alcool**	[alkɔl]	알꼴
알코올을 함유한	**alcoolisé(e)**	[alkɔlize]	알꼴리제
알파벳	*m* **alphabet**	[alfabɛ]	알파베
	m **abc**	[abese]	아베쎄
암	*m* **cancer**	[kɑ̃sɛːʀ]	깡쎄흐

암벽	*f* **paroi**	[parwa[ɑ]]	빠후아
	m **rocher**	[ʀɔʃe]	호셰
암살	*m* **assassinat**	[asasina]	아싸씨나
암살자	*m* **assassin**	[asasɛ̃]	아싸쌩
암살하다	**assassiner**	[asasine]	아싸씨네
암소 (고기)	*f* **vache**	[vaʃ]	바슈
암송하다	**réciter**	[ʀesite]	헤씨떼
암시하다	**suggérer**	[sygʒeʀe]	쒸제헤
암양	*f* **brebis**	[bʀəbi]	브흐비
암초	*m* **rocher**	[ʀɔʃe]	호셰
암컷	*f* **femelle**	[fəmɛl]	프멜르
암컷 오리	*f* **cane**	[kan]	꺄느
암코양이	*f* **chatte**	[ʃat]	샤뜨
암탉	*f* **cocotte**	[kɔkɔt]	꼬꼬뜨
	f **poule**	[pul]	뿔르
암호	*m* **code**	[kɔd]	꼬드
	m **mot**	[mo]	모
압도하다	**accabler**	[akɑble]	아꺄블레
압력	*f* **pression**	[pʀɛsjɔ̃]	프헤씨옹
	f **tension**	[tɑ̃sjɔ̃]	땅씨옹

압정	ⓕ **punaise**	[pynɛ:z]	쀠네즈
압축기	ⓕ **presse**	[pʀɛs]	프헤스
앗!, 저런!	**tiens**	[tjɛ̃]	띠엥
앙갚음	ⓕ **revanche**	[ʀəvɑ̃:ʃ]	흐방슈
앞당기다	**hâter**	[ɑte]	아떼
앞에	**avant**	[avɑ̃]	아방
앞치마	ⓜ **tablier**	[tablije]	따블리에
애교 부리는	**câlin(e)**	[kɑlɛ̃] [kɑlin]	깔랭(린느)
애매함	ⓕ **nébulosité**	[nebylozite]	네뷜로지떼
애무하다	**câliner**	[kɑline]	깔리네
	caresser	[kaʀɛ[e]se]	까헤쎄
애벌레	ⓕ **larve**	[laʀv]	라흐브
애쓰다	**efforcer**	[efɔʀse]	에포흐세
애원하다	**supplier**	[syplije]	쒸쁠리에
애인 관계	ⓕ **liaison**	[ljɛzɔ̃]	리에종
애정	ⓕ **affection**	[afɛksjɔ̃]	아펙씨옹
	ⓜ **amour**	[amu:ʀ]	아무르
	ⓕ **tendresse**	[tɑ̃dʀɛs]	땅드헤스
애정의	**sentimental**	[sɑ̃timɑ̃tal]	쌍띠망딸
애통한	**lamentable**	[lamɑ̃tabl]	라망따블르

애피타이저	*f* **entrée**	[ɑ̃tʀe]	앙트헤
액자	*m* **cadre**	[kɑːdʀ]	꺄드흐
액체	*f* **eau**	[o]	오
	m **liquide**	[likid]	리끼드
액체 운반차	*m* **camion-citerne**	[kamjɔ̃sitɛʀn]	꺄미옹시떼흔느
액체 탱크	*m* **réservoir**	[ʀezɛʀvwaːʀ]	헤제흐부와흐
앨범	*m* **album**	[albɔm]	알봄
앵무새	*m* **perroquet**	[pɛʀɔkɛ]	뻬호께
야간 감시	*f* **veille**	[vɛj]	베이으
야구	*m* **baseball**	[bɛzboːl]	베즈볼
야기하다	**causer**	[koze]	꼬제
야단치다	**gronder**	[gʀɔ̃de]	그홍데
야망	*f* **ambition**	[ɑ̃bisjɔ̃]	앙비씨옹
야생의	**sauvage**	[sovaːʒ]	쏘바쥬
야영지	*m* **camp**	[kɑ̃]	깡
야영하다	**camper**	[kɑ̃pe]	깡뻬
야자수	*m* **cocotier**	[kɔkɔtje]	꼬꼬띠에
야채	*m* **légume**	[legym]	레귐므
야채의	**potager**	[pɔtaʒe]	뽀따제
야행성의	**nocturne**	[nɔktyʀn]	녹뛰흔느

ㄱ ㄴ ㄷ ㄹ ㅁ ㅂ ㅅ ㅇ ㅈ ㅊ ㅋ ㅌ ㅍ ㅎ

한국어	성	프랑스어	발음기호	한글 발음
약		remède	[Rəmɛd]	흐메드
약간		légèrement	[leʒɛRmɑ̃]	레제흐망
		peu	[pø]	뾔
	f	poignée	[pwaɲe]	뿌와녜
약간의		du	[dy]	뒤
		modique	[mɔdik]	모디끄
		quelque	[kɛlk(ə)]	껠끄
약국	f	pharmacie	[faRmasi]	파흐마씨
약속	m	engagement	[ɑ̃gaʒmɑ̃]	앙가주망
	f	promesse	[pRɔmɛs]	프호메스
약속하다		jurer	[ʒuRe]	쥐헤
		promettre	[pRɔmɛtR]	프호메트흐
약제	m	médicament	[medikamɑ̃]	메디까망
약제사		pharmacien	[faRmasjɛ̃]	파흐마씨엥
약지(藥指)	m	annulaire	[a(n)nylɛːR]	아뉠레흐
약하게 하다		affaiblir	[afɛbliːR]	아페블리흐
약함	f	faiblesse	[fɛblɛs]	페블레스
약혼		fiançailles	[fjɑ̃sɑːj]	피앙싸이으
약혼시키다		fiancer	[fjɑ̃se]	피앙세
약혼자		fiancé	[fjɑ̃se]	피앙세

얇은	léger(ère)	[leʒe] [leʒɛːʀ]	레제(흐)
	mince	[mɛ̃ːs]	맹스
얌전한	sage	[saːʒ]	싸쥬
	timide	[timid]	띠미드
~양(孃)	f mademoiselle	[madmwazɛl]	마드무와젤
양(羊)	m mouton	[mutɔ̃]	무똥
양념	m condiment	[kɔ̃dimɑ̃]	꽁디망
양도	m abandon	[abɑ̃dɔ̃]	아방동
양도하다	abandonner	[abɑ̃dɔne]	아방도네
	céder	[sede]	쎄데
양동이	m seau	[so]	쏘
양말	f chaussette	[ʃosɛt]	쇼세트
양상	m aspect	[aspɛ]	아스뻬
양상추	f salade verte	[salad vɛʀt]	쌀라드 베흐뜨
양심	f conscience	[kɔ̃sjɑ̃ːs]	꽁시앙스
양심의 가책	m remords	[ʀəmɔːʀ]	흐모흐
	m scrupule	[skʀypyl]	스크휘뻴르
양심적인	consciencieux	[kɔ̃sjɑ̃sjø]	꽁시앙시외
양육하다	élever	[ɛ[e]lve]	엘르베
양자로 삼다	adopter	[adɔpte]	아돕떼

ㅇ

양초	(f) **bougie**	[buʒi]	부지
양치기	(m) **pasteur**	[pastœːʀ]	빠스뙤흐
양탄자	(f) **carpette**	[kaʀpɛt]	꺄흐뻬뜨
양털	(f) **laine**	[lɛn]	렌느
양파	(m) **oignon**	[ɔɲɔ̃]	오뇽
얘기하다	**raconter**	[ʀakɔ̃te]	하꽁떼
어깨	(f) **épaule**	[epoːl]	에뽈르
어느 것	**lequel**	[ləkɛl]	르껠
	quel(le)	[kɛl]	껠
어두운	**foncé**	[fɔ̃se]	퐁세
	obscur	[ɔpskyːʀ]	옵스뀌흐
	sombre	[sɔ̃bʀ]	쏭브흐
어두움	(f) **obscurité**	[ɔpskyʀite]	옵스뀌히떼
어디에	**où**	[u]	우
어떠한	**quelconque**	[kɛlkɔ̃ːk]	껠꽁끄
	quel(le)	[kɛl]	껠
어떤 것	**quelque chose**	[kɛlkəʃoːz]	껠끄 쇼즈
어떤 사람	**quelqu'un**	[kɛlkœ̃]	껠꿩
어떻게	**comment**	[kɔmɑ̃]	꼬망
어려운	**difficile**	[difisil]	디피실르

	dur(e)	[dy:ʀ]	뒤흐
어려움	difficulté	[difikylte]	디피뀔떼
어리둥절한	étourdi	[etuʀdi]	에뚜흐디
어리석은	imbécile	[ɛ̃besil]	앵베씰르
	sot	[so]	쏘
	stupide	[stypid]	스뛰삐드
어리석음	*f* bêtise	[bɛ[e]ti:z]	베띠즈
어린	petit(e)	[pəti] [pətit]	쁘띠(뜨)
어린 시절	*f* enfance	[ɑ̃fɑ̃:s]	앙팡스
어린이	enfant	[ɑ̃fɑ̃]	앙팡
	gamin	[gamɛ̃]	갸맹
어린이 메뉴	*m* menu d'enfant	[məny dɑ̃fɑ̃]	므뉘 당팡
어린이다운	enfantin	[ɑ̃fɑ̃tɛ̃]	앙팡땡
어릿광대	*m* clown	[klun]	끌룬
어머나!	tiens	[tjɛ̃]	띠엥
어머니	*f* maman	[mamɑ̃]	마망
	f mère	[mɛ:ʀ]	메흐
어법	*f* locution	[lɔkysjɔ̃]	로뀌씨옹
어부	pêcheur	[pɛʃœ:ʀ]	뻬쇠흐
어색한	gêné	[ʒɛ[e]ne]	제네

어울리는	assorti(e)	[asɔʀti]	아쏘흐띠
	convenable	[kɔ̃vnabl]	꽁브나블르
	digne	[diɲ]	디뉴
어울리다	convenir	[kɔ̃vniːʀ]	꽁브니흐
어제	hier	[jɛːʀ]	이에흐
어지러움	(m) vertige	[vɛʀtiːʒ]	베흐띠쥬
어지럽히다	perturber	[pɛʀtyʀbe]	뻬흐뛰흐베
어지르다	défaire	[defɛːʀ]	데페흐
어째서	pourquoi	[puʀkwa]	뿌흐꾸와
어쩌면	peut-être	[pœtɛtʀ]	뾔떼뜨흐
어휘 (특정한)	(m) vocabulaire	[vɔkabylɛːʀ]	보꺄뷜레흐
	(m) lexique	[lɛksik]	렉시끄
억새	(m) eulalia	[ølalia]	을랄리아
억센	ferme	[fɛʀm]	페흠르
억압하다	opprimer	[ɔpʀime]	오프히메
억제하다	borner	[bɔʀne]	보흐네
	freiner	[fʀɛ[e]ne]	프헤네
	maintenir	[mɛ̃tniːʀ]	맹뜨니흐
	maîtriser	[mɛtʀize]	메트히제
	modérer	[mɔdeʀe]	모데헤

한국어	성	프랑스어	발음	한글 발음
		restreindre	[ʀɛstʀɛ̃:dʀ]	헤스트헹드흐
언급된		**fameux**	[famø]	파뫼
언급하다		**mentionner**	[mɑ̃sjɔne]	망씨오네
언니	*f*	**sœur**	[sœ:ʀ]	쐬흐
언덕	*f*	**colline**	[kɔlin]	꼴린느
언어 (활동)	*m*	**langage**	[lɑ̃ga:ʒ]	랑갸쥬
언제		**quand**	[kɑ̃]	깡
언제나		**toujours**	[tuʒu:ʀ]	뚜쥬흐
얻다		**acquérir**	[akeʀi:ʀ]	악께히흐
		obtenir	[ɔptəni:ʀ]	옵뜨니흐
얼굴	*f*	**façade**	[fasad]	파싸드
	f	**face**	[fas]	파스
	f	**tête**	[tɛt]	떼뜨
	m	**visage**	[viza:ʒ]	비자쥬
얼룩	*f*	**tache**	[taʃ]	따슈
얼룩말	*m*	**zèbre**	[zɛbʀ]	제브흐
얼리다		**congeler**	[kɔ̃ʒle]	꽁즐레
얼린		**geler**	[ʒ(ə)le]	젤레
얼마		**combien**	[kɔ̃bjɛ̃]	꽁비엥
얼마나		**qu'est-ce que**	[kɛsk(ə)]	께스끄

ㅇ

		tant	[tɑ̃]	땅
얼음	*f*	glace	[glas]	글라스
엄격성	*f*	rigueur	[ʀigœːʀ]	히괴외흐
엄격하게 하다		durcir	[dyʀsiːʀ]	뒤흐씨흐
엄격한		rigoureux	[ʀiguʀø]	히구회
		sévère	[sevɛːʀ]	쎄베흐
엄밀한		étroit(e)	[etʀwa[ɑ]] [etʀwa[ɑː]t]	에트후아(뜨)
		exact	[ɛgza(kt)]	에그작뜨
엄숙한		religieux	[ʀəliʒjø]	흘리지외
엄지	*m*	pouce	[pus]	뿌스
엄청나게		énormément	[enɔʀmemɑ̃]	에노흐메망
업무	*f*	occupation	[ɔkypɑsjɔ̃]	오뀌빠씨옹
	m	service	[sɛʀvis]	쎄흐비스
~없이		sans	[sɑ̃]	쌍
엉겅퀴	*m*	chardon	[ʃaʀdɔ̃]	샤흐동
엉덩이	*m*	cul	[ky]	뀌
	fpl	fesses	[fɛs]	페스
엎지르다		renverser	[ʀɑ̃vɛʀse]	항베흐쎄
~에 의하면		selon	[s(ə)lɔ̃]	슬롱
		suivant	[sɥivɑ̃]	쉬이방

~에도 불구하고	**malgré**	[malgʀe]	말그헤
	quoique	[kwak(ə)]	꾸와끄
에누리	**rabais**	[ʀabɛ]	하베
에메랄드	*f* **émeraude**	[ɛmʀoːd]	에므호드
에스카르고	*m* **escargot**	[ɛskaʀgo]	에스꺄흐고
에어로빅	*f* **aérobic**	[aeʀɔbik]	아에호빅
에어컨	*m* **climatiseur**	[klimatizœːʀ]	끌리마띠죄흐
에이스(A)	*m* **as**	[ɑːs]	아스
에티켓	*f* **étiquette**	[etikɛt]	에띠께뜨
엔진	*m* **moteur**	[mɔtœːʀ]	모뙤흐
엘리베이터	*m* **ascenseur**	[asɑ̃sœːʀ]	아쌍쐬흐
여가	*m* **loisir**	[lwaziːʀ]	루와지흐
여객선	*m* **paquebot**	[pakbo]	빠끄보
여관 (시골의)	*f* **auberge**	[obɛʀʒ]	오베흐쥬
여권	*m* **passeport**	[pɑspɔːʀ]	빠스뽀흐
여기	**là**	[la]	라
여기 ~이 있다	**voici**	[vwasi]	부와씨
여기에(서)	**ici**	[isi]	이씨
여덟 번째의	**huitième**	[ɥitjɛm]	위이띠엠므
여드름	*m* **bouton**	[butɔ̃]	부똥

ㄱ ㄴ ㄷ ㄹ ㅁ ㅂ ㅅ ㅇ ㅈ ㅊ ㅋ ㅌ ㅍ ㅎ

ㅇ

한국어	성	프랑스어	발음기호	한글 발음
여류 성악가	f	**cantatrice**	[kɑ̃tatʀis]	깡따트히스
여름	m	**été**	[ete]	에떼
여배우	f	**actrice**	[aktʀis]	악트히스
여백의		**marginal**	[maʀʒinal]	마흐지날
여보세요 (전화)		**allô**	[alo]	알로
여분의		**supplémentaire**	[syplemɑ̃tɛːʀ]	쉬플레망떼흐
여분의 것	m	**reste**	[ʀɛst]	헤스뜨
여사	f	**madame**	[madam]	마담므
여성 잠옷	m	**négligé**	[negliʒe]	네글리제
여성적인		**féminin**	[feminɛ̃]	페미냉
여우	m	**renard**	[ʀənaːʀ]	흐나흐
여위다		**maigrir**	[mɛ[e]gʀiːʀ]	매그히흐
여윈		**maigre**	[mɛgʀ]	매그흐
여자	f	**femelle**	[fəmɛl]	프멜르
	f	**femme**	[fam]	팜므
여정	m	**itinéraire**	[itineʀɛːʀ]	이띠네헤흐
	m	**parcours**	[paʀkuːʀ]	빠흐꾸흐
	m	**trajet**	[tʀaʒɛ]	트하제
여주인공	f	**héroïne**	[eʀɔin]	에호인느
여행	m	**voyage**	[vwajaːʒ]	부아야쥬

여행 가방	f	**valise**	[vali:z]	발리즈
여행자		**voyageur**	[vwajaʒœ:ʀ]	부아야죄흐
여행하다		**voyager**	[vwajaʒe]	부아야제
역	f	**station**	[sta[ɑ]sjɔ̃]	스따씨옹
역(逆)의		**inverse**	[ɛ̃vɛʀs]	앵베흐스
역겹게 하다		**dégoûter**	[degute]	데구떼
역경	m	**malheur**	[malœ:ʀ]	말뢰흐
역기	m	**haltère**	[altɛ:ʀ]	알떼흐
역사	f	**histoire**	[istwa:ʀ]	이스뚜와흐
역사적인		**historique**	[istɔʀik]	이스또히끄
역학의		**mécanique**	[mekanik]	메꺄니끄
역할	m	**métier**	[metje]	메띠에
	m	**rôle**	[ʀo:l]	홀르
연	m	**cerf-volant**	[sɛʀvɔlɑ̃]	쎄흐볼랑
연결	m	**lien**	[ljɛ̃]	리엥
	f	**union**	[ynjɔ̃]	위니옹
연결하다		**rattacher**	[ʀataʃe]	하따셰
		associer	[asɔsje]	아쏘시에
연고	f	**pommade**	[pɔmad]	뽀마드
연구소	m	**laboratoire**	[labɔʀatwa:ʀ]	라보하뚜와흐

ㅇ

연극	*f* **farce**	[fars]	파흐스
	m **théâtre**	[teɑːtʀ]	떼아트흐
연금	*f* **pension**	[pɑ̃sjɔ̃]	빵씨옹
	f **rente**	[ʀɑ̃ːt]	항뜨
연기	*f* **fumée**	[fyme]	퓌메
연기를 내다	**fumer**	[fyme]	퓌메
연기하다	**retarder**	[ʀətaʀde]	흐따흐데
연꽃	*m* **lotus**	[lɔtys]	로뛰스
연대	*f* **solidarité**	[sɔlidaʀite]	쏠리다히떼
연도(年度)	*f* **année**	[ane]	아네
연동	*m* **entraînement**	[ɑ̃tʀɛnmɑ̃]	앙트헨느망
연락	*f* **liaison**	[ljɛzɔ̃]	리에종
연락하다	**relier**	[ʀəlje]	흘리에
연못	*m* **étang**	[etɑ̃]	에땅
연민	*f* **pitié**	[pitje]	삐띠에
연설	*m* **discours**	[diskuːʀ]	디스꾸흐
연설자	**orateur**	[ɔʀatœːʀ]	오하뙤흐
연속	*f* **série**	[seʀi]	쎄히
연속된	**continu(e)**	[kɔ̃tiny]	꽁띠뉘
연수 (기간)	*m* **stage**	[staːʒ]	스따쥬

연습	*f* **étude**	[etyd]	에뛰드
	m **exercice**	[ɛgzɛʀsis]	에그제흐시스
	f **répétition**	[ʀepetisjɔ̃]	헤뻬띠씨옹
연안	**rive**	[ʀiːv]	히브
연어	*m* **saumon**	[somɔ̃]	쏘몽
연예인	*n* **artiste**	[aʀtist]	아흐띠스뜨
	f **vedette**	[vədɛt]	브데뜨
연장(年長)의	**vieux(vieille)**	[vjø] [vjɛj]	비외(비에이으)
연장하다	**continuer**	[kɔ̃tinɥe]	꽁띠뉘에
	prolonger	[pʀɔlɔ̃ʒe]	프호롱제
연필	*m* **crayon**	[kʀɛjɔ̃]	크헤용
연하의	**cadet(te)**	[kadɛ] [kadɛt]	꺄데(뜨)
연합	*f* **alliance**	[aljɑ̃ːs]	알리앙스
열(熱)	*f* **chaleur**	[ʃalœːʀ]	샬뢰흐
	f **fièvre**	[fjɛːvʀ]	피에브흐
열(列)	*f* **rangée**	[ʀɑ̃ʒe]	항제
열 개	*f* **dizaine**	[dizɛn]	디젠느
열광	*m* **enthousiasme**	[ɑ̃tuzjasm]	앙뚜지아슴므
	f **passion**	[pa[ɑ]sjɔ̃]	빠씨옹
열다	**ouvrir**	[uvʀiːʀ]	우브히흐

ㄱ ㄴ ㄷ ㄹ ㅁ ㅂ ㅅ ㅇ ㅈ ㅊ ㅋ ㅌ ㅍ ㅎ

열등한	infect	[ɛ̃fɛkt]	앵펙뜨
	inférieur	[ɛ̃feʀjœːʀ]	앵페히외흐
열량	*f* calorie	[kalɔʀi]	꺌로히
열렬한	brûlant(e)	[bʀylɑ̃] [bʀylɑ̃ːt]	브휠랑(뜨)
	chaleureux	[ʃalœʀø]	샬뢰회
	passionné	[pa[ɑ]sjɔne]	빠씨오네
열매	*m* fruit	[fʀɥi]	프휘이
열쇠	*f* clé	[kle]	끌레
열심인	attentif(ve)	[atɑ̃tif] [atɑ̃tiːv]	아땅띠프(브)
	courageux	[kuʀaʒø]	꾸하죄
열애하다	adorer	[adɔʀe]	아도헤
열의	*m* courage	[kuʀaːʒ]	꾸하쥬
열의가 없는	tiède	[tjɛd]	띠에드
열정	*f* passion	[pa[ɑ]sjɔ̃]	빠씨옹
열중케 하는	passionnant	[pa[ɑ]sjɔnɑ̃]	빠씨오낭
열중한	ivre	[iːvʀ]	이브흐
열차	*m* train	[tʀɛ̃]	트행
염색하다	teindre	[tɛ̃ːdʀ]	뗑뜨흐
염소	*f* chèvre	[ʃɛːvʀ]	셰브흐
0	zéro	[zeʀo]	제호

영감(靈感)	*f* **inspiration**	[ɛ̃spiʀɑsjɔ̃]	앵스삐하씨옹
영감을 주다	**inspirer**	[ɛ̃spiʀe]	앵스삐헤
영광	*f* **gloire**	[glwa:ʀ]	글루와흐
영국	**Angleterre**	[ɑ̃glətɛ:ʀ]	앙글르떼흐
영리한	**malin**	[malɛ̃]	말랭
영사관	*m* **consulat**	[kɔ̃syla]	꽁쉴라
영상	*f* **image**	[ima:ʒ]	이마쥬
영속적인	**permanent**	[pɛʀmanɑ̃]	뻬흐마낭
영양(羚羊)	*m* **capricorne**	[kapʀikɔʀn]	꺄프리꼬흔느
영양(營養)	*f* **nourriture**	[nuʀity:ʀ]	누히뛰흐
영양 섭취	*f* **alimentation**	[alimɑ̃tɑsjɔ̃]	알리망따씨옹
영어	*m* **anglais**	[ɑ̃glɛ]	앙글레
영업 중인	**ouvert**	[uvɛ:ʀ]	우베흐
영역	*f* **aire**	[ɛ:ʀ]	에흐
	m **domaine**	[dɔmɛn]	도멘느
영웅적 행위	**héroïsme**	[eʀɔism]	에호이슴므
영웅적인	**héroïque**	[eʀɔik]	에호이끄
영원한	**éternel**	[etɛʀnɛl]	에떼흐넬
	immortel	[i(m)mɔʀtɛl]	이모흐뗄
영주	**seigneur**	[sɛɲœ:ʀ]	쎄뇌흐

ㅇ

영토	*m* **territoire**	[tɛʀitwa:ʀ]	떼히뚜와흐
영향	*f* **répercussion**	[ʀepɛʀkysjɔ̃]	헤뻬흐뀌씨옹
영향 받기 쉬운	**sensible**	[sɑ̃sibl]	쌍시블르
영향력	*f* **influence**	[ɛ̃flyɑ̃:s]	앵플뤼앙스
	f **portée**	[pɔʀte]	뽀흐떼
영향력 있는	**important**	[ɛ̃pɔʀtɑ̃]	앵뽀흐땅
	puissant	[pɥisɑ̃]	쀠이상
영화	*m* **film**	[film]	필므
영화관	*m* **cinéma**	[sinema]	씨네마
옆	**à côté**	[akote]	아꼬떼
예[네]	**oui**	[wi]	위이
예감	*f* **intuition**	[ɛ̃tɥisjɔ̃]	앵뛰이씨옹
	m **soupçon**	[supsɔ̃]	쑵쏭
예감하다	**pressentir**	[pʀesɑ̃ti:ʀ]	프헤상띠흐
예고하다	**annoncer**	[anɔ̃se]	아농쎄
예금	*f* **épargne**	[epaʀɲ]	에빠흐뉴
예금하다	**déposer**	[depoze]	데뽀제
예기치 않은	**inattendu**	[inatɑ̃dy]	이나땅뒤
예리한	**aigu(ë)**	[e[ɛ]gy]	에귀
예방접종하다	**vacciner**	[vaksine]	박씨네

한국어	성	프랑스어	발음	한글 발음
예배	m	**culte**	[kylt]	뀔뜨
예복	m	**habit**	[abi]	아비
예산(안)	m	**budget**	[bydʒɛ]	뷔제
예상	f	**prévision**	[pʀevizjɔ̃]	프헤비지옹
예상하다		**prévoir**	[pʀevwaːʀ]	프헤부와흐
예수	m	**Jésus**	[ʒezy]	제쥐
예술	m	**beaux-arts**	[bozaːʀ]	보자흐
예약(건)	f	**réservation**	[ʀezɛʀvɑsjɔ̃]	헤제흐바씨옹
예약금	f	**arrhes**	[aːʀ]	아흐
예약된		**abonné(e)**	[abɔne]	아보네
예약하다		**louer**	[lwe]	루에
		réserver	[ʀezɛʀve]	헤제흐베
예언하다		**deviner**	[dəvine]	드비네
예외	f	**exception**	[ɛksɛpsjɔ̃]	엑셉씨옹
예외적인		**exceptionnel**	[ɛksɛpsjɔnɛl]	엑셉씨오넬
		spécial	[spesjal]	스뻬시알
예의	f	**politesse**	[pɔlitɛs]	뽈리떼스
예의 바른		**poli**	[pɔli]	뽈리
예전에		**jadis**	[ʒa[ɑ]dis]	쟈디스
예정하다		**destiner**	[dɛstine]	데스띠네

ㄱ ㄴ ㄷ ㄹ ㅁ ㅂ ㅅ ㅇ ㅈ ㅊ ㅋ ㅌ ㅍ ㅎ

예측	f	prévision	[pʀevizjɔ̃]	프헤비지옹
옛날의		ancien(ne)	[ɑ̃sjɛ̃] [ɑ̃sjɛn]	앙씨엥(엔느)
5		cinq	[sɛ̃(:k)]	쌩크
오각형	m	pentagone	[pɛ̃tagɔn]	뼁따곤느
오늘		aujourd'hui	[oʒuʀdɥi]	오쥬흐뒤이
오두막	f	cabane	[kaban]	꺄반느
오락	f	distraction	[distʀaksjɔ̃]	디스뜨학씨옹
		passe-temps	[pɑstɑ̃]	빠스땅
	m	plaisir	[plɛ[e]zi:ʀ]	쁠레지흐
오랜		long	[lɔ̃]	롱
오랫동안		longtemps	[lɔ̃tɑ̃]	롱땅
오렌지 (나무)	f	orange	[ɔʀɑ̃:ʒ]	오항쥬
	m	oranger	[ɔʀɑ̃ʒe]	오항제
오려내다		découper	[dekupe]	데꾸뻬
오로지		uniquement	[ynikmɑ̃]	위니끄망
오류		tort	[tɔ:ʀ]	또흐
오르기	f	montée	[mɔ̃te]	몽떼
오르다		monter	[mɔ̃te]	몽떼
오른쪽	f	droite	[dʀwa[ɑ:]t]	드후아뜨
오리	m	canard	[kana:ʀ]	꺄나흐

오만한		orgueilleux	[ɔʀgœjø]	오흐괴이외
오물		saleté	[salte]	쌀르떼
오므라이스	f	omelette au riz	[ɔmlɛtoʀi]	오믈레뜨 오 히
오믈렛	f	omelette	[ɔmlɛt]	오믈레뜨
오븐	m	four	[fuːʀ]	푸흐
오빠	m	frère	[fʀɛːʀ]	프헤흐
오솔길	f	allée	[ale]	알레
	m	sentier	[sɑ̃tje]	쌍띠에
오스트리아	f	Autriche	[otʀiʃ]	오트히슈
50		cinquante	[sɛ̃kɑ̃ːt]	쌩깡뜨
오염	f	pollution	[pɔ(l)lysjɔ̃]	뽈뤼씨옹
5월	m	mai	[mɛ]	메
오이	m	concombre	[kɔ̃kɔ̃ːbʀ]	꽁꽁브흐
오점	m	accroc	[akʀo]	아크호
오징어	m	calamar	[kalamaːʀ]	깔라마흐
오토바이	f	moto	[mɔto]	모또
오페라	m	opéra	[ɔpeʀa]	오페하
오한	m	frisson	[fʀisɔ̃]	프히쏭
오후	m	après-midi	[apʀɛmidi]	아프헤미디
(오늘)		tantôt	[tɑ̃to]	땅또

한국어	성	프랑스어	발음	한글 발음
오후 간식	m	thé	[te]	떼
옥	m	jade	[ʒad]	쟈드
옥상	f	terrasse	[tɛʀas]	떼하스
온건파의		modéré	[mɔdeʀe]	모데헤
온라인		en ligne	[ɑ̃ liɲ]	앙 리뉴
온수기		chauffe-eau	[ʃofo]	쇼포
온화	f	douceur	[dusœːʀ]	두쐬흐
온화한		doux	[du]	두
		paisible	[pɛ[e]zibl]	뻬지블르
		tranquille	[tʀɑ̃kil]	트항낄르
올라가다		monter	[mɔ̃te]	몽떼
올리다		hausser	[ose]	오쎄
		lever	[ləve]	르베
올리브 열매	f	olive	[ɔliːv]	올리브
올림픽 경기의		olympique	[ɔlɛ̃pik]	올랭삐끄
올바른		correct	[kɔʀɛkt]	꼬헥뜨
		juste	[ʒyst]	쥐스뜨
올케	f	belle-sœur	[bɛlsœːʀ]	벨르쐬흐
옮겨 적다		recopier	[ʀəkɔpje]	흐꼬삐에
옮기다		emménager	[ɑ̃menaʒe]	앙메나제

한국어	성	프랑스어	발음기호	한글 발음
		transmettre	[tʀɑ̃smɛtʀ]	트항스메뜨흐
옷	m	**vêtement**	[vɛtmɑ̃]	베뜨망
옷감	f	**étoffe**	[etɔf]	에또프
	m	**tissu**	[tisy]	띠쉬
옷걸이	m	**portemanteau**	[pɔʀtəmɑ̃to]	뽀흐뜨망또
옷깃	m	**col**	[kɔl]	꼴
옷을 입히다		**habiller**	[abije]	아비예
옷장	f	**armoire**	[aʀmwaːʀ]	아흐무와흐
~와 무관하게		**indépendamment**	[ɛ̃depɑ̃damɑ̃]	앵데빵다망
와이셔츠	f	**chemise**	[ʃ(ə)miːz]	슈미즈
와인	m	**vin**	[vɛ̃]	뱅
완고한		**obstiné**	[ɔpstine]	옵스띠네
		têtu	[tɛ[e]ty]	떼뛰
완두콩(나무)		**pois**	[pwa[ɑ]]	뿌와
완만함	f	**paresse**	[paʀɛs]	빠헤스
완벽하게		**parfaitement**	[paʀfɛtmɑ̃]	빠흐페뜨망
완벽한		**impeccable**	[ɛ̃pe[ɛk]kabl]	앵뻬꺄블르
		parfait	[paʀfɛ]	빠흐페
완성된		**fini**	[fini]	피니
완성시키다		**achever**	[aʃve]	아슈베

완전한	**absolu(e)**	[apsɔly]	압쏠뤼
	aveugle	[avœgl]	아뵈글르
	m **complet**	[kɔ̃plɛ]	꽁쁠레
	entier	[ɑ̃tje]	앙띠에
완전히	**absolument**	[apsɔlymɑ̃]	압솔뤼망
	complètement	[kɔ̃plɛtmɑ̃]	꽁쁠레뜨망
	entièrement	[ɑ̃tjɛʀmɑ̃]	앙띠에흐망
	pleinement	[plɛnmɑ̃]	쁠렌느망
완충기	*m* **tampon**	[tɑ̃pɔ̃]	땅뽕
완화시키다	**consoler**	[kɔ̃sɔle]	꽁솔레
왕국	*m* **royaume**	[ʀwajoːm]	후아욤므
왕래	*f* **allée**	[ale]	알레
	f **circulation**	[siʀkylɑsjɔ̃]	씨흐뀔라씨옹
왕래가 많은	**fréquenté**	[fʀekɑ̃te]	프헤깡떼
왕래하다	**circuler**	[siʀkyle]	씨흐뀔레
왕복	*m* **voyage**	[vwajaːʒ]	부아야쥬
왕복편	*f* **navette**	[navɛt]	나베뜨
왕의	**royal**	[ʀwajal]	후와얄
왕자	*m* **prince**	[pʀɛ̃ːs]	프행스
왜	**pourquoi**	[puʀkwa]	뿌흐꾸와

왜냐하면 ~이므로	car	[ka:ʀ]	꺄흐
	parce que	[paʀskə]	빠흐스끄
외경(畏敬)	*f* crainte	[kʀɛ̃:t]	크행뜨
외과	*f* chirurgie	[ʃiʀyʀʒi]	쉬휘흐지
외관	*f* surface	[syʀfas]	쒸흐파스
외교	*f* diplomatie	[diplɔmasi]	디쁠로마씨
외교관	diplomate	[diplɔmat]	디쁠로마뜨
외국의	étranger	[etʀɑ̃ʒe]	에뜨항제
외로운	seul(e)	[sœl]	쐴(르)
외모	*f* apparence	[apaʀɑ̃:s]	아빠항스
	m aspect	[aspɛ]	아스뻬
	f façade	[fasad]	파싸드
	f mine	[min]	민느
외부의	étranger	[etʀɑ̃ʒe]	에트항제
	extérieur	[ɛksteʀjœ:ʀ]	엑스떼히외흐
외설적인	immoral	[i(m)mɔʀal]	이모할
외출하다	sortir	[sɔʀti:ʀ]	쏘흐띠흐
외치다	crier	[kʀije]	크히에
	écrier	[ekʀije]	에크히에
외침	*m* cri	[kʀi]	크히

한국어	성	프랑스어	발음기호	한글 발음
왼쪽	f	gauche	[go:ʃ]	고슈
요구 (사항)	f	demande	[dəmɑ̃:d]	드망드
	f	réclamation	[Rekla[ɑ]masjɔ̃]	헤끌라마씨옹
	f	revendication	[Rəvɑ̃dikasjɔ̃]	흐방디꺄씨옹
요구르트	m	yaourt	[jauRt]	야우흐뜨
요구하다		demander	[dəmɑ̃de]	드망데
		exiger	[ɛgziʒe]	에그지제
		prétendre	[pRetɑ̃:dR]	프헤땅드흐
		réclamer	[Rekla[ɑ]me]	헤끌라메
		revendiquer	[Rəvɑ̃dike]	흐방디께
요란	m	cri	[kRi]	크히
요람	m	couffin	[kufɛ̃]	꾸팽
요령	m	truc	[tRyk]	트휙
요리	m	plat	[pla]	쁠라
요리법	f	cuisine	[kɥizin]	뀌진느
	f	recette	[Rəsɛt]	흐세뜨
요리사	m	chef	[ʃɛf]	셰프
	n	cuisinier(ère)	[kɥizinje] [kɥizinjɛ:R]	뀌지니에(흐)
요법	f	cure	[ky:R]	뀌흐
요소	m	élément	[elemɑ̃]	엘레망

요약하다	analyser	[analize]	아날리제
	récapituler	[ʀekapityle]	헤꺄삐뛸레
	résumer	[ʀezyme]	헤쥐메
요점	*f* substance	[sypstɑ̃:s]	쒸브스땅스
요정	*f* fée	[fe]	페
요즘	récemment	[ʀesamɑ̃]	헤싸망
요철	*m* relief	[ʀəljɛf]	흘리에프
요통	*m* lumbago	[lɔ̃bago]	렁바고
요트	*m* yacht	[jɔt]	요뜨
욕구	*m* besoin	[bəzwɛ̃]	브주앵
욕망	*m* désir	[dezi:ʀ]	데지흐
	f envie	[ɑ̃vi]	앙비
욕망하다	désirer	[deziʀe]	데지헤
욕조	*f* baignoire	[bɛɲwa:ʀ]	베뉴와흐
	m bain	[bɛ̃]	벵
용감한	brave	[bʀɑ:v]	브하브
	courageux	[kuʀaʒø]	꾸하죄
용기	*m* courage	[kuʀa:ʒ]	꾸하쥬
용도	*m* emploi	[ɑ̃plwa]	앙쁠루아
	m usage	[yza:ʒ]	위자쥬

ㄱ ㄴ ㄷ ㄹ ㅁ ㅂ ㅅ ㅇ ㅈ ㅊ ㅋ ㅌ ㅍ ㅎ

한국어	성	프랑스어	발음기호	한글 발음
용량		capacité	[kapasite]	까빠시떼
용량이 ~이다		contenir	[kɔ̃tni:ʀ]	꽁뜨니흐
용서	m	pardon	[paʀdɔ̃]	빠흐동
용서할 수 없는		inadmissible	[inadmisibl]	이나드미씨블르
용어	m	vocabulaire	[vɔkabylɛ:ʀ]	보꺄뷜레흐
용어집	m	lexique	[lɛksik]	렉시끄
용지	f	formule	[fɔʀmyl]	포흐뮐르
우대	f	faveur	[favœ:ʀ]	파뵈흐
우리		nous	[nu]	누
우리 자신		nous-même	[numɛm]	누멤므
우리나라의		notre	[nɔtʀ]	노트흐
우리의		nos	[no]	노
우리의 것		nôtre	[no:tʀ]	노트흐
우물		puits	[pɥi]	쀠이
우박	f	grêle	[gʀɛl]	그헬르
우산	m	parapluie	[paʀaplɥi]	빠하쁠뤼이
우선		attendant	[atɑ̃dɑ̃]	아땅당
		d'abord	[dabɔ:ʀ]	다보흐
우선 과제	f	priorité	[pʀijɔʀite]	프히오히떼
우선권	f	priorité	[pʀijɔʀite]	프히오히떼

우수한	super	[sypɛːʀ]	쒸뻬흐
우스꽝스러운	ridicule	[ʀidikyl]	히디뀔르
우아한	élégant	[elegɑ̃]	엘레강
	gracieux	[gʀasjø]	그하씨외
우아함	*f* élégance	[elegɑ̃ːs]	엘레강스
	f grâce	[gʀɑːs]	그하스
우연	*f* chance	[ʃɑ̃ːs]	샹스
	m hasard	[azaːʀ]	아자흐
우울(증)	mélancolie	[melɑ̃kɔli]	멜랑꼴리
우울한	mélancolique	[melɑ̃kɔlik]	멜랑꼴리끄
	sombre	[sɔ̃bʀ]	쏭브흐
우유	*m* lait	[lɛ]	레
우유(유제품) 판매점	*f* crémerie	[kʀɛmʀi]	크헤므히
우유부단한	indécis	[ɛ̃desi]	앵데시
우정	*f* amitié	[amitje]	아미띠에
우주	*m* espace	[ɛspa[ɑː]s]	에스빠스
	univers	[ynivɛːʀ]	위니베흐
우주비행사	*n* astronaute	[astʀɔnoːt]	아스트호노뜨
우체국	*m* bureau de poste	[byʀo də pɔst]	뷔호 드 뽀스뜨

우체국 직원	ⓝ **postier(ère)**	[pɔstje] [pɔstjɛːʀ]	뽀스띠에(흐)
우체국	ⓜ **bureau de poste**	[byʀo də pɔst]	뷔호 드 뽀스뜨
	ⓕ **poste**	[pɔst]	뽀스뜨
우측의	**droit**	[dʀwa[ɑ]]	드후아
우편물	ⓜ **courrier**	[kuʀje]	꾸히에
우편번호	ⓜ **code postal**	[kɔd pɔstal]	꼬드 뽀스딸
우편요금	ⓜ **tarif postal**	[taʀif pɔstal]	따히프 뽀스딸
우편의	**postal**	[pɔstal]	뽀스딸
우표	ⓜ **timbre**	[tɛ̃ːbʀ]	땡브흐
우호적으로	**amicalement**	[amikalmɑ̃]	아미꺌르망
우호적인	**amical(ale)**	[amikal]	아미꺌(르)
우회로	ⓜ **détour**	[detuːʀ]	데뚜흐
	ⓕ **déviation**	[devjɑsjɔ̃]	데비아씨옹
우회하다	ⓜ **détourner**	[detuʀne]	데뚜흐네
운	ⓕ **chance**	[ʃɑ̃ːs]	샹스
	ⓜ **hasard**	[azaːʀ]	아자흐
운동	ⓕ **démarche**	[demaʀʃ]	데마흐슈
	ⓜ **exercice**	[ɛgzɛʀsis]	에그제흐시스
	ⓜ **mouvement**	[muvmɑ̃]	무브망
운동선수	ⓝ **joueur(se)**	[ʒwœːʀ] [ʒwøːz]	쥬외흐(즈)

운동하다	**exercer**	[ɛgzɛʀse]	에그제흐쎄
운동화(끈 매는)	*f* **basket**	[baskɛt]	바스께뜨
운명	*f* **destinée**	[dɛstine]	데스띠네
	m **sort**	[sɔːʀ]	쏘흐
운명의	**fatal**	[fatal]	파딸
운반하다	**emporter**	[ɑ̃pɔʀte]	앙뽀흐떼
	remuer	[ʀəmɥe]	흐뮈에
	transporter	[tʀɑ̃spɔʀte]	트항스뽀흐떼
운세	*f* **étoile**	[etwal]	에뚜왈르
운영하다	**gérer**	[ʒeʀe]	제헤
운전대	*m* **volant**	[vɔlɑ̃]	볼랑
운전수	**conducteur**	[kɔ̃dyktœːʀ]	꽁뒥뙤흐
운전하다	**conduire**	[kɔ̃dɥiːʀ]	꽁뒤이흐
운전학원	*f* **auto-école**	[ɔ[o]tɔekɔl]	오또에꼴
운하	*m* **canal**	[kanal]	꺄날
울다	**pleurer**	[plœʀe]	쁠뢰헤
울려퍼지다	**retentir**	[ʀətɑ̃tiːʀ]	흐땅띠흐
울리다 (시계, 종이)	**sonner**	[sɔne]	쏘네
울타리	*f* **barrière**	[ba[ɑ]ʀjɛːʀ]	바히에흐
	clôture	[klotyːʀ]	끌로뛰흐

한국어	성	프랑스어	발음기호	발음
	f	**enceinte**	[ɑ̃sɛ̃:t]	앙쌩뜨
	f	**haie**	[ɛ]	에
움직이는		**mobile**	[mɔbil]	모빌르
움직이다		**bouger**	[buʒe]	부제
움직임	*m*	**mouvement**	[muvmɑ̃]	무브망
웃다		**rigoler**	[ʀigɔle]	히골레
		rire	[ʀi:ʀ]	히흐
웅성거림	*f*	**rumeur**	[ʀymœ:ʀ]	휘뫼흐
웅장함	*f*	**grandeur**	[gʀɑ̃dœ:ʀ]	그항되흐
원	*m*	**cercle**	[sɛʀkl]	세흐끌르
	m	**rond**	[ʀɔ̃]	홍
원기둥	*f*	**colonne**	[kɔlɔn]	꼴론느
	m	**cylindre**	[silɛ̃:dʀ]	씰랭드흐
원래 자리에 놓다		**remettre**	[ʀəmɛtʀ]	흐메뜨흐
원래로 돌리다		**remporter**	[ʀɑ̃pɔʀte]	항뽀흐떼
원룸 아파트	*m*	**studio**	[stydjo]	스뛰디오
원리	*m*	**principe**	[pʀɛ̃sip]	프행시쁘
원본	*m*	**texte**	[tɛkst]	떽스뜨
원상 복귀시키다		**rétablir**	[ʀetabli:ʀ]	헤따블리흐
원숭이	*m*	**singe**	[sɛ̃:ʒ]	쌩쥬

원시의	primitif	[pʀimitif]	프히미띠프
	sauvage	[sovaːʒ]	쏘바쥬
원예사	*n* jardinier(ère)	[ʒaʀdinje] [ʒaʀdinjɛːʀ]	자흐디니에(흐)
원인	*f* cause	[koːz]	꼬즈
원인이 되다	causer	[koze]	꼬제
원자(력)의	atomique	[atɔmik]	아또미끄
원자력	nucléaire	[nykleɛːʀ]	뉘끌레에흐
원조	*f* aide	[ɛd]	에드
	m secours	[s(ə)kuːʀ]	스꾸흐
원추형	*m* cône	[koːn]	꼰느
원칙	*m* principe	[pʀɛ̃sip]	프행시쁘
원통	*m* canon	[kanɔ̃]	까농
원통형	*m* rouleau	[ʀulo]	훌로
원피스	*f* robe	[ʀɔb]	호브
원하다	vouloir	[vulwaːʀ]	불루와흐
원형	original	[ɔʀiʒinal]	오히지날
원호	*m* arc	[aʀk]	아흐끄
월급	*f* mensualité	[mɑ̃sɥalite]	망쒸알리떼
월급쟁이	mensuel	[mɑ̃sɥɛl]	망쒸엘
월요일	*m* lundi	[lœ̃di]	룅디

한국어	프랑스어	발음기호	발음
웰던(잘 익은)	**bien cuit**	[bjɛ̃ kɥi]	비엥 뀌
위(胃)	*m* **estomac**	[ɛstɔma]	에스또마
	m **ventre**	[vɑ̃:tʀ]	방트흐
위기	*f* **crise**	[kʀi:z]	크히즈
	m **péril**	[peʀil]	뻬힐
위대함	**héroïsme**	[eʀɔism]	에호이슴므
위도	*f* **latitude**	[latityd]	라띠뛰드
위로	**en haut**	[ɑ̃ o]	앙오
위로하다	**consoler**	[kɔ̃sɔle]	꽁솔레
	réconforter	[ʀekɔ̃fɔʀte]	헤꽁포흐떼
위반	*f* **infraction**	[ɛ̃fʀaksjɔ̃]	앵프학씨옹
위생	*f* **hygiène**	[iʒjɛn]	이지엔느
위성	*m* **satellite**	[sate[ɛl]lit]	싸뗄리뜨
위스키	*m* **whisky**	[wiski]	위스끼
위신	*m* **prestige**	[pʀɛsti:ʒ]	프헤스띠쥬
위약금	*f* **indemnité**	[ɛ̃dɛmnite]	앵뎀니떼
위엄	*m* **prestige**	[pʀɛsti:ʒ]	프헤스띠쥬
위업	*m* **exploit**	[ɛksplwa]	엑스쁠루아
위에	**dessus**	[dəsy]	드쒸
	sur	[syʀ]	쒸흐

한국어	프랑스어	발음	한글 발음
위원회	*m* **comité**	[kɔmite]	꼬미떼
위장하다	**maquiller**	[makije]	마끼예
위쪽의	*m* **supérieur**	[sypeʀjœːʀ]	쒸뻬히외흐
위치	**position**	[pozisjɔ̃]	뽀지씨옹
위치를 찾아내다	**localiser**	[lɔkalize]	로깔리제
위험	*m* **danger**	[dɑ̃ʒe]	당제
	m **péril**	[peʀil]	뻬힐
	m **risque**	[ʀisk]	히스끄
위험에 처하다	**risquer**	[ʀiske]	히스께
위험을 감수하다	**risquer**	[ʀiske]	히스께
위험한	**dangereux**	[dɑ̃ʒʀø]	당쥬회
위협	*f* **menace**	[mənas]	므나스
위협하다	**menacer**	[mənase]	므나세
윗도리	*f* **veste**	[vɛst]	베스뜨
	m **veston**	[vɛstɔ̃]	베스똥
유감	*m* **regret**	[ʀəgʀɛ]	흐그헤
유감스러운	**déplorable**	[deplɔʀabl]	데쁠로하블르
유감이지만	**malheureusement**	[malœʀøzmɑ̃]	말뢰회즈망
유괴	*m* **kidnapping**	[kidnapiŋ]	끼드나삥그
	m **rapt**	[ʀapt]	하쁘뜨

유괴범	ravisseur	[ʀavisœːʀ]	하비쐬흐
유난히	particulièrement	[paʀtikyljɛʀmɑ̃]	빠흐띠뀔리에흐망
유대(인)의	juif	[ʒɥif]	쥐이프
유대교	(m) judaïsme	[ʒydaism]	쥐다이슴므
유도하다	guider	[gide]	기데
유동성	(f) liquidité	[likidite]	리끼디떼
유래	(f) origine	[ɔʀiʒin]	오히진느
유래하다	provenir	[pʀɔvniːʀ]	프호브니흐
유럽	(f) Europe	[øʀɔp]	외호쁘
유럽의	européen	[øʀɔpeɛ̃]	외호뻬엥
유령	(f) apparition	[apaʀisjɔ̃]	아빠히씨옹
유리(잔)	(m) verre	[vɛːʀ]	베흐
유리 (창문의)	(f) vitre	[vitʀ]	비트흐
유리한	favorable	[favɔʀabl]	파보하블르
유명 인사	(m) personnage	[pɛʀsɔnaːʒ]	뻬흐소나쥬
유명한	célèbre	[selɛbʀ]	셀레브흐
	connu	[kɔny]	꼬뉘
	fameux	[famø]	파뫼
	illustre	[i(l)lystʀ]	일뤼스트흐
	renommé	[ʀənɔme]	흐노메

유방	*m* **sein**	[sɛ̃]	쎙
유사	*m* **rapport**	[ʀapɔːʀ]	하뽀흐
	f **ressemblance**	[ʀəsɑ̃blɑ̃ːs]	흐쌍블랑스
유사한	**pareil**	[paʀɛj]	빠레이으
	ressembler	[ʀəsɑ̃ble]	흐쌍블레
유서	*m* **testament**	[tɛstamɑ̃]	떼스따망
유성	*m* **météore**	[meteɔːʀ]	메떼오흐
유아 방	*f* **crèche**	[kʀɛʃ]	크헤슈
유약한	**mou**	[mu]	무
유언	*m* **testament**	[tɛstamɑ̃]	떼스따망
유에프오(UFO)	*m* **ovni**	[ɔvni]	오브니
유연성이 없는	**rigide**	[ʀiʒid]	히지드
유연한	**souple**	[supl]	쑤쁠르
유용성	*f* **utilité**	[ytilite]	위띨리떼
유용한	**utile**	[ytil]	위띨르
6월	*m* **juin**	[ʒɥɛ̃]	쥬앵
유일한	**seul(e)**	[sœl]	쐴(르)
	unique	[ynik]	위니끄
유적지	*m* **vestige**	[vɛstiːʒ]	베스띠쥬
유전자	*m* **gène**	[ʒɛn]	젠느

한국어	프랑스어	발음기호	한글 발음
유죄 선고를 받은	condamné	[kɔ̃da[a]ne]	꽁다네
유죄의	criminel	[kʀiminɛl]	크히미넬
유지	*m* entretien	[ɑ̃tʀətjɛ̃]	앙트흐띠엥
	f tenue	[təny]	뜨뉘
유지하다	entretenir	[ɑ̃tʀətniːʀ]	앙트흐뜨니흐
	maintenir	[mɛ̃tniːʀ]	맹뜨니흐
유치원	*f* école maternelle	[ekɔl matɛʀnɛl]	에꼴 마떼흐넬르
유치한	enfantin	[ɑ̃fɑ̃tɛ̃]	앙팡땡
	infantile	[ɛ̃fɑ̃til]	앵팡띨르
유쾌한	agréable	[agʀeabl]	아그헤아블르
	gai	[ge]	게
유해	*f* cendre	[sɑ̃ːdʀ]	쌍드흐
유해한	néfaste	[nefast]	네파스뜨
	toxique	[tɔksik]	똑씨끄
유행	mode	[mɔd]	모드
유형	*m* type	[tip]	띠쁘
유혹하다	attirer	[atiʀe]	아띠헤
	entraîner	[ɑ̃tʀe[ɛ]ne]	앙트헤네
	séduire	[sedɥiːʀ]	쎄뒤이흐
	tenter	[tɑ̃te]	땅떼

한국어	프랑스어	발음	한글 발음
유효하다	**valoir**	[valwaːʀ]	발루와흐
유효한	**efficace**	[efikas]	에피꺄스
	valable	[valabl]	발라블르
6	**six**	[sis]	씨스
육각형	m **hexagone**	[ɛgzagɔn]	에그자곤느
육감적인	**appétissant(e)**	[apetisɑ̃] [apetisɑ̃ːt]	아뻬티쌍(뜨)
육교	f **passerelle**	[pɑsʀɛl]	빠스헬르
육상 경기	m **athlétisme**	[atletism]	아뜰레띠슴므
육상 선수	**athlète**	[atlɛt]	아뜰레뜨
육성	f **formation**	[fɔʀmɑsjɔ̃]	포흐마씨옹
60	**soixante**	[swasɑ̃ːt]	스와상뜨
윤곽	f **ligne**	[liɲ]	리뉴
	m **trait**	[tʀɛ]	트헤
윤리(학)	f **morale**	[mɔʀal]	모할르
융통성이 있는	**souple**	[supl]	쑤쁠르
융합시키다	**fondre**	[fɔ̃ːdʀ]	퐁드흐
으뜸패	m **atout**	[atu]	아뚜
으스러뜨리다	**écraser**	[ekʀɑze]	에크하제
은(銀)	m **argent**	[aʀʒɑ̃]	아흐쟝
은밀하게	**silencieusement**	[silɑ̃sjøzmɑ̃]	씰랑시외즈망

한국어	프랑스어	발음기호	발음
은밀한	souterrain	[sutɛ(ʀ)ʀɛ̃]	쑤떼행
은신처	(f) cache	[kaʃ]	까슈
	(f) cachette	[kaʃɛt]	꺄셰뜨
	(m) refuge	[ʀəfy:ʒ]	흐퓌쥬
은퇴	(f) retraite	[ʀətʀɛt]	흐트헤뜨
은하계	(f) galaxie	[galaksi]	걀락씨
은행	banque	[bɑ̃:k]	방끄
은행나무	(m) ginkgo	[ʒɛ̃ko]	쟁코
은행원	(n) banquier(ère)	[bɑ̃kje] [bɑ̃kjɛ:ʀ]	방끼에(흐)
은혜	(f) dette	[dɛt]	데뜨
	(f) grâce	[gʀɑ:s]	그하스
	privilège	[pʀivilɛ:ʒ]	프히빌레쥬
은혜를 입다	bénéficier	[benefisje]	베네피시에
읊조리다 (노래를)	chantonner	[ʃɑ̃tɔne]	샹또네
음량	(m) volume	[vɔlym]	볼륌므
음료	(f) boisson	[bwasɔ̃]	부와쏭
음미하다	peser	[pəze]	쁘제
음식	(f) alimentation	[alimɑ̃tasjɔ̃]	알리망따씨옹
	(f) nourriture	[nuʀity:ʀ]	누히뛰흐
음식물	(f) consommation	[kɔ̃sɔmasjɔ̃]	꽁소마씨옹

음식을 주다	alimenter	[alimɑ̃te]	알리망떼
	nourrir	[nuʀiːʀ]	누히흐
음식점	restaurant	[ʀɛstɔʀɑ̃]	헤스또항
음악	*f* musique	[myzik]	뮈지끄
음악[영화] 축제	*m* festival	[fɛstival]	페스띠발
음악가	*n* musicien(ne)	[myzisjɛ̃] [myzisjɛn]	뮈지씨엥(엔느)
음악회	concert	[kɔ̃sɛːʀ]	꽁세흐
음주 측정기	*m* alcotest	[alkɔtɛst]	알꼬떼스뜨
음향	*m* son	[sɔ̃]	쏭
응고시키다	cailler	[kaje]	까이예
응답하다	répliquer	[ʀeplike]	헤쁠리께
응용	*f* application	[aplikɑsjɔ̃]	아쁠리꺄씨옹
응접실	*m* salon	[salɔ̃]	쌀롱
의견	*m* avis	[avi]	아비
	f opinion	[ɔpinjɔ̃]	오삐니옹
의기소침한	abattu(e)	[abaty]	아바뛰
의논	*f* discussion	[diskysjɔ̃]	디스뀌씨옹
의도	*f* intention	[ɛ̃tɑ̃sjɔ̃]	앵땅씨옹
의례	formalité	[fɔʀmalite]	포흐말리떼
의례적인 말	*m* compliment	[kɔ̃plimɑ̃]	꽁쁠리망

ㄱ ㄴ ㄷ ㄹ ㅁ ㅂ ㅅ ㅇ ㅈ ㅊ ㅋ ㅌ ㅍ ㅎ

의뢰	prière	[pʀijɛːʀ]	프히에흐
의류	(m) vêtement	[vɛtmɑ̃]	베뜨망
의무	(f) obligation	[ɔbligasjɔ̃]	오블리갸씨옹
	(f) responsabilité	[ʀɛspɔ̃sabilite]	헤스뽕사빌리떼
의무적인	obligatoire	[ɔbligatwaːʀ]	오블리까뚜와흐
의문	(f) question	[kɛstjɔ̃]	께스띠옹
의미	(m) sens	[sɑ̃ːs]	쌍스
의미하다	signifier	[siɲifje]	씨니피에
의복	(m) costume	[kɔstym]	꼬스뛰므
의붓자식	(mpl) beaux-enfants	[bozɑ̃fɑ̃]	보장팡
의사	(m) docteur	[dɔktœːʀ]	독뙤흐
	(m) médecin	[mɛdsɛ̃]	메드쌩
의사소통	communication	[kɔmynikasjɔ̃]	꼬뮈니꺄씨옹
의석	(m) siège	[sjɛːʒ]	씨에쥬
의식	(f) conscience	[kɔ̃sjɑ̃ːs]	꽁시앙스
의심	(m) doute	[dut]	두뜨
	(m) soupçon	[supsɔ̃]	쑵쏭
의심이 가는	suspect	[syspɛ(kt)]	쒸스뻬
의심하다	douter	[dute]	두떼
	soupçonner	[supsɔne]	쑵쏘네

의외의	imprévu	[ɛ̃pʀevy]	앵쁘헤뷔
	surprenant	[syʀpʀənɑ̃]	쒸흐프흐낭
의욕	*f* volonté	[vɔlɔ̃te]	볼롱떼
의욕을 꺾다	rebuter	[ʀəbyte]	흐뷔떼
의자	*m* banc	[bɑ̃]	방
	f chaise	[ʃɛːz]	쉐즈
	m siège	[sjɛːʒ]	씨에쥬
의장	président(e)	[pʀezidɑ̃] [pʀezidɑ̃ːt]	프헤지당(뜨)
의존	*f* dépendance	[depɑ̃dɑ̃ːs]	데빵당스
의존하다	dépendre	[depɑ̃ːdʀ]	데빵드흐
의지	*f* volonté	[vɔlɔ̃te]	볼롱떼
의학	*f* médecine	[mɛdsin]	메드씬느
의학의	médical	[medikal]	메디꺌
의혹	*m* doute	[dut]	두뜨
	m soupçon	[supsɔ̃]	쑵쏭
2	deux	[dø]	되
이~	ces	[se]	쎄
	cet	[sɛt]	쎄뜨
	cette	[sɛt]	쎄뜨
이것	ça	[sa]	싸

이것이 ~이다		voici	[vwasi]	부와씨
이기다		gagner	[gaɲe]	갸녜
이기적인		égoïste	[egɔist]	에고이스뜨
이끼	f	mousse	[mus]	무쓰
~이다		être	[ɛtʀ]	에뜨흐
이동	m	déplacement	[deplasmɑ̃]	데쁠라스망
	f	locomotion	[lɔkɔmɔsjɔ̃]	로꼬모씨옹
이동시키다		déplacer	[deplase]	데쁠라세
		remuer	[ʀəmɥe]	흐뮈에
이동하다		bouger	[buʒe]	부제
		voyager	[vwajaʒe]	부아야제
이렇게		ainsi	[ɛ̃si]	엥씨
이론	f	théorie	[teɔʀi]	떼오히
이론의 여지가 없는		incontestable	[ɛ̃kɔ̃tɛstabl]	앵꽁떼스따블르
이론적인		théorique	[teɔʀik]	떼오히끄
이루다		accomplir	[akɔ̃pli:ʀ]	아꽁쁠리흐
이륙하다		décoller	[dekɔle]	데꼴레
		envoler	[ɑ̃vɔle]	앙볼레
이륜마차	m	char	[ʃa:ʀ]	샤흐
이른		court	[ku:ʀ]	꾸흐

이른바	soi-disant	[swadizɑ̃]	쑤와디쟝
이름 (성이 아닌)	ⓜ nom	[nɔ̃]	농
	ⓜ prénom	[pʀenɔ̃]	프헤농
이름난	renommé	[ʀənɔme]	흐노메
이마	ⓜ front	[fʀɔ̃]	프홍
이면	ⓜ envers	[ɑ̃vɛːʀ]	앙베흐
이모[고모]	ⓕ tante	[tɑ̃ːt]	땅뜨
이미	déjà	[deʒa]	데쟈
이발하다	ⓜ coiffer	[kwafe]	꾸와페
이번의	prochain	[pʀɔʃɛ̃]	프호섕
이별	ⓕ séparation	[sepaʀasjɔ̃]	쎄빠하씨옹
이사	ⓜ déménagement	[demenaʒmɑ̃]	데메나쥬망
이사하다	déménager	[demenaʒe]	데메나졔
이상적인	idéal(e)	[ideal]	이데알(르)
이상한	bizarre	[bizaːʀ]	비자흐
	extraordinaire	[ɛkstʀaɔʀdinɛːʀ]	엑스트하오흐디네흐
	fou	[fu]	푸
이성	ⓕ raison	[ʀɛzɔ̃]	헤종
이성적인	raisonnable	[ʀɛzɔnabl]	헤조나블르
이스라엘	Israël	[isʀaɛl]	이스하엘

ㅇ

한국어	성	프랑스어	발음기호	한글 발음
이스라엘의		**israélite**	[isʀaelit]	이스하엘리뜨
이슬람 원리주의	m	**islamisme**	[islamism]	이슬라미슴므
이슬람교		**islam**	[islam]	이슬람
이슬람교(도)의		**musulman**	[myzylmɑ̃]	뮈쥘만
20		**vingt**	[vɛ̃]	뱅
이야기	m	**récit**	[ʀesi]	헤씨
이용	f	**utilisation**	[ytilizɑsjɔ̃]	위띨리자씨옹
이용하다		**profiter**	[pʀɔfite]	프호피떼
		utiliser	[ytilize]	위띨리제
이웃 (남자)	m	**voisin**	[vwazɛ̃]	부와쟁
이웃 (여자)	f	**voisine**	[vwazin]	부와진느
2월	m	**février**	[fevʀije]	페브히에
이유	m	**argument**	[aʀgymɑ̃]	아흐귀망
	f	**cause**	[ko:z]	꼬즈
	m	**motif**	[mɔtif]	모띠프
이윽고		**bientôt**	[bjɛ̃to]	비엥또
이의	f	**objection**	[ɔbʒɛksjɔ̃]	오브젝씨옹
	f	**protestation**	[pʀɔtɛstɑsjɔ̃]	프호떼스따씨옹
이익	m	**avantage**	[avɑ̃ta:ʒ]	아방따쥬
	m	**bénéfice**	[benefis]	베네피스

	m intérêt	[ɛ̃terɛ]	앵떼헤
	m profit	[prɔfi]	프호피
이익이 되다	rapporter	[rapɔrte]	하뽀흐떼
이전에	autrefois	[otrəfwa]	오트흐푸아
이전의	antérieur(e)	[ɑ̃terjœːr]	앙떼히외흐
	précédent	[presedɑ̃]	프헤세당
이점(利點)	privilège	[privilɛːʒ]	프히빌레쥬
	m avantage	[avɑ̃taːʒ]	아방따쥬
이제부터	désormais	[dezɔrmɛ]	데조흐메
이중의	double	[dubl]	두블르
이차적인	secondaire	[s(ə)gɔ̃dɛːr]	스공데흐
이탈리아	Italie	[itali]	이딸리
이탈리아의	italien	[italjɛ̃]	이딸리엥
이튿날	m lendemain	[lɑ̃dmɛ̃]	랑드멩
이해력	m sens	[sɑ̃ːs]	쌍스
이해하다	comprendre	[kɔ̃prɑ̃ːdr]	꽁프항드흐
	concevoir	[kɔ̃svwaːr]	꽁쓰부아흐
	saisir	[sɛ[e]ziːr]	쎄지흐
이해할 수 없는	incompréhensible	[ɛ̃kɔ̃preɑ̃sibl]	앵꽁프헤앙시블르
이혼	m divorce	[divɔrs]	디보흐스

이혼하다		**divorcer**	[divɔʀse]	디보흐세
이후		**ensuite**	[ɑ̃sɥit]	앙쒸이뜨
익다		**mûrir**	[myʀiːʀ]	뮈히흐
익사시키다		**noyer**	[nwaje]	누와예
익살스러운		**drôle**	[dʀoːl]	드홀르
익숙해진		**familier**	[familje]	파밀리에
익은 (과일이)		**mûr**	[myːʀ]	뮈흐
인간		**humain**	[ymɛ̃]	위멩
인간적인		**humain**	[ymɛ̃]	위멩
인격	f	**personnalité**	[pɛʀsɔnalite]	뻬흐소날리떼
	f	**personne**	[pɛʀsɔn]	뻬흐손느
인공의		**artificiel(le)**	[aʀtifisjɛl]	아흐띠피시엘(르)
인구	f	**population**	[pɔpylɑsjɔ̃]	뽀쀨라씨옹
인기 있는		**populaire**	[pɔpylɛːʀ]	뽀쀨레흐
인내	f	**patience**	[pasjɑ̃ːs]	빠시앙스
인도(印度)		**Inde**	[ɛ̃ːd]	앵드
인도(人道)	m	**trottoir**	[tʀɔtwaːʀ]	트호뚜와흐
인류	f	**humanité**	[ymanite]	위마니떼
인물 묘사	m	**portrait**	[pɔʀtʀɛ]	뽀흐트헤
인사말	m	**salut**	[saly]	쌀뤼

인사하다	saluer	[salɥe]	쌀뤼에
인상(印象)	ⓕ augmentation	[ɔ[o]gmɑ̃tasjɔ̃]	오그망따씨옹
	ⓕ impression	[ɛ̃pʀɛsjɔ̃]	앵프헤씨옹
	ⓕ sensation	[sɑ̃sasjɔ̃]	쌍사씨옹
	ⓜ effet	[efɛ]	에페
인상적인	impressionnant	[ɛ̃pʀɛsjɔnɑ̃]	앵프헤씨오낭
인상하다	augmenter	[ɔ[o]gmɑ̃te]	오그망떼
인색한	avare	[avaːʀ]	아바흐
인생	ⓕ vie	[vi]	비
인쇄된	imprimé	[ɛ̃pʀime]	앵프히메
인쇄물	imprimé	[ɛ̃pʀime]	앵프히메
인쇄소	ⓕ imprimerie	[ɛ̃pʀimʀi]	앵프히므히
인쇄하다	imprimer	[ɛ̃pʀime]	앵프히메
인식	ⓕ connaissance	[kɔnɛsɑ̃ːs]	꼬네쌍스
	ⓕ reconnaissance	[ʀəkɔnɛsɑ̃ːs]	흐꼬네쌍쓰
인연을 끊다	divorcer	[divɔʀse]	디보흐세
인재	ⓜ talent	[talɑ̃]	딸랑
인정	ⓕ humanité	[ymanite]	위마니떼
인정하다	accorder	[akɔʀde]	아꼬흐데
	autoriser	[ɔ[o]tɔʀize]	오또히제

ㄱ ㄴ ㄷ ㄹ ㅁ ㅂ ㅅ ㅇ ㅈ ㅊ ㅋ ㅌ ㅍ ㅎ

	constater	[kɔ̃state]	꽁스따떼
	permettre	[pɛʀmɛtʀ]	뻬흐메트흐
	reconnaître	[ʀəkɔnɛtʀ]	흐꼬네트흐
인종	race	[ʀas]	하스
인종차별주의자	raciste	[ʀasist]	하씨스뜨
인질	(m) otage	[ɔta:ʒ]	오따쥬
인터넷	internet	[ɛ̃tɛʀnɛt]	앵떼흐네뜨
인터뷰	(f) interview	[ɛ̃tɛʀvju]	앵떼흐뷔
인파	(f) foule	[ful]	풀르
인형	(f) poupée	[pupe]	뿌뻬
일	(f) affaire	[afɛ:ʀ]	아페흐
	(f) œuvre	[œ:vʀ]	외브흐
	(f) tâche	[tɑ:ʃ]	따슈
	travail	[tʀavaj]	트하바이으
1	un	[œ̃]	엥
일광	(f) lumière	[lymjɛ:ʀ]	뤼미에흐
일기예보	(f) météo	[meteo]	메떼오
일깨우다	éveiller	[evɛ[e]je]	에베이예
일람표	(f) liste	[list]	리스뜨
일러스트	(f) illustration	[i(l)lystʀasjɔ̃]	일뤼스트하씨옹

한국어	성	프랑스어	발음기호	한글 발음
일반적으로		**généralement**	[ʒeneʀalmɑ̃]	제네할르망
일반적인		**général**	[ʒeneʀal]	제네할
		commun	[kɔmœ̃]	꼬묑
일반화하다		**généraliser**	[ʒeneʀalize]	제네할리제
일본		**Japon**	[ʒapɔ̃]	쟈뽕
일부	f	**portion**	[pɔʀsjɔ̃]	뽀흐씨옹
일부러		**spécialement**	[spesjalmɑ̃]	스뻬시알르망
일부분	m	**morceau**	[mɔʀso]	모흐소
일시적 사랑	m	**caprice**	[kapʀis]	꺄프히스
일시적인		**momentané**	[mɔmɑ̃tane]	모망따네
		passager	[pɑ[a]saʒe]	빠싸제
		temporaire	[tɑ̃pɔʀɛːʀ]	땅뽀헤흐
일요일	m	**dimanche**	[dimɑ̃ːʃ]	디망슈
일원	m	**membre**	[mɑ̃ːbʀ]	망브흐
1월	m	**janvier**	[ʒɑ̃vje]	장비에
일으키다		**lever**	[ləve]	르베
		procurer	[pʀɔkyʀe]	프호뀌헤
		produire	[pʀɔdɥiːʀ]	프호뒤이흐
		relever	[ʀəlve]	흘르베
		soulever	[sul(ə)ve]	술르베

일을 잘하는	travailleur	[tʀavajœːʀ]	트하바이외흐
일인자	champion	[ʃɑ̃pjɔ̃]	샹삐옹
일정한	constant	[kɔ̃stɑ̃]	꽁스땅
	fixe	[fiks]	픽스
일찍 (아침)	tôt	[to]	또
일찍 자라는	précoce	[pʀekɔs]	프헤꼬스
일층	(m) rez-de-chaussée	[ʀedʃose]	헤드쇼세
일치	(m) accord	[akɔːʀ]	아꼬흐
	(f) correspondance	[kɔʀɛspɔ̃dɑ̃ːs]	꼬헤스뽕당스
	(f) unité	[ynite]	위니떼
일하다	travailler	[tʀavaje]	트하바이예
읽다	lire	[liːʀ]	리흐
읽을 가치가 있는	lisible	[lizibl]	리지블르
잃다	perdre	[pɛʀdʀ]	뻬흐드흐
임대료	(f) location	[lɔkasjɔ̃]	로까씨옹
임대차	(f) location	[lɔkasjɔ̃]	로까씨옹
임대하다	louer	[lwe]	루에
임시적인	provisoire	[pʀɔvizwaːʀ]	프호비주와흐
임의의	quelconque	[kɛlkɔ̃ːk]	껠꽁끄
	spontané	[spɔ̃tane]	스뽕따네
입	(f) gueule	[gœl]	괼르

한국어	프랑스어	발음	한글 발음
입구	*f* **entrée**	[ɑ̃tʀe]	앙트헤
	m **seuil**	[sœj]	쐬이으
입력하다	**taper**	[tape]	따페
입문시키다	**initier**	[inisje]	이니시에
입술	*f* **lèvre**	[lɛːvʀ]	레브흐
	f **bouche**	[buʃ]	부슈
입장	**position**	[pozisjɔ̃]	뽀지씨옹
	f **situation**	[sitɥasjɔ̃]	씨뛰아씨옹
입체감	*m* **relief**	[ʀəljɛf]	흘리에프
입학 수속	*f* **inscription**	[ɛ̃skʀipsjɔ̃]	앵스크힙씨옹
있을 것 같지 않은	**invraisemblable**	[ɛ̃vʀɛsɑ̃blabl]	앵브헤상블라블르
있을 법한	**possible**	[pɔsibl]	뽀씨블르
	vraisemblable	[vʀɛsɑ̃blabl]	브해상블라블르
있을 수 없는	**impossible**	[ɛ̃pɔsibl]	앵뽀시블르
잉어	*f* **carpe**	[kaʀp]	꺄흐쁘
잉크	*f* **encre**	[ɑ̃ːkʀ]	앙크흐
잊다	**oublier**	[ublije]	우블리에
잊을 수 없는	**mémorable**	[memɔʀabl]	메모하블르
잎	*f* **feuille**	[fœj]	푀이으
(나무 전체의)	**feuillage**	[fœjaːʒ]	푀이아쥬

ㄱ ㄴ ㄷ ㄹ ㅁ ㅂ ㅅ ㅇ ㅈ ㅊ ㅋ ㅌ ㅍ ㅎ

ㅈ

한국어	성	프랑스어	발음기호	한글 발음
자	f	**règle**	[ʀɛgl]	헤글르
자갈	m	**caillou**	[kaju]	꺄이유
자격	f	**qualité**	[kalite]	꺌리떼
자격증	m	**certificat**	[sɛʀtifika]	쎄흐띠피꺄
자극하다		**exciter**	[ɛksite]	엑시떼
자금	f	**finance**	[finɑ̃:s]	피낭스
	m	**fonds**	[fɔ̃]	퐁
	f	**ressource**	[ʀəsuʀs]	흐쑤흐스
자기 (자신)		**soi**	[swa]	쑤와
		soi-même	[swamɛm]	쑤와멤므
자기 것		**sien**	[sjɛ̃]	씨엥
자기 스스로		**personnellement**	[pɛʀsɔnɛlmɑ̃]	뻬흐소넬르망
자기를[에게]		**se**	[s(ə)]	스
자네		**toi**	[twa]	뚜와
자동의		**automatique**	[ɔ[o]tɔmatik]	오또마띠끄
자동(차)의		**automobile**	[ɔ[o]tɔmɔbil]	오또모빌르
자동차	f	**auto**	[ɔ[o]to]	오또
		voiture	[vwaty:ʀ]	부아뛰흐

자동차 운전자	automobiliste	[ɔ[o]tɔmɔbilist]	오또모빌리스뜨
자동차 수리소	*m* garage	[gaʀaːʒ]	가하쥬
자두	*f* prune	[pʀyn]	프휜느
자라다	grandir	[gʀɑ̃diːʀ]	그항디흐
자료	document	[dɔkymɑ̃]	도뀌망
자르다	couper	[kupe]	꾸뻬
자만심	*m* orgueil	[ɔʀgœj]	오흐괴이으
자만하는	fier	[fjɛːʀ]	피에흐
	suffisant	[syfizɑ̃]	쒸피장
자물쇠	*m* cadenas	[kadna]	꺄드나
	f serrure	[sɛʀyːʀ]	쎄휘흐
자발성	*f* initiative	[inisjatiːv]	이니시아띠브
자발적인	spontané	[spɔ̃tane]	스뽕따네
	volontaire	[vɔlɔ̃tɛːʀ]	볼롱떼흐
자살하다	suicider	[sɥiside]	쒸이씨데
자선	charité	[ʃaʀite]	샤히떼
자선의	caritatif(ve)	[kaʀitatif]	꺄히따띠프
자세	position	[pozisjɔ̃]	뽀지씨옹
자수(刺繡)	*f* broderie	[bʀɔdʀi]	브호드히
자신 있는	assuré(e)	[asyʀe]	아쒸헤

ㅈ

자연(계)	ⓕ **nature**	[natyːʀ]	나뛰흐
자연스럽게	**naturellement**	[natyʀɛlmɑ̃]	나뛰헬르망
자연의	**naturel**	[natyʀɛl]	나뛰헬
자원	ⓕ **ressource**	[ʀəsuʀs]	흐쑤흐스
자유	ⓕ **liberté**	[libɛʀte]	리베흐떼
자유 시간	ⓜ **loisir**	[lwaziːʀ]	루와지흐
자유가 없음	ⓕ **captivité**	[kaptivite]	깝띠비떼
자유로운	**libéral**	[libeʀal]	리베할
	libre	[libʀ]	리브흐
자전거	ⓕ **bicyclette**	[bisiklɛt]	비시끌레뜨
	ⓜ **vélo**	[velo]	벨로
자정	ⓜ **minuit**	[minɥi]	미뉘이
자주	**souvent**	[suvɑ̃]	쑤방
자주 가다	**fréquenter**	[fʀekɑ̃te]	프헤깡떼
자주독립	ⓕ **liberté**	[libɛʀte]	리베흐떼
자진하여	**volontiers**	[vɔlɔ̃tje]	볼롱띠에
자칭의	**soi-disant**	[swadizɑ̃]	쑤와디장
자켓	ⓕ **veste**	[vɛst]	베스뜨
자택	ⓜ **domicile**	[dɔmisil]	도미실르
자화자찬하다	**vanter**	[vɑ̃te]	방떼

작가	ⓜ **auteur**	[otœːʀ]	오뙤흐
	ⓜ **écrivain**	[ekʀivɛ̃]	에크히뱅
작동	ⓜ **fonctionnement**	[fɔ̃ksjɔnmɑ̃]	퐁끄씨온느망
작동하다	**fonctionner**	[fɔ̃ksjɔne]	퐁끄씨오네
작문	ⓕ **composition**	[kɔ̃pozisjɔ̃]	꽁뽀지씨옹
	ⓜ **thème**	[tɛm]	뗌므
작별	**adieu**	[adjø]	아디외
작성하다	**rédiger**	[ʀediʒe]	헤디제
작업	ⓕ **opération**	[ɔpeʀɑsjɔ̃]	오뻬하씨옹
작업복	ⓕ **blouse**	[bluːz]	블루즈
작업장	ⓜ **atelier**	[atəlje]	아뜰리에
	ⓜ **chantier**	[ʃɑ̃tje]	샹띠에
작용	ⓜ **coup**	[ku]	꾸
작용하다	**agir**	[aʒiːʀ]	아지흐
작은	**petit(e)**	[pəti] [pətit]	쁘띠(뜨)
작은 방	ⓜ **cabinet**	[kabinɛ]	꺄비네
작은 배	ⓕ **barque**	[baʀk]	바흐끄
작은 상자	ⓕ **cassette**	[kasɛt]	꺄세뜨
작음	ⓕ **petitesse**	[pətitɛs]	쁘띠떼스
작전	ⓕ **opération**	[ɔpeʀɑsjɔ̃]	오뻬하씨옹

ㄱ ㄴ ㄷ ㄹ ㅁ ㅂ ㅅ ㅇ ㅈ ㅊ ㅋ ㅌ ㅍ ㅎ

작품	*m* **chef-d'œuvre**	[ʃɛdœ:vʀ]	셰되브흐
	m **ouvrage**	[uvʀa:ʒ]	우브하쥬
잔돈	*f* **monnaie**	[mɔnɛ]	모네
잔디	*f* **pelouse**	[pəlu:z]	쁠루즈
잔물결	*f* **ride**	[ʀid]	히드
잔해	*m* **décombres**	[dekɔ̃:bʀ]	데꽁브흐
잔혹한	**cruel**	[kʀyɛl]	크휘엘
잔혹함	*f* **horreur**	[ɔʀœ:ʀ]	오회흐
잘 정돈된	**ordonné**	[ɔʀdɔne]	오흐도네
잘게 갈다	**râper**	[ʀɑpe]	하뻬
잘난 체하는	**prétentieux**	[pʀetɑ̃sjø]	프헤땅시외
잘난 체함	*f* **prétention**	[pʀetɑ̃sjɔ̃]	프헤땅씨옹
잘못	**erreur**	[ɛʀœ:ʀ]	에회흐
	m **faute**	[fo:t]	포뜨
	tort	[tɔ:ʀ]	또흐
잘못된	**faux**	[fo]	포
	mauvais(e)	[mo[ɔ]vɛ] [mo[ɔ]vɛ:z]	모베(즈)
잘생긴	**beau**	[bo]	보
잠	*m* **sommeil**	[sɔmɛj]	쏘메이으
잠복하다	**attendre**	[atɑ̃:dʀ]	아땅드흐

잠수하다		**plonger**	[plɔ̃ʒe]	쁠롱제
잠시	m	**moment**	[mɔmɑ̃]	모망
		peu	[pø]	뾔
잠자다		**dormir**	[dɔʀmi:ʀ]	도흐미흐
잠자리	f	**libellule**	[libe(l)lyl]	리벨륄르
잡기	f	**prise**	[pʀi:z]	프히즈
잡다		**prendre**	[pʀɑ̃:dʀ]	프항드흐
		tenir	[təni:ʀ]	뜨니흐
잣	f	**pigne**	[piɲ]	피뉴
장(章)	m	**chapitre**	[ʃapitʀ]	샤삐트흐
장(腸)	m	**intestin**	[ɛ̃tɛstɛ̃]	앵떼스땡
장갑	m	**gant**	[gɑ̃]	강
장관	m	**ministre**	[ministʀ]	미니스트흐
장광설	f	**tartine**	[taʀtin]	따흐띤느
장교		**officier**	[ɔfisje]	오피시에
장난	f	**farce**	[faʀs]	파흐스
	f	**plaisanterie**	[plɛzɑ̃tʀi]	쁠레장뜨히
장난감	m	**jouet**	[ʒwɛ]	쥬에
장난꾸러기	m	**diable**	[djɑ:bl]	디아블르
장남, 장녀		**aîné(e)**	[ɛ[e]ne]	에네

ㄱ ㄴ ㄷ ㄹ ㅁ ㅂ ㅅ ㅇ ㅈ ㅊ ㅋ ㅌ ㅍ ㅎ

장딴지	m	**mollet**	[mɔlɛ]	몰레
장래	m	**avenir**	[avniːʀ]	아브니흐
장례	m	**enterrement**	[ãtɛʀmã]	앙떼흐망
장례 치르다		**enterrer**	[ãteʀe]	앙떼헤
장례식	f	**obsèques**	[ɔpsɛk]	옵세끄
장면	f	**scène**	[sɛn]	쎈느
	m	**tableau**	[tablo]	따블로
장모	f	**belle-mère**	[bɛlmɛːʀ]	벨르메흐
장미	m	**rose**	[ʀoːz]	호즈
장벽	f	**muraille**	[myʀɑːj]	뮈하이으
장부	m	**cahier**	[kaje]	꺄이예
장사	m	**commerce**	[kɔmɛʀs]	꼬메흐스
장소	m	**endroit**	[ãdʀwa]	앙드후아
	m	**espace**	[ɛspa[ɑː]s]	에스빠스
	m	**lieu**	[ljø]	리외
장식	f	**décoration**	[dekɔʀɑsjɔ̃]	데꼬하씨옹
장식용 화분	m	**cache-pot**	[kaʃpo]	꺄슈뽀
장식핀	f	**épingle**	[epɛ̃ːgl]	에뼁글르
장식하다		**décorer**	[dekɔʀe]	데꼬헤
		orner	[ɔʀne]	오흐네

한국어	프랑스어	발음기호	한글 발음
장악하다	tenir	[təniːʀ]	뜨니흐
장애	difficulté	[difikylte]	디피뀔떼
	(m) obstacle	[ɔpstakl]	옵스따끌르
장애물	(m) barrage	[ba[ɑ]ʀaːʒ]	바하쥬
	(f) barrière	[ba[ɑ]ʀjɛːʀ]	바히에흐
	(f) haie	[ɛ]	에
	(m) mur	[myːʀ]	뮈흐
장어	(f) anguille	[ɑ̃gij]	앙기으
장인(匠人)	artisan(e)	[aʀtizɑ̃] [aʀtizan]	아흐띠장(잔느)
장인(丈人)	(m) beau-père	[bopɛːʀ]	보뻬흐
장인의	artisanal(ale)	[aʀtizanal]	아흐띠자날
장점	(m) mérite	[meʀit]	메히뜨
장치	(m) appareil	[apaʀɛj]	아빠헤이으
	(m) organe	[ɔʀgan]	오흐갼느
장학금	(f) bourse	[buʀs]	부흐스
재(灰)	(f) cendre	[sɑ̃ːdʀ]	쌍드흐
재개	(f) reprise	[ʀəpʀiːz]	흐프히즈
재개하다	recommencer	[ʀəkɔmɑ̃se]	흐꼬망세
	rentrer	[ʀɑ̃tʀe]	항트헤
재건하다	redresser	[ʀədʀɛ[e]se]	흐드레쎄

	relever	[Rəlve]	흘르베
재검토하다	**récapituler**	[Rekapityle]	헤까삐뛸레
	réviser	[Revize]	헤비제
재고용하다	**reprendre**	[RəpRɑ̃:dR]	흐프항드흐
재교육하다	**rééduquer**	[Reedyke]	헤에뒤께
재기 넘치는	**spirituel**	[spiRitɥɛl]	스삐히뛰엘
재난	ⓜ **accident**	[aksidɑ̃]	악씨당
	ⓕ **calamité**	[kalamite]	꺌라미떼
	ⓕ **catastrophe**	[katastRɔf]	꺄따스트호프
	ⓜ **malheur**	[malœ:R]	말뢰흐
	ⓕ **mésaventure**	[mezavɑ̃ty:R]	메자방뛰흐
	ⓕ **misère**	[mizɛ:R]	미제흐
	ⓜ **péril**	[peRil]	뻬힐
	ⓜ **risque**	[Risk]	히스끄
재능	ⓕ **faculté**	[fakylte]	파뀔떼
	ⓜ **génie**	[ʒeni]	제니
	ⓜ **mérite**	[meRit]	메히뜨
재능 있는 사람	ⓜ **talent**	[talɑ̃]	딸랑
재단사	**tailleur**	[tajœ:R]	따이외흐
재떨이	ⓜ **cendrier**	[sɑ̃dRije]	쌍드히에

한국어	프랑스어	발음기호	한글 발음
재무장관	m chancelier	[ʃɑ̃səlje]	샹슬리에
재미	m intérêt	[ɛ̃teʀɛ]	앵떼헤
재미있게 하다	amuser	[amyze]	아뮈제
재미있는	amusant(e)	[amyzɑ̃] [amyzɑ̃:t]	아뮈장(트)
	intéressant	[ɛ̃teʀɛsɑ̃]	앵떼헤쌍
	marrant	[maʀɑ̃]	마랑
	spirituel	[spiʀitɥɛl]	스삐히뛰엘
재방송하다	retransmettre	[ʀətʀɑ̃smɛtʀ]	흐트항스메트흐
재배하다	cultiver	[kyltive]	뀔띠베
재산	f fortune	[fɔʀtyn]	포흐뛴느
재상영	f reprise	[ʀəpʀi:z]	흐프히즈
재생하다	reproduire	[ʀəpʀɔdɥi:ʀ]	흐프호뒤이흐
재우다	endormir	[ɑ̃dɔʀmi:ʀ]	앙도흐미흐
재정	f finance	[finɑ̃:s]	피낭스
재정적인	financier	[finɑ̃sje]	피낭시에
재즈(음악)	m jazz	[dʒa:z]	쟈즈
재채기	m éternuement	[etɛʀnymɑ̃]	에떼흐뉘망
재채기하다	éternuer	[etɛʀnɥe]	에떼흐뉘에
재출발하다	repartir	[ʀəpaʀti:ʀ]	흐빠흐띠흐
재킷	m blouson	[bluzɔ̃]	블루종

한국어	성	프랑스어	발음기호	발음
재판	m	**jugement**	[ʒyʒmɑ̃]	쥐쥬망
	m	**procès**	[pʀɔsɛ]	프호세
재판관	m	**juge**	[ʒy:ʒ]	쥐쥬
재판하다		**juger**	[ʒyʒe]	쥐제
재편성하다		**reconstituer**	[ʀəkɔ̃stitɥe]	흐꽁스띠뛰에
재현하다		**reproduire**	[ʀəpʀɔdɥi:ʀ]	흐프호뒤이흐
		rétablir	[ʀetabli:ʀ]	헤따블리흐
재회하다		**retrouver**	[ʀətʀuve]	흐트후베
쟁기	f	**charrue**	[ʃaʀy]	샤휘
쟁반	m	**plateau**	[plato]	쁠라또
저~		**ces**	[se]	쎄
		cet	[sɛt]	쎄뜨
		cette	[sɛt]	쎄뜨
저것		**ça**	[sa]	싸
		cela	[s(ə)la]	슬라
	m	**machin**	[maʃɛ̃]	마생
저것은		**ce**	[s(ə)]	스
저금통	f	**cagnotte**	[kaɲɔt]	까뇨뜨
저기		**là**	[la]	라
저널리스트		**journaliste**	[ʒuʀnalist]	주흐날리스뜨

한국어	성	프랑스어	발음	한글 발음
저녁	m	soir	[swa:ʀ]	스와흐
저녁 식사	m	dîner	[dine]	디네
저렴하게		bon marché	[bɔ̃maʀʃe]	봉 마흐셰
저명한		illustre	[i(l)lystʀ]	일뤼스트흐
저속한		vulgaire	[vylgɛ:ʀ]	뷜게흐
저수지	m	réservoir	[ʀezɛʀvwa:ʀ]	헤제흐부와흐
저울	f	balance	[balɑ̃:s]	발랑스
	m	pèse-lettre	[pɛzlɛtʀ]	뻬즈 레트흐
저장	f	provision	[pʀɔvizjɔ̃]	프호비지옹
	f	réserve	[ʀezɛʀv]	헤제흐브
저장하다		conserver	[kɔ̃sɛʀve]	꽁세흐베
저절로		naturellement	[natyʀɛlmɑ̃]	나뛰헬르망
저지르다		commettre	[kɔmɛtʀ]	꼬메트흐
저지하다		empêcher	[ɑ̃pɛ[e]ʃe]	앙뻬셰
저쪽에(서)		là-bas	[labɑ]	라바
저축	f	épargne	[epaʀɲ]	에빠흐뉴
저택	f	résidence	[ʀezidɑ̃:s]	헤지당스
저하		baisse	[bɛs]	베쓰
	f	diminution	[diminysjɔ̃]	디미뉘씨옹
저하시키다		affaiblir	[afɛbli:ʀ]	아페블리흐

저항	ⓕ **opposition**	[ɔpozisjɔ̃]	오뽀지씨옹
	ⓕ **résistance**	[ʀezistɑ̃:s]	헤지스땅스
저항하다	**réagir**	[ʀeaʒi:ʀ]	헤아지흐
	résister	[ʀeziste]	헤지스떼
적갈색의	**roux**	[ʀu]	후
적극적인	**positif**	[pozitif]	뽀지띠프
적나라한	**nu**	[ny]	뉘
적당한	**convenable**	[kɔ̃vnabl]	꽁브나블르
적대	ⓕ **opposition**	[ɔpozisjɔ̃]	오뽀지씨옹
적대 관계	ⓕ **rivalité**	[ʀivalite]	히발리떼
적대자	**ennemi**	[ɛnmi]	엔느미
적대하는	**hostile**	[ɔstil]	오스띨르
적도	ⓜ **équateur**	[ekwatœ:ʀ]	에꾸아뙤흐
적성	ⓕ **aptitude**	[aptityd]	압띠뛰드
적시다	**baigner**	[bɛ[e]ɲe]	베녜
	mouiller	[muje]	무이예
	tremper	[tʀɑ̃pe]	트항페
적어두다	**noter**	[nɔte]	노떼
적용	ⓕ **application**	[aplikɑsjɔ̃]	아쁠리꺄씨옹
	ⓕ **mise**	[mi:z]	미즈

적용하다		**appliquer**	[aplike]	아쁠리께
적응시키다		**adapter**	[adapte]	아답떼
적자	m	**déficit**	[defisit]	데피시뜨
적절한		**judicieux**	[ʒydisjø]	쥐디시외
전 세계		**univers**	[ynivɛːʀ]	위니베흐
전갈	m	**message**	[mesaːʒ]	메싸쥬
전구	f	**ampoule**	[ɑ̃pul]	앙뿔르
전기	f	**électricité**	[elɛktʀisite]	엘렉트히씨떼
전기기사		**électricien**	[elɛktʀisjɛ̃]	엘렉트히씨엥
전기의		**électrique**	[elɛktʀik]	엘렉트히끄
전달하다		**communiquer**	[kɔmynike]	꼬뮈니께
		transmettre	[tʀɑ̃smɛtʀ]	트항스메트흐
전등	f	**lampe**	[lɑ̃ːp]	랑쁘
전람회	f	**exposition**	[ɛkspozisjɔ̃]	엑스뽀지씨옹
전략	f	**politique**	[pɔlitik]	뽈리띠끄
전무(專務)	n	**administrateur (trice)**	[administʀatœːʀ] [administʀatʀis]	아드미니스트하뙤흐(트히스)
전문	f	**spécialité**	[spesjalite]	스뻬시알리떼
전문가		**initié**	[inisje]	이니시에
		professionnel	[pʀɔfɛsjɔnɛl]	프호페씨오넬
		spécialiste	[spesjalist]	스뻬시알리스뜨

	technicien	[tɛknisjɛ̃]	떼끄니씨엥
전문적인	**professionnel**	[pʀɔfɛsjɔnɛl]	프호페씨오넬
	spécial	[spesjal]	스뻬시알
	technique	[tɛknik]	떼끄니끄
전반적으로	**généralement**	[ʒeneʀalmɑ̃]	제네할르망
전부	**complètement**	[kɔ̃plɛtmɑ̃]	꽁쁠레뜨망
전부의	**tout**	[tu]	뚜
전선	ⓜ **fil**	[fil]	필
전성기	**fleur**	[flœːʀ]	플뢰흐
전술	ⓕ **guerre**	[gɛːʀ]	게흐
전시하다	**exposer**	[ɛkspoze]	엑스뽀제
	présenter	[pʀezɑ̃te]	프헤쟝떼
전율	ⓜ **frisson**	[fʀisɔ̃]	프히쏭
전자(공학)의	**électronique**	[elɛktʀɔnik]	엘렉트호니끄
전쟁	ⓕ **guerre**	[gɛːʀ]	게흐
전쟁의	**militaire**	[militɛːʀ]	밀리떼흐
전적으로	**entièrement**	[ɑ̃tjɛʀmɑ̃]	앙띠에흐망
전진	ⓕ **avance**	[avɑ̃ːs]	아방스
전진하다	**avancer**	[avɑ̃se]	아방쎄
	procéder	[pʀɔsede]	프호쎄데

한국어	성	프랑스어	발음기호	한글 발음
전채	m	**hors-d'œuvre**	[ɔʀdœ:vʀ]	오흐되브흐
전체의		**entier**	[ɑ̃tje]	앙띠에
전통	f	**tradition**	[tʀadisjɔ̃]	트하디씨옹
전통적인		**classique**	[klasik]	끌라시끄
		orthodoxe	[ɔʀtɔdɔks]	오흐또독스
전투	f	**bataille**	[batɑ:j]	바따이으
	m	**combat**	[kɔ̃ba]	꽁바
전파탐지기	m	**radar**	[ʀada:ʀ]	하다흐
전혀		**nullement**	[nylmɑ̃]	뉠르망
전형	m	**type**	[tip]	띠쁘
전화 걸다		**téléphoner**	[telefɔne]	뗄레포네
전화기	m	**téléphone**	[telefɔn]	뗄레폰느
전화를 끊다		**raccrocher**	[ʀakʀɔʃe]	하끄호셰
전화번호		**numéro**	[nymeʀo]	뉘메호
절단	f	**section**	[sɛksjɔ̃]	섹씨옹
절단면	f	**tranche**	[tʀɑ̃:ʃ]	트항슈
절단하다		**trancher**	[tʀɑ̃ʃe]	트항셰
절대적인		**absolu(e)**	[apsɔly]	압쏠뤼
절망	m	**désespoir**	[dezɛspwa:ʀ]	데제스뿌와흐
절망시키다		**désespérer**	[dezɛspeʀe]	데제스뻬헤

ㄱ ㄴ ㄷ ㄹ ㅁ ㅂ ㅅ ㅇ ㅈ ㅊ ㅋ ㅌ ㅍ ㅎ

절망적인	désespéré	[dezɛspeʀe]	데제스뻬헤
절박	(f) urgence	[yʀʒɑ̃ːs]	위흐장스
절박한	urgent	[yʀʒɑ̃]	위흐장
절반	(f) moitié	[mwatje]	무와띠에
절반의	demi	[dəmi]	드미
절벽	(f) paroi	[paʀwa[ɑ]]	빠후아
절약하다	ménager	[menaʒe]	메나제
절정	(m) sommet	[sɔ(m)mɛ]	쏘메
절제하는	modéré	[mɔdeʀe]	모데헤
절충	(f) négociation	[negɔsjɑsjɔ̃]	네고시아씨옹
절충시키다	réconcilier	[ʀekɔ̃silje]	헤꽁씰리에
젊은	jeune	[ʒœn]	죈느
점	(m) point	[pwɛ̃]	뿌앵
점거	(m) stationnement	[stasjɔnmɑ̃]	스따씨온느망
점검	contrôle	[kɔ̃tʀoːl]	꽁트홀르
점검하다	contrôler	[kɔ̃tʀole]	꽁트홀레
	vérifier	[veʀifje]	베히피에
점령	(f) occupation	[ɔkypɑsjɔ̃]	오뀌빠씨옹
점령된	occupé(e)	[ɔkype]	오뀌뻬
점성술사	(m) astrologue	[astʀɔlɔg]	아스트홀로그

점수	m **point**	[pwɛ̃]	뿌앵
점심 식사(를 하다)	**déjeuner**	[deʒœne]	데죄네
점원	**vendeur**	[vɑ̃dœːʀ]	방되흐
점유하다	**occuper**	[ɔkype]	오뀌뻬
점퍼	m **blouson**	[bluzɔ̃]	블루종
점프	m **bond**	[bɔ̃]	봉
	m **saut**	[so]	쏘
접근	m **abord**	[abɔːʀ]	아보흐
	m **accès**	[aksɛ]	악쎄
	m **rapprochement**	[ʀapʀɔʃmɑ̃]	하쁘호슈망
접근시키다	**rapprocher**	[ʀapʀɔʃe]	하쁘호셰
접근하다	**aborder**	[abɔʀde]	아보흐데
	approcher	[apʀɔʃe]	아프호셰
접는 선	m **pli**	[pli]	쁠리
접다	**plier**	[plije]	쁠리에
접대	f **réception**	[ʀesɛpsjɔ̃]	헤셉씨옹
접시	f **assiette**	[asjɛt]	아씨에뜨
접점	f **charnière**	[ʃaʀnjɛːʀ]	샤흐니에흐
접착성의	**adhérent(e)**	[adeʀɑ̃] [adeʀɑ̃ːt]	아데항(뜨)
접착제	f **colle**	[kɔl]	꼴르

ㅈ

접촉	m	**contact**	[kɔ̃takt]	꽁딱뜨
젓가락	fpl	**baguettes**	[bagɛt]	바게뜨
정교한		**adroit(e)**	[adʀwa] [adʀwat]	아드후아(뜨)
정규적인		**valable**	[valabl]	발라블르
정기간행물		**journal**	[ʒuʀnal]	주흐날
정기적인		**régulier**	[ʀegylje]	헤귈리에
정당하게		**justement**	[ʒystəmɑ̃]	쥐스뜨망
정당한		**légitime**	[leʒitim]	레지띰므
정도	m	**degré**	[dəgʀe]	드그헤
정력적인		**énergique**	[enɛʀʒik]	에네흐지끄
정류장	f	**station**	[sta[ɑ]sjɔ̃]	스따씨옹
정리 선반	m	**casier**	[kɑzje]	꺄지에
정리하다		**arranger**	[aʀɑ̃ʒe]	아랑제
		classer	[klɑse]	끌라쎄
		débarrasser	[debaʀase]	데바하쎄
		ordonner	[ɔʀdɔne]	오흐도네
		ranger	[ʀɑ̃ʒe]	항제
정말로		**réellement**	[ʀeɛlmɑ̃]	헤엘르망
		vraiment	[vʀɛmɑ̃]	브해망
정면	f	**façade**	[fasad]	파싸드

	ⓜ **front**	[fʀɔ̃]	프홍
정박	ⓜ **séjour**	[seʒuːʀ]	쎄주흐
정보	ⓕ **information**	[ɛ̃fɔʀmɑsjɔ̃]	앵포흐마씨옹
	ⓜ **renseignement**	[ʀɑ̃sɛɲmɑ̃]	항쎄뉴망
정보과학	ⓕ **informatique**	[ɛ̃fɔʀmatik]	앵포흐마띠끄
정보원	ⓕ **source**	[suʀs]	쑤흐스
정복자	ⓜ **vainqueur**	[vɛ̃kœːʀ]	뱅꾀흐
정복하다	**soumettre**	[sumɛtʀ]	쑤메뜨흐
정부	ⓜ **gouvernement**	[guvɛʀnəmɑ̃]	구베흔느망
정비된	**aménagé(e)**	[amenaʒe]	아메나제
정비사	**mécanicien**	[mekanisjɛ̃]	메꺄니씨엥
정비하다	**aménager**	[amenaʒe]	아메나제
정사각형	ⓜ **carré**	[ka[ɑ]ʀe]	꺄헤
정상	ⓜ **sommet**	[sɔ(m)mɛ]	쏘메
정상적으로	**normalement**	[nɔʀmalmɑ̃]	노흐말르망
정서하다	**recopier**	[ʀəkɔpje]	흐꼬삐에
정세	ⓜ **paysage**	[pe(j)izaːʒ]	뻬이자쥬
정숙	ⓜ **silence**	[silɑ̃ːs]	씰랑스
정숙한	**sage**	[saːʒ]	싸쥬
정식의	**solennel**	[sɔlanɛl]	쏠라넬

ㄱ ㄴ ㄷ ㄹ ㅁ ㅂ ㅅ ㅇ ㅈ ㅊ ㅋ ㅌ ㅍ ㅎ

정신	*f* **âme**	[aːm]	암므
	m **esprit**	[ɛspʀi]	에스프히
정신과 의사	*n* **psychiatre**	[psikjatʀ]	프시꺄트흐
정신력	*f* **énergie**	[enɛʀʒi]	에네흐지
정신의	**mental**	[mɑ̃tal]	망딸
정액	*f* **semence**	[s(ə)mɑ̃ːs]	쓰망스
정어리	*f* **sardine**	[saʀdin]	싸흐딘느
정오	*m* **midi**	[midi]	미디
정원	*m* **jardin**	[ʒaʀdɛ̃]	쟈흐댕
정육면체	*m* **cube**	[kyb]	뀌브
정육점	*f* **boucherie**	[buʃʀi]	부슈히
정의(定義)	*f* **définition**	[definisjɔ̃]	데피니씨옹
정의(正義)	*f* **justice**	[ʒystis]	쥐스띠스
정의하다	**définir**	[definiːʀ]	데피니흐
정장	*m* **complet**	[kɔ̃plɛ]	꽁쁠레
	m **costume**	[kɔstym]	꼬스뜀므
정정하다	**corriger**	[kɔʀiʒe]	꼬히제
	rectifier	[ʀɛktifje]	헥띠피에
정제하다	**raffiner**	[ʀafine]	하피네
정중한	**poli**	[pɔli]	뽈리

한국어	프랑스어	발음	한글 발음
정지	*f* panne	[pan]	빤느
정지된	immobile	[i(m)mɔbil]	이모빌르
정직한	honnête	[ɔnɛt]	오네뜨
정통한	expert	[ɛkspɛːʀ]	엑스뻬흐
	savant	[savɑ̃]	싸방
정확성	*f* précision	[pʀesizjɔ̃]	프헤시지옹
	f rigueur	[ʀigœːʀ]	히귀외흐
정확한	correct	[kɔʀɛkt]	꼬헥뜨
	exact	[ɛgza(kt)]	에그작뜨
	fidèle	[fidɛl]	피델르
	juste	[ʒyst]	쥐스뜨
	propre	[pʀɔpʀ]	프호프흐
	rigoureux	[ʀiguʀø]	히구회
정확히	exactement	[ɛgzaktəmɑ̃]	에그작뜨망
	justement	[ʒystəmɑ̃]	쥐스뜨망
	précisément	[pʀesizemɑ̃]	프헤시제망
정확히 하다	préciser	[pʀesize]	프헤시제
젖 (가축의)	pis	[pi]	삐
젖은	mouillé	[muje]	무이예
제거하다	enlever	[ɑ̃lve]	앙르베

ㄱ ㄴ ㄷ ㄹ ㅁ ㅂ ㅅ ㅇ ㅈ ㅊ ㅋ ㅌ ㅍ ㅎ

한국어	성	프랑스어	발음기호	한글 발음
		lever	[ləve]	르베
제공	m	**don**	[dɔ̃]	동
제공하다		**fournir**	[fuʀniːʀ]	푸흐니흐
		offrir	[ɔfʀiːʀ]	오프히흐
		prêter	[pʀɛ[e]te]	프헤떼
제국주의	m	**impérialisme**	[ɛ̃peʀjalism]	앵뻬히알리슴므
제국주의자		**impérialiste**	[ɛ̃peʀjalist]	앵뻬히알리스뜨
제도	f	**institution**	[ɛ̃stitysjɔ̃]	앵스띠뛰씨옹
	m	**régime**	[ʀeʒim]	헤짐므
	m	**système**	[sistɛm]	씨스뗌므
제동을 걸다		**freiner**	[fʀɛ[e]ne]	프헤네
제모(制帽)	f	**casquette**	[kaskɛt]	꺄스께뜨
제목	m	**titre**	[titʀ]	띠트흐
제물	m	**sacrifice**	[sakʀifis]	싸끄히피스
제방	f	**chaussée**	[ʃose]	쇼쎄
제본소 (직원)		**relieur**	[ʀəljœːʀ]	흘뤼외흐
제분소	m	**moulin**	[mulɛ̃]	물랭
제비	f	**hirondelle**	[iʀɔ̃dɛl]	이홍델르
제비꽃	f	**violette**	[vjɔlɛt]	비올레뜨
제스처	m	**geste**	[ʒɛst]	제스뜨

제시하다	fournir	[fuʀniːʀ]	푸흐니흐
	montrer	[mɔ̃tʀe]	몽트헤
제안	ⓕ offre	[ɔfʀ]	오프흐
	ⓕ proposition	[pʀɔpozisjɔ̃]	프호뽀지씨옹
제안하다	proposer	[pʀɔpoze]	프호뽀제
	suggérer	[sygʒeʀe]	쒸제헤
제어판	ⓜ pupitre	[pypitʀ]	쀠삐트흐
제어하다	contrôler	[kɔ̃tʀole]	꽁트홀레
제외	ⓕ exception	[ɛksɛpsjɔ̃]	엑셉씨옹
제외하고	excepté	[ɛksɛpte]	엑셉떼
~제외하고	sauf	[sof]	쏘프
제자	ⓜ disciple	[disipl]	디시쁠르
제정하다	instituer	[ɛ̃stitɥe]	앵스띠뛰에
제조하다	fabriquer	[fabʀike]	파브히께
제품	ⓜ produit	[pʀɔdɥi]	프호뒤이
제한 없는	indéfini	[ɛ̃defini]	앵데피니
제한된	limité	[limite]	리미떼
제한하다	limiter	[limite]	리미떼
	restreindre	[ʀɛstʀɛ̃ːdʀ]	헤스트헹드흐
조각	ⓕ miette	[mjɛt]	미에뜨

ㄱ ㄴ ㄷ ㄹ ㅁ ㅂ ㅅ ㅇ ㅈ ㅊ ㅋ ㅌ ㅍ ㅎ

	f **pièce**	[pjɛs]	삐에스
조각 작품	*f* **sculpture**	[skylty:ʀ]	스뀔뛰흐
조각가	*m* **sculpteur**	[skyltœ:ʀ]	스뀔뙤흐
조각하다	**creuser**	[kʀøze]	크회제
	sculpter	[skylte]	스뀔떼
조개	*m* **coquillage**	[kɔkija:ʒ]	꼬끼야쥬
조개껍질	*f* **coquille**	[kɔkij]	꼬끼으
조건	*f* **condition**	[kɔ̃disjɔ̃]	꽁디씨옹
조국	*f* **patrie**	[patʀi]	빠트히
	m **pays**	[pei]	뻬이
조금	**peu**	[pø]	뾔
조금도	**nullement**	[nylmɑ̃]	뉠르망
조끼	*m* **gilet**	[ʒilɛ]	질레
조류	*m* **oiseaux**	[wazo]	우아조
조립하다	**composer**	[kɔ̃poze]	꽁뽀제
	dresser	[dʀɛ[e]se]	드헤쎄
조명	**éclairage**	[eklɛʀa:ʒ]	에끌레하쥬
	f **lumière**	[lymjɛ:ʀ]	뤼미에흐
조미료	*m* **condiment**	[kɔ̃dimɑ̃]	꽁디망
조부모	*mpl* **grands-parents**	[gʀɑ̃paʀɑ̃]	그항빠항

조사	*f* **enquête**	[ɑ̃kɛt]	앙께뜨
	f **revue**	[ʀəvy]	흐뷔
조사하다	**consulter**	[kɔ̃sylte]	꽁쉴떼
	examiner	[ɛgzamine]	에그자미네
	inspecter	[ɛ̃spɛkte]	앵스뻭떼
	regarder	[ʀəgaʀde]	흐갸흐데
조상	*n* **ancêtre**	[ɑ̃sɛtʀ]	앙세트흐
조심	*f* **précaution**	[pʀekosjɔ̃]	프헤꼬씨옹
조심성 없는	**indiscret**	[ɛ̃diskʀɛ]	앵디스크헤
조심성	*m* **scrupule**	[skʀypyl]	스끄휘쀨르
조심스럽게	**attentivement**	[atɑ̃tivmɑ̃]	아땅띠브망
조심하는	**méfier**	[mefje]	메피에
조악한	**grossier**	[gʀosje]	그호씨에
조약	*m* **traité**	[tʀɛ[e]te]	트헤떼
조언	*m* **conseil**	[kɔ̃sɛj]	꽁세이으
조언하다	**conseiller**	[kɔ̃sɛ[e]je]	꽁세이예
조업하다	**tourner**	[tuʀne]	뚜흐네
조용히	**doucement**	[dusmɑ̃]	두스망
	silencieusement	[silɑ̃sjøzmɑ̃]	씰랑시외즈망
	tranquillement	[tʀɑ̃kilmɑ̃]	트항낄르망

ㅈ

한국어	성	프랑스어	발음	한글 발음
조용히!		**chut**	[ʃyt]	쉬뜨
조인하다		**signer**	[siɲe]	씨녜
조작(操作)	f	**manœuvre**	[manœːvʀ]	마뇌브흐
조작(操作)하다		**manier**	[manje]	마니에
		manipuler	[manipyle]	마니쀨레
		manœuvrer	[manœvʀe]	마뇌브헤
조정자		**intermédiaire**	[ɛ̃tɛʀmedjɛːʀ]	앵떼흐메디에흐
조종사	m	**pilote**	[pilɔt]	삘로뜨
조종하다		**gouverner**	[guvɛʀne]	구베흐네
		naviguer	[navige]	나비게
조직	f	**institution**	[ɛ̃stitysjɔ̃]	앵스띠뛰씨옹
	f	**organisation**	[ɔʀganizɑsjɔ̃]	오흐갸니자씨옹
	f	**structure**	[stʀyktyːʀ]	스뜨뤽뛰흐
	m	**système**	[sistɛm]	씨스뗌므
	m	**tissu**	[tisy]	띠쒸
조직망	m	**réseau**	[ʀezo]	헤조
조직하다		**organiser**	[ɔʀganize]	오흐갸니제
~조차		**jusque**	[ʒysk]	쥐스끄
조카(여자)	f	**nièce**	[njɛs]	니에스
조커(JOKER)	m	**joker**	[ʒɔkɛʀ]	조케흐

조합	*f* **combinaison**	[kɔ̃binɛzɔ̃]	꽁비네종
조항	*m* **article**	[aʀtikl]	아흐띠끌르
조화	*m* **équilibre**	[ekilibʀ]	에낄리브흐
	f **harmonie**	[aʀmɔni]	아흐모니
존경	*m* **égard**	[egaːʀ]	에갸흐
	m **honneur**	[ɔnœːʀ]	오뇌흐
존경의 표시	*m* **respect**	[ʀɛspɛ]	헤스뻬
존경하다	**respecter**	[ʀɛspɛkte]	헤스뻭떼
존경할 만한	**respectable**	[ʀɛspɛktabl]	헤스뻭따블르
존속하다	**subsister**	[sybziste]	쒸브지스떼
	survivre	[syʀviːvʀ]	쒸흐비브흐
존재	*f* **existence**	[ɛgzistɑ̃ːs]	에그지스땅스
	f **présence**	[pʀezɑ̃ːs]	프헤장스
존재하는	*m* **présent**	[pʀezɑ̃]	프헤장
존재하다	**exister**	[ɛgziste]	에그지스떼
존중하다	**respecter**	[ʀɛspɛkte]	헤스뻭떼
졸다	**sommeiller**	[sɔmɛ[e]je]	쏘메이예
졸린	**endormi(e)**	[ɑ̃dɔʀmi]	앙도흐미
졸업장	*m* **diplôme**	[diploːm]	디쁠롬므
졸업하다	**sortir**	[sɔʀtiːʀ]	쏘흐띠흐

좀먹다	ronger	[ʀɔ̃ʒe]	홍제
좁은	étroit(e)	[etʀwa[ɑ]] [etʀwa[ɑ:]t]	에트후아(뜨)
좁히다	rétrécir	[ʀetʀesi:ʀ]	헤트헤씨흐
	serrer	[sɛʀe]	쎄헤
종(鍾)	*f* cloche	[klɔʃ]	끌로슈
종교	*f* religion	[ʀəliʒjɔ̃]	흘리지옹
종교적인	sacré	[sakʀe]	싸끄헤
	religieux	[ʀəliʒjø]	흘리지외
종달새	*f* alouette	[alwɛt]	알루에뜨
종루	*m* clocher	[klɔʃe]	끌로셰
종류	*f* catégorie	[kategɔʀi]	꺄떼고히
	f espèce	[ɛspɛs]	에스뻬스
	m ordre	[ɔʀdʀ]	오흐드흐
	m sorte	[sɔʀt]	쏘흐뜨
종속	*f* dépendance	[depɑ̃dɑ̃:s]	데빵당스
종업원	employé	[ɑ̃plwaje]	앙쁠루아예
	m serveur	[sɛʀvœ:ʀ]	쎄흐뵈흐(남자)
	f serveuse	[sɛʀvø:z]	쎄흐뵈즈(여자)
종이	*m* papier	[papje]	빠삐에
종이상자	*m* carton	[kaʀtɔ̃]	꺄흐똥

종착역	m terminus	[tɛʀminys]	떼흐미뉘스
좋아하다	aimer	[ɛ[e]me]	에메
좋은	bon(ne)	[bɔ̃] [bɔn]	봉(본느)
좌석	m banc	[bɑ̃]	방
	m fauteuil	[fotœj]	포뙤이으
	f place	[plas]	쁠라쓰
좌우대칭	f symétrie	[simetʀi]	씨메트히
죄수	prisonnier	[pʀizɔnje]	프히조니에
죄악	mal	[mal]	말
주거	m logement	[lɔʒmɑ̃]	로쥬망
	logis	[lɔʒi]	로지
주관적인	subjectif	[sybʒɛktif]	쒸브젝띠프
주다	attribuer	[atʀibɥe]	아트히뷔에
	donner	[dɔne]	도네
	offrir	[ɔfʀiːʀ]	오프히흐
주도권	f initiative	[inisjatiːv]	이니시아띠브
주둥이	f gueule	[gœl]	괼르
주름 (옷의)	f ride	[ʀid]	히드
	m pli	[pli]	쁠리
주말	m week-end	[wikɛnd]	위켄드

ㄱ ㄴ ㄷ ㄹ ㅁ ㅂ ㅅ ㅇ ㅈ ㅊ ㅋ ㅌ ㅍ ㅎ

주머니	ⓕ **poche**	[pɔʃ]	뽀슈
	ⓜ **sac**	[sak]	싹
주먹	ⓜ **poing**	[pwɛ̃]	뿌앵
주목할 만한	**remarquable**	[ʀəmaʀkabl]	흐마흐꺄블르
주문	ⓕ **commande**	[kɔmɑ̃:d]	꼬망드
주문하다	**commander**	[kɔmɑ̃de]	꼬망데
주민	**habitant**	[abitɑ̃]	아비땅
주방	ⓕ **cuisine**	[kɥizin]	뀌진느
주변에	**autour**	[otu:ʀ]	오뚜흐
주사	ⓕ **piqûre**	[piky:ʀ]	삐뀌흐
주사를 맞다(놓다)	**injecter**	[ɛ̃ʒɛkte]	앵젝떼
주사하다	**piquer**	[pike]	삐께
주소	ⓕ **adresse**	[adʀɛs]	아드헤스
	ⓜ **domicile**	[dɔmisil]	도미실르
주스	ⓜ **jus**	[ʒy]	쥐
주어의	**subjectif**	[sybʒɛktif]	쉬브젝띠프
주요 인물	ⓜ **principal**	[pʀɛ̃sipal]	프행시빨
주요한	**central(ale)**	[sɑ̃tʀal]	쌍트할
주의	ⓕ **remarque**	[ʀəmaʀk]	흐마흐끄
주의 깊은	**attentif(ve)**	[atɑ̃tif] [atɑ̃ti:v]	아땅띠프(브)

주의 깊은 (사람)		**prudent**	[pʀydɑ̃]	프휘당
주인		**maître**	[mɛtʀ]	메트흐
	f	**maîtresse**	[mɛtʀɛs]	메트헤스
주인(손님을 맞이하는)		**hôte**	[oːt]	오뜨
주임 사제	*m*	**curé**	[kyʀe]	뀌헤
주장		**capitaine**	[kapitɛn]	까삐뗀느
주장하다		**plaider**	[plɛ[e]de]	쁠레데
		prétendre	[pʀetɑ̃ːdʀ]	프헤땅드흐
		revendiquer	[ʀəvɑ̃dike]	흐방디께
주저	*f*	**hésitation**	[ezitɑsjɔ̃]	에지따씨옹
주전자	*f*	**bouilloire**	[bujwaːʀ]	부이유와흐
주제	*m*	**sujet**	[syʒɛ]	쒸제
	m	**thème**	[tɛm]	뗌므
주조하다		**fondre**	[fɔ̃ːdʀ]	퐁드흐
주차(장)	*m*	**stationnement**	[stasjɔnmɑ̃]	스따씨온느망
주차위반 딱지	*m*	**papillon**	[papijɔ̃]	빠삐용
주차장	*m*	**parking**	[paʀkiŋ]	빠흐낑그
주택	*f*	**habitation**	[abitɑsjɔ̃]	아비따씨옹
주파하다		**parcourir**	[paʀkuʀiːʀ]	빠흐꾸히흐
주황색	*m*	**orange**	[ɔʀɑ̃ːʒ]	오항쥬

죽다		**mourir**	[muʀiːʀ]	무히흐
		périr	[peʀiːʀ]	뻬히흐
죽음	f	**mort**	[mɔːʀ]	모흐
죽이다		**détruire**	[detʀɥiːʀ]	데트휘이흐
준비	f	**préparation**	[pʀepaʀɑsjɔ̃]	프헤빠하씨옹
준비된		**prêt**	[pʀɛ]	프헤
준비하다		**ménager**	[menaʒe]	메나제
		préparer	[pʀepaʀe]	프헤빠헤
줄	f	**file**	[fil]	필르
	f	**rangée**	[ʀɑ̃ʒe]	항제
줄거리	m	**argument**	[aʀgymɑ̃]	아흐귀망
줄곧		**continuellement**	[kɔ̃tinɥɛlmɑ̃]	꽁띠뉘엘르망
줄기(덩굴)	f	**tige**	[tiːʒ]	띠쥬
줄무늬	f	**raie**	[ʀɛ]	헤
줄을 긋다(삭제 의미)		**rayer**	[ʀɛ[e]je]	헤이예
줄이다		**abaisser**	[abɛ[e]se]	아베쎄
		diminuer	[diminɥe]	디미뉘에
		réduire	[ʀedɥiːʀ]	헤뒤이흐
		rétrécir	[ʀetʀesiːʀ]	헤뜨헤씨흐
줄칼	m	**grésoir**	[gʀezwaːʀ]	그헤주와흐

줍다	**ramasser**	[Ramɑse]	하마쎄
중간	ⓕ **moyenne**	[mwajɛn]	무와옌느
중간의	**intermédiaire**	[ɛ̃tɛRmedjɛːR]	앵떼흐메디에흐
중개	ⓜ **relais**	[Rəlɛ]	흘레
중계방송하다	**retransmettre**	[RətRɑ̃smɛtR]	흐트항스메트흐
중계하다	**relayer**	[Rəlɛ[e]je]	흘레이예
중국	**Chine**	[ʃin]	쉰느
중국(인, 어)의	**chinois(e)**	[ʃinwa] [ʃinwaːz]	쉬누아(즈)
중단	ⓕ **cesse**	[sɛs]	쎄스
	ⓜ **sommeil**	[sɔmɛj]	쏘메이으
중단하다	**interrompre**	[ɛ̃tɛRɔ̃ːpR]	앵떼홍프흐
	rompre	[Rɔ̃ːpR]	홍프흐
	suspendre	[syspɑ̃ːdR]	쒸스빵드흐
중대한	**grave**	[gRa[ɑ]ːv]	그하브
중립의	**neutre**	[nøːtR]	뇌트흐
중산층	**bourgeois(e)**	[buRʒwa] [buRʒwaːz]	부흐주아(즈)
중상을 입은	**mutilé**	[mytile]	뮈띨레
중상하다	**salir**	[saliːR]	쌀리흐
중심 (인물, 시설)	ⓜ **centre**	[sɑ̃ːtR]	쌍트흐
중심가	ⓜ **centre-ville**	[sɑ̃ːtR vil]	쌍트흐빌르

중심지	ⓕ **cité**	[site]	씨떼
중앙의	**central(ale)**	[sɑ̃tʀal]	쌍트할
중얼거리다	**murmurer**	[myʀmyʀe]	뮈흐뮈헤
중요성	ⓕ **conséquence**	[kɔ̃sekɑ̃:s]	꽁세깡스
	ⓕ **importance**	[ɛ̃pɔʀtɑ̃:s]	앵뽀흐땅스
	ⓕ **valeur**	[valœ:ʀ]	발뢰흐
중요하다	**exister**	[ɛgziste]	에그지스떼
중요한 인물	**quelqu'un**	[kɛlkœ̃]	껠꾕
중요한	**considérable**	[kɔ̃sideʀabl]	꽁시데하블르
	important	[ɛ̃pɔʀtɑ̃]	앵뽀흐땅
	principal	[pʀɛ̃sipal]	프행시빨
중위	ⓜ **lieutenant**	[ljøtnɑ̃]	리외뜨낭
중재	ⓕ **intervention**	[ɛ̃tɛʀvɑ̃sjɔ̃]	앵떼흐방씨옹
중재인	ⓜ **arbitre**	[aʀbitʀ]	아흐비트르
중지(中止)	ⓜ **arrêt**	[aʀɛ]	아헤
	ⓕ **cesse**	[sɛs]	쎄스
중지(中指)	ⓜ **majeur**	[maʒœ:ʀ]	마죄흐
중지하다	**cesser**	[sese]	쎄세
중학교	**CES**	[se ə ɛs]	쎄으에스
	ⓜ **collège**	[kɔlɛ:ʒ]	꼴레쥬

쥐	*m* rat	[ʀa]	하
쥐다	tenir	[təni:ʀ]	뜨니흐
즉석에서	immédiatement	[i(m) medjatmɑ̃]	이메디아뜨망
즉석의	immédiat	[i(m)medja]	이메디아
즉시	aussitôt	[osito]	오씨또
	immédiatement	[i(m) medjatmɑ̃]	이메디아뜨망
즉흥적으로 만들다	improviser	[ɛ̃pʀɔvize]	앵프호비제
즐거운	agréable	[agʀeabl]	아그헤아블르
	joyeux	[ʒwajø]	쥬와이외
즐거움	*m* plaisir	[plɛ[e]zi:ʀ]	쁠레지흐
즐겁게 하다	distraire	[distʀɛ:ʀ]	디스트헤흐
	égayer	[egɛ[e]je]	에게예
	charmer	[ʃaʀme]	샤흐메
	réjouir	[ʀeʒwi:ʀ]	흐쥬이흐
즐기다	goûter	[gute]	구떼
	jouir	[ʒwi:ʀ]	쥬이흐
증가	*f* augmentation	[ɔ[o]gmɑ̃tɑsjɔ̃]	오그망따씨옹
	progrès	[pʀɔgʀɛ]	프호그헤
증가시키다	accroître	[akʀwa[ɑ:]tʀ]	아크후아트흐
증가하다	accroître	[akʀwa[ɑ:]tʀ]	아크후아트흐

	grossir	[gʀosiːʀ]	그호씨흐
증거	*f* preuve	[pʀœːv]	프회브
	m témoignage	[temwaɲaːʒ]	떼무아냐쥬
증기	*f* fumée	[fyme]	퓌메
	f vapeur	[vapœːʀ]	바뾔흐
증명서	*f* carte	[kaʀt]	꺄흐뜨
	m certificat	[sɛʀtifika]	쎄흐띠피꺄
증명하다	certifier	[sɛʀtifje]	쎄흐띠피에
	démontrer	[demɔ̃tʀe]	데몽트헤
	prouver	[pʀuve]	프후베
증서	*m* acte	[akt]	악뜨
	m diplôme	[diploːm]	디쁠롬므
증여	*m* don	[dɔ̃]	동
증오	*f* haine	[ɛn]	엔느
지각	*m* retard	[ʀətaːʀ]	흐따흐
지갑	*m* portefeuille	[pɔʀtəfœj]	뽀흐뜨푀이흐
지구(地球)	*m* globe	[glɔb]	글로브
	f terre	[tɛːʀ]	떼흐
지구(地區)	*m* secteur	[sɛktœːʀ]	쎅뙤흐
	m quartier	[kaʀtje]	꺄흐띠에

지금		**ici**	[isi]	이씨
		maintenant	[mɛ̃tnɑ̃]	맹뜨낭
	m	**présent**	[pʀezɑ̃]	프헤장
지금까지		**jamais**	[ʒamɛ]	쟈메
지급하다		**fournir**	[fuʀniːʀ]	푸흐니흐
지나간	m	**passé**	[pɑse]	빠쎄
지나치게		**trop**	[tʀo]	트호
지나치다		**dépasser**	[depɑse]	데빠쎄
지나친		**excessif**	[ɛksɛ[e]sif]	엑세시프
지나침	m	**excès**	[ɛksɛ]	엑세
지느러미	f	**nageoire**	[naʒwaːʀ]	나주아흐
지능	m	**cerveau**	[sɛʀvo]	쎄흐보
	f	**intelligence**	[ɛ̃te[ɛl]liʒɑ̃ːs]	앵뗄리쟝스
지다 (짐을)		**porter**	[pɔʀte]	뽀흐떼
지대	f	**zone**	[zoːn]	존느
지도하다		**conseiller**	[kɔ̃sɛ[e]je]	꽁세이예
지독하게		**terriblement**	[tɛʀibləmɑ̃]	떼히블르망
지독한		**terrible**	[tɛʀibl]	떼히블르
지렁이	m	**ver**	[vɛːʀ]	베흐
지루하게 하다		**scier**	[sje]	씨에

한국어	성	프랑스어	발음	한글 발음
지리(학)	f	**géographie**	[ʒeɔgʀafi]	제오그하피
지리(학)의		**géographique**	[ʒeɔgʀafik]	제오그하피끄
지면	m	**sol**	[sɔl]	쏠
	f	**terre**	[tɛːʀ]	떼흐
지명하여		**notamment**	[nɔtamɑ̃]	노따망
지방(脂肪)	f	**graisse**	[gʀɛs]	그헤스
지방(地方)	f	**région**	[ʀeʒjɔ̃]	헤지옹
	f	**province**	[pʀɔvɛ̃ːs]	프호뱅스
지방의		**local**	[lɔkal]	로깔
		régional	[ʀeʒjɔnal]	헤지오날
지방자치단체	f	**commune**	[kɔmyn]	꼬뮌느
지방질의		**gras**	[gʀɑ]	그하
지배		**règne**	[ʀɛɲ]	헤뉴
지배인		**gérant**	[ʒeʀɑ̃]	제항
		manager	[mana(d)ʒœ[ɛ]ːʀ]	마나져
지배자		**maître**	[mɛtʀ]	메트흐
	f	**maîtresse**	[mɛtʀɛs]	메트헤스
지배하다		**dominer**	[dɔmine]	도미네
		gouverner	[guvɛʀne]	구베흐네
		maîtriser	[mɛtʀize]	메트히제

지부	*f* **section**	[sɛksjɔ̃]	섹씨옹
지불 (금액)	*m* **paiement**	[pɛmɑ̃]	뻬망
지불하다	**payer**	[pɛ[e]je]	뻬이예
지불해야 하는	**dû**	[dy]	뒤
지붕	*m* **toit**	[twa]	뚜와
지사	*f* **succursale**	[sykyʀsal]	쒸뀌흐쌀르
지성	*f* **intelligence**	[ɛ̃te[ɛl]liʒɑ̃:s]	앵뗄리쟝스
지속 기간	*f* **durée**	[dyʀe]	뒤헤
지속하다	**durer**	[dyʀe]	뒤헤
	demeurer	[dəmœʀe]	드뫼헤
지시	*f* **indication**	[ɛ̃dikɑsjɔ̃]	앵디꺄씨옹
지시하다	**désigner**	[deziɲe]	데지녜
지식	*f* **connaissance**	[kɔnɛsɑ̃:s]	꼬네상스
지어낸 이야기	*m* **roman**	[ʀɔmɑ̃]	호망
지역	*f* **région**	[ʀeʒjɔ̃]	헤지옹
	m **secteur**	[sɛktœ:ʀ]	쎅뙤흐
	f **zone**	[zo:n]	존느
지옥	*m* **enfer**	[ɑ̃fɛ:ʀ]	앙페흐
지우개	*f* **gomme**	[gɔm]	곰므
지우다	**effacer**	[efase]	에파세

지워진	**rayé**	[ʀɛ[e]je]	헤이예
지원(志願)	ⓕ **candidature**	[kɑ̃didatyːʀ]	깡디다뛰흐
지원하다	**appuyer**	[apɥije]	아쀠이예
	soutenir	[sut(ə)niːʀ]	쑤뜨니흐
지위 상승	ⓕ **promotion**	[pʀɔmosjɔ̃]	프호모씨옹
지장	ⓜ **inconvénient**	[ɛ̃kɔ̃venjɑ̃]	앵꽁베니엥
지적	ⓕ **remarque**	[ʀəmaʀk]	흐마흐끄
지적인	**intelligent**	[ɛ̃te[ɛl]liʒɑ̃]	앵뗄리쟝
지적하다	**remarquer**	[ʀəmaʀke]	흐마흐께
지점	ⓕ **succursale**	[sykyʀsal]	쒸뀌흐쌀르
지지	ⓜ **appui**	[apɥi]	아쀠이
지지하다	**épouser**	[epuze]	에뿌제
	retenir	[ʀət(ə)niːʀ]	흐뜨니흐
	soutenir	[sut(ə)niːʀ]	쑤뜨니흐
지체	ⓜ **retard**	[ʀətaːʀ]	흐따흐
지출	ⓕ **dépense**	[depɑ̃ːs]	데빵스
지출하다	**dépenser**	[depɑ̃se]	데빵세
지켜보다	**surveiller**	[syʀvɛ[e]je]	쒸흐베이예
지팡이	**canne**	[kan]	깐느
지퍼	ⓜ **zip**	[zip]	지쁘

한국어	성	프랑스어	발음기호	발음
지평선	m	**horizon**	[ɔʀizɔ̃]	오히종
지폐	m	**billet**	[bijɛ]	비예
지하실		**cave**	[kaːv]	꺄브
	m	**sous-sol**	[susɔl]	쑤쏠
지하의		**souterrain**	[sutɛ(ʀ)ʀɛ̃]	쑤떼행
지하철	m	**métro**	[metʀo]	메트호
지혜	f	**sagesse**	[saʒɛs]	싸제스
지휘관	m	**commandant**	[kɔmɑ̃dɑ̃]	꼬망당
지휘대	m	**podium**	[pɔdjɔm]	뽀디옴
지휘봉	f	**baguette**	[bagɛt]	바게뜨
지휘자	m	**chef**	[ʃɛf]	셰프
지휘하다		**commander**	[kɔmɑ̃de]	꼬망데
		diriger	[diʀiʒe]	디히졔
직감	f	**intuition**	[ɛ̃tɥisjɔ̃]	앵뛰이씨옹
	m	**instinct**	[ɛ̃stɛ̃]	앵스땡
직립한		**droit**	[dʀwa[ɑ]]	드후아
직무	f	**fonction**	[fɔ̃ksjɔ̃]	퐁끄씨옹
	m	**mandat**	[mɑ̃da]	망다
	m	**office**	[ɔfis]	오피스
직물	f	**toile**	[twal]	뚜왈르

직불카드	ⓕ **carte de débit**	[kaʀt də debi]	까흐뜨 드 데비
직사각형	ⓜ **rectangle**	[ʀɛktɑ̃:gl]	헥땅글르
직업	ⓕ **carrière**	[ka[ɑ]ʀjɛ:ʀ]	까히에흐
	état	[eta]	에따
	ⓜ **métier**	[metje]	메띠에
	profession	[pʀɔfɛsjɔ̃]	프호페씨옹
직업의	**professionnel**	[pʀɔfɛsjɔnɛl]	프호페씨오넬
직원	ⓜ **personnel**	[pɛʀsɔnɛl]	뻬흐쏘넬
직위	ⓜ **poste**	[pɔst]	뽀스뜨
직접	**directement**	[diʀɛktəmɑ̃]	디헥뜨망
직접의	**immédiat**	[i(m)medja]	이메디아
직함	ⓜ **titre**	[titʀ]	띠트흐
진	ⓜ **gin**	[dʒin]	쟁
진공청소기	ⓜ **aspirateur**	[aspiʀatœ:ʀ]	아스삐하뙤흐
진귀한	**rare**	[ʀa[ɑ]:ʀ]	하흐
진달래	ⓕ **azalée**	[azale]	아잘레
진동	ⓜ **tremblement**	[tʀɑ̃bləmɑ̃]	트항블르망
진동하다	**trembler**	[tʀɑ̃ble]	트항블레
진로 방해	ⓕ **obstruction**	[ɔpstʀyksjɔ̃]	옵스트휙씨옹
진료소	ⓕ **clinique**	[klinik]	끌리니끄

직업

□ hôtesse de l'air [otɛs də lɛːʀ] 오떼쓰 드 레흐 *f* 스튜어디스

□ médecin [mɛdsɛ̃] 메드쌩 *m* 의사

□ avocat(e) [avɔka] 아보까(뜨) *n* 변호사

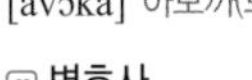

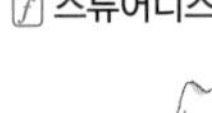

□ cuisinier(ère) [kɥizinje, -ɛːʀ] 뀌지니에(흐) *n* 요리사

□ enseignant(e) [ɑ̃sɛɲɑ̃, -ɑ̃ːt] 앙쎄냥(뜨) *n* 교사

□ policier(ère) [pɔlisje, -ɛːʀ] 뽈리씨에(흐) *m* 경찰관

□ chanteur(se) [ʃɑ̃toeːʀ, -øːz] 샹뙤흐(즈) *n* 가수

□ chauffeur [ʃofoeːʀ] 쇼푀흐 *m* 택시 기사

□ athlète [atlɛt] 아뜰레트 *n* 운동선수

□ vedette [vədɛt] 브데뜨 *f* 연예인

한국어	성	프랑스어	발음	한글 발음
진리	f	**vérité**	[veʀite]	베히떼
진보		**progrès**	[pʀɔgʀɛ]	프호그헤
진보적인		**moderne**	[mɔdɛʀn]	모데흔느
진술하다		**prononcer**	[pʀɔnɔ̃se]	프호농세
진실	f	**vérité**	[veʀite]	베히떼
진실한		**vrai(e)**	[vʀɛ]	브해
진심으로		**sérieusement**	[seʀjøzmɑ̃]	쎄히외즈망
진심의		**chaleureux**	[ʃalœʀø]	샬뢰회
		cordial	[kɔʀdjal]	꼬흐디알
		sérieux	[seʀjø]	쎄히외
진열	m	**étalage**	[etala:ʒ]	에딸라쥬
진열장	f	**vitrine**	[vitʀin]	비트힌느
진자(振子)	m	**pendule**	[pɑ̃dyl]	빵뒬르
진정시키다		**apaiser**	[apɛ[e]ze]	아빼제
		bercer	[bɛʀse]	베흐쎄
		calmer	[kalme]	깔메
		modérer	[mɔdeʀe]	모데헤
진주	f	**perle**	[pɛʀl]	뻬흘르
진지하게		**sérieusement**	[seʀjøzmɑ̃]	쎄히외즈망
진짜 같은		**probable**	[pʀɔbabl]	프호바블르

진짜의		**réel**	[ʀeɛl]	헤엘
		véritable	[veʀitabl]	베히따블르
		vrai(e)	[vʀɛ]	브해
진찰	*f*	**visite**	[vizit]	비지뜨
진찰 받다[하다]		**examiner**	[ɛgzamine]	에그자미네
진창	*f*	**boue**	[bu]	부
진통제	*m*	**calmant**	[kalmɑ̃]	꺌망
진품의		**véritable**	[veʀitabl]	베히따블르
진한		**dense**	[dɑ̃ːs]	당스
		foncé	[fɔ̃se]	퐁세
진행	*f*	**marche**	[maʀʃ]	마흐슈
진행하다		**faire**	[fɛːʀ]	페흐
질리게 하다		**lasser**	[lɑse]	라쎄
질문	*f*	**interrogation**	[ɛ̃tɛʀɔgɑsjɔ̃]	앵떼호갸씨옹
	f	**question**	[kɛstjɔ̃]	께스띠옹
질문하다		**interroger**	[ɛ̃tɛʀɔʒe]	앵떼호제
		questionner	[kɛstjɔne]	께스띠오네
질병	*f*	**maladie**	[maladi]	말라디
질식시키다		**asphyxier**	[asfiksje]	아스픽시에
		étouffer	[etufe]	에뚜페

질책	ⓜ **blâme**	[blɑ:m]	블람므
	ⓜ **reproche**	[ʀəpʀɔʃ]	흐프호슈
질책하다	**gronder**	[gʀɔ̃de]	그홍데
	reprocher	[ʀəpʀɔʃe]	흐쁘호셰
질투	ⓕ **jalousie**	[ʒaluzi]	쟐루지
질투하는	**jaloux**	[ʒalu]	쟐루
짐	ⓜ **bagage**	[baga:ʒ]	바가쥬
짐수레 (두 바퀴의)	ⓜ **char**	[ʃa:ʀ]	샤흐
	ⓕ **charrette**	[ʃaʀɛt]	샤헤뜨
짐승	ⓕ **bête**	[bɛt]	베뜨
짐을 싣다	**charger**	[ʃaʀʒe]	샤흐제
집	**logis**	[lɔʒi]	로지
	ⓕ **maison**	[mɛzɔ̃]	메종
	ⓜ **toit**	[twa]	뚜와
집게손가락	ⓜ **index**	[ɛ̃dɛks]	앵덱스
집다	**pincer**	[pɛ̃se]	빵세
집단	ⓜ **bloc**	[blɔk]	블록
	ⓜ **groupe**	[gʀup]	그후쁘
	ⓕ **société**	[sɔsjete]	소씨에떼
	ⓕ **troupe**	[tʀup]	트후쁘

집단의	collectif(ve)	[kɔ(l)lɛktif] [kɔ(l)lɛktiːv]	꼴렉띠프(브)
집배원	*n* facteur(trice)	[faktœːʀ] [faktʀis]	팍뙤흐(트히스)
집세	*m* loyer	[lwaje]	루와예
	m terme	[tɛʀm]	떼흠므
집안에	dedans	[d(ə)dɑ̃]	드당
집주인	*n* propriétaire	[pʀɔpʀijetɛːʀ]	프호프히에떼흐
집중하다	fixer	[fikse]	픽세
집회	*f* assemblée	[asɑ̃ble]	아쌍블레
	f réunion	[ʀeynjɔ̃]	헤위니옹
징조	*m* signe	[siɲ]	씨뉴
짓궂은	malin	[malɛ̃]	말랭
짖다	aboyer	[abwaje]	아부와예
짚	*m* fétu	[fety]	페뛰
짜다 (눌러서)	tordre	[tɔʀdʀ]	또흐드흐
	presser	[pʀɛ[e]se]	프헤세
짝	*f* paire	[pɛːʀ]	뻬흐
짝수의	*m* pair	[pɛːʀ]	뻬흐
짠맛 나는	salé	[sale]	쌀레
짧은	bref	[bʀɛf]	브헤프
	brève	[bʀɛːv]	브헤브

한국어	프랑스어	발음기호	발음
	court	[kuːʀ]	꾸흐
짧은 이야기	m **conte**	[kɔ̃ːt]	꽁뜨
쪽지	m **billet**	[bijɛ]	비예
찌다	**cuire**	[kɥiːʀ]	뀌이흐
찌르다	**frapper**	[fʀape]	프하뻬
	piquer	[pike]	삐께
찐	**cuit**	[kɥi]	뀌이
찔러넣다	**enfoncer**	[ɑ̃fɔ̃se]	앙퐁세
찢다	**déchirer**	[deʃiʀe]	데쉬헤

ㅊ

차고	*m* **garage**	[gaRa:ʒ]	갸하쥬
차나무	*m* **thé**	[te]	떼
차단하다	**barrer**	[ba[ɑ]Re]	바헤
차량	*m* **wagon**	[vagɔ̃]	바공
차례	*m* **tour**	[tu:R]	뚜흐
차분한	**lent(e)**	[lɑ̃] [lɑ̃:t]	랑(뜨)
차선	*f* **file**	[fil]	필
	f **voie**	[vwa]	부와
차이	*f* **différence**	[difeRɑ̃:s]	디페항스
	f **distinction**	[distɛ̃ksjɔ̃]	디스땡끄씨옹
	m **écart**	[eka:R]	에꺄흐
	m **intervalle**	[ɛ̃tɛRval]	앵떼흐발르
차임벨	*m* **carillon**	[kaRijɔ̃]	꺄히용
착각	*f* **illusion**	[i(l)lyzjɔ̃]	일뤼지옹
착각하다	**méprendre**	[mepRɑ̃:dR]	메프항드흐
착륙	*m* **atterrissage**	[atɛRisa:ʒ]	아떼히싸쥬
착륙하다	**atterrir**	[atɛRi:R]	아떼히흐

착석시키다	asseoir	[aswaːʀ]	아쓰와흐
착수하다	embarquer	[ɑ̃baʀke]	앙바흐께
	entreprendre	[ɑ̃tʀəpʀɑ̃ːdʀ]	앙트흐프항드흐
착지하다	retomber	[ʀətɔ̃be]	흐똥베
착한 사람	*m* bonhomme	[bonɔm]	보놈므
찬성하다	approuver	[apʀuve]	아프후베
찬송가	*m* hymne	[imn]	임느
찬장	*m* buffet	[byfɛ]	뷔페
참가하다	participer	[paʀtisipe]	빠흐띠시뻬
참고	*f* référence	[ʀefeʀɑ̃ːs]	헤페랑스
참상	*m* enfer	[ɑ̃fɛːʀ]	앙페흐
참새	*m* moineau	[mwano]	무와노
참을 수 없는	intenable	[ɛ̃tnabl]	앵뜨나블르
참을성 없는	impatient	[ɛ̃pasjɑ̃]	앵빠씨앙
참을성 있는	*n* patient(e)	[pasjɑ̃] [pasjɑ̃ːt]	빠시앙(뜨)
참치	*m* thon	[tɔ̃]	똥
찻잔	*m* bol	[bɔl]	볼
찻집	*m* café	[kafe]	까페
창	*m* pique	[pik]	삐끄
창고	*m* entrepôt	[ɑ̃tʀəpo]	앙트흐뽀

	m magasin	[magazɛ̃]	마가쟁
	f réserve	[ʀezɛʀv]	헤제흐브
창구	m guichet	[giʃɛ]	기셰
창문	f fenêtre	[f(ə)nɛtʀ]	프네트흐
창백한	pâle	[pɑ:l]	빨르
창백해지다	pâlir	[pɑli:ʀ]	빨리흐
창의성	f invention	[ɛ̃vɑ̃sjɔ̃]	앵방씨옹
창의성이 없는	scolaire	[skɔlɛ:ʀ]	스꼴레흐
창조	f création	[kʀeasjɔ̃]	크헤아씨옹
창조하다	créer	[kʀee]	크헤에
창피한	honteux(se)	[ɔ̃tø] [ɔ̃tø:z]	옹뙤(즈)
찾다	chercher	[ʃɛʀʃe]	셰흐셰
찾아내다	trouver	[tʀuve]	트후베
찾아다니다	rechercher	[ʀəʃɛʀʃe]	흐셰흐셰
찾아오다 (누가)	venir	[v(ə)ni:ʀ]	브니흐
채소	m légume	[legym]	레귐므
채용하다	recruter	[ʀəkʀyte]	흐크휘떼
책	m bouquin	[bukɛ̃]	부깽
	m livre	[li:vʀ]	리브흐
책가방	m cartable	[kaʀtabl]	꺄흐따블르

한국어	성	프랑스어	발음기호	한글 발음
책략	f	**ficelle**	[fisɛl]	피셀르
	m	**piège**	[pjɛːʒ]	삐에쥬
	f	**ruse**	[ʀyːz]	휘즈
책상	m	**bureau**	[byʀo]	뷔호
책임	f	**charge**	[ʃaʀʒ]	샤흐쥬
	f	**responsabilité**	[ʀɛspɔ̃sabilite]	헤스뽕사빌리떼
책임 있는		**responsable**	[ʀɛspɔ̃sabl]	헤스뽕사블르
챔피언		**champion**	[ʃɑ̃pjɔ̃]	샹삐옹
챙 없는 모자	m	**bonnet**	[bɔnɛ]	보네
처남	m	**beau-frère**	[bofʀɛːʀ]	보프헤흐
처리하다		**expédier**	[ɛkspedje]	엑스뻬디에
처방	f	**recette**	[ʀəsɛt]	흐세뜨
처방전	f	**ordonnance**	[ɔʀdɔnɑ̃ːs]	오흐도낭스
처벌	f	**peine**	[pɛn]	뻰느
	f	**punition**	[pynisjɔ̃]	쀠니씨옹
처벌하다		**punir**	[pyniːʀ]	쀠니흐
처음	m	**commencement**	[kɔmɑ̃smɑ̃]	꼬망스망
	m	**début**	[deby]	데뷔
천(千)		**mille**	[mil]	밀르
천국	m	**paradis**	[paʀadi]	빠하디

천둥	*m* **tonnerre**	[tɔnɛːʀ]	또네흐
천만	**dix millions**	[di miljɔ̃]	디밀리옹
천복	*f* **félicité**	[felisite]	펠리시떼
천부적 재능	*f* **aptitude**	[aptityd]	압띠뛰드
천사	*m* **ange**	[ɑ̃ːʒ]	앙쥬
천장	*m* **plafond**	[plafɔ̃]	쁠라퐁
천재	*m* **génie**	[ʒeni]	제니
천주교	*m* **catholicisme**	[katɔlisism]	까똘리시슴므
천주교 신자	*n* **catholique**	[katɔlik]	까똘리끄
천천히	**lentement**	[lɑ̃tmɑ̃]	랑뜨망
철	*m* **fer**	[fɛːʀ]	페흐
철거하다	**évacuer**	[evakɥe]	에바뀌에
철도	*m* **rail**	[ʀɑːj]	하이으
철도역	*f* **gare**	[gaːʀ]	갸흐
철야하다	**veiller**	[vɛ[e]je]	베이예
철자법	*f* **orthographe**	[ɔʀtɔgʀaf]	오흐또그하프
철책	*f* **grille**	[gʀij]	그히으
철학	*f* **philosophie**	[filɔzɔfi]	필로조피
철학자	**philosophe**	[filɔzɔf]	필로조프
첨가하다	**additionner**	[adisjɔne]	아디씨오네

한국어	성	프랑스어	발음	한글 발음
첨부하다		joindre	[ʒwɛ̃:dʀ]	쥬앵드흐
첫 번째	n	premier(ère)	[pʀəmje] [pʀəmjɛ:ʀ]	프흐미에(흐)
첫째로		d'abord	[dabɔ:ʀ]	다보흐
		premièrement	[pʀəmjɛʀmɑ̃]	프흐미에흐망
청구	f	réclamation	[ʀekla[ɑ]masjɔ̃]	헤끌라마씨옹
청구서	f	facture	[fakty:ʀ]	팍뛰흐
청년	m	jeune homme	[ʒœnɔm]	죄놈므
청바지	m	jean	[dʒin]	진
청산하다		liquider	[likide]	리끼데
청소	m	balayage	[balɛja:ʒ]	발레이아쥬
	m	ménage	[mena:ʒ]	메나쥬
	m	nettoyage	[nɛtwaja:ʒ]	네뚜와야쥬
청소년		adolescent(e)	[adɔlesɑ̃] [adɔlesɑ̃:t]	아돌레쌍(뜨)
청소년기	f	jeunesse	[ʒœnɛs]	죄네스
청소하다		balayer	[balɛ[e]je]	발레이예
		nettoyer	[nɛtwaje]	네뚜와예
청춘	m	printemps	[pʀɛ̃tɑ̃]	프행땅
	f	adolescence	[adɔlesɑ̃:s]	아돌레쌍스
청취자		auditeur(trice)	[oditœ:ʀ] [oditʀis]	오디뙤흐 (뜨히스)
체결	f	conclusion	[kɔ̃klyzjɔ̃]	꽁끌뤼지옹

체계	*m* système	[sistɛm]	씨스뗌므
체류	*m* séjour	[seʒuːʀ]	쎄주흐
체류하다	rester	[ʀɛste]	헤스떼
체모	*m* poil	[pwal]	뿌왈
체스	*m* échec	[eʃɛk]	에셰끄
체온	*f* température	[tɑ̃peʀatyːʀ]	땅뻬하뛰흐
체육	*f* gymnastique	[ʒimnastik]	짐나스띠끄
체육관	*m* gymnase	[ʒimnɑːz]	짐나즈
체인	*f* chaîne	[ʃɛn]	쉔느
체제	*m* régime	[ʀeʒim]	헤짐므
체질	*m* tempérament	[tɑ̃peʀamɑ̃]	땅뻬하망
체포	*f* arrestation	[aʀɛstɑsjɔ̃]	아헤스따씨옹
체포하다	capturer	[kaptyʀe]	깝뛰헤
체험하다	éprouver	[epʀuve]	에프후베
쳐다보다	regarder	[ʀəgaʀde]	흐갸흐데
초(秒)	*f* second(e)	[s(ə)gɔ̃] [s(ə)gɔ̃ːd]	스공(드)
초가집	*f* chaumière	[ʃomjɛːʀ]	쇼미에흐
초과 근무	*m* rabiot	[ʀabjo]	하비오
초대	*f* invitation	[ɛ̃vitɑsjɔ̃]	앵비따씨옹
초대 받은	invité	[ɛ̃vite]	앵비떼

ㄱ ㄴ ㄷ ㄹ ㅁ ㅂ ㅅ ㅇ ㅈ ㅊ ㅋ ㅌ ㅍ ㅎ

초대하다		inviter	[ɛ̃vite]	앵비떼
초등학교	f	école primaire	[ekɔl pʀimɛːʀ]	에꼴르 프히메흐
초보 (교재)	m	alphabet	[alfabɛ]	알파베
초보자	m	amateur	[amatœːʀ]	아마뙤흐
초보적인		élémentaire	[elemɑ̃tɛːʀ]	엘레망떼흐
초상	f	statue	[staty]	스따뛰
초상화	m	portrait	[pɔʀtʀɛ]	뽀흐트레
초안	m	canevas	[kanva]	까느바
	m	projet	[pʀɔʒɛ]	프호제
초원	f	prairie	[pʀɛ[e]ʀi]	프헤히
	m	pré	[pʀe]	프헤
초인종	f	sonnette	[sɔnɛt]	쏘네뜨
초조하게 하다		agacer	[agase]	아갸쎄
초콜릿	m	chocolat	[ʃɔkɔla[ɑ]]	쇼꼴라
촉진하다		accélérer	[akseleʀe]	악쎌레헤
촌지	m	pourboire	[puʀbwaːʀ]	뿌흐부와흐
총괄하는		général	[ʒeneʀal]	제네할
총량	f	masse	[mas]	마스
총액	f	somme	[sɔm]	쏨므
촬영소	m	studio	[stydjo]	스뛰디오

최고	ⓜ **maximum**	[maksimɔm]	막시몸
최고 한도	ⓜ **plafond**	[plafɔ̃]	쁠라퐁
최고의	**parfait**	[paʀfɛ]	빠흐페
	suprême	[sypʀɛm]	쒸프헴므
최고치	ⓕ **pointe**	[pwɛ̃:t]	뿌앵뜨
최근에	**récemment**	[ʀesamɑ̃]	헤싸망
최근의	**dernier**	[dɛʀnje]	데흐니에
	récent	[ʀesɑ̃]	헤상
최대치	ⓜ **maximum**	[maksimɔm]	막시몸
최대한의	**plein**	[plɛ̃]	쁠렝
최상의	**suprême**	[sypʀɛm]	쒸프헴므
최소한	ⓜ **minimum**	[minimɔm]	미니몸
최신의	**nouveau**	[nuvo]	누보
최저 기준	ⓜ **plancher**	[plɑ̃ʃe]	쁠랑쉐
최종적인	**définitif**	[definitif]	데피니띠프
최첨단의	**pointu**	[pwɛ̃ty]	뿌앵뛰
최초	ⓜ **début**	[deby]	데뷔
최초의	**primitif**	[pʀimitif]	프히미띠프
최후의	**dernier**	[dɛʀnje]	데흐니에
추가	ⓜ **supplément**	[syplemɑ̃]	쒸쁠레망

추가의		supplémentaire	[syplemɑ̃tɛːʀ]	쒸쁠레망떼흐
추가하다		ajouter	[aʒute]	아주떼
추격	f	poursuite	[puʀsɥit]	뿌흐쉬이뜨
추격하다		chasser	[ʃase]	샤쎄
추구	f	poursuite	[puʀsɥit]	뿌흐쒸이뜨
추구하다		poursuivre	[puʀsɥiːvʀ]	뿌흐쒸이브흐
추리	m	raisonnement	[ʀɛzɔnmɑ̃]	헤존느망
추리하다		raisonner	[ʀɛ[e]zɔne]	헤조네
추방	f	exclusion	[ɛksklyzjɔ̃]	엑스끌뤼지옹
추방하다		exclure	[ɛksklyːʀ]	엑스끌뤼흐
추상적인		abstrait(e)	[apstʀɛ] [apstʀɛt]	압스트레(트)
추세	f	tendance	[tɑ̃dɑ̃ːs]	땅당스
추악함	f	horreur	[ɔʀœːʀ]	오회흐
추억	f	mémoire	[memwaːʀ]	메무와흐
추운		froid(e)	[fʀwa[ɑ]] [fʀwa[ɑː]d]	프후아(드)
추월하다		dépasser	[depɑse]	데빠쎄
추잡한		scandaleux	[skɑ̃dalø]	스깡달뢰
추적하다		poursuivre	[puʀsɥiːvʀ]	뿌흐쒸이브흐
추천된		recommandé	[ʀəkɔmɑ̃de]	흐꼬망데
추천하다		proposer	[pʀɔpoze]	프호뽀제

	recommander	[ʀəkɔmɑ̃de]	흐꼬망데
추출하다	extraire	[ɛkstʀɛːʀ]	엑스트헤흐
추측	ⓕ supposition	[sypozisjɔ̃]	쒸뽀지씨옹
추측하다	supposer	[sypoze]	쒸뽀제
추하게 하다	enlaidir	[ɑ̃lɛ[e]diːʀ]	앙레디흐
추한	laid(e)	[lɛ] [lɛd]	레(드)
	moche	[mɔʃ]	모슈
축구	ⓜ football	[futboːl]	풋볼
축복하다	féliciter	[felisite]	펠리시떼
축소	ⓕ réduction	[ʀedyksjɔ̃]	헤뒥씨옹
축소된	réduit	[ʀedɥi]	헤뒤이
축제	ⓕ foire	[fwaːʀ]	푸와흐
축하	ⓕ célébration	[selebʀɑsjɔ̃]	쎌레브하씨옹
축하하다	fêter	[fɛ[e]te]	페떼
축하해!	bravo	[bʀavo]	브하보
출구	ⓕ issue	[isy]	이쒸
	ⓕ sortie	[sɔʀti]	쏘흐띠
출발	ⓜ départ	[depaːʀ]	데빠흐
출발하다	partir	[paʀtiːʀ]	빠흐띠흐
출범하다	démarrer	[demaʀe]	데마헤

출생	ⓕ **naissance**	[nɛsɑ̃:s]	네쌍스
출석	ⓕ **présence**	[pʀezɑ̃:s]	프헤장스
출석하다	**assister**	[asiste]	아씨스떼
출세하다	**réussir**	[ʀeysi:ʀ]	헤위씨흐
출신	ⓕ **origine**	[ɔʀiʒin]	오히진느
출입 허가	ⓕ **admission**	[admisjɔ̃]	아드미씨옹
출자하는	**contribuer**	[kɔ̃tʀibɥe]	꽁트히뷔에
출장	ⓜ **déplacement**	[deplasmɑ̃]	데쁠라스망
	ⓕ **tournée**	[tuʀnɛ]	뚜흐네
	ⓜ **voyage d'affaires**	[vwaja:ʒ dafɛ:ʀ]	부아야쥬 다페흐
출판(계)	ⓕ **édition**	[edisjɔ̃]	에디씨옹
출판(물)	ⓕ **publication**	[pyblikasjɔ̃]	쀠블리까시옹
출판물	ⓕ **presse**	[pʀɛs]	프헤스
출판사	**éditeur**	[editœ:ʀ]	에디뙤흐
출판자	ⓕ **librairie**	[libʀɛ[e]ʀi]	리브헤히
출판하다	**imprimer**	[ɛ̃pʀime]	앵프히메
	publier	[pyblije]	쀠블리에
출품하다	**exposer**	[ɛkspoze]	엑스뽀제
출현	ⓕ **apparition**	[apaʀisjɔ̃]	아빠히씨옹
출혈	ⓜ **saignement**	[sɛɲmɑ̃]	쎄뉴망

출혈하다	saigner	[sɛ[e]ɲe]	쎄녜
춤	ⓕ danse	[dɑ̃:s]	당스
춤추다	danser	[dɑ̃se]	당쎄
충격을 주다	matraquer	[matʀake]	마트하께
충고	ⓜ conseil	[kɔ̃sɛj]	꽁세이으
충돌	ⓜ choc	[ʃɔk]	쇼끄
	ⓕ collision	[kɔ(l)lizjɔ̃]	꼴리지옹
충분하다	suffire	[syfi:ʀ]	쒸피흐
충분한	suffisant	[syfizɑ̃]	쒸피장
충분히	assez	[ase]	아쎄
	pleinement	[plɛnmɑ̃]	쁠렌느망
	suffisamment	[syfizamɑ̃]	쒸피자망
충수염	ⓕ appendicite	[a(p)pɛ̃disit]	아빵디시뜨
충실한	fidèle	[fidɛl]	피델르
	loyal	[lwajal]	루와얄
충족된	satisfait	[satisfɛ]	싸띠스페
충족시키다	satisfaire	[satisfɛ:ʀ]	싸띠스페흐
충치	ⓕ carie	[kaʀi]	꺄히
취급	ⓜ traitement	[tʀɛtmɑ̃]	트헤뜨망
취급주의	fragile	[fʀaʒil]	프하질르

취급하다	**manier**	[manje]	마니에
	manipuler	[manipyle]	마니쀨레
	manœuvrer	[manœvʀe]	마뇌브헤
	traiter	[tʀɛ[e]te]	트헤떼
취미	**passe-temps**	[pɑstɑ̃]	빠스땅
취한	**ivre**	[iːvʀ]	이브흐
측면	*f* **face**	[fas]	파스
측정하다	**apprécier**	[apʀesje]	아프헤씨에
층(건물)	*m* **étage**	[etaːʒ]	에따쥬
치과 의사	*n* **dentiste**	[dɑ̃tist]	당띠스뜨
치다	**battre**	[batʀ]	바트흐
치료	*f* **cure**	[kyːʀ]	뀌흐
	m **traitement**	[tʀɛtmɑ̃]	트헤뜨망
치료법	**remède**	[ʀəmɛd]	흐메드
치료하다	**guérir**	[geʀiːʀ]	게히흐
치르다	**subir**	[sybiːʀ]	쒸비흐
치마	**jupe**	[ʒyp]	쥐쁘
치명적인	**capital**	[kapital]	꺄삐딸
치밀한	**minutieux**	[minysiø]	미뉘씨외
치수	*f* **mesure**	[məzyːʀ]	므쥐흐

치아	f	**dent**	[dɑ̃]	당
치안	f	**sécurité**	[sekyʀite]	세뀌히떼
치우다		**débarrasser**	[debaʀase]	데바하쎄
		ordonner	[ɔʀdɔne]	오흐도네
		ôter	[ɔte]	오떼
치즈	m	**fromage**	[fʀɔmaːʒ]	프호마쥬
친구	n	**ami(e)**	[ami]	아미
	m	**compagnon**	[kɔ̃paɲɔ̃]	꽁빠뇽
		copain	[kɔpɛ̃]	꼬뺑
친근감		**sympathie**	[sɛ̃pati]	쌩빠띠
친밀한		**intime**	[ɛ̃tim]	앵띰므
		proche	[pʀɔʃ]	프호슈
친밀함	f	**intimité**	[ɛ̃timite]	앵띠미떼
친숙한		**familier**	[familje]	파밀리에
친절	f	**bonté**	[bɔ̃te]	봉떼
친절하게		**amicalement**	[amikalmɑ̃]	아미깔르망
		gentiment	[ʒɑ̃timɑ̃]	장띠망
친절한		**aimable**	[ɛmabl]	에마블르
		bon(ne)	[bɔ̃] [bɔn]	봉(본느)
		gentil(le)	[ʒɑ̃ti] [ʒɑ̃tij]	장띠(으)

친척	*f* **parenté**	[paʀɑ̃te]	빠항떼
7	**sept**	[sɛt]	쎄뜨
70	**soixante-dix**	[swasɑ̃tdis]	수와쌍뜨-디스
7월	*m* **juillet**	[ʒɥijɛ]	쥐이예
칠하다	**appliquer**	[aplike]	아쁠리께
침	*f* **salive**	[sali:v]	쌀리브
침 (곤충의)	*m* **aiguillon**	[egɥijɔ̃]	에귀용
침공	*f* **descente**	[desɑ̃:t]	데상뜨
침대	*m* **lit**	[li]	리
침대 겸 소파	*m* **canapé-lit**	[kanapeli]	꺄나뻬리
침대 시트	*m* **drap**	[dʀa]	드하
침대차	*m* **wagon-lit**	[vagɔ̃li]	바공리
침략	*f* **agression**	[agʀɛsjɔ̃]	아그헤씨옹
침략하다	**envahir**	[ɑ̃vai:ʀ]	앙바이흐
침몰하다	**couler**	[kule]	꿀레
침묵	*m* **silence**	[silɑ̃:s]	씰랑스
침묵하다	**taire**	[tɛ:ʀ]	떼흐
침수시키다	**inonder**	[inɔ̃de]	이농데
	noyer	[nwaje]	누와예
침식하다	**ronger**	[ʀɔ̃ʒe]	홍제

침입하다	**pénétrer**	[penetʀe]	뻬네트헤
침착하게	**calmement**	[kalməmɑ̃]	꺌므망
	tranquillement	[tʀɑ̃kilmɑ̃]	트항낄르망
침착한	**tranquille**	[tʀɑ̃kil]	트항낄르
침통한	**désolé**	[dezɔle]	데졸레
침해	*f* **infraction**	[ɛ̃fʀaksjɔ̃]	앵프학씨옹
침해하다	**léser**	[leze]	레제
칭찬	*m* **compliment**	[kɔ̃plimɑ̃]	꽁쁠리망
칭찬하다	**applaudir**	[aplodiːʀ]	아쁠로디흐
	féliciter	[felisite]	펠리시떼
	vanter	[vɑ̃te]	방떼

| 프랑스어 필수 단어 |

한국어	프랑스어	발음기호	발음
카나리아	*m* canari	[kanaʀi]	꺄나히
카네이션	*m* œillet	[œjɛ]	외이예
카누 (경기)	*m* canoë	[kanɔe]	꺄노에
카드	*f* carte	[kaʀt]	꺄흐뜨
카레라이스	*m* riz au curry	[ʀi o kyʀi]	히 오 뀌히
카메라	*f* caméra	[kameʀa]	꺄메하
카메라맨	photographe	[fɔtɔgʀaf]	포또그하프
카카오 열매	*m* cacao	[kakao]	꺄꺄오
카탈로그	*m* catalogue	[katalɔg]	꺄딸로그
카트	*m* chariot	[ʃaʀjo]	샤히오
카페인	*f* caféine	[kafein]	꺄페인느
카펫	*m* tapis	[tapi]	따삐
칵테일	*m* cocktail	[kɔktɛl]	꼭뗄
칸막이	*m* rideau	[ʀido]	히도
칼	*f* lame	[lam]	람므
캐나다	*m* Canada	[kanada]	꺄나다
캐나다인	canadien	[kanadjɛ̃]	꺄나디엥

한국어	프랑스어	발음기호	한글 발음
캐디	*m* **caddie**	[kadi]	꺄디
캐러멜	*m* **caramel**	[kaʀamɛl]	카하멜
캐시미어(솔)	*m* **cachemire**	[kaʃmiːʀ]	꺄슈미흐
캔	*f* **canette**	[kanɛt]	꺄네뜨
캠프 생활	*m* **camping**	[kɑ̃piŋ]	깡핑그
캠핑객	**campeur**	[kɑ̃pœːʀ]	깡뾔흐
캡슐	*f* **capsule**	[kapsyl]	꺕쉴르
커다란	**grand(e)**	[gʀɑ̃] [gʀɑ̃ːd]	그항(드)
커브	*m* **virage**	[viʀaːʒ]	비하쥬
커서	*m* **curseur**	[kyʀsœːʀ]	뀌흐쐬흐
커지다	**grossir**	[gʀosiːʀ]	그호씨흐
커튼	*m* **rideau**	[ʀido]	히도
커피(원두)	*m* **café**	[kafe]	꺄페
커피포트	*f* **cafetière**	[kaftjɛːʀ]	꺄프띠에흐
컴퓨터	**ordinateur**	[ɔʀdinatœːʀ]	오흐디나뙤흐
컵	*f* **tasse**	[tɑːs]	따스
케이크 (과일이 든)	*f* **pâtisserie**	[pɑ[a]tisʀi]	빠띠스히
	m **cake**	[kɛk]	께끄
케이크 판매자	**pâtissier**	[pɑ[a]tisje]	빠띠씨에
케첩	*m* **ketchup**	[kɛtʃœp]	케첩

ㄱ ㄴ ㄷ ㄹ ㅁ ㅂ ㅅ ㅇ ㅈ ㅊ ㅋ ㅌ ㅍ ㅎ

한국어	성	프랑스어	발음	한글 발음
켜다		allumer	[alyme]	알뤼메
코	m	nez	[ne]	네
코끼리	m	éléphant	[elefɑ̃]	엘레팡
코너	m	rayon	[ʀɛjɔ̃]	헤이용
코르셋	m	corset	[kɔʀsɛ]	꼬흐쎄
코를 골다		ronfler	[ʀɔ̃fle]	홍플레
코스	m	parcours	[paʀku:ʀ]	빠흐꾸흐
	m	trajet	[tʀaʒɛ]	트하제
코스 요리		menu	[məny]	므뉘
코트	m	manteau	[mɑ̃to]	망또
콜라	m	coca	[kɔka]	꼬까
콤팩트	m	compact	[kɔ̃pakt]	꽁빡뜨
콩	m	soja	[sɔʒa]	쏘자
콩나물	fpl	pousses de soja	[pus də sɔʒa]	뿌쓰 드 소자
콩팥	m	rein	[ʀɛ̃]	행
쾌감을 주는		chatouiller	[ʃatuje]	샤뚜이예
쾌거	m	exploit	[ɛksplwa]	엑스쁠루아
쾌락	f	joie	[ʒwa]	쥬와
	m	plaisir	[plɛ[e]zi:ʀ]	쁠레지흐
쾌적	m	confort	[kɔfɔ:ʀ]	꽁포흐

한국어	성	프랑스어	발음기호	발음
쾌적한		**confortable**	[kɔ̃fɔʀtabl]	꽁포흐따블르
쾌활함	f	**gaieté**	[gete]	게떼
쿠션	m	**coussin**	[kusɛ̃]	꾸쌩
퀸(Q)	f	**reine**	[ʀɛn]	헨느
크기	m	**calibre**	[kalibʀ]	깔리브흐
	f	**dimension**	[dimɑ̃sjɔ̃]	디망시옹
	f	**grandeur**	[gʀɑ̃dœːʀ]	그항되흐
	m	**volume**	[vɔlym]	볼륌므
크레이프	f	**crêpe**	[kʀɛp]	크헤쁘
크루아상	m	**croissant**	[kʀwasɑ̃]	크후와쌍
크리스마스	m	**Noël**	[nɔɛl]	노엘
크림 (치즈)	f	**crème**	[kʀɛm]	끄헴므
큰		**grand(e)**	[gʀɑ̃] [gʀɑ̃ːd]	그항(드)
큰길 (가로수가 있는)	f	**avenue**	[avny]	아브뉘
	m	**boulevard**	[bulvaːʀ]	불르바흐
클로버(포커)	m	**trèfle**	[tʀɛfl]	트헤플르
클론	m	**clone**	[klɔn]	끌론느
클릭하다		**cliquer**	[klike]	끌리께
키	f	**taille**	[taːj]	따이으
키보드	m	**clavier**	[klavje]	끌라비에

ㄱ ㄴ ㄷ ㄹ ㅁ ㅂ ㅅ ㅇ ㅈ ㅊ ㅋ ㅌ ㅍ ㅎ

키스	ⓜ **baiser**	[bɛ[e]ze]	베제
키스하다	**embrasser**	[ɑ̃bʀase]	앙브하쎄
키위	ⓜ **kiwi**	[kiwi]	끼위
킬로그램	ⓜ **kilo**	[kilo]	낄로
	ⓜ **kilogramme**	[kilɔgʀam]	낄로그함므
킬로미터(km)	ⓜ **kilomètre**	[kilɔmɛtʀ]	낄로메트흐

ㅌ

타격	*m* **coup**	[ku]	꾸
타고난	**naturel**	[natyʀɛl]	나뛰헬
타다	**brûler**	[bʀyle]	브휠레
타당한	**raisonnable**	[ʀɛzɔnabl]	헤조나블르
타락시키다	**pourrir**	[puʀiːʀ]	뿌히흐
타박상을 입히다	**cabosser**	[kabɔse]	꺄보쎄
타액	*f* **salive**	[saliːv]	쌀리브
타올	*f* **serviette**	[sɛʀvjɛt]	쎄흐비에뜨
타원형	*m* **ovale**	[ɔval]	오발르
타이어	*m* **pneu**	[pnø]	쁘뇌
타이트한	**serré(e)**	[sɛʀe]	쎄헤
타이피스트	**dactylo**	[daktilo]	닥띨로
타인	**autrui**	[otʀɥi]	오트휘이
타입	*m* **type**	[tip]	띠쁘
타조	*f* **autruche**	[otʀyʃ]	오트휘슈
탁구	*m* **ping-pong**	[piŋpɔːŋ]	삥뽕그
탁월	*f* **distinction**	[distɛ̃ksjɔ̃]	디스땡끄씨옹

E

탁월한	brillant(e)	[bʀijɑ̃] [bʀijɑ̃:t]	브히양(뜨)
탁자	ⓕ table	[tabl]	따블르
탄소	ⓜ carbone	[kaʀbɔn]	꺄흐본느
탄압하다	opprimer	[ɔpʀime]	오프히메
탄약통	ⓕ cartouche	[kaʀtuʃ]	꺄흐뚜슈
탄화된	carbonisé(e)	[kaʀbɔnize]	꺄흐보니제
탄환	ⓕ balle	[bal]	발르
	ⓜ plomb	[plɔ̃]	쁠롱
탈선	ⓕ déviation	[devjɑsjɔ̃]	데비아씨옹
탈취	ⓕ prise	[pʀi:z]	프히즈
탐구	ⓕ recherche	[ʀəʃɛʀʃ]	흐셰흐슈
태도	ⓕ attitude	[atityd]	아띠뛰드
	ⓕ façon	[fasɔ̃]	파쏭
	ⓕ manière	[manjɛ:ʀ]	마니에흐
태만	ⓕ paresse	[paʀɛs]	빠헤스
태만한	négligent	[negliʒɑ̃]	네글리쟝
태반(太半)	majorité	[maʒɔʀite]	마죠히떼
	ⓕ moitié	[mwatje]	무와띠에
태양	ⓜ soleil	[sɔlɛj]	쏠레이으
태어나다	naître	[nɛtʀ]	네트흐

태연한	**impassible**	[ɛ̃pasibl]	앵빠씨블르
태우다 (배, 차, 비행기)	**brûler**	[bʀyle]	브휠레
	embarquer	[ɑ̃baʀke]	앙바흐께
(탈것에)	**prendre**	[pʀɑ̃:dʀ]	프항드흐
태운	**cuit**	[kɥi]	뀌이
태풍	*m* **cyclone**	[siklo:n]	씨끌론느
택시	*m* **taxi**	[taksi]	딱씨
택시 기사	*m* **chauffeur**	[ʃofœ:ʀ]	쇼피흐
터널	*m* **tunnel**	[tynɛl]	뛰넬
터득하다	**apprendre**	[apʀɑ̃:dʀ]	아프항드흐
턱	*f* **mâchoire**	[mɑʃwa:ʀ]	마슈와흐
	f **menton**	[mɑ̃tɔ̃]	망똥
털	*m* **poil**	[pwal]	뿌왈
텅 빈	**vide**	[vid]	비드
테니스	*m* **tennis**	[tenis]	떼니스
테라스	*f* **terrasse**	[teʀas]	떼하스
테이블보	*f* **nappe**	[nap]	나쁘
텐트	*f* **tente**	[tɑ̃:t]	땅뜨
텔레비전	*f* **télé**	[tele]	뗄레
	f **télévision**	[televizjɔ̃]	뗄레비지옹

토끼	ⓜ **lapin**	[lapɛ̃]	라뺑
토대	ⓕ **base**	[bɑːz]	바즈
	ⓜ **commencement**	[kɔmɑ̃smɑ̃]	꼬망스망
토마토	ⓕ **tomate**	[tɔmat]	또마뜨
토스트	ⓜ **toast**	[toːst]	또스뜨
토양	ⓜ **sol**	[sɔl]	쏠
	ⓜ **terrain**	[tɛʀɛ̃]	떼헹
토요일	ⓜ **samedi**	[samdi]	쌈디
토의하다	**discuter**	[diskyte]	디스뀌떼
토지	ⓜ **endroit**	[ɑ̃dʀwa]	앙드후아
	ⓕ **terre**	[tɛːʀ]	떼흐
토하다	**vomir**	[vɔ[o]miːʀ]	보미흐
톤(t)	ⓕ **tonne**	[tɔn]	똔느
톨게이트	ⓜ **péage**	[peaːʒ]	뻬아쥬
톱	ⓕ **scie**	[si]	씨
톱으로 자르다	**scier**	[sje]	씨에
통과	ⓕ **passe**	[pɑːs]	빠쓰
통과하다	**passer**	[pɑse]	빠세
	traverser	[tʀavɛʀse]	트하베흐쎄
통로	ⓜ **passage**	[pɑsaːʒ]	빠싸쥬

통보하다	prévenir	[pʀev(ə)niːʀ]	프헤브니흐
통신	*f* correspondance	[kɔʀɛspɔ̃dɑ̃ːs]	꼬헤스퐁당스
통역사	*n* interprète	[ɛ̃tɛʀpʀɛt]	앵떼흐프헤뜨
통역하다	traduire	[tʀadɥiːʀ]	트하뒤이흐
통일	*f* unité	[ynite]	위니떼
통장	*m* compte	[kɔ̃ːt]	꽁뜨
통조림	*f* boîte	[bwat]	부아뜨
	f conserve	[kɔ̃sɛʀv]	꽁세흐브
통지	*f* nouvelle	[nuvɛl]	누벨르
통지하다	informer	[ɛ̃fɔʀme]	앵포흐메
통치	*m* gouvernement	[guvɛʀnəmɑ̃]	구베흔느망
	règne	[ʀɛɲ]	헤뉴
통치하다	règne	[ʀɛɲ]	헤뉴
통합된	unique	[ynik]	위니끄
통행이 많은	passant	[pasɑ̃]	빠쌍
통행인	*f* rue	[ʀy]	휘
통행하다	circuler	[siʀkyle]	씨흐뀔레
퇴보하다	régresser	[ʀegʀɛ[e]se]	헤그헤세
퇴장	*f* sortie	[sɔʀti]	쏘흐띠
퇴직	*f* retraite	[ʀətʀɛt]	흐트헤뜨

ㄱ ㄴ ㄷ ㄹ ㅁ ㅂ ㅅ ㅇ ㅈ ㅊ ㅋ ㅌ ㅍ ㅎ

ㅌ

투명한	clair(e)	[klɛːʀ]	끌레흐
	limpide	[lɛ̃pid]	랭피드
	transparent	[tʀɑ̃spaʀɑ̃]	트항스빠항
투명함	ⓕ clarté	[klaʀte]	끌라흐떼
투박한	rude	[ʀyd]	휘드
투쟁	ⓜ combat	[kɔ̃ba]	꽁바
	ⓕ lutte	[lyt]	뤼뜨
투표	ⓜ vote	[vɔt]	보뜨
투표하다	voter	[vɔte]	보떼
퉁명스러운	brusque	[bʀysk]	브휘스끄
튀긴	frit	[fʀi]	프히
튀어오르다	rebondir	[ʀəbɔ̃diːʀ]	흐봉디흐
튤립	ⓕ tulipe	[tylip]	뛸리쁘
트럭	ⓜ camion	[kamjɔ̃]	까미옹
트럼프	ⓕⓟⓛ cartes	[kaʀt]	꺄흐뜨
트렁크	ⓜ coffre	[kɔfʀ]	꼬프흐
트레이너	soigneur	[swaɲœːʀ]	쑤와뇌흐
트렌치코트	ⓜ trench-coat	[tʀɛnʃkot]	트헹슈-꼬뜨
트림하다	éructer	[eʀykte]	에휙떼
특권	privilège	[pʀivilɛːʒ]	프히빌레쥬

한국어	성	프랑스어	발음기호	한글 발음
특별한		**spécial**	[spesjal]	스뻬시알
특별히		**spécialement**	[spesjalmɑ̃]	스뻬시알르망
특산품	f	**spécialité**	[spesjalite]	스뻬시알리떼
특성	f	**qualité**	[kalite]	깔리떼
특수한		**particulier**	[paʀtikylje]	빠흐띠뀔리에
특유의		**caractéristique**	[kaʀakteʀistik]	까학떼히스띠끄
특징	m	**caractère**	[kaʀaktɛːʀ]	까학떼흐
특히		**particulièrement**	[paʀtikyljɛʀmɑ̃]	빠흐띠뀔리에흐망
		surtout	[syʀtu]	쒸흐뚜
튼튼한		**robuste**	[ʀɔbyst]	호뷔스뜨
		solide	[sɔlid]	쏠리드
틀	m	**moule**	[mul]	물르
틀림없는		**évident**	[evidɑ̃]	에비당
틀림없이		**sûrement**	[syʀmɑ̃]	쒸흐망
티켓	m	**ticket**	[tikɛ]	띠께
팀	f	**équipe**	[ekip]	에끼쁘
팁	m	**pourboire**	[puʀbwaːʀ]	뿌흐부와흐

ㄱ ㄴ ㄷ ㄹ ㅁ ㅂ ㅅ ㅇ ㅈ ㅊ ㅋ ㅌ ㅍ ㅎ

ㅍ

파	ⓕ **ciboule**	[sibul]	씨불르
파견하다	**dépêcher**	[depɛ[e]ʃe]	데뻬셰
파괴하다	**détruire**	[detʀɥiːʀ]	데트휘이흐
파기하다	**rompre**	[ʀɔ̃ːpʀ]	홍프흐
파다 (구멍을)	**creuser**	[kʀøze]	크회제
파도	ⓕ **marée**	[maʀe]	마헤
	ⓕ **vague**	[vag]	바그
파랑	ⓜ **bleu**	[blø]	블뢰
파렴치한	**scandaleux**	[skɑ̃dalø]	스깡달뢰
파리	ⓜ **Paris**	[paʀi]	빠히
파리(곤충)	ⓕ **mouche**	[muʃ]	무슈
파면하다	**licencier**	[lisɑ̃sje]	리쌍시에
파멸	ⓕ **mort**	[mɔːʀ]	모흐
파산시키다	**ruiner**	[ʀɥine]	휘이네
파악	ⓕ **possession**	[pɔsɛsjɔ̃]	뽀세씨옹
파악하다	**saisir**	[sɛ[e]ziːʀ]	쎄지흐
파업	ⓕ **grève**	[gʀɛːv]	그헤브

파열하다	éclater	[eklate]	에끌라떼
파이프	*f* pipe	[pip]	삐쁘
	m tuyau	[tɥijo]	뛰이요
	m tube	[tyb]	뛰브
파인애플	*m* ananas	[anana(s)]	아나나(스)
파자마	*m* pyjama	[piʒama]	삐쟈마
파충류	*m* reptile	[ʀɛptil]	헵띨르
파테	*m* pâté	[pɑte]	빠떼
파편	*m* décombres	[dekɔ̃:bʀ]	데꽁브흐
판(板)	*f* plaque	[plak]	쁠라끄
판(版, 영화, 문학의)	*f* version	[vɛʀsjɔ̃]	베흐씨옹
판결	*m* jugement	[ʒyʒmɑ̃]	쥐쥬망
판다	*m* panda	[pɑ̃da]	빵다
판단하다	juger	[ʒyʒe]	쥐제
판로(販路)	*m* marché	[maʀʃe]	마흐셰
판매	vente	[vɑ̃:t]	방뜨
판매 대리인	représentant	[ʀəpʀezɑ̃tɑ̃]	흐프헤장땅
판매 촉진	*f* promotion	[pʀɔmosjɔ̃]	프호모씨옹
판매대	*m* éventaire	[evɑ̃tɛ:ʀ]	에방떼흐
판매원	vendeur	[vɑ̃dœ:ʀ]	방되흐

한국어	성	프랑스어	발음기호	한글 발음
판매자		marchand	[marʃɑ̃]	마흐샹
판매하다		vendre	[vɑ̃:dʀ]	방드흐
판사	m	juge	[ʒy:ʒ]	쥐쥬
팔	m	bras	[bʀa]	브하
8		huit	[ɥit]	위이뜨
팔굽혀펴기	f	pompe	[pɔ̃:p]	뽕쁘
팔꿈치	m	coude	[kud]	꾸드
팔다		vendre	[vɑ̃:dʀ]	방드흐
80		quatre-vingts	[katʀəvɛ̃]	꺄트흐-뱅
팔아넘기다		céder	[sede]	쎄데
8월	m	août	[u(t)]	우뜨
팔찌	m	bracelet	[bʀaslɛ]	브하슬레
패스트푸드		fast-food	[fastfud]	파스트푸드
패하다		perdre	[pɛʀdʀ]	뻬흐드흐
팩시밀리	m	fac-similé	[faksimile]	팍씨밀레
팽팽함	f	tension	[tɑ̃sjɔ̃]	땅씨옹
퍼즐	m	puzzle	[pœzl]	뻐즐
퍼진		répandu	[ʀepɑ̃dy]	헤빵뒤
페달	f	pédale	[pedal]	뻬달르
페이지	f	page	[pa:ʒ]	빠쥬

페인트	f	peinture	[pɛ̃ty:ʀ]	뼁뛰흐
페인트공	m	peintre	[pɛ̃:tʀ]	뼁트흐
펜치	f	pince	[pɛ̃:s]	뺑스
펭귄	m	manchot	[mɑ̃ʃo]	망쇼
편견	m	préjugé	[pʀeʒyʒe]	프헤쥐제
편두통	f	migraine	[migʀɛn]	미그헨느
편리한		commode	[kɔmɔd]	꼬모드
편물	m	tricot	[tʀiko]	트히꼬
편성하다		former	[fɔʀme]	포흐메
편안함	f	aise	[ɛ:z]	에즈
편애	f	manie	[mani]	마니
	f	préférence	[pʀefeʀɑ̃:s]	프헤페항스
편지	f	lettre	[lɛtʀ]	레트흐
편지 봉투	f	enveloppe	[ɑ̃vlɔp]	앙블롭쁘
편집적(偏執的)인		maniaque	[manjak]	마니아끄
펼쳐친	f	étendu(e)	[etɑ̃dy]	에땅뒤
펼치다		étendre	[etɑ̃:dʀ]	에땅드흐
평가	m	jugement	[ʒyʒmɑ̃]	쥐쥬망
평가하다		apprécier	[apʀesje]	아프헤씨에
		estimer	[ɛstime]	에스띠메

	évaluer	[evalɥe]	에발뤼에
평균	ⓕ **moyenne**	[mwajɛn]	무와옌느
평등	ⓕ **égalité**	[egalite]	에갈리떼
평등한	**égal**	[egal]	에걀
평방미터	ⓜ **mètre carré**	[mɛtʀ ka[ɑ]ʀe]	메트흐 꺄헤
평범한	**banal(e)**	[banal]	바날
	médiocre	[medjɔkʀ]	메디오크흐
	moyen	[mwajɛ̃]	무와옝
	ordinaire	[ɔʀdinɛːʀ]	오흐디네흐
평소의	**habituel**	[abitɥɛl]	아비뛰엘
평야	ⓕ **plaine**	[plɛn]	쁠렌느
평온하게	**calmement**	[kalməmɑ̃]	꺌므망
평온한	**calme**	[kalm]	꺌므
평일	ⓕ **semaine**	[s(ə)mɛn]	스멘느
평판	ⓕ **réputation**	[ʀepytɑsjɔ̃]	헤쀠따씨옹
평평하게 하다	**aplatir**	[aplatiːʀ]	아쁠라띠흐
	rouler	[ʀule]	훌레
평평한	ⓜ **plat**	[pla]	쁠라
평행한	**parallèle**	[paʀa(l)lɛl]	빠할렐르
평화	ⓕ **paix**	[pɛ]	뻬

평화적인		**pacifique**	[pasifik]	빠시피끄
폐	m	**poumon**	[pumɔ̃]	뿌몽
폐기장	m	**cimetière**	[simtjɛːʀ]	씨므띠에흐
폐를 끼치다		**incommoder**	[ɛ̃kɔmɔde]	앵꼬모데
폐색	f	**obstruction**	[ɔpstʀyksjɔ̃]	옵스트휙씨옹
폐쇄	f	**fermeture**	[fɛʀmətyːʀ]	페흠므뛰흐
폐쇄적인		**renfermé**	[ʀɑ̃fɛʀme]	항페흐메
폐지하다		**supprimer**	[sypʀime]	쒸프히메
폐해		**abus**	[aby]	아뷔
폐허	f	**ruine**	[ʀɥin]	휘인느
포기	m	**abandon**	[abɑ̃dɔ̃]	아방동
포기하다		**abandonner**	[abɑ̃dɔne]	아방도네
		démissionner	[demisjɔne]	데미씨오네
		renoncer	[ʀənɔ̃se]	흐농세
포도	m	**raisin**	[ʀɛzɛ̃]	헤쟁
포도 수확	f	**vendange**	[vɑ̃dɑ̃ːʒ]	방당쥬
포도나무[밭]	f	**vigne**	[viɲ]	비뉴
포도주	m	**vin**	[vɛ̃]	뱅
포로		**captif(ve)**	[kaptif] [kaptiːv]	깝띠프
		prisonnier	[pʀizɔnje]	프히조니에

포목	*f* **toile**	[twal]	뚜왈르
포석 깔기	*m* **carrelage**	[ka[ɑ]ʀla:ʒ]	까흘라쥬
포스터	*f* **affiche**	[afiʃ]	아피슈
포옹하다	**embrasser**	[ɑ̃bʀase]	앙브하쎄
포장하다	**emballer**	[ɑ̃bale]	앙발레
	envelopper	[ɑ̃vlɔpe]	앙블로뻬
포크	*f* **fourchette**	[fuʀʃɛt]	푸흐셰뜨
포테이토칩	*mpl* **chips**	[ʃip(s)]	칩스
포플러	*m* **peuplier**	[pøplije]	쁘쁠리에
포함된	**inclus**	[ɛ̃kly]	앵끌뤼
포함하다	**comporter**	[kɔ̃pɔʀte]	꽁뽀흐떼
	contenir	[kɔ̃tni:ʀ]	꽁뜨니흐
폭동	**révolte**	[ʀevɔlt]	헤볼뜨
폭동을 일으키다	**révolter**	[ʀevɔlte]	헤볼떼
폭력	*f* **violence**	[vjɔlɑ̃:s]	비올랑스
폭로	*f* **révélation**	[ʀevelɑsjɔ̃]	헤벨라씨옹
폭로하다	**dévoiler**	[devwale]	데부알레
	révéler	[ʀevele]	헤벨레
폭발	*f* **explosion**	[ɛksplozjɔ̃]	엑스쁠로지옹
	orage	[ɔʀa:ʒ]	오하쥬

한국어	성	프랑스어	발음기호	한글 발음
폭발음	m	**éclat**	[ekla]	에끌라
폭발하다		**déborder**	[debɔʀde]	데보흐데
		éclater	[eklate]	에끌라떼
폭이 넓은		**large**	[laʀʒ]	라흐쥬
폭탄	f	**bombe**	[bɔ̃:b]	봉브
폭포	f	**cascade**	[kaskad]	꺄스꺄드
폭풍우	m	**cyclone**	[siklo:n]	씨끌론느
	m	**ouragan**	[uʀagɑ̃]	우하강
	f	**tempête**	[tɑ̃pɛt]	땅뻬뜨
폭행	m	**attentat**	[atɑ̃ta]	아땅따
	f	**violence**	[vjɔlɑ̃:s]	비올랑스
폴로셔츠	m	**polo**	[pɔlo]	뽈로
표	m	**ticket**	[tikɛ]	띠께
표결하다		**voter**	[vɔte]	보떼
표면	f	**surface**	[syʀfas]	쒸흐파스
표면에		**sur**	[syʀ]	쒸흐
표면적인		**superficiel**	[sypɛʀfisjɛl]	쒸뻬흐피시엘
표명	f	**déclaration**	[deklaʀɑsjɔ̃]	데끌라하씨옹
표명하다		**manifester**	[manifɛste]	마니페스떼
표시	f	**indication**	[ɛ̃dikɑsjɔ̃]	앵디꺄씨옹

ㄱ ㄴ ㄷ ㄹ ㅁ ㅂ ㅅ ㅇ ㅈ ㅊ ㅋ ㅌ ㅍ ㅎ

한국어	성	프랑스어	발음기호	한글 발음
	m	**signal**	[siɲal]	씨냘
	m	**signe**	[siɲ]	씨뉴
표시하다		**marquer**	[maʀke]	마흐께
		signaler	[siɲale]	씨냘레
표정	f	**expression**	[ɛkspʀɛsjɔ̃]	엑스프헤씨옹
	f	**mine**	[min]	민느
	f	**tête**	[tɛt]	떼뜨
표제	m	**titre**	[titʀ]	띠트흐
표준	m	**canon**	[kanɔ̃]	까농
표준의		**normal**	[nɔʀmal]	노흐말
표지판	f	**plaque**	[plak]	쁠라끄
표현	f	**expression**	[ɛkspʀɛsjɔ̃]	엑스프헤씨옹
	m	**langage**	[lɑ̃ga:ʒ]	랑가쥬
	f	**représentation**	[ʀəpʀezɑ̃tɑsjɔ̃]	흐프헤장따씨옹
표현하다		**exprimer**	[ɛkspʀime]	엑스프히메
		parler	[paʀle]	빠흘레
푸들(동물)		**caniche**	[kaniʃ]	까니슈
푸아그라(거위 간 요리)	m	**foie gras**	[fwa gʀɑ]	푸와그하
풀(접착)	f	**colle**	[kɔl]	꼴르
풀(草)	f	**herbe**	[ɛʀb]	에흐브

풀다	débrouiller	[debʀuje]	데브후이예
	défaire	[defɛːʀ]	데페흐
	résoudre	[ʀezudʀ]	헤주드흐
풀어주다	lâcher	[lɑʃe]	라셰
품목	(m) article	[aʀtikl]	아흐띠끌르
품위 없는	grossier	[gʀosje]	그호씨에
품위 있는	digne	[diɲ]	디뉴
품종	race	[ʀas]	하스
품질	(f) qualité	[kalite]	깔리떼
풍경	(m) paysage	[pe(j)izaːʒ]	뻬이자쥬
풍부	(f) richesse	[ʀiʃɛs]	히셰스
풍부한	abondant(e)	[abɔ̃dɑ̃] [abɔ̃dɑ̃ːt]	아봉당(뜨)
	épais	[epɛ]	에뻬
	généreux(se)	[ʒeneʀø] [ʒeneʀøːz]	제네회(즈)
풍습	(f) mœurs	[mœːʀ]	뫼흐
풍자 만화	(f) caricature	[kaʀikatyːʀ]	까히까뛰흐
풍차	(m) moulin	[mulɛ̃]	물랭
프라이팬	(f) poêle	[pwa[ɑː]l]	뽀왈르
프랑스	France	[fʀɑ̃ːs]	프항쓰
프랑스(어)의	français(e)	[fʀɑ̃sɛ] [fʀɑ̃sɛːz]	프항쎄(즈)

풍경

□ **fleuve** [floeːv]
플뢰브 (m) **강**

□ **vallée** [vale]
발레 (f) **계곡**

□ **plateau** [plato]
쁠라또 (m) **고원**

□ **rocher** [ʀɔʃe]
호쉐 (m) **바위**

□ **colline** [kɔlin]
꼴린느 (f) **언덕, 구릉**

□ **montagne** [mɔ̃taɲ]
몽따뉴 (f) **산**

□ **forêt** [fɔʀɛ]
포헤 (f) **숲**

□ **paroi** [paʀwa[ɑ]]
빠후아 (f) **절벽**

□ **lac** [lak]
라끄 (m) **호수**

□ **prairie** [pʀɛ[e]ʀi]
프헤히 (f) **초원**

□ **cascade** [kaskad]
꺄스꺄드 (f) **폭포**

□ **volcan** [vɔlkɑ̃]
볼깡 (m) **화산**

한국어	성	프랑스어	발음기호	한글 발음
프로그램	f	**émission**	[emisjɔ̃]	에미씨옹
	m	**programme**	[pʀɔgʀam]	프호그함므
프로레슬러		**catcheur(se)**	[katʃœ:ʀ]	꺄최흐
프로레슬링	m	**catch**	[katʃ]	꺄취
프로펠러	f	**hélice**	[elis]	엘리스
프리랜서	m	**free-lance**	[fʀilɑ̃s]	프히랑쓰
프린터	f	**imprimante**	[ɛ̃pʀimɑ̃:t]	앵프히망뜨
플라타너스	m	**platane**	[platan]	쁠라딴느
피	f	**sang**	[sɑ̃]	쌍
피곤한		**fatigué(e)**	[fatige]	파티게
피난시키다		**évacuer**	[evakɥe]	에바뀌에
피난처	m	**abri**	[abʀi]	아브히
	m	**port**	[pɔ:ʀ]	뽀흐
	m	**refuge**	[ʀəfy:ʒ]	흐퓌쥬
피난하다		**réfugier**	[ʀefyʒje]	헤퓌지에
피라미드	f	**pyramide**	[piʀamid]	삐하미드
피로	f	**fatigue**	[fatig]	파띠그
피를 뽑다		**saigner**	[sɛ[e]ɲe]	쎄녜
피망	m	**piment**	[pimɑ̃]	삐망
피부	m	**cuir**	[kɥi:ʀ]	뀌이흐

한국어	성	프랑스어	발음	한글 발음
	f	peau	[po]	뽀
피부과	f	dermatologie	[dɛʀmatɔlɔʒi]	데흐마똘로지
피상적인		superficiel	[sypɛʀfisjɛl]	쒸뻬흐피시엘
피아노	m	piano	[pjano]	삐아노
피임약	f	pilule	[pilyl]	삘륄르
피자	f	pizza	[pidza]	핏자
피하다		éloigner	[elwaɲe]	엘루아녜
		éviter	[evite]	에비떼
피할 수 없는		obligé	[ɔbliʒe]	오블리졔
피해	m	dégât	[degɑ]	데갸
	m	dommage	[dɔmaːʒ]	도마쥬
피해자	f	victime	[viktim]	빅띰므
필사적인		désespéré	[dezɛspeʀe]	데제스뻬헤
필수적인		indispensable	[ɛ̃dispɑ̃sabl]	앵디스빵사블르
필연적으로		forcément	[fɔʀsemɑ̃]	포흐쎄망
		naturellement	[natyʀɛlmɑ̃]	나뛰렐르망
필연적인		fatal	[fatal]	파딸
		inévitable	[inevitabl]	이네비따블르
		obligé	[ɔbliʒe]	오블리졔
필요	m	besoin	[bəzwɛ̃]	브주앵

필요로 하다	**nécessiter**	[nesesite]	네쎄시떼
필요성	*f* **nécessité**	[nesesite]	네쎄시떼
필요한	**nécessaire**	[nesesɛːʀ]	네쎄세흐
필적	*f* **écriture**	[ekʀityːʀ]	에크히뛰흐
필통	*f* **trousse**	[tʀus]	트후스
핑계	*m* **prétexte**	[pʀetɛkst]	프헤떽스뜨

하강	ⓕ **descente**	[desɑ̃:t]	데상뜨
하나, 1	**un(e)**	[œ̃] [yn]	엥(윈느)
~하는 동안	**tandis que**	[tɑ̃dik(ə)]	땅디끄
~하는 사람	**ceux**	[sø]	쓰
하늘	ⓜ **ciel**	[sjɛl]	씨엘
하늘나라에	**là-haut**	[lao]	라오
하락	ⓕ **baisse**	[bɛs]	베쓰
하락하다	**tomber**	[tɔ̃be]	똥베
하루(의 일)	ⓕ **journée**	[ʒuʀne]	주흐네
하마	ⓜ **hippopotame**	[ipɔpɔtam]	이뽀뽀땀므
하수도	ⓜ **égout**	[egu]	에구
하역하다	**décharger**	[deʃaʀʒe]	데샤흐제
	débarquer	[debaʀke]	데바흐께
하위의	**subalterne**	[sybaltɛʀn]	쒸발떼흔느
하이힐	ⓜⓟⓛ **talons hauts**	[talɔ̃ o]	딸롱 오
하중	ⓕ **charge**	[ʃaʀʒ]	샤흐쥬
하지만	**mais**	[mɛ]	메

	pourtant	[puʀtɑ̃]	뿌흐땅
하차하다	descendre	[desɑ̃:dʀ]	데상드흐
하천	ⓕ rivière	[ʀivjɛ:ʀ]	히비에흐
하트(포커)	ⓜ cœur	[kœ:ʀ]	꾀흐
하품	ⓜ bâillement	[bɑjmɑ̃]	바이으망
학과	ⓕ discipline	[disiplin]	디시쁠린느
	ⓕ leçon	[ləsɔ̃]	르쏭
학교	ⓕ école	[ekɔl]	에꼴르
학교 (교육)의	scolaire	[skɔlɛ:ʀ]	스꼴레흐
학기	ⓜ semestre	[s(ə)mɛstʀ]	스메스트흐
학문적인	savant	[savɑ̃]	싸방
학사 자격	ⓕ licence	[lisɑ̃:s]	리쌍스
학살하다	massacrer	[masakʀe]	마싸크헤
학생	ⓕ élève	[elɛ:v]	엘레브
학설	ⓕ théorie	[teɔʀi]	떼오히
학술적인	scientifique	[sjɑ̃tifik]	씨앙띠피끄
한 쌍	ⓕ paire	[pɛ:ʀ]	빼흐
한 쌍의	jumeau	[ʒymo]	쥐모
한 장	ⓕ page	[pa:ʒ]	빠쥬
한계	ⓕ borne	[bɔʀn]	보흔느

ㄱ ㄴ ㄷ ㄹ ㅁ ㅂ ㅅ ㅇ ㅈ ㅊ ㅋ ㅌ ㅍ ㅎ

	ⓕ **limite**	[limit]	리미뜨
한국	**Corée**	[kɔʀe]	꼬헤
한도	ⓕ **limite**	[limit]	리미뜨
한밤중	ⓜ **minuit**	[minɥi]	미뉘이
한숨	ⓜ **soupir**	[supiːʀ]	쑤삐흐
한숨 쉬다	**soupirer**	[supiʀe]	쑤삐헤
한여름	ⓕ **canicule**	[kanikyl]	꺄니뀔르
한정된	**limité**	[limite]	리미떼
한탄	ⓕ **plainte**	[plɛ̃ːt]	쁠렝뜨
한턱내다	**régaler**	[ʀegale]	헤갈레
~할 만하다	**mériter**	[meʀite]	메히떼
할 수 없는	**incapable**	[ɛ̃kapabl]	앵꺄빠블르
할 수 있는	**capable**	[kapabl]	꺄빠블르
할당	ⓕ **portion**	[pɔʀsjɔ̃]	뽀흐씨옹
할당하다	**attribuer**	[atʀibɥe]	아트히뷔에
할머니	ⓕ **grand-mère**	[gʀɑ̃mɛːʀ]	그항메흐
할아버지	ⓜ **grand-père**	[gʀɑ̃pɛːʀ]	그항뻬흐
할인	**rabais**	[ʀabɛ]	하베
	ⓕ **réduction**	[ʀedyksjɔ̃]	헤뒥씨옹
	ⓕ **remise**	[ʀəmiːz]	흐미즈

할인된	réduit	[ʀedɥi]	헤뒤이
핥다	sucer	[syse]	쒸쎄
함께	avec	[avɛk]	아베끄
	ⓜ ensemble	[ɑ̃sɑ̃:bl]	앙쌍블르
함장	ⓜ commandant	[kɔmɑ̃dɑ̃]	꼬망당
함정	ⓜ piège	[pjɛ:ʒ]	삐에쥬
합격한	reçu	[ʀəsy]	흐쒸
합계	ⓜ ensemble	[ɑ̃sɑ̃:bl]	앙쌍블르
	ⓕ somme	[sɔm]	쏨므
합류하다	rejoindre	[ʀəʒwɛ̃:dʀ]	흐주앵드흐
합법적인	légal	[legal]	레걀
	légitime	[leʒitim]	레지띰므
핫도그	ⓜ hot-dog	[ɔtdɔg]	오뜨도그
항공편	ⓕ vol	[vɔl]	볼
항구	ⓜ port	[pɔ:ʀ]	뽀흐
항로	ⓕ route	[ʀut]	후뜨
항목	ⓜ chapitre	[ʃapitʀ]	샤삐트흐
항아리	ⓜ pot	[po]	뽀
	ⓜ vase	[vɑ:z]	바즈
항의	ⓕ protestation	[pʀɔtɛstasjɔ̃]	프호떼스따씨옹

ㄱ ㄴ ㄷ ㄹ ㅁ ㅂ ㅅ ㅇ ㅈ ㅊ ㅋ ㅌ ㅍ ㅎ

항의하다	contester	[kɔ̃tɛste]	꽁떼스떼
	protester	[pʀɔteste]	프호떼스떼
	rouspéter	[ʀuspete]	후스뻬떼
항해	*f* croisière	[kʀwazjɛːʀ]	크호와지에흐
항해사	*m* lieutenant	[ljøtnɑ̃]	리외뜨낭
항해의	marin	[maʀɛ̃]	마행
항해하다	naviguer	[navige]	나비게
해(年)	*m* an	[ɑ̃]	앙
해결	*m* règlement	[ʀɛgləmɑ̃]	헤글르망
해결책	*f* issue	[isy]	이쒸
	f réponse	[ʀepɔ̃ːs]	헤뽕스
	f solution	[sɔlysjɔ̃]	쏠뤼씨옹
해결하다	débrouiller	[debʀuje]	데브후이예
	régler	[ʀegle]	헤글레
	résoudre	[ʀezudʀ]	헤주드흐
	trancher	[tʀɑ̃ʃe]	트항셰
해고하다	licencier	[lisɑ̃sje]	리쌍시에
	renvoyer	[ʀɑ̃vwaje]	항부와예
	débarquer	[debaʀke]	데바흐께
해군	*f* marine	[maʀin]	마힌느

한국어	성	프랑스어	발음기호	발음
해답	f	**solution**	[sɔlysjɔ̃]	쏠뤼씨옹
~해도 좋다		**pouvoir**	[puvwa:ʀ]	뿌브와흐
해면	f	**éponge**	[epɔ̃:ʒ]	에뽕쥬
해명하다		**débrouiller**	[debʀuje]	데브후이예
해바라기	m	**tournesol**	[tuʀnəsɔl]	뚜흐느쏠
해방	f	**libération**	[libeʀɑsjɔ̃]	리베하씨옹
해방되다		**guéri**	[geʀi]	게히
해방하다		**libérer**	[libeʀe]	리베헤
해변	f	**plage**	[pla:ʒ]	쁠라쥬
해상의		**maritime**	[maʀitim]	마히팀므
해석	f	**explication**	[ɛksplikɑsjɔ̃]	엑스쁠리꺄씨옹
해석하다		**interpréter**	[ɛ̃tɛʀpʀete]	앵떼흐프헤떼
해안	m	**rivage**	[ʀiva:ʒ]	히바쥬
		rive	[ʀi:v]	히브
해체하다		**défaire**	[defɛ:ʀ]	데페흐
		démolir	[demɔli:ʀ]	데몰리흐
해치우다		**abattre**	[abatʀ]	아바트흐
해협	m	**canal**	[kanal]	꺄날
	m	**détroit**	[detʀwa[ɑ]]	데트후아
핵	m	**noyau**	[nwajo]	누와요

햄	*m* **jambon**	[ʒɑ̃bɔ̃]	쟝봉
햄버거	*m* **hamburger**	[ɑ̃bu[œ]ʀgœːʀ]	앙베흐게흐
행동	*f* **action**	[aksjɔ̃]	악씨옹
행동하다	**agir**	[aʒiːʀ]	아지흐
	procéder	[pʀɔsede]	프호쎄데
행렬	*f* **file**	[fil]	필르
	m **train**	[tʀɛ̃]	트행
행방불명	*f* **disparition**	[dispaʀisjɔ̃]	디스빠히씨옹
행복	*m* **bonheur**	[bɔnœːʀ]	보뇌흐
행복한	**heureusement**	[œʀøzmɑ̃]	외회즈망
	heureux(se)	[œʀø] [œʀøːz]	외회(즈)
행사	*f* **cérémonie**	[seʀemɔni]	쎄헤모니
행성	*f* **planète**	[planɛt]	쁠라네뜨
행운	*m* **bonheur**	[bɔnœːʀ]	보뇌흐
	f **chance**	[ʃɑ̃ːs]	샹스
행운의	**heureusement**	[œʀøzmɑ̃]	외회즈망
행위	*m* **acte**	[akt]	악뜨
~행(行)의	**pour**	[pu(ː)ʀ]	뿌흐
행정	*f* **administration**	[administʀɑsjɔ̃]	아드미니스트하씨옹
행주	*m* **torchon**	[tɔʀʃɔ̃]	또흐숑

한국어	성	프랑스어	발음기호	한글 발음
행진	f	marche	[maʀʃ]	마흐슈
행하다		pratiquer	[pʀatike]	프하띠께
향기	f	odeur	[ɔdœ:ʀ]	오되흐
향상시키다		améliorer	[ameljɔʀe]	아멜리오헤
향수	m	parfum	[paʀfœ̃]	빠흐팽
향하다		braquer	[bʀake]	브하께
		orienter	[ɔʀjɑ̃te]	오히앙떼
허가	f	autorisation	[ɔ[o]tɔʀizɑsjɔ̃]	오또히자씨옹
	f	licence	[lisɑ̃:s]	리쌍스
		permission	[pɛʀmisjɔ̃]	뻬흐미씨옹
허가하다		autoriser	[ɔ[o]tɔʀize]	오또히제
허구	f	littérature	[liteʀaty:ʀ]	리떼하뛰흐
	m	mensonge	[mɑ̃sɔ̃:ʒ]	망쏭쥬
허기	f	faim	[fɛ̃]	팽
허락	m	pardon	[paʀdɔ̃]	빠흐동
허락하다		accorder	[akɔʀde]	아꼬흐데
		excuser	[ɛkskyze]	엑스뀌제
		pardonner	[paʀdɔne]	빠흐도네
		permettre	[pɛʀmɛtʀ]	뻬흐메트흐
허를 찌르다		surprendre	[syʀpʀɑ̃:dʀ]	쒸흐프항드흐

한국어	성	프랑스어	발음	한글 발음
허리띠	f	ceinture	[sɛ̃ty:ʀ]	쎙뛰흐
허벅지	f	cuisse	[kɥis]	뀌이스
허약한		faible	[fɛbl]	페블르
허용		permission	[pɛʀmisjɔ̃]	뻬흐미씨옹
허용하다		tolérer	[tɔleʀe]	똘레헤
헌		usé	[yze]	위제
헌병	m	gendarme	[ʒɑ̃daʀm]	쟝다흠므
헌장	f	charte	[ʃaʀt]	샤흐뜨
헐떡이다		souffler	[sufle]	쑤플레
헛된		vain	[vɛ̃]	뱅
헤어스타일	f	coiffure	[kwafy:ʀ]	꾸와퓌흐
헤이즐넛	f	noisette	[nwazɛt]	누아제뜨
헥타르	m	(ha) hectare	[ɛkta:ʀ]	엑따흐
헬리콥터	m	hélicoptère	[elikɔptɛ:ʀ]	엘리꼽떼흐
헬멧	m	casque	[kask]	꺄스끄
헹구다		rincer	[ʀɛ̃se]	행세
혀	f	langue	[lɑ̃:g]	랑그
혁명	f	révolution	[ʀevɔlysjɔ̃]	헤볼뤼씨옹
혁신	f	révolution	[ʀevɔlysjɔ̃]	헤볼뤼씨옹
혁신하다		innover	[i(n)nɔve]	이노베

현관	*m* **vestibule**	[bɛstibyl]	베스띠뷜르
현금	*f* **espèce**	[ɛspɛs]	에스뻬스
현기증	*m* **vertige**	[vɛʀti:ʒ]	베흐띠쥬
현대의	**contemporain**	[kɔ̃tɑ̃pɔʀɛ̃]	꽁땅뽀헹
	moderne	[mɔdɛʀn]	모데흔느
현대적인	**actuel(le)**	[aktɥɛl]	악뛰엘(르)
현대화하다	**moderniser**	[mɔdɛʀnize]	모데흐니제
현명	*f* **sagesse**	[saʒɛs]	싸제스
현상	*m* **phénomène**	[fenɔmɛn]	페노멘느
현실	*f* **actualité**	[aktɥalite]	악뛰알리떼
현실성	*f* **réalité**	[ʀealite]	헤알리떼
현실의	**réel**	[ʀeɛl]	헤엘
현실적인	**positif**	[pozitif]	뽀지띠프
현실주의의	**réaliste**	[ʀealist]	헤알리스뜨
현실주의자	**réaliste**	[ʀealist]	헤알리스뜨
현재	*m* **présent**	[pʀezɑ̃]	프헤장
현재로서는	**actuellement**	[aktɥɛlmɑ̃]	악뛰엘르망
현재의	**courant**	[kuʀɑ̃]	꾸항
현지	*m* **lieu**	[ljø]	리외
현지 보고	*m* **reportage**	[ʀəpɔʀta:ʒ]	흐뽀흐따쥬

혈관	ⓕ **veine**	[vɛn]	벤느
혈액	ⓕ **sang**	[sɑ̃]	쌍
혈통	ⓕ **naissance**	[nɛsɑ̃:s]	네쌍스
혐오	ⓕ **haine**	[ɛn]	엔느
혐오감	ⓕ **nausée**	[noze]	노제
혐오하다	**détester**	[detɛste]	데떼스떼
혐의를 두다	**soupçonner**	[supsɔne]	쑵쏘네
협곡	ⓜ **ravin**	[ʀavɛ̃]	하뱅
협력	ⓕ **contribution**	[kɔ̃tʀibysjɔ̃]	꽁트히뷔씨옹
협박	ⓜ **chantage**	[ʃɑ̃ta:ʒ]	샹따쥬
	ⓕ **menace**	[mənas]	므나스
협박하다	**menacer**	[mənase]	므나쎄
협상하다	**négocier**	[negɔsje]	네고씨에
협의	ⓕ **négociation**	[negɔsjasjɔ̃]	네고시아씨옹
협정	ⓜ **contrat**	[kɔ̃tʀa]	꽁트하
협회	ⓕ **association**	[asɔsjasjɔ̃]	아쏘씨아씨옹
	ⓕ **société**	[sɔsjete]	소씨에떼
형	ⓜ **frère**	[fʀɛ:ʀ]	프헤흐
형사	ⓜ **détective**	[detɛkti:v]	데떽띠브
형성	ⓕ **formation**	[fɔʀmasjɔ̃]	포흐마씨옹

한국어	성	프랑스어	발음 기호	한글 발음
형식		**formalité**	[fɔʀmalite]	포흐말리떼
	f	**forme**	[fɔʀm]	포흠므
형용사	m	**adjectif(ve)**	[adʒɛktif] [adʒɛktiːv]	아젝띠프(브)
형을 선고하다		**condamner**	[kɔ̃dɑ[a]ne]	꽁다네
형태	f	**figure**	[figyːʀ]	피귀흐
	f	**forme**	[fɔʀm]	포흠므
혜성	f	**comète**	[kɔmɛt]	꼬메뜨
호감		**sympathie**	[sɛ̃pati]	쌩빠띠
호감을 주는		**sympathique**	[sɛ̃patik]	쌩빠띠끄
호감을 주다		**plaire**	[plɛːʀ]	쁠레흐
호기심	f	**curiosité**	[kyʀjozite]	뀌히오지떼
호기심이 강한		**curieux**	[kyʀjø]	뀌히외
호두	f	**noix**	[nwa[ɑ]]	누아
호랑이	m	**tigre**	[tigʀ]	띠그흐
호박(야채)	m	**potiron**	[pɔtiʀɔ̃]	뽀띠홍
호박(琥珀)	m	**ambre**	[ɑ̃ːbʀ]	앙브흐
호수	m	**lac**	[lak]	락
호숫가	m	**rivage**	[ʀivaːʒ]	히바쥬
호스	m	**tuyau**	[tɥijo]	뛰이요
호실(號室)		**numéro**	[nymeʀo]	뉘메호

ㄱ ㄴ ㄷ ㄹ ㅁ ㅂ ㅅ ㅇ ㅈ ㅊ ㅋ ㅌ ㅍ ㅎ

한국어	성	프랑스어	발음기호	발음
호의	f	**amitié**	[amitje]	아미띠에
	f	**bonté**	[bɔ̃te]	봉떼
		gré	[gʀe]	그헤
호의적인		**favorable**	[favɔʀabl]	파보하블르
호주		**Australie**	[ostʀali]	오스트할리
호주인		**australien(ne)**	[ɔstʀaljɛ̃] [ɔstʀaljɛn]	오스트할리엥
호출	m	**appel**	[apɛl]	아뻴
호텔		**hôtel**	[o[ɔ]tɛl]	오뗄
호화로운		**royal**	[ʀwajal]	후와얄
호화로움	f	**richesse**	[ʀiʃɛs]	히셰스
호흡	f	**respiration**	[ʀɛspiʀɑsjɔ̃]	헤스삐하씨옹
	m	**souffle**	[sufl]	쑤플르
호흡하다		**respirer**	[ʀɛspiʀe]	헤스삐헤
혹사시키는		**fatiguer**	[fatige]	파띠게
혹서	f	**canicule**	[kanikyl]	꺄니뀔르
혹성	f	**planète**	[planɛt]	쁠라네뜨
혼돈	m	**chaos**	[kao]	까오스
혼동	f	**confusion**	[kɔ̃fyzjɔ̃]	꽁퓌지옹
혼동하다		**confondre**	[kɔ̃fɔ̃:dʀ]	꽁퐁드흐
혼란	f	**confusion**	[kɔ̃fyzjɔ̃]	꽁퓌지옹

	m désordre	[dezɔʀdʀ]	데조흐드흐
혼란케 하다	perturber	[pɛʀtyʀbe]	뻬흐뛰흐베
	troubler	[tʀuble]	트후블레
혼수상태	m coma	[kɔma]	꼬마
혼잡	m embouteillage	[ɑ̃butɛja:ʒ]	앙부떼이야쥬
혼잡하게 하다	embouteiller	[ɑ̃butɛ[e]je]	앙부떼이예
혼잡한	encombré(e)	[ɑ̃kɔ̃bʀe]	앙꽁브헤
혼합	m mélange	[melɑ̃:ʒ]	멜랑쥬
혼합하다	mélanger	[melɑ̃ʒe]	멜랑제
홀수(의)	impair	[ɛ̃pɛ:ʀ]	앵뻬흐
홀아비의	veuf	[vœf]	뵈프
홍수	f inondation	[inɔ̃dasjɔ̃]	이농다씨옹
홍차	m thé	[te]	떼
화가	m peintre	[pɛ̃:tʀ]	뼁트흐
화근	f plaie	[plɛ]	쁠레
화나게 하다	fâcher	[faʃe]	파셰
	indigner	[ɛ̃diɲe]	앵디녜
	irriter	[i(ʀ)ʀite]	이히떼
	vexer	[vɛkse]	벡세
	déplaire	[deplɛ:ʀ]	데쁠레흐

화난	**fâché(e)**	[faʃe]	파셰
화덕	ⓜ **fourneau**	[fuʀno]	푸흐노
화랑	**galerie**	[galʀi]	갈르히
화려한	**luxueux(se)**	[lyksɥø] [lyksɥø:z]	뤽쒸외(즈)
	magnifique	[maɲifik]	마니피끄
	splendide	[splɑ̃did]	스쁠랑디드
	superbe	[sypɛʀb]	쒸뻬흐브
화물선	ⓜ **cargo**	[kaʀgo]	꺄흐고
화물차	ⓜ **wagon**	[vagɔ̃]	바공
화산	ⓜ **volcan**	[vɔlkɑ̃]	볼깡
화성	ⓜ **mars**	[maʀs]	마흐쓰
화술	ⓕ **locution**	[lɔkysjɔ̃]	로뀌씨옹
화약	ⓕ **poudre**	[pudʀ]	뿌드흐
화요일	ⓜ **mardi**	[maʀdi]	마흐디
화장대	ⓕ **coiffeuse**	[kwafø:z]	꾸와푀즈
화장실	ⓕⓟⓛ **toilettes**	[twalɛt]	뚜왈레뜨
	W.-C.	[dubləvese]	두블르베쎄
화장하다	**maquiller**	[makije]	마끼예
화재	ⓜ **feu**	[fø]	푀
	ⓜ **incendie**	[ɛ̃sɑ̃di]	앵상디

화제	ⓜ **sujet**	[syʒɛ]	쒸제
화창한	**clair(e)**	[klɛːʀ]	끌레흐
화학	ⓕ **chimie**	[ʃimi]	쉬미
화학적인	**chimique**	[ʃimik]	쉬미끄
화해	ⓜ **rapprochement**	[ʀapʀɔʃmɑ̃]	하프호슈망
화해시키다	**réconcilier**	[ʀekɔ̃silje]	헤꽁씰리에
확대	ⓜ **développement**	[dev(ə)lɔpmɑ̃]	데블로쁘망
	ⓕ **expansion**	[ɛkspɑ̃sjɔ̃]	엑스빵씨옹
	progrès	[pʀɔgʀɛ]	프호그헤
확립하다	**asseoir**	[aswaːʀ]	아쓰와흐
	instituer	[ɛ̃stitɥe]	앵스띠뛰에
확신	ⓕ **conviction**	[kɔ̃viksjɔ̃]	꽁빅씨옹
확신하는	**sûr**	[syːʀ]	쒸흐
확신하여	**certain**	[sɛʀtɛ̃]	쎄흐뗑
확실한	**assuré(e)**	[asyʀe]	아쒸헤
	certain	[sɛʀtɛ̃]	쎄흐뗑
확실히	**certainement**	[sɛʀtɛnmɑ̃]	쎄흐뗀느망
	certes	[sɛʀt]	쎄흐뜨
	clairement	[klɛʀmɑ̃]	끌레흐망
	évidemment	[evidamɑ̃]	에비다망

	nettement	[nɛtmɑ̃]	네뜨망
	sûrement	[syʀmɑ̃]	쒸흐망
확인하다	**confirmer**	[kɔ̃fiʀme]	꽁피흐메
	constater	[kɔ̃state]	꽁스따떼
	vérifier	[veʀifje]	베히피에
확장하다	**arrondir**	[aʀɔ̃diːʀ]	아홍디흐
환기하다	**aérer**	[aeʀe]	아에헤
환멸	ⓕ **déception**	[desɛpsjɔ̃]	데셉씨옹
	ⓕ **désillusion**	[dezi(l)lyzjɔ̃]	데질뤼지옹
환상	ⓕ **illusion**	[i(l)lyzjɔ̃]	일뤼지옹
환상적인	**fantastique**	[fɑ̃tastik]	팡따스띠끄
환약	ⓕ **pilule**	[pilyl]	삘륄르
환영하다	**fêter**	[fɛ[e]te]	페떼
환자	ⓝ **patient(e)**	[pasjɑ̃] [pasjɑ̃ːt]	빠시앙(뜨)
환전	ⓜ **change**	[ʃɑ̃ːʒ]	샹쥬
활	ⓜ **arc**	[aʀk]	아흐끄
활기	ⓕ **ambiance**	[ɑ̃bjɑ̃ːs]	앙비앙스
활동	ⓕ **activité**	[aktivite]	악띠비떼
	ⓕ **œuvre**	[œːvʀ]	외브흐
활동 분야	ⓜ **secteur**	[sɛktœːʀ]	쎅뙤흐

활동을 쉬다	**sommeiller**	[sɔmɛ[e]je]	쏘메이에
활동적인	**dynamique**	[dinamik]	디나미끄
활력	*f* **activité**	[aktivite]	악띠비떼
	m **nerf**	[nɛːʀ]	네흐
활력을 주다	**animer**	[anime]	아니메
	soutenir	[sut(ə)niːʀ]	쑤뜨니흐
활발한	**actif(ve)**	[aktif] [aktiːv]	악띠프(브)
	vif	[vif]	비프
활용하다	**profiter**	[pʀɔfite]	프호피떼
활주로	*f* **piste**	[pist]	삐스뜨
황금색의	**blond(e)**	[blɔ̃] [blɔ̃ːd]	블롱(드)
황량한	**désolé**	[dezɔle]	데졸레
황제	*m* **empereur**	[ɑ̃pʀœːʀ]	앙쁘회흐
황폐	*f* **ruine**	[ʀɥin]	휘인느
황홀케 하는	**ravissant**	[ʀavisɑ̃]	하비쌍
회견	**rencontre**	[ʀɑ̃kɔ̃ːtʀ]	항꽁트흐
회견하다	**rencontrer**	[ʀɑ̃kɔ̃tʀe]	항꽁트헤
회계사	*n* **comptable**	[kɔ̃tabl]	꽁따블르
회관	*f* **maison**	[mɛzɔ̃]	메종
회복	*f* **amélioration**	[ameljɔʀɑsjɔ̃]	아멜리오하씨옹

회복하다		**récupérer**	[ʀekypeʀe]	헤뀌뻬헤
회사	f	**entreprise**	[ɑ̃tʀəpʀi:z]	앙트흐프히즈
회사원		**employé**	[ɑ̃plwaje]	앙쁠루아예
회색	m	**gris**	[gʀi]	그히
회원	m	**membre**	[mɑ̃:bʀ]	망브흐
회의(會議) (외교, 학술적)	f	**séance**	[seɑ̃:s]	쎄앙스
	f	**conférence**	[kɔ̃feʀɑ̃:s]	꽁페항스
	m	**congrès**	[kɔ̃gʀɛ]	꽁그헤
회장	n	**président(e)**	[pʀezidɑ̃] [pʀezidɑ̃:t]	프헤지당(뜨)
회전	m	**tour**	[tu:ʀ]	뚜흐
회전목마	m	**manège**	[manɛ:ʒ]	마네쥬
회피	f	**fuite**	[fɥit]	퓌이뜨
회화	f	**conversation**	[kɔ̃vɛʀsɑsjɔ̃]	꽁베흐사씨옹
횡단하다		**traverser**	[tʀavɛʀse]	트하베흐쎄
횡설수설	m	**charabia**	[ʃaʀabja]	샤하비아
효과	m	**effet**	[efɛ]	에페
효과 없는		**vain**	[vɛ̃]	뱅
효용	f	**utilité**	[ytilite]	위띨리떼
후렴	m	**refrain**	[ʀəfʀɛ̃]	흐프렝
후보 자격	f	**candidature**	[kɑ̃didaty:ʀ]	깡디다뛰흐

한국어	성	프랑스어	발음기호	발음
후보자		**candidat(e)**	[kãdida] [kãdidat]	깡디다(뜨)
후원	*m*	**appui**	[apɥi]	아쀠이
후원자	*f*	**protection**	[pʀɔtɛksjɔ̃]	프호떽씨옹
후임이 되다		**succéder**	[syksede]	쒹쎄데
후추	*m*	**poivre**	[pwa:vʀ]	뿌와브흐
후퇴하다		**reculer**	[ʀəkyle]	흐뀔레
		régresser	[ʀegʀɛ[e]se]	헤그헤세
후회	*m*	**regret**	[ʀəgʀɛ]	흐그헤
	m	**remords**	[ʀəmɔ:ʀ]	흐모흐
후회하다		**regretter**	[ʀəgʀɛ[e]te]	흐그헤떼
		repentir	[ʀəpãti:ʀ]	흐빵띠흐
훈련	*m*	**entraînement**	[ãtʀɛnmã]	앙트헨느망
훌륭한		**admirable**	[admiʀabl]	아드미하블르
		bien	[bjɛ̃]	비엥
		magnifique	[maɲifik]	마니피끄
		merveilleux	[mɛʀvɛjø]	메흐베이외
훔치다		**voler**	[vɔle]	볼레
휘발유	*f*	**essence**	[esã:s]	에쌍스
휘파람	*m*	**sifflement**	[sifləmã]	씨플르망
휴가	*m*	**repos**	[ʀəpo]	흐뽀

	ⓕ **vacance**	[vakɑ̃:s]	바깡스
휴대폰	ⓜ **portable**	[pɔʀtabl]	뽀흐따블르
휴식	ⓕ **détente**	[detɑ̃:t]	데땅뜨
	ⓜ **repos**	[ʀəpo]	흐뽀
	ⓕ **vacance**	[vakɑ̃:s]	바깡스
휴식 시간 (학교의)	ⓜ **entracte**	[ɑ̃tʀakt]	앙트학뜨
	ⓕ **récréation**	[ʀekʀeasjɔ̃]	헤크헤아씨옹
휴업	ⓕ **fermeture**	[fɛʀməty:ʀ]	페흠므뛰흐
휴업 중인	**fermé**	[fɛʀme]	페흐메
휴업하다	**fermer**	[fɛʀme]	페흐메
휴일	ⓜ **congé**	[kɔ̃ʒe]	꽁제
휴전 (명령)	ⓜ **cessez-le-feu**	[sesel(ə)fø]	쎄세르푀
휴지통	ⓕ **poubelle**	[pubɛl]	뿌벨르
흉내내다	**imiter**	[imite]	이미떼
흉하게 하다	**déformer**	[defɔʀme]	데포흐메
흐르는	**courant**	[kuʀɑ̃]	꾸항
흐르다	**couler**	[kule]	꿀레
흐름	ⓜ **fil**	[fil]	필
	ⓕ **rivière**	[ʀivjɛ:ʀ]	히비에흐
흐리게 하다	**brouiller**	[bʀuje]	브후이예

흐림	ⓕ nébulosité	[nebylozite]	네뷜로지떼
흔들다	agiter	[aʒite]	아지떼
	secouer	[s(ə)kwe]	스꾸에
흔들리다	danser	[dɑ̃se]	당쎄
	hésiter	[ezite]	에지떼
	trembler	[tʀɑ̃ble]	트항블레
흔들리지 않는	inflexible	[ɛ̃flɛksibl]	앵플렉시블르
	stable	[stabl]	스따블르
흔적	ⓕ trace	[tʀas]	트하스
흔한	banal(e)	[banal]	바날
흔히	souvent	[suvɑ̃]	쑤방
흘러들어가다	verser	[vɛʀse]	베흐쎄
흘리다	répandre	[ʀepɑ̃:dʀ]	헤빵드흐
흠집	ⓜ accroc	[akʀo]	아크호
흡수하다	absorber	[apsɔʀbe]	압쏘흐베
흥미를 끌다	intéresser	[ɛ̃teʀɛ[e]se]	앵떼헤쎄
흥분	ⓕ fureur	[fyʀœ:ʀ]	퓌회흐
	ⓕ sensation	[sɑ̃sasjɔ̃]	쌍사씨옹
흥분된	ému	[emy]	에뮈
흥분시키다	émouvoir	[emuvwa:ʀ]	에무부아흐

한국어	프랑스어	발음기호	발음
	exciter	[ɛksite]	엑시떼
흩뿌리다	répandre	[ʀepɑ̃:dʀ]	헤빵드흐
흩어진	répandu	[ʀepɑ̃dy]	헤빵뒤
희극	(f) comédie	[kɔmedi]	꼬메디
희극배우	comédien	[kɔmedjɛ̃]	꼬메디엥
희극의	comique	[kɔmik]	꼬미끄
희망	(f) espérance	[ɛspeʀɑ̃:s]	에스뻬항스
	(m) espoir	[ɛspwa:ʀ]	에스뿌와흐
희망하다	espérer	[ɛspeʀe]	에스뻬헤
희미한	pâle	[pɑ:l]	빨르
희생	(m) sacrifice	[sakʀifis]	싸크히피스
흰색	(m) blanc(che)	[blɑ̃] [blɑ̃:ʃ]	블랑(슈)
히치하이크	(m) autostop	[ɔ[o]tɔstɔp]	오또스똡
힘	(f) énergie	[enɛʀʒi]	에네흐지
	(f) force	[fɔʀs]	포흐쓰
	(f) puissance	[pɥisɑ̃:s]	쀠이상스

| 부록 |

기본 용어

단위

□ **distance** [distɑ̃:s] 디스땅스 ⓕ **거리**

□ **étendu** [etɑ̃dy] 에땅뒤 ⓕ **넓이, 면적**

□ **profondeur** [pʀɔfɔ̃dœ:ʀ] 프호퐁되흐 ⓕ **깊이**

□ **hauteur** [otœ:ʀ] 오뙤흐 ⓕ **높이**

□ **poids** [pwa[ɑ]] 뿌와 ⓜ **무게**

□ **épaisseur** [epɛsœ:ʀ] 에뻬쐬흐 ⓕ **두께**

□ **volume** [vɔlym] 볼륌므 ⓜ **부피**

□ **grandeur** [gʀɑ̃dœ:ʀ̃] 그항둬흐 ⓕ **크기**

□ **mesure** [məzy:ʀ] 므쥐흐 ⓕ **넓이, 치수**

□ **mètre** [mɛtʀ] 메트흐 ⓜ **미터** (m)

□ **gramme** [gʀam] 그람므 ⓜ **그램** (g)

□ **tonne** [tɔn] 톤느 ⓕ **톤** (t)

□ **litre** [litʀ] 리트흐 ⓜ **리터** (ℓ)

□ **mile** [majl] 마일 ⓜ **마일** (mile, 1mile은 약 1.6km)

□ **millimètre** [mi(l)limɛtʀ] 밀리메트흐 ⓜ **밀리미터** (mm)

□ **centimètre** [sɑ̃timɛtʀ] 쌍티메트흐 ⓜ **센티미터** (cm)

□ **kilomètre** [kilɔmɛtʀ] 낄로메트흐 ⓜ **킬로미터** (km)

방향·위치

□ nord [nɔːʀ] 노흐 m 북쪽
□ sud [syd] 쉬드 m 남쪽
□ ouest [wɛst] 웨스뜨 m 서쪽
□ est [ɛst] 에스뜨 m 동쪽

□ gauche [goːʃ] 고슈 f 왼쪽
□ droite [dʀwa[ɑ]t] 드후아뜨 f 오른쪽
□ milieu [miljø] 밀리외 m 가운데

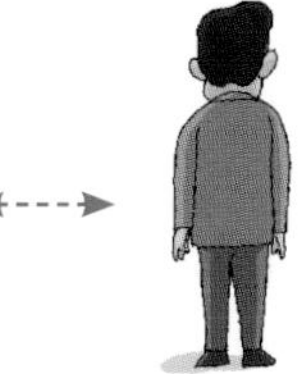

□ à côté [a kote] 아꼬떼 옆
□ avant [avɑ̃] 아방 앞에
□ arrière [aʀjɛːʀ] 아히에흐 뒤에

계절・월・요일

□ printemps [prɛ̃tɑ̃] 프랭땅 m 봄 □ été [ete] 에떼 m 여름

□ automne [ɔ[o]tɔn] 오똔느 m 가을 □ hiver [ivɛːʀ] 이베흐 m 겨울

□ janvier [ʒɑ̃vje] 장비에 1월
□ février [fevʀije] 페브히에 2월
□ mars [maʀs] 마흐스 3월
□ avril [avʀil] 아브힐 4월
□ mai [mɛ] 메 5월
□ juin [ʒɥɛ̃] 쥬앵 6월
□ juillet [ʒɥijɛ] 쥐이예 7월
□ août [u(t)] 우뜨 8월
□ septembre [sɛptɑ̃ːbʀ] 셉땅브흐 9월
□ octobre [ɔktɔbʀ] 옥또브흐 10월
□ novembre [nɔvɑ̃ːbʀ] 노방브흐 11월
□ décembre [desɑ̃ːbʀ] 데쌍브흐 12월

□ dimanche [dimɑ̃ːʃ] 디망슈 m 일요일
□ lundi [lœ̃di] 룅디 m 월요일
□ mardi [maʀdi] 마흐디 m 화요일
□ mercredi [mɛʀkʀədi] 메흐크흐디 m 수요일
□ jeudi [ʒødi] 죄디 m 목요일
□ vendredi [vɑ̃dʀədi] 방드흐디 m 금요일
□ samedi [samdi] 쌈디 m 토요일

시간·날짜

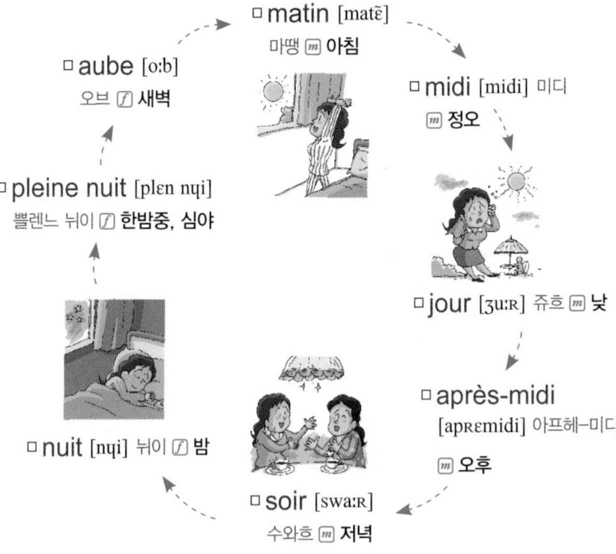

□ avant-hier [avɑ̃tjɛːʀ] 아방띠에흐 **그저께**

□ hier [jɛːʀ] 이에흐 **어제**

□ aujourd'hui [oʒuʀdɥi] 오쥬흐디 **오늘**

□ demain [dəmɛ̃] 드맹 **내일**

□ après-demain [apʀɛdmɛ̃] 아프헤-드맹 **모레**

□ semaine dernière [s(ə)mɛn dɛʀnjɛːʀ] 스멘 데흐니에흐 ⓕ **지난주**

□ cette semaine [sɛt s(ə)mɛn] 쎄뜨 스멘느 ⓕ **이번 주**

□ semaine prochaine [s(ə)mɛn pʀɔʃɛːn] 스멘느 프호쉔느 ⓕ **다음 주**

□ tous les jours [tuleʒuːʀ] 뚜 레 쥬흐 ⓜⓟⓛ **매일**

□ toutes les semaines [tut le s(ə)mɛn] 뚜뜨 레 스멘느 ⓕⓟⓛ **매주**

□ tous les mois [tulemwa[ɑ]] 뚜 레 므와 ⓜⓟⓛ **매월**

□ tous les ans [tulezɑ̃] 뚜 레 장 ⓜ **매년**

국가명

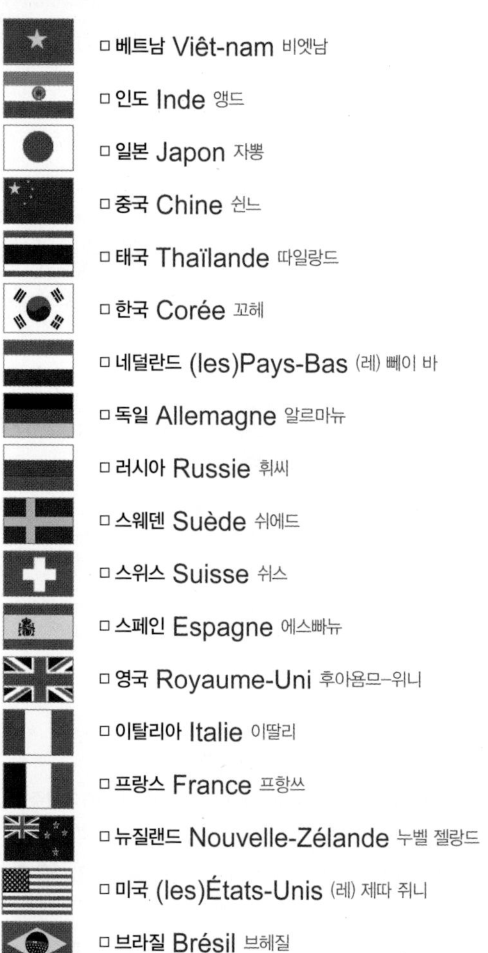

□ 베트남 Viêt-nam 비엣남

□ 인도 Inde 앵드

□ 일본 Japon 자뽕

□ 중국 Chine 쉰느

□ 태국 Thaïlande 따일랑드

□ 한국 Corée 꼬헤

□ 네덜란드 (les)Pays-Bas (레) 뻬이 바

□ 독일 Allemagne 알르마뉴

□ 러시아 Russie 휘씨

□ 스웨덴 Suède 쉬에드

□ 스위스 Suisse 쉬스

□ 스페인 Espagne 에스빠뉴

□ 영국 Royaume-Uni 후아욤므-위니

□ 이탈리아 Italie 이딸리

□ 프랑스 France 프항쓰

□ 뉴질랜드 Nouvelle-Zélande 누벨 젤랑드

□ 미국 (les)États-Unis (레) 제따 쥐니

□ 브라질 Brésil 브헤질

□ 캐나다 Canada 꺄나다

초보자를 위한 컴팩트 프랑스 단어

초판 7쇄 발행 | 2023년 8월 10일

엮은이 | 김이슬
감 수 | 이상빈
편 집 | 이말숙
디자인 | 유형숙
제 작 | 선경프린테크
펴낸곳 | Vitamin Book
펴낸이 | 박영진

등 록 | 제318-2004-00072호
주 소 | 07251 서울특별시 영등포구 영신로 40길 18 윤성빌딩 405호
전 화 | 02) 2677-1064
팩 스 | 02) 2677-1026
이메일 | vitaminbooks@naver.com

ISBN 978-89-92683-69-2 (13760)